汉语

语用移情优选机制

及其应用研究

李问华 著

上海交通大学出版社
SHANGHAI JIAO TONG UNIVERSITY PRESS

内容提要

人类话语的输出结合了经验和推理,是一个因应环境的综合优选过程,具有两个特征:梯度性和概率性。其形式化难点在于诸多语境因素的参与和筛选,然而都可以在移情特征下获得统一。本书正是探讨这种基于移情的统一优选机制,以期将优选论、移情和人工智能等结合起来,探索言语形式化的一个新的研究路径和应用领域。

图书在版编目(CIP)数据

汉语语用移情优选机制及其应用研究 / 李向华著
. —上海:上海交通大学出版社,2021.10
ISBN 978 - 7 - 313 - 25332 - 3

Ⅰ. ①汉… Ⅱ. ①李… Ⅲ. ①汉语—语用学—研究
Ⅳ. ①H1

中国版本图书馆 CIP 数据核字(2021)第 169058 号

汉语语用移情优选机制及其应用研究
HANYU YUYONG YIQING YOUXUAN JIZHI JI QI YINGYONG YANJIU

著   者:李向华
出版发行:上海交通大学出版社   地   址:上海市番禺路 951 号
邮政编码:200030   电   话:021 - 64071208
印   制:当纳利(上海)信息技术有限公司   经   销:全国新华书店
开   本:710 mm×1000 mm 1/ 16   印   张:21
字   数:373 千字
版   次:2021 年 10 月第 1 版   印   次:2021 年 10 月第 1 次印刷
书   号:ISBN 978 - 7 - 313 - 25332 - 3
定   价:88.00 元

序

　　海内外关于语言中"移情"问题的研究很多,但研究现代汉语移情的专著并不多见。李向华博士继 2017 年出版了《现代汉语语用移情研究》之后,持续在现代汉语"移情"领域进行探索,相隔数年又向我们展现了一部新的专著《汉语语用移情优选机制及其应用研究》,可谓对"移情"情有所钟。

　　移情是一种心理现象,移情研究涉及诸多领域。目前,就语言学领域来看,主要有两种研究路径:一种是从功能句法学视角进行研究,主要讨论移情原则和句法配置之间的关系,代表性学者为 Susumu Kuno,他用摄影中的拍摄角度比喻言者与话语中涉及对象之间的心理方位关系,即心理距离近的成分移情值就高,反之就低;另一种是语用学中的研究,主要代表是何自然,他从言听者之间情感互动视角探讨移情对话语的影响。这两种研究路径,前者属于句法学范畴,后者属于语用范畴。因此,研究的主要对象并不完全相同。但从整体上看,无论是功能句法视角还是语用视角本质上都是关注话语功能,只是前者侧重于静态,后者侧重于动态而已。静态更关注句内成分的配置、对象的凸显,动态更关注话语的整体语用效果。然而,两者都存在不足,功能句法视角尽管归纳了一些等级原则,但远远不能满足语言分析的需要;语用视角关注话语的效果,但很少讨论内部的动因。而在移情心理影响话语的机制上,两者都讨论不多。

　　我们的话语交际总是伴随着不断的移情优选过程而进行的。Grice 的合作原则本质上也是移情心理在话语策略上的体现。说话过程是最佳形式的优选,听话过程是最佳释义的优选。这两个优选过程都存在移情心理的参与。甚至,话轮的交替也是一种移情优选的过程。因为,我们谈话时选择某个话题,排斥某个话题,并不是任意的,而是有选择性的。例如,我们总是选择对方感兴趣的话题进行话语的延续。对于对方反感的话题我们要尽量避免涉及。这些显然就是一种移情心理在话轮上的反映。再如,话语的主持人或控制者有时会有意识地照顾到在场的每个人,安排他们的话语次序和频次,尽量不冷落任何一个人,不使话语失控。这些都是移情心理的体现。从这个角度看,话语移情优选的研究也是深化言语行为理论的重要途径之一。因此,语言中的移情本质上还是属于语用范畴。

任何话语都是一个优选的结果,受到多种因素制约,传统上,我们笼统称之为语境,而语境是不确定的。但是,确定的是优选的目的是提高交际的效果。所有语境因素的选择都是为这个目的服务的。而为了实现这个目的,拉近话语者之间的心理距离是一个基本的策略。因此,移情因素会贯穿优选的所有过程。这样看,我们可以将语言的优选看成是一种基于移情心理的优选,这是建立移情优选机制的最基本前提,也是该书立论的基础。实际上,这不失为一个好的策略,因为如果我们从语境视角考察话语的优选,就会因语境的复杂性而很难做统一描写,而如果从移情视角看,所有的因素都是为了拉进话语者之间的距离,提高表达效果,那么就可以统摄这诸多的因素。换个角度看,优选论模型在构建这种移情优选时并不困难,只要从移情视角构建制约条件体系,模型的运行就会反映话语的移情优选机制。这种设想就是《汉语语用移情优选机制及其应用研究》建立模型的另一个基本假设。在这两个基本假设下,该书的第一到第五章的理论部分主要阐述了以下几个方面的问题:

1. 对优选论进行了详细的梳理和介绍

书中介绍了优选论出现的背景以及发展出来的几个比较重要的模型,即经典模型、级差模型、概率模型和双向优选模型。通过详细论证,该书认为级差模型和概率模型可以用来分析移情现象,并讨论了概率和移情分析之间的关系。接下来,书中详细介绍了优选论模型的运算过程,尤其是级差模型和概率模型,并对不同模型的运行原理进行了说明。这部分内容对于全面了解优选论有较高的参考价值。

2. 讨论了优选论对移情现象分析的可行性

书中认为,移情是一种具有人际功能特征的普遍性心理状态,是人际交往中带有规约特征的情感策略。因此,移情是一种心理性状,内部是没有界限的,语言由于表达的需要将这种性状按照细粒度分为移情程度不同的单位,从而形成了一组具有移情值差异的级差单位。一般来说,话语默认选择移情值较高的单位,但受到不同语境的影响,使得低移情值的单位值上升,从而成为被输出的单位,而计算这种输出的方式就是概率,即概率越大,输出的可能性越高。这种思想,实际上就是级差优选和概率优选的运行机制。因此,语言中基于移情的话语输出实际上就是级差优选和概率优选。这就证明了优选论分析移情现象的可行性,也使得该书中的模型构拟具有了合理的理论基础。

3. 发展了优选论的移情级差模型

优选论的级差评估模式是由 Coetzee 提出的一种经典 OT 模型的改进版本。该模型保留了经典模型的内核,只是对优选涉及的数据在分析方法上加以改进。实际上就是将过于严格单调的经典处理模式在条件上和制约性上放宽,从而极大地提高了经典模式的适用范围和解释力。这个改进使得模型可以处理语言中的级差现象,对语言中多选项的解释以及词语和语音等固化的判断等有很好的解释力。然而,目前为止,我们未见有学者将这种模型用于句法上,更未见用于处理移情现象的。该书通过对移情制约条件的构拟,创造性地提出了构建移情优选模型,并将该模型用于处理基于移情的话语优选。书中通过一组表达相同意义的句子,验证了模型运算结果与我们实际语感输出之间的吻合性,并构建了一整套运算过程以及得到了相关理论的论证。经验证,模型在逻辑上是成立的,在语感上是一致的。因而,该模型有了一定的实用价值和合理性,可以看成是对 Coetzee 模型的发展。

4. 构拟了移情概率优选模型

书中介绍了传统上的概率语法和概率优选论的基本理论,但这些理论并不符合移情优选的实际需要。在这种情况下,作者提出了一个与前面的级差模型相配套的概率模型。作者认为,前面的级差模型只反映语言中客观的话语移情梯级,然而实际的话语输出却是主客观综合分析的结果。因此,在概率模型中,作者首先运用概率论中的幂率分布原理将级差模型转化成概率模式,作为话语实际优选的客观部分;其次,再将环境中相对固定的因素作为主观因素,构建了话语选项的主观优选序列;最后,将客观序列和主观序列按照一定比例加和,从而形成了一个基于移情的动态优选结果。与级差模型不同的是,这种概率模型是实时话语的优选,而不是对语言中移情级差的静态反映。一般来说,人类认知加工的优选输出基于概率,是符合我们的语感的。

5. 关于移情制约条件的构建

OT 的制约条件体系就是评估的依据,或者称为评估标准。传统语音模型或语法模型中的制约条件主要还是在范畴内部归纳,如语音上的制约条件或句法上的制约条件。然而,移情制约条件比较特殊,由于其语用属性,决定了它的条件归纳涉及多个领域,因此要从更广泛的维度探讨移情的制约因素。但总体来看,这种开放的条件体系也还是遵守了普遍性原则。这主要表现在言语移情本身的普遍性、条件对不同语言的普适性和符合人类的普遍认知规律三个方面。然而,这种开放的系统也会带来两个方面的主要问题,即移情制约条件和语法制约条件之间的兼容和冲突问题以及这种开放性导致的归纳困难问题。这些在该书中都有详细的理论探讨。同时,在讨论了这些理论问题之后,书中也总结了移情制约条件的特点和归纳的原则,并在此基础上构拟了部分条件用于书中的实例分析。从实例分析和理论论证来看,这些条件也基本上反映了语言的事实和我们的实际语感。

该书的第六到第八章主要讲的是移情优选理论在自然语言处理上的运用。这部分内容过去基本上没有学者涉及过,称得上"首创"。主要阐述了以下几个方面的问题:

(1)话语移情优选机器学习模型构建的可能思路。书中认为,我们可以有两种构建模型的思路,即基于前面级差模型的学习模型和基于统计的神经网络学习模型。书中详细论述了级差模型的优势和存在的问题,并认为,相比较统计模型,这种级差模型存在两个目前不易处理的问题,即生成器的构建以及机器对意义条件的识别和使用。后者是建立在对文本理解的基础上,而这目前还是科学上的难题。因此,基于统计的模型可能更好处理一些。当然,实际的构建证明这种思路也存在诸多的问题。然而,正如书中所言,我们可以先从基础的核心部分慢慢做起,随着机器语义理解技术的发展,基于大数据的模型应该是未来的趋势。正因为如此,书中也用了大量篇幅论述了这种模型的构建。

(2)基于 Ranknet 的移情优选排序模型的构拟。机器学习处理话语优选主要是按照移情值降序排序,即移情值越高位置越靠前,反之就靠后。这种排序模型已经比较成熟了,目前按照训练模型输入数据样例的结构差异,主要有三大类构拟方法,即 Pointwise(点对点)、Pairwise(文档对)和 Listwise(文档列表)。Pointwise 方法中,将训练集中的每一个查询下的每一个文档看成一个训练样例,将文档和查询建立点对点关联,通过反复输入单个文档,获得文档和查询之间的精确匹配,从而实现查询目的。因此,点对点方法和排序关系不大。Pairwise 方法是将训练集中的每个查询获得的文档集合中的任意两个具有偏序关系的文档对作为训练样本,输入模型,进行训练。因为每次输入两个样本,所以叫做文档对方法。通过建立任意两个文档之间的偏序关系,再通过偏序计算,就可以获得一个查询下的所有文档的偏序关系,也就是一个降序的等级序列。显然,这种方法能够获得我们想要的结果,也就是一个候选项集合的整体偏序关系。Listwise 方法和前面的两种都不同,最大的不同是不再分解候选项,而是将一个查询下的所有文档作为一个整体处理。模型将整个文档集合作为一个输入样本,然后将这些文档排序,利用打分函数计算不同排序的得分,再将得分按照降序方式排序,获得文档集合的排序,即得分最高的排序就是文档的最终排序。显然,这种方法也能够获得我们想要的结果。列表方法效果最好,最具有吸引力,模型本身高效、简洁、合理,但训练数据构建困难,计算复杂,工作量大,对参与人员的要求高。比较而言,最合理的是序对方法,复杂性可以控制,样本构建简单,尽管模型稍微复杂,但可以通过优化获得不错的效果。这也是该书采用这种模型的原因。

在序对模型中,Ranknet 也是最经典的模型,因此书中就以这个模型作为例子进行了详细的讨论。第七章首先从数据的处理、特征的提取、排序的机制、代价函数的选择和模型的改进等方面详细讨论了模型的构建,并通过建立一个小型的语料库,对这个模型进行了实例验证。其次,通过模型特征提取和合并方式的调整考察模型精度上的变化。最后,对实验结果进行了分析。总体来讲,模型效果不是很理想,但从创新来看,是个有益的尝试。

(3) 对自然语言处理中移情优选发展趋势进行了展望。书中认为,话语移情优选的计算机处理本质上属于自然语言处理范畴中的一个子范畴。移情处理与当前的自然语言处理发展水平是一致的。尽管可以有两种处理思路,但基于神经网络的模型可能更为合适。一方面,很少遇到致命困难,另一方面,这种大数据的分析方式也是科学发展的趋势。对于自然语言处理领域来说,移情优选是个全新的子领域,目前处于起步阶段,存在着太多的地方需要我们去探索。其中的随便一个运行模块都是值得研究的,尤其是不同模块之间的整合和优化更是研究的重点和难点。书中提到了五个亟待研究的方面,即移情的本质特点和机器的处理方式、移情优选的模型开发、模型优化技术、语境整合技术以及模型和智能机器人的匹配。显然,这些都与 21 世纪的主流科学密切相关,非常值得探索。

总起来看,《汉语语用移情优选机制及其应用研究》一书虽然偏于理论,但创新较多,如用优选论分析移情现象,发展了级差模型,构建了基于级差的概率模型,归纳了移情制约条件,发现了移情优选在自然语言处理中的价值,构拟了自然语言处理中的移情优选排序模型,等等。正如书中所言,移情问题涉及很多领域,问题非常复杂,还有很长的路要走,该书可看成是探路的先锋。正因为如此,该书也存在一些的不足,主要表现在:

(1)应用部分和前面讨论的模型的联系不是很紧密。尽管书中有了交代,阐述了级差模型在机器处理上的难度,神经网络模型更适合处理移情问题,但从整体上看,前后的内容还是联系不够紧密。

(2)该书长于理论疏于具体分析。书中用了大量篇幅引介了优选论和移情理论,而在具体操作模型对汉语的分析上明显偏弱,尚有较大的提升空间。另外,该书理论色彩浓郁,论述抽象,大量采用了形式化的方法,而且概率优选模型部分,有的细节阐述还不够通俗,背景交代不够,造成了阅读上逻辑线索曲折,给人有模糊感。这些问题使得阅读该书需要有较好的数理基础,而且需要有交叉学科的背景知识。这些都提高了该书成果推广的难度。

(3)该书对汉语现象的挖掘不够。书中主要讨论汉语中的移情优选问题,但大量篇幅讨论的是普遍的理论,没有紧扣汉语。在实例分析方面,书中也仅仅阐述了两个例子,这对于如此庞大的理论架构来说,明显不足。这需要后期进一步深化研究,将这些理论真正落实到汉语中。

正因为存在诸多问题和不足,该书实际上表明"移情"问题中无论理论建构还是实际应用都值得进一步探索。向华博士长于理论思考和框架建构,希望向华博士在今后进一步拓展研究视野,把现代汉语"移情"研究拓展到汉语作为第二语言教学、语文教学、文学欣赏、文学创作等领域,给学界奉献出更多的"移情"之作。虽也可"移情"别恋于其他研究领域,但不要放弃对"移情"问题探索的"钟情"。

2021 年 6 月 6 日

目　　录

第1章　优选论与预备知识 ···················· 1

1.1　优选论出现的背景及述评　··········· 1

1.2　优选论的理论发展模型　·············· 4

1.3　优选论的理论预备 ················· 16

1.4　概率与移情优选 ··················· 46

第2章　移情的本质与研究价值 ··········· 66

2.1　美学中的移情 ··················· 66

2.2　语言学中的移情 ················· 68

2.3　移情现象的本质特征 ············· 69

2.4　语用移情及其在汉语中的表现 ······ 71

2.5　移情优选研究的价值 ············· 76

第3章　移情研究困境与优选论级差模式 ····· 81

3.1　移情现象研究的困境 ············· 81

3.2　句式和移情值之间的共变 ········· 84

3.3　优选论对移情现象描写的可行性 ···· 93

3.4　优选论级差评估模式评价 ········· 97

3.5　移情级差评估模式的案例分析 ······ 102

第4章　概率语法与概率优选模式 ········· 118

4.1　语言的概率性 ··················· 118

4.2　概率语法及相关讨论 ············· 120

4.3　概率优选评估模式及特点 ········· 147

4.4 移情概率评估模式的案例分析 ·············· 151

4.5 不足之处 ·············· 183

第 5 章 移情优选的制约条件 ·············· 186

5.1 制约条件的本质属性 ·············· 186

5.2 制约条件的类别 ·············· 192

5.3 制约条件的设立与等级排列 ·············· 196

5.4 移情制约条件的归纳 ·············· 202

5.5 移情制约条件的特点与归纳原则 ·············· 205

5.6 汉语移情制约条件的部分构拟与相关讨论 ·············· 208

第 6 章 移情优选与自然语言处理 ·············· 212

6.1 自然语言处理中的移情优选 ·············· 212

6.2 自然语言处理中移情优选的设计思路 ·············· 224

6.3 移情和情感的交叉与机器的处理方式 ·············· 234

第 7 章 神经网络在汉语移情优选上的应用 ·············· 240

7.1 机器学习排序模型概述 ·············· 240

7.2 基于 RankNet 的移情优选排序模型 ·············· 247

7.3 RankNet 算法的改进策略 ·············· 262

7.4 特征提取层的主要方式 ·············· 264

7.5 特征提取的混合模型与相关探索 ·············· 281

7.6 实验结果及分析 ·············· 291

第 8 章 自然语言处理中移情优选发展趋势及相关问题 ·············· 295

8.1 自然语言处理中移情优选的可能发展趋势 ·············· 295

8.2 自然语言处理中移情优选涉及的相关领域 ·············· 301

附录 汉语语用移情神经网络实验模型结构图 ·············· 306

参考文献 ·············· 311

后记 ·············· 321

第1章　优选论与预备知识

1.1　优选论出现的背景及述评

优选论(optimality theory，OT)出现于 20 世纪 90 年代,最初由 Alan Prince 与 Paul Smolensky 系统地提出,源于生成语言学的一种音系学理论。OT 语法的灵感来自联结主义(connectionism)的试图模仿神经网络运行的计算模型。但是,联结语法和 OT 语法的主要不同在于对约束条件的不同处理,前者为约束条件指派一个不同数量的重量(weights),使得低重量的制约条件可以通过多个合并的加权形式来超过高重量的约束条件,从而影响候选项的选择;后者采用的是严格的等级约束(strict domination relation)。后来该理论延伸到句法学、语义学和语用学等领域,均得到了极大的发展。

马秋武(2008)认为 OT 理论经历了两个大的发展阶段:"第一个阶段是针对语言产出形式的优选过程建立起来的经典理论阶段。在某一特定语言里,一个意义与数量无限的词库形式中的哪个形式相对应,是这一阶段 OT 所要解决的主要问题。因此,OT 在这一阶段的应用领域主要是在音系和句法领域,即在有关语言形式的领域。整个 20 世纪 90 年代的 OT 理论研究主要是围绕上述问题展开的。优选论的第二个阶段是针对语言接受或理解问题进行的,即听话人是如何为听到的一种语言形式赋予一种最佳的语义解释。一种形式与数量无限的意义中的哪一种意义相对应? 这种对应关系是怎样建立起来的? 它受到哪些因素或制约条件的约束? 显然,这一阶段的 OT 理论涉及了诸如语义、语用等语言形式研究领域以外的其他领域。"国内最早介绍这个理论的是王嘉龄。后来,李兵和马秋武等做了更为详尽的介绍并真正将优选论用于汉语现象分析。

OT 语法产生的动力来自生成音系学。其代表 SPE 模式主要通过底层的音系表达和表层的语音表达两个部分及一系列的语音推导规则实现。

SPE 模式推导过程如下:

音系表达：a_1

语音表达：a_n

推导规则：→

$$a_1 \rightarrow a_2 \rightarrow \cdots a_{n-1} \rightarrow a_n$$

音系从底层形式通过一系列的中间过程达到话语的实际表达形式。中间推导过程的作用就是增删必要的语音成分，调整语音的结构形式，使之符合实际的话语表达形式。模型实际上就是通过一系列的规则推导，将心理的语音形式变为外化的语音输出形式。在这种串行的推导模式中，确定音系规则、规则的关系和排序以及规则的作用方式等具有重要的作用。由于语言表达的复杂性，话语存在很多不规则的现象。为了解决这些问题，这种推导模式越来越复杂，越来越抽象，从而失去了语法固有的概括性。其结果是，设置规则具有很大的随意性，缺乏约束力，从而使该理论逐渐地走进了死胡同。

正因为如此，到 20 世纪 70 年代中期，音系理论逐渐发展出了非线性音系学，对 SPE 模式进行了实质性的改进。其最大的变化就是将线性结构变为平面结构。原来全部处于线性结构上的成分被按照作用的不同分层处理，各个层次之间相对独立，且层次之间成分的相互连接构成了语音表达式。这种处理实际上摆脱了原来的音系规则系统，通过音系层次之间的连接方式来解释表层的语音结构。这样的处理方式大大简化了原来庞大的规则系统，取而代之的是具有较大概括性的原则系统。后来，语言学家意识到语音的解释光靠音系解释是不够的，还需要语音层的解释，这样就出现了一些语音限制条件。再后来，语言学家放弃了音系层的解释，全部转为语音层的解释。实际上也就是语音的处理由内在的音系规则和原则系统转为语音表层的制约条件系统，这为优选论制约条件理论的产生提供了理论前提。

不管是线性音系学还是非线性音系学都存在一些共同问题，即规则或原则甚至制约条件之间的冲突问题。一个语音输出在推导过程中，满足一个规则（原则或制约条件）就得违反另一个规则（原则或制约条件）。生成音系学采用的方法就是增加规则（原则或制约条件）。然而，这会带来两方面的问题：

（1）音系规则（原则或制约条件）越来越多。

（2）冲突也越来越多。因为规则（原则或制约条件）越多，带来冲突的概率也越大。

增加规则仅仅是权宜之计，并不能从本质上解决冲突。往往一个问题的解决会伴随着另一个或一系列问题的出现，这样就形成了一个恶性循环。

这些问题说明了，即使将语音解释由底层音系的推导转变为表层的制约条件体系,依然不能够从根本上解决该理论固有的缺陷。另外,音系推导理论离我们的语感和心理体验也较远。很难设想我们在将心理语言向表层投射时,认知上经历了那么复杂的语音过程。语音投射也应该存在缺省推理和抄近路的机制。然而,这在音系理论上似乎并没有受到重视。从理论上讲,语音的生成应该是一个简约高效的过程,而不应过于庞杂。

由于生成语法音系理论存在诸多缺陷,调和矛盾的更为先进的优选论理论就出现了。优选论继承了生成语法音系理论的制约条件理论,并做了两个方面的改进:

(1) 对制约条件体系做了进一步提炼,摒弃了较具体的规则或原则体系,保留完善了具有普遍意义的制约条件体系。

(2) 对制约条件的作用规则做了较大的调整,允许相互之间的冲突,并将冲突看成是语法的一种内在机制。同时,通过制约条件的排序解决条件之间的冲突。

这种改进完美解决了原来音系理论一直无法解决的冲突问题,从而使语音解释再次简化。因此,该理论一产生就具有强大的吸引力,很快发展起来,并得到世界各地语音学家们的注意,获得较大的成功。随后,该理论被句法学、语义学和语用学等借鉴,均获得不同程度的发展。

在生成语法中制约条件处于从属地位,仅仅作为触发或阻断规则使用。但是,优选论最大的不同就是将制约条件(constraint)从辅助性的位置变为最重要的核心位置,通过制约条件之间的交互(interaction)解释各种不同语言语法之间的差异。优选论认为世界上不同语言共享同一套制约条件,差异在于制约条件在具体语言中的重要性和排序不同。这种思想阐述了普遍语法到具体语法参数的变化,即与某种语言结合较紧密的相对具体的制约条件和部分普遍制约条件构成特定的核心部分,以及制约条件的等级序列。这样,世界上所有不同语言就在优选论的框架下获得完美统一,各种不同语言也就体现为制约条件组合和序列的不同。但是,并不是某个具体语言中所有的制约条件都会存在,实际上仅仅是选择了普遍制约条件集合中的一部分而已。

优选论认为制约条件的可违反性以及相互之间的对立是语言表层形式多样化的基础。制约条件的冲突实际上是认知上语言的规范性和变化性两种力量之间的竞争在语言表层上的反映。处于较高层级的制约条件相对于低层级的条件有着绝对的优先权(absolute priority)。低层次上的只能服从于高层次上的,这种思想被 McCarthy 称为“严格的优势层级”(strict dominance hierarchy)。这种思想是因制约条件之间的冲突而产生的。优选论认为,所有的制约条件都是可以违反的,所谓的合语法仅仅是违反低等级制约条件,相对而言程度较轻而已。从这个角度看,语法单位的合法度(grammaticality)也不是候选项的内在属性,而是依靠制约条件评估得出的相对结果,即合语法仅仅是个程度问题,并不存在截然界限。这也比较符合我们的语感。这些观点都是对生成语法核心观点的一种背叛。

生成语法认为制约条件之间的地位是平等且不可以违反的。它采用串行推导模式。语法的合法度是指通过对原则的改进而排除例外的情况。优选论除了认为制约条件之间地位不平等之外,还采用并行处理模式,将所有候选项一次性平行评估处理。这种处理方式就排除了串行推导的中间状态,在语言的表层进行所有操作,完全摒弃了生成语法的推导模式。其最大好处就是简化了语法的操作,使语法变得简洁完美。

优选论是语言表层操作的理论。它通过两类相互冲突的不同制约条件对语言的表层形式进行制约。忠实性条件保持语言输出与输入的一致性;标记性条件致力于使表层形式产生变化,强调语言输出与输入之间保持变化。这两种力量的竞争结果表现为语言表层形式的多样性。

优选论以世界上所有语言作为研究对象,阐述它们之间的共性条件,以及在此基础上的参数变化。因此,这种语法就天然地适合语言类型上的分析,既可以描写一组语言之间的联系,也可以预测自然语言中一些符合制约条件等级序列,但在语料中尚未看到的潜在语言结构类型,具有较强的类型学价值和语言结构的预测能力。

这样来看,优选论中既不存在所谓的原则,也不存在绝对而不可违反的制约条件。由于忠实性和标记性制约条件相互间冲突的特点,所有的表层结构都大量地违反处于不同层级位置的制约条件。优选论的目的就是将候选项集(candidate set)中具有不同程度制约条件违反的最低违反项选出来,即找出集合中的优选项(optimal output)。

1.2　优选论的理论发展模型

优选论是因语音问题而产生的,因此,在语音研究上获得较大的成就。后来,该理论延伸到句法学,也获得不俗的成绩。到了 20 世纪 90 年代,该理论被延伸到语义学和语用学领域,用来解释语言生成和理解的过程或理据。领域的发展对理论的挑战也更大。由此,优选论的理论模式也一直在变化。总体来看,优选论可分为两个基本模式:单项优选和双向优选。前者发展比较成熟,也经历了一系列的发展阶段,由早期的模式到后来的经典模式、扩展模式和概率优选模式;后者主要是由 Blutner 在其《自然语言理解中的一些优选问题》(*Some Aspects of Optimality in Natural Language Interpretation*)一文中提出的。后来,Jager 和 Zevaat 等从不同的角度对该理论模式进行修改并加以发展。但是,该理论目前来看并没有走向成熟,还处于检验和发展阶段。接下来,对优选论的几个重要发展阶段做一个大致的介绍和述评。

1.2.1　经典优选模式

经典优选论的运行程序非常简洁,主要由两个部分构成:生成装置(generator,GEN)和评估装置(evaluation,EVAL)。这两个部分都有输入和输出端。生成装置对语言材料进行加工,输出某种语言中可能存在的结构,再进入评估装置的输入端。通过制约条件等级体系的评估过滤,优选出最终的优选项(out candidates),如图 1-1 所示。

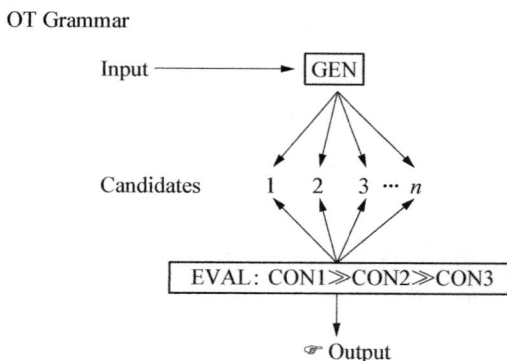

图 1-1　经典优选论的评估模式

图 1-1 中,几部分的形式化定义如下:

(1) 输入项集(Input):$I=\{i_1,\cdots,i_n\}$;

(2) 候选项集(Candidates):$K=\mathrm{GEN}(I)$;

(3) 优选项集(Out):$\mathrm{Out}=\mathrm{EVEL}(C,K)$;

(4) 制约条件集(Constraints):$C:K\rightarrow\grave{u}$;

(5) 生成装置(Generator):$\mathrm{GEN}:I\rightarrow K$;

(6) 评估装置(Evaluation):$\mathrm{EVEL}:(C,K)\rightarrow\mathrm{Out}\subseteq K$。

上面的六个部分中,第一个为集合;后面几个定义为函数。候选项为生成器的输出值;优选项集为评估器的输出值;制约条件为候选项集到自然数的函数;

生成装置为输入项集到候选项集的函数,自动生成最大限度的候选项集;评估装置为制约条件集和候选项集到优选项的函数。

Prince、McCarthy 和 McCarthy 认为 OT 是建立在一套完整可违反的制约条件集上的从输入到输出的函数。Rajesh Bhatt 把 OT 看成是从一个候选项集到另一个候选项集的函数。如果我们将制约条件内化到评估器中,那么可以将生成装置和评估器相结合构成一个复合函数:EVEL·GEN(I)=OUT,以表示优选的过程。

图 1-1 表示的是优选论的运行程序,在实际的现象分析中,优选论主要采用的是优选竞赛表,如表 1-1 所示。

表 1-1   经典优选论的优选竞赛表

	c_1	c_2	c_3	c_4
k_1			*!	
k_2		*!		

竞赛表实际上就是将候选项集中的成分放到制约条件等级体系中同时并行考察,从而将违反制约条件程度最低的选项确定为优选输出。这种表达方法非常直观。表 1-1 中的优先输出就是"k_1"。因为,其违反制约条件程度相对于"k_2"要低。

Prince 和 McCarthy 认为生成装置(GEN)是普遍语法的组成部分,是每种语言的固有成分。它的功能就是为特定的评估输入项集产生尽可能多的表层表达形式。从整个语言来说,这个候选项集是无限的。但是,从特定数量的输入项集产生的候选项集理论上是有限的。例如一个有 10 个元素的输入项,其产生的可能候选项集应该为"10!"个可能的组合;100 个元素就应该有"100!"个可能的组合;推而广之"∞!"个。从人类认知的短时记忆极限和语言表达的实际情况来看,不带标点和停顿的一句话超过 30 个词的很少。由此,语言中真正生成的候选项集合大多数是有限集,是可以穷尽的。这为优选论的一次性并行处理提供了可能性。

Prince 和 McCarthy 同时提出了生成装置的三个原则:

(1) 分析随意原则(freedom of analysis);

(2) 包含原则(containment);

(3) 语素信息一致原则(consistency of exponence)。

分析随意原则实际上就是前面提到的穷尽性原则,即生成器生成一个集合所能产出的所有成分。包含原则实际上就是忠实性条件要求的原则,即输出项中必须包含所有的输入项,不能在生成过程中删减。语素信息一致原则也是忠实性条件要求的原则,即保持每个成分输出前后意义和信息不变,从而保证输出信息为输入信息的完整反映。

优选论的制约条件是一套普遍条件,适用于不同的具体语言。但是,每种语言的情况差异非常大,这样这些制约条件作用于具体语言时,重要性并不相同。Prince 和 McCarthy 认为一种语言中的制约条件并不具有一致性,很多条件相互间是冲突的。解决冲突的方法就是采用严格优势层级。也就是说,严格的层级系统可以确保每次评估都会获得确定的解。这种经典优选论模式在语音研究上获得了巨大成功。

1.2.2 级差优选模式

经典优选论评估模式非常规整,简洁优美。但是,自然语言并不规整,处处都有例外情况,而且范畴之间的边界也不容易确定。因此,经典优选论和自然语言之间存在天然的不匹配问题,即用规整的模型描写、解释不规整的语言现象,从而带来了大量的无法解决的问题。尤其在句法和语义领域带来的挑战远远多于语音的问题。这使得优选理论对语言的描写能力产生了诸多的怀疑。最为典型的是同一个底层输入产生多个输出和多个底层输入对一个表层输出的问题。

关于一对多的问题,经典优选论只允许一个输出项成为优选输出。当语言中可以同时出现两个以上的优选输出时,这就违背了评估模式的基本要求,从而造成模型无法描写和解释。例如:

[1] 甲:麻烦你借给我 100 元钱,方便吗?

乙:a. 方便!

b. 可以!

c. 行!

d. 没问题!

e. 当然了!

例[1]中,面对甲的借钱请求,乙可以有 5 种回答方式,而且在汉语中都比较常见。这种现象在经典优选论中怎么处理?这是典型的一对多问题。显然,只允许一个输出项的经典优选论无法解释这里的多个输出问题。

关于多对一的问题,经典优选论只允许对同一个输入集合中的成员产出的候选项进行评估。当遇到来自不同输入集合产生的候选项时,经典模式也是没法处理的。例如:

[2] 甲：麻烦你今晚把英语词典借给我用一下，明天早上还给你，行吗？

乙：不好意思，明天我要考试！

这个例[2]，我们平常理解并没有什么问题。但是，如果我们把它放到经典优选论的框架中，就会出现无法产出的问题。因为，从乙语言输出的底层结构，并不会直接产出说出的话语。优选论并不能够找到这样的输入源，因为这个回答话语并不和深层命题结构处于同一个集合中。然而，经典优选论仅仅可以考察同一个集合的输出，从而造成这种句子无法解释的现象。

除了上面的两种典型现象之外，还有句法单位的隐现问题，如：

[3] 我的姐姐　　　　小王的书包

我姐姐　　　　　小王书包

[4] 第二的车间　　　初的二

第二车间　　　　初二

[5] 张先生的光临　　我的想象

张先生光临　　　我想象

例[3]表示定中关系的助词"的"可有可无；例[4]不能加"的"；例[5]"的"不能删除。优选论怎么解释？第一种现象，句子成分隐现自由，这实际上还是一对多的问题，只是与前面提到的情况不同而已。类似这种现象在语言中大量存在。所以，这是任何语法都必须解决的问题。优选论也必须给出有说服力的解释。显然，经典优选论无能为力。

Coetzee对经典OT语法提出了一种在不改变其核心思想和分析程式基础上的改进措施，主要包含两个方面：

首先，将经典OT中评估器对候选项集的二级分割改为多级分割，称为"等级序列评估模式"（rank-ordering model of EVAL）。这打破了优选项只可以有一个成分的限制，在一个具有梯级特征的候选项集合中可以允许多个候选项成为最终的优选项。只是，这些优选项的地位并不相等，处于最高等级的优选项为最优项，是系统缺省优选项。处于第二位置的为次优项，语言中也是可以见到的，只是在使用频率上相对没有最优项高。余者以此类推，从而形成了一个输出项的等级序列。

这个序列对应于经典OT的单一输出项。这种思想实际上是对经典OT评估结果的重新解释，将原来经典OT语法忽视的认为无须考虑的信息重新捡起来加以运用。这种对评估器功能的扩大很好地解释了语言的变异现象，即一种内容或思想对应多个形式的问题，也很好地解释了词语或短语等的固化判断问题。这种改进的最大特点就是放弃了经典优选论中输出项的单一性设定，转变为一个梯级模式。这样,语言中的候选项之间的差异就不是本质上的不同,而是量的程度差异。显然,语言中很多时候都属于接受度的量的差异。这种变化从哲学上看,就是将离散范畴变为原型范畴。我们的语言本质上就具有原型性。

其次,扩展了评估器的评估能力,将原来只可以评估来自同一个输入项的候选项集扩展为可以评估来自不同输入项集的候选项。自然语言的实际形义匹配中,很多时候输出的形式和要表达的内在思想之间相差较远,根本无法做到忠实性的对应。这就意味着一个话语的输出形式可能与这个话语所代表思想的输入形式之间没有多大的关系。如果我们仅仅将评估器局限于同一个输入项,即话语思想命题的原型匹配项,那么也就意味着生成器生成的候选项集都来自这个原型匹配项。显然,其结果就是实际的评估中有大量的话语根本没办法找到对应的优选输出,或者反过来一个优选输出找不到一个对应的输入项。因为,这个最终的输出项可能并不来自这个命题的原型匹配项。这显然给 OT 语法造成了不小的挑战,也有违 OT 语法的精神。但是,如果我们将评估器的评估能力扩大到可以评估任意来源的候选项,显然就解决了这个矛盾。图 1-2 显示了两种OT 语法评估模式的差异。

经典 OT 评估模式:2 级   级差 OT 评估模式:等级序列①

$$\{k_1\}$$
|
$$\{k_2, k_3, k_4, \cdots\}$$

$$\{k_1\}$$
|
$$\{k_2\}$$
|
$$\{k_3\}$$
|
$$\{k_4\}$$
…

图 1-2 两种 OT 评估模式

这种 OT 语法的柔性处理方式实际上更适合语言的实际情况。在自然语言中,一个意义多种形式,或者一种形式多种意义应该是一种常态。任何成熟语法理论都必须要解决这种现象。通过这两个方面的扩展,模型大大地放宽了优选论评估的评估能力,使之与自然语言的模糊性相匹配,显然这是一个重要的进步。

1.2.3 概率优选模式

Coetzee 发展了等级序列评估模式,并通过频率和反应时间的参项将之运用

---

① 这里的表达与 Coetzee 的表达视角不同。他的侧重于评估,这里侧重于结果。

于解释语言的变异现象和词语固化的判断。这种等级序列模式能够解释一个候选项集合中不同候选项之间的相互依存关系，以及为什么一个候选项会比另一个候选项出现频率更高的问题。

但是，该模式并没有发展出一种技术手段去解释一个等级序列为什么在不同环境下优选出了具有不同移情值的候选项，而不是最高移情值的候选项。也就是，语言中自由变体依语境而变化的问题。一个好的理论不仅仅能够描写话语，也能够解释这种话语产生的动因和过程。然而，这正是 OT 理论薄弱的方面。概率优选论（probabilistic optimality theory）在这方面做了多方面的努力。

语言学理论源于西方，而西方历来有数理的传统，用逻辑和概率研究语言也是语言学的传统。杨军认为："20 世纪 60 年代以前，语言学研究中占主导地位的是基于统计分析的概率性研究。但此局面被 Chomsky 所倡导的生成语言学所改变。"后来，优选论的发展遇到了一系列的严重理论问题，迫使该理论不断改进其评估模式。概率优选论就是在这样的背景下产生的。

概率优选论有一些理论前提，主要如下：

（1）语言是人类认知系统的一部分。

（2）认知就是对输入进行表征，就是符号化表征的建构和处理，也即编码。

（3）某些语言结构直接在认知系统中进行编码，有些则只是间接地在认知系统中获得编码。

（4）言语产出概率可以同时受多层表征的制约。

（5）由于输入信息包含噪声，且认知资源有限，人类认知是对有限认知资源优化利用的概率性过程。

在这个认知前提下，概率评估模式将优选的输入（I）和输出（O）看成是一个概率函数"$P(o_i) = G(I, O)$"，这里"$o_i \in O$""$i_i \in I$""$0 \leqslant P(o_i) \leqslant 1$"。"$G(I, O)$"是一个概率函数，输出值为对偶（$i_i, o_i$）的概率值。计算概率值大小的依据为对偶（$i_i, o_i$）违反制约条件的程度，表示为"$c(i, o)$"，这里"$c \in C$"。这样，当一个认知输出存在多个输入输出对时，相互之间就存在一个概率的差异。通过"$c(i, o)$"计算，具有最高概率的即为优选输出。接下来看看概率优选模式对语言中自由变体问题的处理。这部分主要来自杨军的介绍。

1）层级不确定理论

这个理论是由 Anttila 提出的。其核心思想就是让某些制约条件之间的层级关系不确定（non-ranking）。制约条件之间层级关系不确定定义的表述如下：

如果 $A: c_1 \gg c_2 \gg c_3$，并且 $B: c_3 \gg c_2 \gg c_1$，那么

$A: c_1 \gg c_2 \gg c_3 = B: c_3 \gg c_2 \gg c_1 \approx 33.33\%$，则

c_1，c_2，c_3 边界不确定。

这种情况下，如果这三个制约条件在一个层级体系中处于低等级，则对整个优选的结果影响不大。因为决定优选结果的主要是处于高层的制约条件。但是，如果它们处于高层级，这三个制约条件支配的候选项在层级上则处于相同的位置，或者说层级不分明。这时，它们就可以同时在语言中出现。这说明了，制约条件层级的模糊会导致与这些制约条件相关的候选项层级的模糊，最终影响候选项的输出。

理论上讲，这种处理确实可以解释部分问题。但是，有些输出还是没法解释。比如，同时可以输出的两个候选项在使用频率上差异较大，一个出现率为80％，另一个为 20％，这就不是简单的层级模糊问题了；再有，两个频率不对称的候选项在一个特定的环境下，出现频率低而不是高，也是该理论无法处理的。从本质上看，这个理论依然是一种静态的理论。

2）随机域值分布理论

层级不确定理论可以解释语言的多项输出问题，但并不能够解释在何时何种环境下输出哪一个候选项的问题。也就是，该理论无法解决在线动态合成输出的问题。杨军提出："Hayes 和 McEachern，Boersma，Boersma 和 Hayes 对 Anttila 的理论进行了改进，提出每个制约条件不是只有一个固定值而是有一个取值范围，称为'层级量表'（ranking scale）或'严格性带'（strictness band）。其取值（ranking value）分布是概率性随机分布的（stochastic）。我们可以将该理论命名为'随机域值分布理论'。"

随机域值分布理论实际上是前面层级不确定理论的发展，后者仅仅是前者的一个特例。其基本思想为每一个制约条件 c_i 不是取点值，而是存在一个取值的范围。范围可以看成是样本空间，其内的值是随机变量。不同的制约条件之间在样本空间上具有三种关系：① 完全不重叠；② 部分重叠；③ 全部重叠。第一种情况的优选结果不存在多选问题，因为制约条件之间不存在交集，也就没有模糊性；第二种和第三种都存在多输出的问题。不同在于，第二种还可以确定制约条件之间的关系，也就是还可以确定最后的输出项为哪一个；第三种就完全无法确定，无法决定最后的输出项。第三种情况就是前面的层级不确定理论描述的情况。

在不完全重叠的情况下，多输出项的最后单一确定取决于与这几个输出项相关的制约条件的概率值。概率值大小的变化会造成制约条件之间统治关系的改变，进而造成候选项排序的变化，影响最终的输出结果。这种机制如图 1－3所示。

图 1-3 中 c_1 本身统治 c_2，但如果两个随机变量取值 c_2 在 a 点并且 c_1 在 b 点，那么 $P(a) > P(b)$，从而得出 $c_2 \gg c_1$。

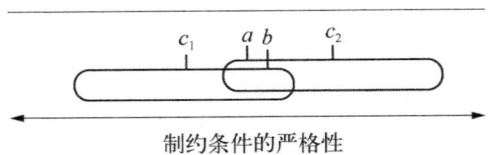

图 1-3　随机域值分布评估机制

根据该理论，每一个制约条件的取值都符合正态分布，有一个中心取值，概率值最高，到边缘概率值就下降。这个理论的核心就是制约条件 c 的概率值确定问题。实际上这含有两个部分：默认的概率值和环境中的实时加权部分。转变成公式即为 $v = r + sz$。这里的 v 为制约条件的取值；r 为默认值（即默认排列位置）；s 为常量；z 为随机噪声变量。但在实际的运算中，r 并没有具体值，只有一个相对确定的位置。所以，我们可以通过相邻制约条件之间的比较确定位置的先后次序，即等级的高低。一般是采用求差法，即 $v_i - v_j$。如果二者之差大于零，则 $c_i \gg c_j$，否则 $c_j \gg c_i$。

实际上影响在线评估的不仅仅是噪声，很多因素都可能影响输出结果。例如 Boersma 和 Hayes 把言语风格也作为一个变量加入评估中，并将其整合到概率计算公式中，即"概率值＝默认层级＋风格敏感度＋噪声"。需要注意的是该理论仅仅是语音生成的理论，并没有扩展到句法或语义、语用的领域。一旦涉及语义或语用，其复杂程度相比较语音要复杂得多。

3）最大熵 OT

熵是对不确定性的一种度量，或者说是对概率分布偏态的数量化。杨军认为最大熵 OT 是 Goldwater 和 Johnson，Jiger，Fischer 提出的。他们认为系统评估并不遵守正态分布，而是偏态分布。评估过程构成马尔科夫链。因而，这种评估也被称为马尔科夫评估。这种评估把输入集（I）和输出集（O）做了笛卡尔积映射，即 $I \times O$。例如，输入集中有 10 个元素，输出集中有 10 个输出，则结果有 100 个有序对 i, o，并且每个有序对都有一个概率值。它们最大熵概率的计算公式就为

$$H(p) = \max\{H(p) \mid p \in P\} \tag{1-1}$$

从语音上来讲，影响最终结果的熵有三个变量，即制约条件（c）、随机噪声变量（z）和默认排列位置（r）。因而，就可以求联合概率分布 $P(c, z, r)$，OT 最大熵语音概率计算公式为

$$H(c, z, r) = H(c) + H(c \mid z) + H(r \mid z) \tag{1-2}$$

最大熵优选评估相对其他模式来说具有更大灵活性，也更符合语言的实际

表现。比如某一候选项对某一个制约条件过度违反，就会造成一种偏态现象，从而使该制约条件偏离制约条件的层级体系，受系统的影响较弱，概率大大降低。与前面的随机域值分布理论一样，这里介绍的也就是运用于语音领域，还没有向句法、语义和语用方面延伸，原因可能是多方面的。

1.2.4　双向优选模式

不管是经典的 OT 语法，还是后来 Coetzee 在 2004 年对它的改进，都是一种从生成角度考察语言优选规律的语法，并不涉及语言的理解。这样的模式基本上都是一种语言的静态探索，很难真正动态化，与语境关联。因此，对于一些复杂的语言现象，很难用这种模式处理，比如句法歧义、一些不规则特殊现象以及语言中的活用等。

如果将优选放到具体的言语环境中，语言的生成过程就会有意识或无意识地考虑到听者的理解情况，从而使得话语的听者也变成了制约话语生成优选的因素之一。这种思想就真正地将优选论带到语用领域，形成了优选论的一个重要研究领域，即语用优选。这使得优选论研究覆盖了语言研究的所有范畴，成为一个具有强大描写和解释力的语言学理论。

理论上看，如果将听者考虑进优选论的理论模型，那就得既考虑说话者的优选输出，又考虑听话者的理解优选。很明显，理解的优选机制与生成的优选机制是不同的。前者主要是将深层话语意图的意义阐明，通过优选将最佳形式映射到语言的表层结构；后者通过优选将话语的表层结构映射到话语的深层结构和心理表征。这是两个完全相反又有关联的过程。如果将之关联起来，我们就获得了双向优选的思想。

最早提出双向优选思想的学者是 Blutner。他认为："OT 仅从某一角度出发处理自然语言的理解问题是不行的。单向性优选过程，不足以解释自然语言中的各种现象。如果要使 OT 更好地适合于处理自然语言的解释问题，就必须从语言的产出与语言的理解两个角度同时出发。"

Blutner 指出，双向优选的思想，事实上早已存在于 OT 对语言产出过程的分析之中。Prince 和 Smolensky 提出的"词库优化原则"就是从底层和表层两个方面对词库语言形式进行的优选过程。Zipf 指出，在语言领域存在着两种力量——单一化（unification）力量和多样化（diversification）力量。Horn 把这一思想与 Grice 提出的"合作原则"结合起来，提出了两条重要的语用原则：一条为R-原则，即只说必须说的，说得越少越好，最大限度地满足说话人的充盈性；另一条是 Q-原则，即立足于听话人，能说多少说多少，话越清楚越好，最大限度地满足听话人的经济性。前者要求说话人的表达简短,而后者则满足了听话人对信息的理解和接受的要求,也就是要求话语易于理解,越清楚越好。这样,一方面要求表达简短,而另一方面则要求越清楚越好,形成了彼此相互冲突的两股力量。

Blutner 等用 I-原则来代替 R-原则。I/R-原则是从说话人的角度追求最大限度的省力;Q-原则是从听话人的角度追求最大限度的省力。前者要求形式越简洁越好,因而优选出形式和意义之间的最佳平衡;后者要求句子越复杂越完整越好,这样理解起来就越省力。生成和理解在机制上不仅仅相反,语言形式上也是处于矛盾竞争的状态。前者优选出最佳的形式;后者优选出最佳的意义。这两者看似分离,其实是关联的,优选出最佳形式必须考虑听者的理解接受度,也就是考虑所说出的话语在保证简洁性的基础上,尽可能不会使听者在理解上产生障碍,这样就使得话语输出优选与听者关联;优选出最佳意义也是一样的,就是在理解话语形式时,考虑到说话者的话语意图,从说话者角度权衡为什么言者采用当前形式,而不是听者认为的形式。这样,话语理解优选也就与话语的生成优选关联起来了。

由此,Blunter 等提出了强版本(strong version)的双向优选分析模式:

(Q) (f, m)满足 Q-原则,当且仅当生成器中没有其他组合(f′, m),使得(f′, m)<(f, m);

(I) (f, m)满足 I-原则,当且仅当生成器中没有其他组合(f, m′),使得(f, m′)<(f, m)。

一对"形式-意义"组合(f, m)最优,当且仅当其产生于生成器并且同时符合Q-原则和 I-原则。

这里,f 表示语言形式,m 表示话语意义,<表示"比……付出少"或"比……更和谐"。这种优选模式如图 1-4 所示。

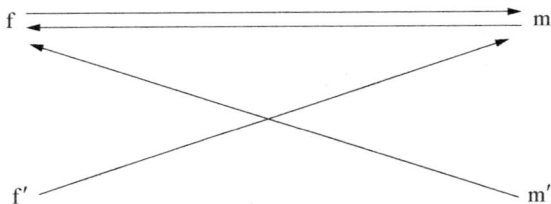

图 1-4　强版本双向优选分析模式

在这种绝对的强版本双向优选分析模式中,(f′, m)和(f, m′)均为单项优选过程,并没有找到回路,也就是 f′选择了 m,但 m 并没有选择 f′;相反,m′选择了

f,但是 f 并没有选择 m′。只有(f, m)才构成了双向的优选。这种优选之所以绝对,就是只存在一种输出的可能,排除了其他候选项的输出。显然,这种模式过于严格。例如英语的比较级形式"more"和"_er"。如果按照这里的模式,比较级仅仅可以输出一种形式,即语言中只能够有一个形式,但实际上有两个形式,而且都用得很频繁。这就是无法表达和释义的问题。前者就是一个意义找不到输出形式;后者就是一个形式没有对应的意义输出。因此,这种模式尽管非常优美,实用性却并没有所想象的那么强大。例如 McCawley 举了一个非常典型的例子:

[6] a. Black Bart killed the sheriff.

b. Black Bart caused the sheriff to die.

这里例[6]中 a 和 b 都是表示杀人。不同的是,例[6]a 是一种直接的无标记简洁形式,动词"kill"直接带宾语;例[6]b 虽然也是表示杀人,但是婉转的复杂形式。如果按照强双向优选形式就不会出现 b 这种形式,因为其复杂的形式找不到可以双向匹配的意义;其复杂的意义也找不到可以双向匹配的形式。这显然不符合语言的实际情况。在实际的言语交际中,一个意思两种或多种说法的比比皆是。

正因为如此,Blutner 提出了弱版本(weak version)的双向优选分析模式(见图 1-5),用来弥补强版本的缺陷:

(Q) (f, m)满足 Q-原则,当且仅当生成器中没有其他组合(f′, m),满足 I-原则,使得(f′, m)<(f, m);

(I) (f, m)满足 I-原则,当且仅当生成器中没有其他组合(f, m′),满足 Q-原则,使得(f, m′)<(f, m)。

一对形式-意义组合(f, m)是超优的,当且仅当它同时符合 Q-原则和 I-原则时。

Jager 指出,强版本中的优选项可以是弱版本中的超优选项,但弱版本中的超优选项不能是强版本中的优选项。因此,弱版本为我们提供了寻找其他超优选项的契机。

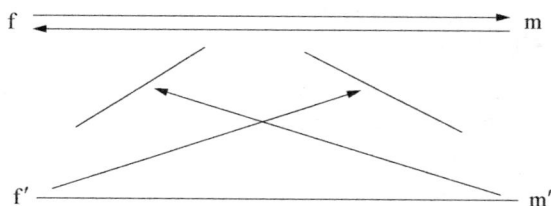

图 1-5　弱版本双向优选分析模式

这种优选模式和上面的区别主要是增加了优选输出,使得复杂形式也可以找到与其匹配的复杂意义,即(f, m)和(f′, m′)形式。前者称为"绝对双向优选";后者称为"相对双向优选"。这种优选模式也与 Horn 的语用分工相匹配,标记形式匹配标记意义,非标记形式匹配非标记意义,即复杂形式匹配复杂意义,单纯形式匹配单纯意义。这种模式可以合理解释上面例[6]的输出和匹配。

双向优选模式也存在一些不足,主要如下:

(1)语言中形式和意义的匹配并不一定就是单项或双项,也可能是三项以上。那么,这种情况该如何处理,显然这种模式无能为力。

(2)这里的双向优选只考虑到言者和听者的心理推导和猜测的过程,并没有考虑到其他环境因素对优选的影响。比如交谈双方的身份和职业,周边的环境和事件等,而这些都会影响话语的在线处理(优选过程和输出)。

(3)这种模式只考虑了简单对简单、复杂对复杂的这种规整对称的形式。实际语言很多时候是不对称的,比如一对多和多对一的情况。这样的情况无论是强版本还是弱版本都无法处理。

(4)还有一种特殊形式,语言形式缺损。这并不是常规的优选输出评估,也不是这个模式所能够处理的。

(5)还有一些习惯表达的输出,机制上与常规的优选不同,也是这个模式难以处理的。

正是有上述诸多问题,这种模式虽提出来了,但并没有得到很好的发展,只是为语用环境下语言的优选提供了一条可供探索的思路。由于先天的不足,其未来的发展也显得扑朔迷离。

综上所述,到目前为止所有的理论模式都存在问题,也不够成熟。优选论最成功的地方就是对语音生成的分析。这方面的论述也最多,至于句法、语义和语用尽管有诸多学者的努力,其路途仍还非常遥远。

1.3 优选论的理论预备

1.3.1 优选论的基本观点

这里部分参考了 Rajesh Bhatt 的阐述。一般来看,优选论主要由以下几个部分构成:

1)输入集合(I)

根据优选阶段、目的或范畴的不同,有不同的输入集合。例如语音优选主要是将一些音素或音位作为输入项;句法上主要是一些词或类词的单位等;语义上主要是意义和形式之间的匹配问题,意义作为输入项;语用上主要以话语意图作为输入项。在不同的语言范畴中输入项的性质和复杂程度都是有差异的。

2) 生成函数(GEN)

主要给输入项生成一个候选项的集合,供评估器选择。理论上说,不同的语言范畴和语言生成不同阶段的 GEN 函数是不同的。但是,目前为止还没有学者讨论过该函数本身的性质和内部的机制。所以,这个部分还是一个暗箱,一个非常值得讨论的领域。

3) 候选项集合(K)

文献中一般用"CAN"表示,是一个开放的集合。根据评估对象的不同,这个集合可以是有限的,也可以是无限的。其数量由输入项的性质和数量决定。

4) 制约条件(C)

这是优选论的核心部分,是对候选项评估的依据。不同制约条件作用于候选项会得出不同的结果。而且,它们之间是相互独立的。优选论就是采用一套相关的制约条件对候选项集进行评价并最终得出优选项。

5) 制约条件等级序列

这个和前面的制约条件一起是优选论的核心部分。优选论通过等级序列将制约条件关联起来,通过相互之间的竞争和排序确定制约条件的优先级。进而,OT 可以在制约条件冲突的情况下,确定哪个更为重要。后来的并行处理模式基本上采用 Prince 和 McCarthy 提出的制约条件的严格优势层级体系,即处于高层的制约条件具有绝对的优先性,低层的必须绝对服从。优选论通过这种方式解决语言规则的冲突和不典型问题。

6) 评估函数(EVEL)

这个主要是把候选项集中的成分通过制约条件的等级体系过滤,将剩下的候选项映射为评估结果。经典的优选论评估结果只有一个候选项。后来的扩展模式可以输出多个具有级差关系的候选项。

优选论在对候选项进行评估时,有两种计算方式:加权评估(weight evaluation)和严格统治评估(strictness of domination)。加权评估就是在评估过程中设置统一的加权值,这种值在不同制约条件下都是一样的,类似于价值理论中的价值。这种理论有一套制约条件 $(C = \{c_1, \cdots, c_n\})$ 和一套与制约条件配套的权重 $(W = \{w_1, \cdots, w_n\})$。然后,这两者结合,对一个候选项集合 $(K = \{k_1, \cdots, k_n\})$ 进行评估,最终得出优选项。其评估模式为

$$f(k) = w_1 \cdot c_1(k) + \cdots + w_n \cdot c_n(k) \qquad (1-3)$$

这里的 k 为候选项集合 $\{k_1, k_2, \cdots, k_n\}$。候选项集合中的最后优选项 k_i 一定满足"$\forall k_j [k_j \neq k_i \rightarrow f(k_i) < f(k_j)]$"。例如制约条件如下：

(1) C_1：说话时，需要遵守 c_i 规则，与 c_i 相关的权重值为"1"。

(2) C_2：说话时，需要遵守 c_j 规则，与 c_j 相关的权重值为"3"。

存在两种情况：一种是制约条件 c_1 和 c_2 各违反一次的情况；另一种是 c_1 和 c_2 违反次数不同的情况。先看前者的加权计算：

$$k_i = \{c_1 = 1; c_2 = 1\}$$
$$f(c_1) = 1; f(c_2) = 3 \qquad\qquad (1-4)$$

制约条件违反数是一样的，但是两者的权重不同，即"$f(c_1) = 1$；$f(c_2) = 3$"，所以 $c_1 < c_2$，c_1 就是优选输出。

再看后一种情况的加权计算：

$$k_i = \{c_1 = 6; c_2 = 3\}$$
$$f(c_1) = 6; f(c_2) = 9 \qquad\qquad (1-5)$$

制约条件违反数为 $c_1 = 6$；$c_2 = 3$，把违反数各自乘上权重，得出 $f(c_1) = 6$；$f(c_2) = 9$，所以 $c_1 < c_2$，c_1 就是优选输出。

这种优选模式属于弹性模式。我们事先确定制约条件的权重，评估时将权重和制约条件的违反数合并计算，从而确定候选项的优先级。这样，一个候选项如果违反等级较低的制约条件次数较多，且合并权重后超过了另一个高等级制约条件候选项合并的权重值，则后者即为优选项。这种算法实际上就是计算最后的综合值。最小值为优选输出。

OT 的另一种算法被 McCarthy 称为严格统治。该模式取消了权重部分，并且实行严格的等级制度。高等级的制约条件对低等级的有绝对的优先权。在这种情况下，假如 c_1 等级高于 c_2，那么，与 c_1 相关联的 w_1 一定高于与 c_2 相关联的 w_2。当一个候选项 k_i 违反了 c_1，另一个 k_j 违反了 c_2 时，那么 $k_j < k_i$，即 k_j 比 k_i 更和谐。后来的 OT 语法基本上遵守这种严格统治的规则，并且将串行的推导模式改为并行的处理模式。

不同的优选论模式对候选项性质有不同的定性。经典模式中候选项集合 (K) 通过 Eval 评估，将之分为两个子集：优选项和失败项。前者只有一个成员，为独元集；后者是集合 (K) 中除优选项之外的所有元素的集合。这种模式也称为二级模式，即将候选项集合分为二级单位。可以表示为

$$K = \{优选项 \cup 失败项\} \qquad\qquad (1-6)$$

扩展的优选论模式是由 Coetzee 提出的，是对经典模式的改进，将只有二级的模式改为多级的模式，也就是梯级形式。这样，优选论的评估输出就不是一个二级单位，而是一个候选项的序列，本质上依然是候选项（K）的完整集合。与候选项集合不同的是，这是一个序集，集合内部的成员存在着等级上的差异。这种差异的理据来源于候选项某方面的属性。在这种模式下，输出项并不唯一，而是所有候选项，只是各个选项之间在属性程度上存在差异而已。可以表示为

$$K = \{k_1, k_2, \cdots, k_n\} \tag{1-7}$$

在实际评估中，并不是每个候选项 k_i 都具有差异，有的候选项之间尽管意义不同，但在某个属性上并不具有差别。这样，在该属性的分等中就被归入同一个等级，形成了一个等价类。为了取得研究上的一致性，我们可以将没有并列项而只有一个成分的等级也称为等价类。这样就获得了级差序列的一致性。我们可以将这种通过评估获得的序列称为候选项等价类的序列，从而把候选项集合和输出项集合区别开来。前者是候选项的集合，后者是等价类的集合。

1.3.2　优选论认知上的普遍性理据

随着 20 世纪认知科学的发展，特别是联结主义的神经网络理论及并行分布式处理的发展，整个语言学研究都产生了较大的影响。语音方面出现了认知音系学、和谐串行音系学和优选论等。语法上出现了认知语言学理论。可以说，认知科学对语言研究的影响是全方位的。就传统的音系学理论来看，运用规则有序推导的模式在某种程度上并不符合人类的认知机制。科学研究已经证明人类的认知运算是联结主义的并行分布式状态。这样就可以快速地一次性处理大量数据，同时具有较强的容错能力。这是缺省推理的基础。显然，传统、复杂的推导过程不符合我们的实际感知。随着理论问题的积累，抛弃这种模式就成了大势所趋。

OT 语法的并行交互式处理方式在某种程度上接近认知联结主义的理论。因而，它与人的认知模式更为接近。人类的语言运行机制，无论是语音的输出、词汇选用、句法的选择以及语态、情态等话语成分的组配等，都是一种因某方面的原因而顺应的结果。其核心都是一种优选的过程，也就是在特定情景下选出最优的成分作为输出。这种选择是多方面因素权衡交互的一次性并行处理过程，而不是一步步的推导过程。因为在短时间内人脑根本无法做出这种推导。

多方面因素权衡交互和 OT 的制约条件的交互过程很相似。所以，OT 语法具有很强的认知理据，是人类普遍认知推理模式在语言上的反映。

然而，OT 的这种普遍性申明也经不起仔细推敲。这主要从两方面看：

第一，OT 语法认为，所有语言的底层输入都是一样的。OT 的生成器具有开放性质，其生成能力不具有任何的限制。由此，生成器强大的生成性可以生成包含世界上任何语言的候选项集。这就是底层相同思想的理据。不同语言的区别在于选取候选项的子集不同。随之而来的问题就是，这个不同语言的候选项子集到底是怎么确定的，显然这与制约条件集合无关。退一步理解，如果说不存在不同语言是候选项集合的子集，则意味着所有语言又共有同一套候选项集合。这时，所有不同语言之间的差异，以及同一个语言内部的差异全部由制约条件来处理。理论上讲，这是可以成立的。实际的问题是，这种语法每得出一个句子，需要的计算量是惊人的，不要说人类的大脑了，就是计算机处理，恐怕也是个问题。然而，我们的实际经验告诉我们，平时说话并没有太多的付出和选择。这就说明 OT 语法生成器的理论不太符合认知的理据。

第二，OT 语法强调普遍性，是普遍语法。这说明它会用同一套理论和技术处理所有的语言。为了适应不同语言，语法中会有大量的具有级差关系的制约条件。而且，这些制约条件需要随时激活。不管是运用部分的制约条件或者全部的制约条件，OT 要做的是用所有选择的制约条件一次性并行处理所有的候选项。例如，假设现在有 A 语言，我们已知有 1 000 个具有级差关系的制约条件，另外有 100 万个候选项，则 $1\,000 \times 1\,000\,000 = 1\,000\,000\,000$。这简直是一个天文数字。更为糟糕的是，根据 OT 生成器的普遍性原则，任何语言的候选项集合都是一个无穷集。这样不管制约条件数量是多少，评估的数据都是无限的。这样分析，显然就会得出一个矛盾的结果：我们任何的一次评估都是一个不完全的数量巨大的评估，既不可靠，也是一个难以完成的任务。我们的大脑究竟如何在瞬间处理这些数据。不管并行处理多么有效、合理，面对无限的数据也不可能在短时间得出有效的数据。

实际情况恰恰相反，我们可以轻松地瞬间获得结果。显然，这就说明并行处理模式也不符合认知基础。因此，优选论的支持者常常批评生成音系的串行推导没有心理现实性，殊不知串行推导常常几步即成，而优选论的操作过程却宏大得多。此外，优选论理论放弃串行排序，因而不得不引进一些强有力的装置如和应理论来处理由此导致的问题。但是为什么要选定一个既非输入项又非输出项的第三种形式来影响优选输出项，这一非优选项从何而来，和应理论实际上并没有现实存在的基础。

1.3.3　优选论的形式化方法

1.3.3.1　经典优选论的形式化方法

Samek-Lodovici、Prince 和 Prince 认为,优选论的制约条件可以看成是候选项集合到候选项集合的函数,可以表示为

假如 $c \in C$,那么 $c: \phi(K) \rightarrow \phi(K)$。

假如制约条件 c 应用到"$A \in K$",那么

$$c(A) = A_i,$$

s.t. （1） $A_i \in A$。

（2）等价类 A_i 中所有成分,相对于制约条件 c 都平等地是优选项。

（3）等价类 A_i 中所有成分,相对于制约条件 c 都比 $A - A_i$ 中的成分更优。

这种观点实际上表明了优选论的输出是一个集合。只是,这个集合在特定制约条件等级序列下不具有区别性。这体现了两点:

第一,需要重新定义传统文献中的优选论的输出只可以是一个成分的表述。这个成分是个类成分。这意味着,语言中可以同时出现两个以上的交替成分。这是符合语感的。

第二,所有的等价类都是在一定制约条件等级体系下的等价。当制约条件等级进一步细化,增加新的条件时,可能原来的等价类就不再等价了。

优选论的评估器同样是一个由候选项到候选项的函数。所不同的是,它的内部制约条件也具有严格的等级关系。对一个候选项集合的评估,是通过若干个制约条件之间的交互实现的,可以表示为

让 $C = \mid c_1 \gg c_2 \gg \cdots \gg c_n \mid$,则

$\mathrm{EVAL} = \phi(K) \rightarrow \phi(K)$,其中,

$$\mathrm{EVAL} = (c_n \bigcirc \cdots c_2 \bigcirc c_1)$$

即　　　　　　$A \subseteq K$,$\mathrm{EVAL}(A) = (c_n \bigcirc \cdots c_2 \bigcirc c_1)(A)$
$$= (c_n(\cdots(c_2(c_1(A)))))$$

例如,现在有一个候选项集合 $A \subseteq K = \{k_1, k_2, k_3, k_4, k_5\}$,并且激活了一个制约条件的等级序列 $C = \mid c_1 \gg c_2 \gg c_3 \mid$,假设它们的评估结果如表 1-2 所示。

表 1-2   制约条件等级序列 C 下的优选竞赛表

	c_1	c_2	c_3
k_1	*	*	
k_2	**	*	*
k_3	*	*	**
k_4	*	**	
k_5	**		**

注：表中 * 号是候选项违反制约条件的标识，违反一次就一个 * 。OT 语法中的专用符号。

那么，获得这个结果的评估过程为

a. $A_1 = c_1(A) = \{k_1, k_3, k_4\}$；

b. $A_2 = c_2(A_1) = \{k_1, k_3\}$；

c. $A_3 = c_3(A_2) = \{k_1\}$。

从而，我们可以得出评估结果为 A_3，即输出项。这种过程可以表示为

$$K_{\text{outcome}} = (c_3 \bigcirc c_2 \bigcirc c_1)(A)$$
$$= c_3(c_2(c_1(A)))$$
$$= \{k_1\}$$

从这个评估过程中，我们可以得出这样的一些结论：

（1）这种模式通过评估，只将候选项集合（K）分为优选项集合和失败项集合两层。

（2）这种评估并不是每个制约条件都应用于所有的候选项。每个制约条件仅仅作用于相邻的高等级制约条件评估后的优选项。例如上面例子中的 c_2 只作用于高它一级的制约条件 c_1 的评估优选项"k_1，k_3，k_4"。失败项"k_2，k_5"并不需要评估。如果我们不采用这种串行的一个制约条件接一个制约条件的评估方式，就不符合 OT 语法的基本精神。另外，这种评估只体现一个结果，即优选项（等价类），评估过程看不到，只看到一个复杂的函数表达式。

一般来说，确定一个候选项集合中的最优项，大多数要用评估器（EVAL）中的所有制约条件评估完所有的候选项。如果有多出的制约条件没有用处，则说明制约条件系统有冗余成分，需要精简。这属于制约条件过度激活。与之相反的情况是制约条件激活不足。这会导致输出结果等价类过大，语言单位的区分性较差，或者不具有区分性。这也失去了评估的意义。

合适的评估是尽量分化候选项。其结果是每个候选项都有一个相对于其他

候选项的相对位置，从而整体表现为一个序列。这样，完整的评估过程可以抽象为

    a. $A_1 = \text{EVAL}(A)$；

    b. $A_2 = \text{EVAL}(A - A_1)$；

    c. $A_3 = \text{EVAL}(A - A_2 - A_1)$；

    d. $\cdots$；

    e. $A_n = \text{EVAL}(A - A_{n-1} \cdots - A_2 - A_1)$。

最后，模型得出了一个相对的输出级差序列：

$A_1 > A_2 > \cdots > A_n$，并且 $K_{\text{outcome}} = A_n$。

这里的大于号表示后面的比前面的成分更和谐。真正的评估过程比这里介绍的要复杂。

前面的讨论基本上是从候选项说起的。真正的评估是从输入项（input）开始的。这样，完整的评估过程可以表示为

设 $C = |\, c_1 \gg c_2 \gg \cdots \gg c_n \,|$，

Input：I，

CAN：K，

GEN：$\text{Input} \to K$，

C：$K \to K_{\text{outcome}}$，

则

EVAL：$\text{Input} \to \phi(k)$，即

$$\text{EVAL} = (c_n \bigcirc \cdots c_2 \bigcirc c_1 \bigcirc \text{GEN})，$$

作用于输入项中的元素 I，则

$$\text{EVAL}(I) = (c_n \bigcirc \cdots c_2 \bigcirc c_1 \bigcirc \text{GEN})(I)$$
$$= (c_n (\cdots (c_2 (c_1 (\text{GEN}(I))))))$$

从这种评估方式看，该模式只能评估来自同一个输入集的生成项，对于不同来源的候选项形成的并集并不能处理。

1.3.3.2 扩展优选论的形式化方法

1. Moreton 和 De Lacy 等对经典优选评估的改进

Moreton 提出了一个不同的评估构想。在他的模式中，评估失败的集合中成员之间的关系信息被重新提出并加以利用。遗憾的是，他最终还是回到了双层结构，并没有扩展出新的模式。然而，他清晰地阐述了制约条件的性质，认为

制约条件是一个从候选项集到自然数 $\dot{u}$ 的函数。制约条件作用于单一的候选项，将它映射到自然数，这个数就是特定候选项违背特定制约条件的次数。这种性质实际上暗示着每个制约条件作用于每个候选项。这种遍历的思想和前面的经典 OT 模式就有着很大的差异。在经典模式中，若高阶制约条件淘汰了候选项，则后面的制约条件就没有机会进行评估了。Moreton 的每个制约条件遍历所有候选项的模式使得竞争失败的候选项也有机会参与评估。然而，他并没有将之进一步发展，构建出新的模型。

Moreton 通过制约条件给每个候选项确定一个得分，即候选项违反制约条件的次数，并且按照制约条件的等级序列给得分排序，形成一个得分向量。例如：

设 $C = |\ c_1 \bigcirc c_2 \bigcirc c_3\ |$,

$k_i \in k$,

$c_1(k_i) = 1$,

$c_2(k_i) = 3$,

$c_3(k_i) = 2$,则

$\boldsymbol{v}_k = \langle c_1(k_i), c_2(k_i), c_3(k_i) \rangle = \langle 1,\ 3,\ 2 \rangle$。

每个候选项都可以得出这样的一个得分向量。然后，通过比较得分向量，模型就得出候选项之间的排序，例如：

设：得分向量 $(\boldsymbol{v}_1) = \langle k_1,\ k_2,\ k_3,\ k_4,\ \cdots,\ k_n \rangle$,

　　　　　　$(\boldsymbol{v}_2) = \langle k'_1,\ k'_2,\ k'_3,\ k'_4,\ \cdots,\ k'_n \rangle$,

　　　　　　$\boldsymbol{v}_1 < \boldsymbol{v}_2$, iff $\exists j \leqslant n$,

s.t. a. $\forall i < j: k_i = k'_i$,

　　　b. $k_j < k'_j$。

这里描写的实际上是两个得分向量之间比较的方式。在两个序列中，如果在某对数 $(k_j,\ k'_j)$ 上两者有差异，而在它们之前的所有数都是一样的，那么这个数就是确定这两个序列 $(\boldsymbol{v}_1,\ \boldsymbol{v}_2)$ 的依据。如果 $k_j < k'_j$，则 $\boldsymbol{v}_1 < \boldsymbol{v}_2$；如果 $k_j = k'_j$，则 $\boldsymbol{v}_1 = \boldsymbol{v}_2$；如果 $k_j > k'_j$，则 $\boldsymbol{v}_1 > \boldsymbol{v}_2$。这种思想实际上就是字典序的计算方式。

De Lacy 也采用了和这里类似的方式。他认为，制约条件是一个输入候选项集合到一个违反标记的集合，而不是自然数的集合。因此，候选项之间和谐性的比较不是通过违反的自然数，而是通过每个候选项违反的标记集合的基数差反映出来。受集合性质的限制，相同性质的元素不改变集合，如 $\{\ *\ \} = \{\ *,\ *,\ *,\ *,\ \cdots \}$。

这种同质化的标记不能反映候选项违反的真实情况。为了改变这种不足，De Lacy 采用了不同的标记来表示相同情况的多次重复违反。具体采用的方法是，N 重违反的一个集合有一个基数 N。

　　例 A：$c(k) = \{ * , * , * , * \}$，

　　例 B：$c(k) = \{1, 2, 3, 4\}$。

　　例 B 将例 A 中的四次相同的违反变为一个基数的集合。集合中的四个基数表示四次相同的违反。里面最后的数 4 表示违反的基数。这样，一个制约条件就把每个候选项映射到和前面违反次数的自然数等值的基数集合上。显然，这种方法本质上和把制约条件的违反映射到自然数集合的思想是一样的。

　　通过前面的论述，所有候选项都存在一个得分向量。它们之间具有比较的关系。显然，通过比较候选项集合可以获得一个级差的序列。然而，Moreton 和 De Lacy 最后还是将评估结果映射给了单一的候选项，放弃了其他的候选项及其之间关系。因此，无论是经典 OT 模式，还是 Moreton 模式，都不是真正的等级序列模式。

　　然而，他们的方法对学者们有启发作用。最有代表性的是 Coetzee。他结合了 Moreton 模式，Samek-Lodovici、Prince 和 Prince 模式的优点，进行了整合优化，从而将两层评估模式发展为等级序列模式，我们称之为扩展评估模式。这是在经典模式基础上的改进模式。该模式和经典模式之间的最大不同在于，它吸取了 Moreton 模式的得分向量思想以及在此基础上的候选项排序，将两层模式中丢弃的失败项集合重新加以利用，并且和原来的单一优选项合并，从而形成一个候选项的整体级差序列，而不是单个的优选项。在这种模式下，候选项在输出项中的差异不再是本质性的，而是相对的程度不同。这种评估模式分为两个阶段：首先是制约条件分别评估所有的候选项，并得出单个的候选项序列。这点和 Moreton 的以候选项为考察点的方式不同。接下来，模型将每个制约条件获得的候选项序列合并，得出候选项综合评估的最终序列。最后是结果的分析和述评。接下来，我们对 Coetzee 理论做基本的介绍。

　　2. Coetzee 理论概述

　　Coetzee 理论本质上是级差优选模式，即给一个候选项集合输出也是一个由候选项归并而成的等价类的集合。所有等价类之间都存在偏序关系。因此，这些等价类如果按照和谐度降序排列，就构成了一个链序。

　　1) 单项级差评估形式化概述

　　级差优选模式（ROE）是通过评估输入的候选项，获得最终的链序。在计算过程中，ROE 模式首先计算单制约条件下候选项的违反情况，再通过技术手段将单序合并，形成综合性的序列。我们先讨论单制约条件对候选项的处理。

（1）制约条件性质及形式化。制约条件主要是在评估的后半段发挥作用。其目的是对函数 GEN(I)的集合中的元素进行排序处理或优选出最佳项。制约条件就是通过候选项对其违反数量进行量化处理，得出候选项的和谐度。违反数量越少的候选项越和谐，反之就越低。制约条件通过这种方式建立起了候选项和自然数之间的联系，即定义域的候选项集与值域自然数的子集 $ù$ 之间的函数。和经典模式一样，这种自然数也可以用星号表示。制约条件的定义如下：

定义 1：候选项和自然数 $ù$ 之间函数的制约条件。

设 C 为制约条件的集合，K 为候选项的集合，则

$\forall c \in C$：，

$c: K \rightarrow N$，

s.t. $\forall k \in K$，$c(k) = ù$（违反 c 的数量）。

制约条件的这个观点与 Moreton 提出的方法一致，但与经典优选论不同。在经典优选论中，评估器返回的不是一个自然数的值，而是一个候选项的子集。

由于制约条件是一个函数，所以我们给这个函数下个定义。

定义 2：函数定义。

设 A 到 B 是一个函数 R，当且仅当

a. R 的定义域是 A（即集合 A 中的每个元素被映射到集合 B 中的某个元素），

b. 集合 A 中的成分仅仅被映射到集合 B 中的一个成分，即严格遵循单一映射。

根据优选论对制约条件的规定，我们可以得出：

定理 1：所有的制约条件都是函数。

这个定理不需要证明。因为，这就是优选论对其属性的规定。这里的定理就是一个阐释。

上面的定义 2，要求每个候选项都会被函数映射到一个唯一的值，如果某个候选项没有违反制约条件，那么就赋予自然数"0"作为值，其他的都必须赋予一个具体的值。例如：

假设 $A = \{k_1, k_2, k_3, k_4, k_5\}$，

$C = | c_1 \bigcirc c_2 \bigcirc c_3 |$，

则评估结果可以表现为如表 1-3 所示的竞赛表形式。

表 1-3　制约条件集合 C 对候选项集合 A 的优选评估

	c_1	c_2	c_3
k_1	＊	＊＊	
k_2	＊＊	＊	＊
k_3		＊	＊＊
k_4	＊	＊＊	
k_5	＊＊		＊＊

在表 1-3 中,制约条件作为一个函数将候选项集合 A 中的元素映射到值域自然数 $\dot{u}$ 中。虽然表中是用星号表示的,但是它反映为一个自然数。例如,k_1 违反 c_1 一次,所以,制约条件将 k_1 映射为数字"1",表示为"$c_1(k_1) = 1$";同样地,$c_2(k_1) = 2$; $c_3(k_1) = 0$。其他的候选项以此类推。换个角度,我们也可以以制约条件为角度,构建对每个候选项的评估对 $\langle x, y \rangle$。这里 x 是候选项,y 是一个自然数,即该候选项的值。每个偶对都是一次评估的具体映射。这种方法可以表示如下:

制约条件下候选项和制约条件之间的关系偶:

$$c_1 = \{\langle k_1, 1 \rangle, \langle k_2, 2 \rangle, \langle k_3, 0 \rangle, \langle k_4, 1 \rangle, \langle k_5, 2 \rangle\},$$
$$c_2 = \{\langle k_1, 2 \rangle, \langle k_2, 1 \rangle, \langle k_3, 1 \rangle, \langle k_4, 2 \rangle, \langle k_5, 0 \rangle\},$$
$$c_3 = \{\langle k_1, 0 \rangle, \langle k_2, 1 \rangle, \langle k_3, 2 \rangle, \langle k_4, 0 \rangle, \langle k_5, 2 \rangle\}。$$

这里的偶对表示法反映了前面定理 1 的函数关系,即每个候选项都有一个对应值,且只有唯一一个值。

(2)单个制约条件评估的形式化。根据制约条件的违反情况,可以将候选项分为两种关系:等同关系和偏序关系。前者表现为候选项违反制约条件的次数一致;后者表现为不一致。前者称为等价关系,表示为 $\approx_c$,具有相同违反数的候选项属于同一个集合,称为等价类。等价类中的成员相互之间在评估中是无法确定的。通过归并等价类评估器可以很大程度上减少离散成分的数量,也就是减少了评估比较项,从而降低了评估的复杂性。

例如表 1-3,在制约条件(c_1)下,"k_2, k_5"有相同的违反数。但是在制约条件(c_2, c_3)下,两者并不相同。单纯从制约条件(c_1)的角度看,不考虑其他制约条件,则"k_2, k_5"是不可辨别的。在这种情况下,两者占用同一个位置(slot),这个位置一般就称为等价类,表现为一个集合。类似情况如"k_1, k_4"。后面的制约条件(c_2, c_3)也可以采用同样方式处理。这样,我们可以把每个制约条件下等价类的情况用图 1-6 展示。

$$c_1 \qquad\qquad c_2 \qquad\qquad c_3$$
$$\{k_3\} \qquad\qquad \{k_5\} \qquad\qquad \{k_1, k_4\}$$
$$| \qquad\qquad\quad | \qquad\qquad\quad |$$
$$\{k_1, k_4\} \qquad\quad \{k_2, k_3\} \qquad\qquad \{k_2\}$$
$$| \qquad\qquad\quad | \qquad\qquad\quad |$$
$$\{k_2, k_5\} \qquad\quad \{k_1, k_4\} \qquad\quad \{k_3, k_5\}$$

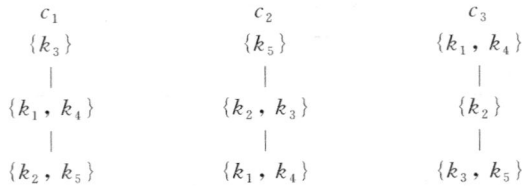

图 1-6   评估器中(c_1, c_2, c_3)对候选项集(A)的等价归并和排序

图 1-6 反映了两个信息：

a. 每个制约条件下，候选项都存在于某个集合中，尽管有的只有一个元素；

b. 每个制约条件下，不同等价集合之间存在着等级上的差异，形成了一个级差序列，和谐度依次降低。

这个图所有的关系都是建立在一个基本概念，即等价关系的基础上。等价关系定义如下：

定义 3：候选项集合上的等价关系 $\approx_c$。

设 $A \in K$ 是候选项的子集，C 是制约条件集合，则

$$k_1, k_2 \in A \text{ 并且 } c \in C,$$
$$k_1 \approx_c k_2, \text{ iff } c(k_1) = c(k_2)$$

根据定义 3 的等价关系 $\approx_c$，在图 1-6 中的"c_1"下，有

a. $c_1(k_3) \approx_{c1} c_1(\phi) = 0$；

b. $c_1(k_1) \approx_{c1} c_1(k_4) = 1$；

c. $c_1(k_2) \approx_{c1} c_1(k_5) = 2$。

其中，a 行是零列加的形式形成的等价关系，其值为 0；b 行和 c 行为两个候选项之间的等价关系，其依据为具有相同的值 1 和 2。其他的 c_2、c_3 依此类推，也可以算出等价关系和值。从数学角度看，这里的等价关系具有可列可加性，即

定理 2："$\approx_{ci}$"可列可加性。

$$c_i(k_1) \approx_{ci} c_i(k_2) \cdots \approx_{ci} \cdots c_i(k_n), \ i \text{ 为自然数。}$$

一个等价关系具有如下的属性：

定义 4：等价关系的性质。

如果集合 A 中的元素之间都具有关系 R，且 R 是等价的，当且仅当 R 具有

a. 自返性；

b. 对称性；

c. 传递性。

我们可以将 $\approx_c$ 确定为建立在制约条件 c 上的等价关系，表示如下：

定理 3：等价关系 $\approx_c$。

对于所有的制约条件 $c \in C$，有

$$\approx_c \text{ 是候选项集合上的等价关系。}$$

根据定义 3 中的等价关系，我们可以确定等价类，将候选项集合 A 做一个等价划分，划分出来的集合称为商集，表示如下：

定义 5：a. 建立在等价关系 $\approx_c$ 上的等价类：

$$\forall k_1 \in A, [k_1] := \{k_2 \in A \mid k_1 \approx_c k_2\}$$

b. 候选项子集 A 以 $\approx_c$ 为模的商集：

$$A/c := \{[k]_c \mid k \in A\}$$

c. A/c 是候选项集 A 的一个分割。

定义 5a 确定了等价类；定义 5b 将这些等价类合在一起，形成了一个以 c 为模的商集 A/c；定义 5c 确定了 A/c 的性质。

候选项集合除了等价关系外，还有一种序关系也很重要。这主要考察候选项之间的偏序关系。例如，前面的偶对表示法就可以形成以 $\approx_c$ 为模的候选项集合 A 上的商集：

$$
\begin{array}{ccc}
0 & 1 & 2
\end{array}
$$

a. $A/c_1 = \{\{k_3\}, \{k_1, k_4\}, \{k_2, k_5\}\}$

b. $A/c_2 = \{\{k_5\}, \{k_2, k_3\}, \{k_1, k_4\}\}$

c. $A/c_3 = \{\{k_1, k_4\}, \{k_2\}, \{k_3, k_5\}\}$

这样，候选项集合就被分割为等价类的商集集合。商集划分是按照候选项违背制约条件的次数确定的。这样，每个等价类都有一个唯一的自然数。自然数的大小实际上反映的就是该等价类在商集中地位的高低。违反程度最低的等价类值为 0，处于最高位置；值为 1 的处于第二位置，余下按照自然数大小排列。数字越大等级越低，和谐性也就越差，在语言中出现的频率也就越低，合语法性也就越差。这种关系称为级差关系，也称为序关系，建立在商集的基础之上，形式化为：

定义 6：以商集 A/c 为基础的序关系 $\leqslant_c$，则有

$\forall c \in C, \forall A, B \in A/c$：

$A \leqslant_c B$, iff $\exists k_1 \in A, k_2 \in B, c(k_1) \leqslant_c c(k_2)$

在 $\leqslant_c$ 中，如果两个成分不等值，则一定存在两者违反制约条件的数量不同。

如果两者违反相同数量，则因为无法辨别，被归入相同的类别。因此，处于这个关系中的成分一定是有值的差异的。前面以 $\approx_c$ 为模的候选项集合 A 上的商集中的 a、b、c 就是根据定义 6，按照 0、1、2 的值差异，由小到大排列，形成了一个等价类的序列。

（3）集合 $\langle A/C, \leqslant c \rangle$ 中的个体候选项。等价关系和序关系是候选项集合中的两个重要关系，反映了候选项集合在评估过程中的归并和排列。这种过程也是优选论的两个重要内在机制。尽管这两个机制同等重要，在实际语感中，我们实际上更多感受到的是候选项之间的序关系而不是等价类。因此，等价类和候选项之间的关系和转换就显得比较重要。前面已经讨论了等价类的序关系，接下来看看候选项的序关系。有关定义如下：

定义 7：候选项集合 K 上的序关系。

设 $c \in C$，k_i，$k_j \in K$，则 $k_i \leqslant_c k_j$，iff $c(k_i) \leqslant_c c(k_j)$。

定义 7 比较符合人的直觉，假如 "$k_i \leqslant_c k_j$"，那么说明前者违反制约条件 c 的程度要轻于后者，即 $c(k_i) \leqslant_c c(k_j)$。因此，$\leqslant_c$ 反映了候选项集合中候选项之间的序关系。这个序关系实际上包含两个种类：等同和偏序。这两种关系和等价类之间又有着天然的对应关系。简单地说，如果两个候选项之间等同，则两者之间是等价关系，否则就是偏序关系。这种思想可以用表 1-3 的例子统一表达在图 1-7 中。

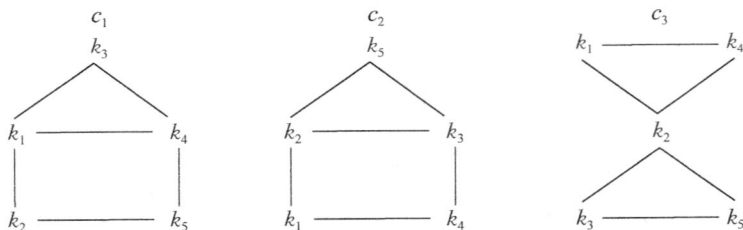

图 1-7　制约条件对候选项集的序关系

图 1-7 实际上反映了等价类和个体候选项之间的关系。横向看候选项之间是等价关系；纵向看是级差关系，即序关系。图中的每个节点（候选项）实际上同时反映两种关系：等价关系和序关系。这样，当我们知道了两个候选项所属的类别就知道了候选项在序列中的位置；反过来，知道了两个候选项之间的位置，也就知道了它们是同一个类别还是不同的类别。例如，在 c_1 中，k_1、k_2 和 k_3 处于不同的层级上。所以，它们既属于不同的等价类，又拥有不同的地位。推理得到它们的地位关系，也就反映了它们所属的等价类的关系。k_1 和 k_4 之间是平

行关系。因而,它们之间只有等价关系,没有地位上的差异。知道其中一个候选项的地位,也就知道了另一个的地位。因而,从本质上看,等价类之间的关系和个体候选项之间的关系是一回事。假如等价类 $fk_1,,c <_c fk_2,,c$,那么 $k_1 <_c k_2$;假如等价类 $fk_1,,c =_c fk_2,,c$,那么 $k_1 =_c k_2$;假如等价类 $fk_1,,c >_c fk_2,,c$,那么 $k_1 >_c k_2$[①]。这样的一种特征可以通过序嵌入映射的方式将之形式化。表达如下:

定义 8: 序嵌入。

设 P、Q 是两个序集,假如在集合 P 中 $x \leqslant y$,当且仅当存在一个函数 ϕ,在集合 Q 中,$\phi(x) \leqslant \phi(y)$,则

函数 $\phi: P \rightarrow Q$ 是一个序嵌入函数。

有了序嵌入函数之后,就可以定义等价类序集和候选项序集之间的映射关系了,即

定义 9: 从 $\langle A/c, \leqslant_c \rangle$ 到 $\langle A, \leqslant_c \rangle$ 映射。

$\Psi: \langle A/c, \leqslant_c \rangle \rightarrow \langle A, \leqslant_c \rangle$,

　　s.t. $fk_x,,c \in A/c$ 并且 $k_y \in fk_x,,c$,$\Psi(fk_x,,c) = k_y$。

有了定义 9,数学上就可以将等价类序集直接映射到候选项序集。这里的映射不是严格意义上的函数关系。因为,函数一般是单值对应。这里既可以是单值,也可以是多值。这主要取决于等价类内部的元素数量。如果等价类只有一个元素就是单值,否则就是多值对应。如我们可以将图 1-7 中的等价类映射到单个的候选项。如下:

　a. $\Psi(\{k_3\}) = k_3$,

　　$\Psi(\{k_1, k_4\}) = k_1, k_4$,

　　$\Psi(\{k_2, k_5\}) = k_2, k_5$;

　b. $\Psi(\{k_5\}) = k_5$,

　　$\Psi(\{k_2, k_3\}) = k_2, k_3$,

　　$\Psi(\{k_1, k_4\}) = k_1, k_4$;

　c. $\Psi(\{k_1, k_4\}) = k_1, k_4$,

　　$\Psi(\{k_2\}) = k_2$,

　　$\Psi(\{k_3, k_5\}) = k_3, k_5$。

上述等价类向候选项映射的值取决于定义域内部的结构。一般来说,定义

---

① 这里的标记方法主要来自 Coetzee(2004)中的标记方法。

域内部有多少个成分,就存在多少的映射,就有多少的值。这里的映射 Ψ 可以看作是一个序嵌入映射。表达如下:

定理 4: Ψ 是一个序嵌入映射。

因为,根据前面的定义 6,如果 $\Psi(fk_1,,c) \leqslant_c \Psi(fk_2,,c)$,当且仅当 $c(\Psi(fk_1,,c)) \leqslant_c c(\Psi(fk_2,,c))$,那么可以得出 $fk_1,,c \leqslant_c fk_2,,c$。反过来,只要 $\Psi(fk_1,,c) \leqslant_c \Psi(fk_2,,c)$,则一定 $fk_1,,c \leqslant_c fk_2,,c$。这可以用反证法证明,假设 $fk_1,,c \leqslant_c fk_2,,c$,但是,$\Psi(fk_1,,c) \geqslant_c \Psi(fk_2,,c)$,那么,根据前面的定义 7,假如 $\Psi(fk_1,,c) \geqslant_c \Psi(fk_2,,c)$,那么,$c(\Psi(fk_1,,c)) \geqslant_c c(fk_2,,c)$,根据定义 6,$c(\Psi(fk_1,,c)) \geqslant_c c(fk_2,,c)$ 意味着 $fk_1,,c \geqslant_c fk_2,,c$,这就和前面的假设 $fk_1,,c \leqslant_c fk_2,,c$ 相冲突。所以,只要 $\Psi(fk_1,,c) \leqslant_c \Psi(fk_2,,c)$,就一定 $fk_1,,c \leqslant_c fk_2,,c$。

有了从等价类集合到候选项集的序嵌入映射,我们可以很容易实现两者之间的转换。但是相对而言,考察等价类比候选项要更为简洁、清晰。更重要的是,等价类内部成分之间在一定范围内不具有辨别性,没有分别考察的必要。所以,我们在研究上还是以等价类为主要单元。

(4) 集合 $\langle A/C, \leqslant_c \rangle$ 是一个链。并非所有的序都是一个链序。一般来说,只有任意两个成分都可以比较的序才是链序。这种差别如图 1-8 所示。

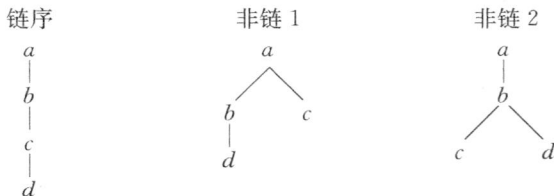

链序　　　　　非链 1　　　　　非链 2

图 1-8　链和非链的差别

图 1-8 中的后面两个不是链序的原因是部分候选项是不可以比较的。非链 1 中的"b, c"和"c, d"都是不可比较的;非链 2 中的"c, d"也是不可比较的。Davey 和 Priestley 给链序下了个定义,表述如下:

定义 10: 链定义。

设 P 是一个序集,那么,如果 P 是一个链,当且仅当

$$x, y \in P, \text{要么 } x \leqslant y, \text{要么 } x \geqslant y。$$

有了这个定义之后,就可以将这个定义用到评估候选项集的商集序上,得到如下的定理:

定理 5："$\leqslant_c$"为一个链序。

集合$\langle A/C, \leqslant_c \rangle$是一个链序。

定理 5 实际上说明了,在商集序中只要两个候选项不等值就一定存在序关系$\leqslant_c$。这就是说,在一个序集 A/C 中,所有的 x、y,只存在着这样的关系 $x \leqslant y$ 或 $y \leqslant x$。这种特性在一个商集中没有例外。这保证了集合中的成员都有确定的位置和差异,相互可以比较,不存在不确定现象。

(5) 链$\langle A/C, \leqslant c \rangle$总有一个最小值。链$\langle A/C, \leqslant c \rangle$总有一个违反制约条件最少的候选项。Davey 和 Priestley 给这个最小值下了个定义,如下:

定义 11:一个序集的最小值。

设 P 是一个序集,并且 $Q \subseteq P$,那么

$a \in Q$ 是 Q 的最小值,当且仅当对于每一个 $x \in Q$,$a \leqslant x$。

从前面的例子以及对集合$\langle A/C, \leqslant_c \rangle$的考察来看,该集合具有一个最小值。这可以设定理如下:

定理 6:集合$\langle A/C, \leqslant_c \rangle$总是有一个最小值。

该定理其实很好理解和证明。因为,集合$\langle A/C, \leqslant_c \rangle$中的成分通过制约条件 c,映射到自然数集合 $\grave{u}$ 的一个特定子集,即 $c(k) \in \grave{u}$。$\grave{u}$ 是一个良序,在这个序中,一定存在一个最小值 k,使得所有的 $k' \in K$,有 $c(k) \leqslant C(k')$。 前面以 $\approx_c$ 为模的候选项集合 A 上的商集中,我们可以从最上面的自然数,看到在每个制约条件下,候选项等价类的最小值 0。0 纵栏下面的等价类就是每个单链的最小值。当然作为集合$\langle A/C, \leqslant_c \rangle$肯定不能确定最大值。因为有的候选项可以循环违反某个制约条件,这样最大值就是无穷大。如果一个链既没有最大值,也没有最小值,那么,这个链就没有一个确定的可以识别的点。因为,作为链中任何的一个成分,上面和下面都存在无限个成分。这样 OT 语法的输出就是无限的,找不到一个确定点。显然这是有问题的。

(6) 集合$\langle A/C \rangle$是候选项集合 A 上的一个分割。这种思想意味着候选项集合中的所有成员 k 都被归入,并且仅仅归入一个等价类中。这非常重要,因为,这可以保证集合中的每个候选项都可以获得比较,并且提供比较的结果。而且,每个候选项仅仅被包括在一个等价类中。每个等价类也仅仅占用一个槽。进而,我们可以得出,每个候选项也仅仅处于一个槽中。这些属性可以保证每个候选项和其他候选项之间的确定性关系。Enderton 和 Partee 等将这种思想定义如下:

定义 12:集合的分割。

设 A 是一个集合，P 是集合 A 上的一个分割，当且仅当

a. P 包含了 A 的非空子集。

b. P 中的子集是穷尽性的，A 中每个成分都处于 P 中的某个子集中。

c. P 中的子集是非交叉的，不存在一个成分处于两个不同的子集中。

根据定义 12，我们可以得出下面的定理：

定理 7：集合 $\langle A/C \rangle$ 是集合 A 上的一个分割。

这个定理实际上非常好理解。集合 $\langle A/C \rangle$ 是集合 A 上的一个等价类的集合。这也就意味着 A 中的所有元素都会根据值大小进行归并。相同值的元素会归入同一个集合。不同值的元素归入相应的集合中。采用这种方法，我们可以穷尽一个集合中的所有成分，从而得出一个具有不同值的类的集合，即集合的集合。又由于集合中的不同子集合之间存在着值的差异，这又得出了所有的子集都存在序关系。从而，在一个完整的序中，每个子集都有一个唯一的位置，获得唯一的解读。所有的子类合在一起就构成了对原集合 A 的按照值差异的划分。从而，这个定理获得证明。

2）单项评估整合的形式化

至此我们已经介绍了单个制约条件的形式化原理、方法和过程。优选论是所有制约条件交互作用的综合性评估。每个制约条件的独立评估并不能反映评估的整体面貌。因此，需要一种方法将这些独立的评估过程合并为单一的整体过程。为了看起来清晰点，我们还是用表 1-2 的例子，并且将其转引，如表 1-4 所示。

表 1-4　优选竞赛表

K	C		
	c_1	c_2	c_3
k_1	*	**	
k_2	**	*	*
k_3		*	**
k_4	*	**	
k_5	**		**

直觉上，我们可以看出，表 1-4 中的 k_3 是违反制约条件程度最轻的候选项。因而，是最和谐的候选项。假如我们将之删去，在剩下的四个里面再次评估，

就会得到 k_1 和 k_4 是最和谐的。再次删去，剩下两个里面，k_5 比 k_2 和谐。至此，我们穷尽了所有的候选项，并且将候选项按照和谐度做了一个综合的排序。然而，优选论需要一种程序去模拟我们认知上的这种筛选过程。可以看到，我们的认知过程是从最高的候选项开始的，然后递减筛选，逐层排除，从而获得级差的序列。当然，模拟这种认知过程的方法有多种。我们这里主要是介绍字典序的方式，将所有的单序融合，再通过序之间的比较获得最终的结果。为了清晰表达整体序列和单序之间的差异，图 1－9 将前面认知判断的结果放到一起比较。

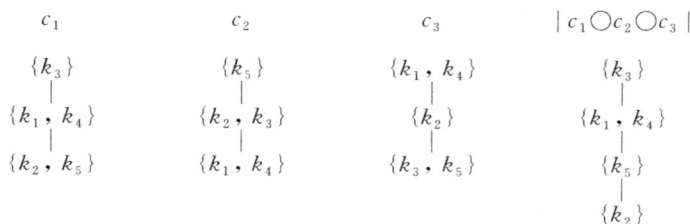

$$
\begin{array}{cccc}
c_1 & c_2 & c_3 & |c_1\bigcirc c_2\bigcirc c_3| \\[4pt]
\{k_3\} & \{k_5\} & \{k_1,k_4\} & \{k_3\} \\
| & | & | & | \\
\{k_1,k_4\} & \{k_2,k_3\} & \{k_2\} & \{k_1,k_4\} \\
| & | & | & | \\
\{k_2,k_5\} & \{k_1,k_4\} & \{k_3,k_5\} & \{k_5\} \\
& & & | \\
& & & \{k_2\}
\end{array}
$$

图 1－9　候选项集（A）的单项排序和综合排序

很明显，这里最后的综合排序就是我们想要的评估结果。但是，OT 需要一种严格的数学分析手段，自动对候选项进行分析，以达到这个结果。显然，这是可以做到的。我们可以分为以下几个步骤进行：

a. 求制约条件之间商集的笛卡尔积；

b. 将笛卡尔积序列之间排字典序；

c. 对每个序求交集；

d. 简化字典序，获得最终的评估结果。

接下来，我们详细阐述这几个步骤。

（1）笛卡尔积和字典序。将不同的单序结合为一个整序，Davey 和 Priestly 提出了几种不同的方法。其中一个重要的方式就是笛卡尔积的方法。通过这种方式将不同制约条件中的商集成分联系起来，建立了一种具有优先级的序列关系，即序列中前面的成分优于后面的成分。这个思想和优选论的严格统治的思想一致。因此，两者可以完美地结合在一起，形成以下具有优先级的建立在集合 $\langle A/C,\leqslant_c\rangle$ 上的笛卡尔积序列：

$$\langle x_1,x_2,\cdots,x_{n-1},x_n\rangle$$

……

这样，我们就可以将几个单序连成一个统一的反映制约条件之间差异的整序。Enderton 给这种关系下了个定义。

定义 13：笛卡尔积。

设 I 是自然数集合 $\{1, 2, \cdots, n\}$，即索引集合，H 为函数，定义域为 I，则 $i \in I \rightarrow H(i)$。$H(i)$ 为笛卡尔积，定义如下：

$$\boldsymbol{V}_{i \in I} H(i) := \{f \mid f \text{ 是一个以 } I \text{ 为域的函数，}$$
$$\text{且 } \forall i(i \in I \rightarrow f(i) \in H(i))\}。$$

有了定义 13，我们就可以把不同制约条件下的商集序结合起来，采用的方法如下：

定义 14：商集 $\langle A/C_i \rangle$ 之间的笛卡尔积。

设 I 是自然数集合 $\{1, 2, \cdots, n\}$，即索引集合，使得 $|c_1 \bigcirc c_2 \bigcirc \cdots \bigcirc c_n|$。

设 $\langle A/C_i \rangle$ 是和 C_i 关联的候选项集合 A 上的商集，定义如下：

$\boldsymbol{V}_{i \in I} A/C_i := \{f \mid f$ 是一个以 I 为域的函数，且 $\forall i(i \in I \rightarrow f(i) \in A/C_i)\}$，

集合 $\boldsymbol{V}_{i \in I} A/C_i$ 称为 $A/C_\times$。

这里，定义中的 $\boldsymbol{V}_{i \in I}$ 表示的是长度为 I 的向量；下标"×"为笛卡尔积；函数 f 实际上是将自然数索引映射到商集的元素上，形成一个个类似下面的序列：

$$f = \{\langle 1, x_1 \rangle, \langle 2, x_2 \rangle, \cdots, \langle n, x_n \rangle\}, f \in \boldsymbol{V}_{i \in I} A/C_i, x_i \in A/C_i。$$

由此序列我们实际上获得的是一个被排序的多元序列。在这个序列中，如果 $x_i < x_j$，当且仅当 $\langle i, x_i \rangle, \langle j, x_j \rangle \in \{\langle 1, x_1 \rangle, \langle 2, x_2 \rangle, \cdots, \langle n, x_n \rangle\}$，并且 $i < j$。从而，我们可以采用这种方法对表 1-4 中表现的等价类进行计算。如下：

表 1-4 中 A/C_1，A/C_2，A/C_3 之间的笛卡尔积为：

$A/C_1 = \{\{c_3\}, \{c_1, c_4\}, \{c_2, c_5\}\}$，

$A/C_2 = \{\{c_5\}, \{c_2, c_3\}, \{c_1, c_4\}\}$，

$A/C_3 = \{\{c_1, c_4\}, \{c_2\}, \{c_3, c_5\}\}$，

$A/C_\times =$

$\{\langle \{c_3\}, \{c_5\}, \{c_1, c_4\} \rangle, \langle \{c_3\}, \{c_5\}, \{c_2\} \rangle, \langle \{c_3\}, \{c_5\}, \{c_3, c_5\} \rangle,$

$\langle \{c_3\}, \{c_2, c_3\}, \{c_1, c_4\} \rangle, \langle \{c_3\}, \{c_2, c_3\}, \{c_2\} \rangle, \langle \{c_3\}, \{c_2, c_3\}, \{c_3, c_5\} \rangle,$

$\langle \{c_3\}, \{c_1, c_4\}, \{c_1, c_4\} \rangle, \langle \{c_3\}, \{c_1, c_4\}, \{c_2\} \rangle, \langle \{c_3\}, \{c_1, c_4\}, \{c_3, c_5\} \rangle,$

$\langle \{c_1, c_4\}, \{c_5\}, \{c_1, c_4\} \rangle, \langle \{c_1, c_4\}, \{c_5\}, \{c_2\} \rangle, \langle \{c_1, c_4\}, \{c_5\}, \{c_3, c_5\} \rangle,$

$\langle \{c_1, c_4\}, \{c_2, c_3\}, \{c_1, c_4\} \rangle, \langle \{c_1, c_4\}, \{c_2, c_3\}, \{c_2\} \rangle, \langle \{c_1, c_4\}, \{c_2,$

$c_3\}$，$\{c_3, c_5\}\rangle$，

$\langle\{c_1, c_4\}, \{c_1, c_4\}, \{c_1, c_4\}\rangle$，$\langle\{c_1, c_4\}, \{c_1, c_4\}, \{c_2\}\rangle$，$\langle\{c_1, c_4\}, \{c_1, c_4\}, \{c_3, c_5\}\rangle$，

$\langle\{c_2, c_5\}, \{c_5\}, \{c_1, c_4\}\rangle$，$\langle\{c_2, c_5\}, \{c_5\}, \{c_2\}\rangle$，$\langle\{c_2, c_5\}, \{c_5\}, \{c_3, c_5\}\rangle$，

$\langle\{c_2, c_5\}, \{c_2, c_3\}, \{c_1, c_4\}\rangle$，$\langle\{c_2, c_5\}, \{c_2, c_3\}, \{c_2\}\rangle$，$\langle\{c_2, c_5\}, \{c_2, c_3\}, \{c_3, c_5\}\rangle$，$\langle\{c_2, c_5\}, \{c_1, c_4\}, \{c_1, c_4\}\rangle$，$\langle\{c_2, c_5\}, \{c_1, c_4\}, \{c_2\}\rangle$，$\langle\{c_2, c_5\}, \{c_1, c_4\}, \{c_3, c_5\}\rangle\}$。

其中，单尖括弧中都是一个序列，而且都是三个元素，尽管每个元素中的子元素个数不同。将它们抽象出来就是 $A/C_1 \times A/C_2 \times A/C_3$，即每个尖括弧中的第一个元素来自 A/C_1；第二个来自 A/C_2；第三个来自 A/C_3。当穷尽了三个商集中的所有成分后，就形成了上面的集合"A/C_x"。需要注意的是，集合中乘积的元素都是有次序的，即"A/C_i"为"$\langle A/C_i, \leqslant_c \rangle$"。

另外，集合内部的子序列并没有优先或大小等次序。这样也就不能够确定这些序列相互之间的关系或位置，即无法比较。这显然不是 OT 语法所需要的形式和结果。OT 需要从这个集合中确定最优或次优的序列，以便从中找到最优的或次优的选项。OT 采用的方法是字典序的方法。Davey 和 Priestley 给了一个二元关系的定义。后来，Coetzee 将之扩展到多元的关系，使之更加适合处理超出两项的序列。表示如下：

定义 15：字典序。

设 $V_{i\in I}H(i)$ 为笛卡尔积，并且，

$\langle x_1, x_2, \cdots, x_{n-1}, x_n\rangle$，$\langle y_1, y_2, \cdots, y_{n-1}, y_n\rangle \in V_{i\in I}H(i)$，则集合 $V_{i\in I}H(i)$ 的字典序为

$$\langle x_1, x_2, \cdots, x_{n-1}, x_n\rangle \leqslant \langle y_1, y_2, \cdots, y_{n-1}, y_n\rangle$$

a. 所有的 $i \leqslant n$，$x_i = y_i$，那么，$\langle x_1, x_2, \cdots, x_{n-1}, x_n\rangle = \langle y_1, y_2, \cdots, y_{n-1}, y_n\rangle$，否则，

b. $\exists k$，

s.t. $\forall i(i < k \rightarrow x_i = y_i)$，并且

$x_k < y_k$，

那么，$\langle x_1, x_2, \cdots, x_{n-1}, x_n\rangle < \langle y_1, y_2, \cdots, y_{n-1}, y_n\rangle$。

有了这个扩展的定义，就可以处理前面的集合"A/C_x"了。

定义 16：给集合"A/C_x"排序。

设 $C_i \in \mathrm{CON}$，并且按照 $|c_1 \bigcirc c_2 \bigcirc \cdots \bigcirc c_n|$ 排序，A/C_i 是每个制约条件的商集。$fx_i,,c_i$，$fy_i,,c_i \in A/C_i$ 是制约条件 C_i 下的等价类。

设 $\leqslant_{ci}$ 是制约条件对候选项集合评估获得的序，并且，设 $A/C_\times$ 是 A/C_i 的笛卡尔积（所有 $i \in I$）。如果

$\langle fx_1,,c_1,\ fx_2,,c_2,\ \cdots,\ fx_n,,c_n\rangle$，$\langle fy_1,,c_1,\ fy_2,,c_2,\ \cdots,\ fy_n,,c_n\rangle \in A/C_\times$，那么，

$A/C_\times$ 上的字典序 $\leqslant_\times$ 被定义如下：

$\langle fx_1,,c_1,\ fx_2,,c_2,\ \cdots,\ fx_n,,c_n\rangle \leqslant_\times \langle fy_1,,c_1,\ fy_2,,c_2,\ \cdots,\ fy_n,,c_n\rangle$

a. $\forall i(i \leqslant n \rightarrow fx_i,,c_i =_{ci} fy_i,,c_i)$，那么，

$\langle fx_1,,c_1,\ fx_2,,c_2,\ \cdots,\ fx_n,,c_n\rangle =_\times \langle fy_1,,c_1,\ fy_2,,c_2,\ \cdots,\ fy_n,,c_n\rangle$，否则，

b. $\exists k$，

s.t. $\forall i(i < k \rightarrow fx_i,,c_i =_{ci} fy_i,,c_i)$，并且，

$fx_k,,c_k <_{ck} fy_k,,c_k$，那么，

$\langle fx_1,,c_1,\ fx_2,,c_2,\ \cdots,\ fx_n,,c_n\rangle <_\times \langle fy_1,,c_1,\ fy_2,,c_2,\ \cdots,\ fy_n,,c_n\rangle$。

按照定义 16，我们就可以把上面的集合"$A/C_\times$"中的序列元素，按照字典序进行大小排序，从而得出一个具有优选关系的序列集合 $\langle A/C_\times, \leqslant_\times\rangle$。集合中的每个成员都有一个位置，且它们之间都是可以比较的。表达如下：

$\langle A/C_\times, \leqslant_\times\rangle$

$$\langle\{c_3\},\{c_5\},\{c_1,c_4\}\rangle$$
$$\langle\{c_3\},\{c_5\},\{c_2\}\rangle$$
$$\langle\{c_3\},\{c_5\},\{c_3,c_5\}\rangle$$
$$\langle\{c_3\},\{c_2,c_3\},\{c_1,c_4\}\rangle$$
$$\langle\{c_3\},\{c_2,c_3\},\{c_2\}\rangle$$
$$\langle\{c_3\},\{c_2,c_3\},\{c_3,c_5\}\rangle$$
$$\langle\{c_3\},\{c_1,c_4\},\{c_1,c_4\}\rangle$$
$$\langle\{c_3\},\{c_1,c_4\},\{c_2\}\rangle$$
$$\langle\{c_3\},\{c_1,c_4\},\{c_3,c_5\}\rangle$$
$$\langle\{c_1,c_4\},\{c_5\},\{c_1,c_4\}\rangle$$
$$\langle\{c_1,c_4\},\{c_5\},\{c_2\}\rangle$$
$$\langle\{c_1,c_4\},\{c_5\},\{c_3,c_5\}\rangle$$
$$\langle\{c_1,c_4\},\{c_2,c_3\},\{c_1,c_4\}\rangle$$
$$\langle\{c_1,c_4\},\{c_2,c_3\},\{c_2\}\rangle$$

$$\langle\{c_1,c_4\},\{c_2,c_3\},\{c_3,c_5\}\rangle$$

$$\langle\{c_1,c_4\},\{c_1,c_4\},\{c_1,c_4\}\rangle$$

$$\langle\{c_1,c_4\},\{c_1,c_4\},\{c_2\}\rangle$$

$$\langle\{c_1,c_4\},\{c_1,c_4\},\{c_3,c_5\}\rangle$$

$$\langle\{c_2,c_5\},\{c_5\},\{c_1,c_4\}\rangle$$

$$\langle\{c_2,c_5\},\{c_5\},\{c_2\}\rangle$$

$$\langle\{c_2,c_5\},\{c_5\},\{c_3,c_5\}\rangle$$

$$\langle\{c_2,c_5\},\{c_2,c_3\},\{c_1,c_4\}\rangle$$

$$\langle\{c_2,c_5\},\{c_2,c_3\},\{c_2\}\rangle$$

$$\langle\{c_2,c_5\},\{c_2,c_3\},\{c_3,c_5\}\rangle$$

$$\langle\{c_2,c_5\},\{c_1,c_4\},\{c_1,c_4\}\rangle$$

$$\langle\{c_2,c_5\},\{c_1,c_4\},\{c_2\}\rangle$$

$$\langle\{c_2,c_5\},\{c_1,c_4\},\{c_3,c_5\}\rangle$$

集合 $\langle A/C_\times,\leqslant_\times\rangle$ 具有向下的序关系 $\leqslant_\times$。集合 $\langle A/C_\times,\leqslant_\times\rangle$ 中的成员之间肯定是存在两种关系中的一种：级差关系或等价关系，即相邻的两个成员之间要么存在差异，要么存在等价的关系。存在差异关系又具有方向性。因此，整个序列就符合链的定义，可以将之看作一个链。我们也可以将这个性质以定理方式给出。

定理 8：集合 $\langle A/C_\times,\leqslant_\times\rangle$ 是笛卡尔集 $\langle A/C_\times\rangle$ 上的一个链。

从集合 $\langle A/C_\times,\leqslant_\times\rangle$ 中可以看出，所有的这种链都存在一个最小的违反情况，也就是存在一个最优项。可以表示为

定理 9：链 $\langle A/C_\times,\leqslant_\times\rangle$ 总有一个最小值。

这个定理很好理解。因为集合 $\langle A/C_\times\rangle$ 的排序是按照制约条件违反情况来排序的，而候选项可以无限制地违反。但反过来就是不违反，或违反很小。总之，会有一个下界。这就确保了这个序集总是会有一个最小值。这个属性是一个核心属性，因为它可以确保输出的候选项序列有一个违反度最低的成分，即最和谐成分。这个成分一般即为优选项。

（2）字典序中的交集序。在集合 $\langle A/C_\times,\leqslant_\times\rangle$ 中，每行是成员按照制约条件排列的序，这并不是我们想要的结果。我们需要的是单个成分的序。所以，这个序集还需要进一步简化，仅仅保留我们需要的成分即可。达到这个目的的方式有多种。Coetzee 采用求交集，然后简化的方式获得最终的序列。这可以通过下面的定义获得：

定义 17：集合 $\langle A/C_\times,\leqslant_\times\rangle$ 中的交集。

设集合 $\langle A/C_\times, \leqslant_\times \rangle$ 是个有序集，$\langle fx_1,,c_1, fx_2,,c_2, \cdots, fx_n,,c_n \rangle \in A/C_\times$。那么，序列上的交集可以定义为：$A/C_\times \to \psi(A)$，如下：

假如 $\langle fx_1,,c_1 \bigcap fx_2,,c_2 \bigcap \cdots \bigcap fx_n,,c_n \rangle = \varnothing$，则交集($\langle fx_1,,c_1, fx_2,,c_2, \cdots, fx_n,,c_n \rangle$) 是不确定的，否则

交集($\langle fx_1,,c_1, fx_2,,c_2, \cdots, fx_n,,c_n \rangle$) $= \langle fx_1,,c_1 \bigcap fx_2,,c_2 \bigcap \cdots \bigcap fx_n,,c_n \rangle$。

表示为

$\psi(\langle fx_1,,c_1, fx_2,,c_2, \cdots, fx_n,,c_n \rangle) = \varnothing$ ；或

$\psi(\langle fx_1,,c_1, fx_2,,c_2, \cdots, fx_n,,c_n \rangle) = \langle fx_1,,c_1 \bigcap fx_2,,c_2 \bigcap \cdots \bigcap fx_n,,c_n \rangle$。

通过定义 17，我们可以将集合 $\langle A/C_\times, \leqslant_\times \rangle$ 中所有行映射到交集上，从而得出两类的结果：空集和元素集。空集是不确定的，即无法定义。所以，可以筛选掉。这样将相同值的元素合并为等价类，就可以得出一条单序。该序就是我们想要的结果，可以定义如下：

定义 18：交集 $\psi(A)$ 中的元素合并为一个集合。

$A/C_{\text{come}} := \{Z \mid \exists \langle fx_1,,c_1, fx_2,,c_2, \cdots, fx_n,,c_n \rangle \in A/C_\times,$

s.t. $Z = $ 交集($\langle fx_1,,c_1, fx_2,,c_2, \cdots, fx_n,,c_n \rangle$)}，表达为

$$Z = \psi(\langle fx_1,,c_1, fx_2,,c_2, \cdots, fx_n,,c_n \rangle)。$$

根据定义 17，我们可以将集合 $\langle A/C_\times, \leqslant_\times \rangle$ 中的交集展示如下：

$\langle A/C_{\text{come}}, \leqslant_\times \rangle$

$\langle \{c_3\}, \{c_5\}, \{c_1, c_4\} \rangle$	$\varnothing$
$\langle \{c_3\}, \{c_5\}, \{c_2\} \rangle$	$\varnothing$
$\langle \{c_3\}, \{c_5\}, \{c_3, c_5\} \rangle$	$\varnothing$
$\langle \{c_3\}, \{c_2, c_3\}, \{c_1, c_4\} \rangle$	$\varnothing$
$\langle \{c_3\}, \{c_2, c_3\}, \{c_2\} \rangle$	$\varnothing$
$\langle \{c_3\}, \{c_2, c_3\}, \{c_3, c_5\} \rangle$	$\{c_3\}$
$\langle \{c_3\}, \{c_1, c_4\}, \{c_1, c_4\} \rangle$	$\varnothing$
$\langle \{c_3\}, \{c_1, c_4\}, \{c_2\} \rangle$	$\varnothing$
$\langle \{c_3\}, \{c_1, c_4\}, \{c_3, c_5\} \rangle$	$\varnothing$
$\langle \{c_1, c_4\}, \{c_5\}, \{c_1, c_4\} \rangle$	$\varnothing$

$\langle \{c_1, c_4\}, \{c_5\}, \{c_2\}\rangle$	$\varnothing$
$\langle \{c_1, c_4\}, \{c_5\}, \{c_3, c_5\}\rangle$	$\varnothing$
$\langle \{c_1, c_4\}, \{c_2, c_3\}, \{c_1, c_4\}\rangle$	$\varnothing$
$\langle \{c_1, c_4\}, \{c_2, c_3\}, \{c_2\}\rangle$	$\varnothing$
$\langle \{c_1, c_4\}, \{c_2, c_3\}, \{c_3, c_5\}\rangle$	$\varnothing$
$\langle \{c_1, c_4\}, \{c_1, c_4\}, \{c_1, c_4\}\rangle$	$\{c_1, c_4\}$
$\langle \{c_1, c_4\}, \{c_1, c_4\}, \{c_2\}\rangle$	$\varnothing$
$\langle \{c_1, c_4\}, \{c_1, c_4\}, \{c_3, c_5\}\rangle$	$\varnothing$
$\langle \{c_2, c_5\}, \{c_5\}, \{c_1, c_4\}\rangle$	$\varnothing$
$\langle \{c_2, c_5\}, \{c_5\}, \{c_2\}\rangle$	$\varnothing$
$\langle \{c_2, c_5\}, \{c_5\}, \{c_3, c_5\}\rangle$	$\{c_5\}$
$\langle \{c_2, c_5\}, \{c_2, c_3\}, \{c_1, c_4\}\rangle$	$\varnothing$
$\langle \{c_2, c_5\}, \{c_2, c_3\}, \{c_2\}\rangle$	$\{c_2\}$
$\langle \{c_2, c_5\}, \{c_2, c_3\}, \{c_3, c_5\}\rangle$	$\varnothing$
$\langle \{c_2, c_5\}, \{c_1, c_4\}, \{c_1, c_4\}\rangle$	$\varnothing$
$\langle \{c_2, c_5\}, \{c_1, c_4\}, \{c_2\}\rangle$	$\varnothing$
$\langle \{c_2, c_5\}, \{c_1, c_4\}, \{c_3, c_5\}\rangle$	$\varnothing$

根据定义 18，我们可以将 $\langle A/C_{\mathrm{come}}, \leqslant_{\times}\rangle$ 中运用交集函数获得的结果收集，结果如下：

最终的评估结果集合 $\langle A/C_{\mathrm{come}}\rangle$

$$A/C_{\mathrm{come}} = \{ \{c_3\}, \{c_1, c_4\}, \{c_5\}, \{c_2\}\}。$$

$\langle A/C_{\mathrm{come}}, \leqslant_{\times}\rangle$ 本身就是按照字典序排列的，所以得出的交集结果如果还是按照这个顺序排列的话，则最终序列就是我们需要的序列。但是如果数量很大的话，则有可能就会出现次序的混乱。这时我们就需要有一种方法确定最终集合中元素的次序。另外，即使次序没有混乱，也需要最终检查确认次序。采用的方法如下：

定义 19：集合 $\langle A/C_{\mathrm{come}}\rangle$ 中的元素排序。

设 $\langle fx_1,,c_1 \bigcap fx_2,,c_2 \bigcap \cdots \bigcap fx_n,,c_n\rangle, \langle fy_1,,c_1 \bigcap fy_2,,c_2 \bigcap \cdots \bigcap fy_n,,c_n\rangle \in A/C_{\times}$，那么，$\langle fx_1,,c_1, fx_2,,c_2, \cdots, fx_n,,c_n\rangle, \langle fy_1,,c_1, fy_2,,c_2, \cdots, fy_n,,c_n\rangle \in A/C_{\times}$，

则集合 $\langle A/C_{\mathrm{come}}\rangle$ 中的元素排序 $\leqslant_{\mathrm{come}}$ 为

$\langle fx_1,,c_1 \bigcap fx_2,,c_2 \bigcap \cdots \bigcap fx_n,,c_n\rangle \leqslant_{\mathrm{come}} \langle fy_1,,c_1 \bigcap fy_2,,c_2 \bigcap \cdots \bigcap$

$fy_n,,c_n\rangle$，当且仅当$\langle fx_1,,c_1,\ fx_2,,c_2,\ \cdots,\ fx_n,,c_n\rangle\leqslant_\times\langle fy_1,,c_1,\ fy_2,,c_2,\ \cdots,\ fy_n,,c_n\rangle$。

通过定义 19，可以获得下面的最终评估序列：

评估结果序集$\langle A/C_{\text{come}},\ \leqslant_{\text{come}}\rangle$

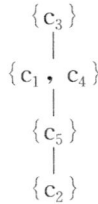

$$\begin{array}{c} \{c_3\} \\ | \\ \{c_1,\ c_4\} \\ | \\ \{c_5\} \\ | \\ \{c_2\} \end{array}$$

其结果与我们在表 1-4 中解读出的结果是一致的。序集$\langle A/C_{\text{come}},\ \leqslant_{\text{come}}\rangle$和前面的序集$\langle A/C_\times,\ \leqslant_\times\rangle$之间存在着对应关系。前面的序集$\langle A/C_\times,\ \leqslant_\times\rangle$已经证明是一个链，且有一个最小值。因此，这里的集合$\langle A/C_{\text{come}},\ \leqslant_{\text{come}}\rangle$也就必然存在一个最小值，且也是一个链。

3）关键制约条件和切割

Coetzee 给关键制约条件下了个定义，如下：

定义 20：关键制约条件。

设k_1，$k_2\in A$，制约条件为$C_i=|\ c_1\bigcirc c_2\bigcirc\cdots\bigcirc c_n\ |$，则

把$\text{Crux}_{1,2}$定义为关键制约条件，如下：

$\text{Crux}_{1,2}=C_i$，使得$C_i(k_1)\neq C_i(k_2)$，并且$\neg\exists j(j<i$ 并且 $C_j(k_1)\neq C_j(k_2)$。

这个定义实际上是说，在实际的评估中，制约条件序列中存在着一个关键的制约条件。这是确定不同候选项之间差异的关键。在这个制约条件之前不存在有类似的可以区别候选项的条件。有了这个定义，就可以运用这个定义来解释集合$\langle A/C_{\text{come}},\ \leqslant_{\text{come}}\rangle$中成员之间差异的制约条件上的统治理据。这种思想实际上是对 OT 传统严格统治思想的继承。这可以表达如下：

定义 21：集合$\langle A/C_{\text{come}},\ \leqslant_{\text{come}}\rangle$遵守严格统治①。

设k_1，$k_2\in A$，并且K_1，$K_2\in A/C_{\text{come}}$，使得$k_1\in K_1$，$k_2\in K_2$，

设$fk_i,,c_j$是制约条件c_j下的k_i的等价类，并且$\leqslant_{c_j}$是制约条件c_j关联的序关系。

设$\text{Crux}_{1,2}$为关键制约条件，并且$\leqslant_{\text{Crux1,2}}$为制约条件 $\text{Crux}_{1,2}$ 下的序关

---

① 这里采用的是与 Coetzee(2004)一样的表示方法。

系,则

$$k_1 <_{\text{come}} k_2,当且仅当 fk_{1,,\text{Cruxl},2} <_{\text{Cruxl},2} fk_{2,,\text{Cruxl},2}$$

由定义 21 可以得出下面的定理:

定理 10: 集合 $\langle A/C_{\text{come}}, \leq_{\text{come}} \rangle$ 上的严格统治。

定理 10 确实是正确的。因为按照 OT 理论,处于后面的制约条件严格地遵守前面的制约条件。只有在前面制约条件不起作用时,才会依次考虑后面的条件。因此,制约条件 c_1 的评估具有严格的统治作用,反映了评估器评估的基础。我们可以把评估结果序集 $\langle A/C_{\text{come}}, \leq_{\text{come}} \rangle$ 和处于制约条件序列最高位置的 c_1 的评估结果进行比较(见图 1-10),就可以看出两者之间并不矛盾。

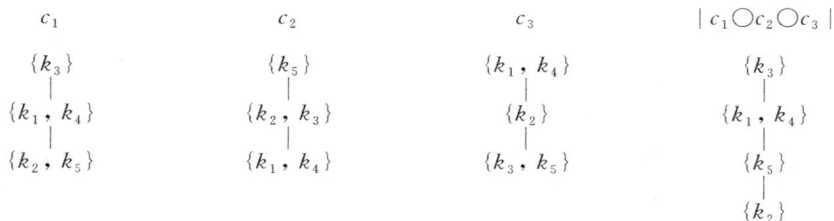

c_1	c_2	c_3	$\mid c_1 \bigcirc c_2 \bigcirc c_3 \mid$
$\{k_3\}$	$\{k_5\}$	$\{k_1, k_4\}$	$\{k_3\}$
$\mid$	$\mid$	$\mid$	$\mid$
$\{k_1, k_4\}$	$\{k_2, k_3\}$	$\{k_2\}$	$\{k_1, k_4\}$
$\mid$	$\mid$	$\mid$	$\mid$
$\{k_2, k_5\}$	$\{k_1, k_4\}$	$\{k_3, k_5\}$	$\{k_5\}$
			$\mid$
			$\{k_2\}$

图 1-10　候选项集(A)的单项排序和综合排序

从图 1-10 可以看出,一方面,制约条件 c_1 下所有候选项的排列都和最终的结果序列不冲突。另一方面,如果看单个制约条件的序列,c_1 下的候选项排列和 c_2 下的就会有冲突。c_1 下的候选项 $\{k_1, k_4\} > \{k_2, K_5\}$;$c_2$ 下的候选项 $\{k_2\}$,$\{K_5\} > \{k_1, k_4\}$。显然,c_1 和 c_2 之间是矛盾的。解决这种冲突的方式就是遵守严格统治,即 $c_1 > c_2$。从这评估的最终结果来看,也是和 c_2 相互冲突,但是和 c_1 相一致,从而也遵守严格的统治。

制约条件得出的综合排序反映的是语言中某个输入集合得出的候选项集合在语言中出现的频率和和谐度的级差,换句话说就是反映了一组语言变异成分在语言中的和谐度差异。理论上讲,这些成分都是可以在语言中出现的,差异就在于范围和频率问题。实际情况不是这样的。一组经过综合评估后的候选项级差序列往往只有处于序列最前端的一两个候选项在语言中出现。大多数的候选项都不会出现。为什么会是这样的呢? 是何原因阻断了后面候选项输出的可能? 答案就是上面提到的关键制约条件。

关键制约条件将制约条件序列划分为两个子集:某种语言不可以违反的集合和某种语言可以违反的集合。我们通过表 1-5 来说明这个问题。

表 1-5　制约条件序列 $|c_1 \bigcirc c_2 \bigcirc c_3|$ 上的关键制约条件

	c_1	c_2	c_3
k_1	*	**	
k_2	**	*	*
k_3		*	**
k_4	*	**	
k_5	**		**

表 1-5 中,c_1 和 c_2 之间的粗线就是关键切割线。这个线将制约条件分为两段:前面的不可以违反的条件;后面的可以违反的条件。也就是说,一个候选项如果违反了前面的 c_1,则不可以出现在语言中,如果违反了分割线后面的 c_2 或 c_3 则不影响在语言中出现。

制约条件的关键切割线最终将候选项也分割为两个子集,即可以出现在语言中的候选项,和不可以出现在语言中的子集。如果只有一个候选项可以出现在关键切割线的前面,则这个候选项集合在语言中仅有一个成分出现;如果有两个候选项,则有两个成分可以出现,依次类推。当有两个以上的候选项可以出现在语言中的时候,语言中就出现了变异现象。这里的和谐级差序列很好解释为什么有的变异成分在语言中可以大量出现,有的变异成分就不行;为什么有的成分是无标记的,有的是有标记的。从表 1-5 来看,只有候选项 k_3 没有违反 c_1,可以在语言中出现。其他候选项均不可以出现。这可以用图 1-11 表示。

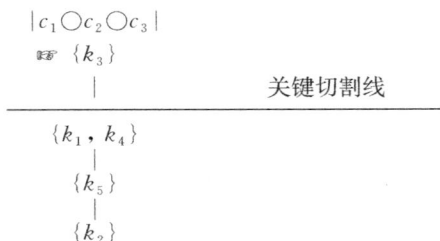

$$|c_1 \bigcirc c_2 \bigcirc c_3|$$
☞ $\{k_3\}$
|
————————————————关键切割线————
$\{k_1, k_4\}$
|
$\{k_5\}$
|
$\{k_2\}$

图 1-11　集合 $\langle A/C_{\text{come}}, \leqslant_{\text{come}} \rangle$ 的关键切割线(1)

从实际的语言表现看,并不是所有的候选项集合都可以在关键切割线上找到候选项。假如这种现象出现,则语言必须从关键切割线下边的成分中选择。这种情况下,一般语言仅仅会遵从最小原则,选择违反制约条件程度最小的成分,也就是选择关键切割线下面的第一个候选项等价类(见图 1-12),即

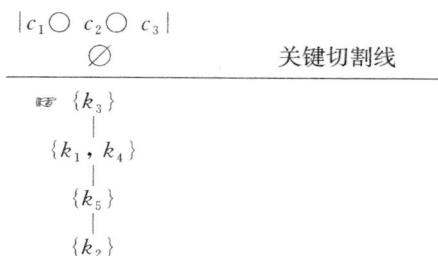

$$|c_1 \bigcirc c_2 \bigcirc c_3|$$
$$\varnothing \qquad\qquad \text{关键切割线}$$

$$\text{☞} \ \{k_3\}$$
$$|$$
$$\{k_1, k_4\}$$
$$|$$
$$\{k_5\}$$
$$|$$
$$\{k_2\}$$

图 1-12　集合〈A/C_{come}，$\leqslant_{\text{come}}$〉的关键切割线(2)

图 1-12 中的"k_3"一般以标记的形式出现,也就是它的出现需要一些的附带条件。这样,如图 1-11 和图 1-12 所示,语言中一般就只有〈k_3〉会出现。其他的候选项则被关键切割线排除出去。这就合理解释了为什么语言中有很多的结构是我们平时并不使用,也不会看到的原因。

集合〈A/C_{come}，$\leqslant_{\text{come}}$〉是 OT 语法评估的最终结果。这个结果反映了特定制约条件序列对某个候选项集合的评估。它的意义在于,候选项集合中的所有成员在制约条件作用下都会有一个确定的位置,即没有不明确现象。集合中的任意两个候选项之间都是可以比较的,呈现出 $k_1 < k_2$,$k_1 > k_2$ 或 $k_1 = k_2$ 三种关系。尽管前面两种和第三种性质不同,但从明确性上看,它们是一致的。它也暗示着任意的两个候选项之间都可以被排序,而不分优选和非优选的情况。从而,在一个候选项集合中,所有成员的信息都会在优选结果中显示出来。

另外,需要注意的是,集合〈A/C_{come}，$\leqslant_{\text{come}}$〉和前面的商集 A/C 之间有本质的不同。前者是制约条件序列整体对候选项集合的评估获得的结果;后者是单个制约条件对候选项的分割。

根据图 1-11 和图 1-12,我们在探讨优选论评估结果时,实际上探讨的是等价类的集合,而不是个体候选项的集合。虽然有的表现为单个成员,但是如果改变候选项集合的数量,或者增加制约条件的集合,都会改变候选项集合中成员在等价类子集中的分配。理论上,只要制约条件的集合变了,评估的基础也就变了,从而造成对候选项集合重新分割,改变了不同等价类内部成员的数量。确定等价类中的等价关系,可以形式化定义为

定义 22：集合〈A/C_{come}〉中的等价关系"$\approx_{\text{come}}$"。

设 A 是候选项集合,$K_1 \in A/C_{\text{come}}$,$k_1 \in K_1$,则

a. $\forall k_2 \in K_1$,则 $k_1 \approx_{\text{come}} k_2$,并且,

b. $\forall k_3 \in K$,使得 $k_1 \approx_{\text{come}} k_3$,则 $k_3 \in K_1$。

定义 22 是确定商集中等价类的依据。两个候选项之间,如果不是等价关

系,就存在 $k_i \leqslant_{\text{come}} k_j$ 这样的偏序关系。评估器就是通过这两种关系为候选项集合中的每个成员赋值和排序,进而获得最终的序列。这个序列反映了我们对语言单位和谐度的认知评估。

1.4 概率与移情优选

1.4.1 概率的作用

概率论是研究不确定性现象的数学框架,很多学科都用到概率论的基本知识。语言学研究中很多地方都涉及概率问题,比如语言使用的频率,某个语言成分出现的概率大小等。在语言的形式化研究中,基本上也到处涉及概率问题。因为,语言的使用本身就是一个不确定的东西。任何话语、任何语言成分的出现都可以看成是一个随机的现象。之所以出现这种不确定现象,大致有三个方面的原因:

(1)模型本身具有随机性。比如我们玩的电脑纸牌,每次洗牌形成的牌的顺序其实就是一个随机事件。

(2)部分观察的结果。即使我们运用的系统是确定的,给个输入就有一个确定的输出。但是,输入系统的变量不是完整集合,而是一个子集,那么系统输出的结果也会带有随机性。

(3)建模不完全。也就是模型本身在处理信息时是不完全的,会丢失部分信息。这样,就会导致输出信息带有随机性,从而结果也就具有不确定的性质。

在很多时候,我们用简单模糊的话语比用复杂精确的话语要快捷方便得多。例如:

[**7**] a. 小张出事了。

b. 小张出车祸了。

c. 小张在高速上出车祸了。

d. 小张昨晚在高速上出车祸了。

e. 小张昨晚在沪宁高速上出车祸了。

f. 我的同事小张昨晚在沪宁高速上出车祸了。

例[7]是一组递归结构。语义信息也逐渐地因丰富而变得精确。但是,我们在实际使用中,越到后面的句子我们越不常使用。从概率的角度看,也就是使用概率越低。在语境中使用何种句子,却是一个随机现象。如果用概率论表示,则有

$$X = \{x_1, x_2, x_3, x_4, x_5, x_6\}$$
$$P(X = x_i) = p_i \tag{1-8}$$

如果这里的 x_i 是相互独立的,每个 x_i 具有独立的概率值,则

$$\sum_{i=1}^{6} p_i = 1 \tag{1-9}$$

这种概率描写形式属于古典概率,直接与事件发生的频率相联系,也被称为频率主义概率(frequentist probability)。实际上,在语言学的研究中更多的是条件概率,即在一定的条件下,某个事件发生的概率大小,条件越多,则对概率的影响越大。这种概率称为贝叶斯概率(bayesian probability)。贝叶斯概率最初主要用于讨论因果关系上。这种概率在给出一些似然条件后,可以计算出其他与它相关的命题为真的似然率。接下来简洁地介绍一下与移情概率优选有关系的一些基本概率知识。

1.4.2　概率论基础

1.4.2.1　随机变量

随机变量(random variable),指可以随机取不同值的变量。我们一般用大写 X 表示变量,用带下标(也有采用上标的)小写 x_i 表示取值,如 $X = \{x_1, x_2, \cdots, x_n\}$ 等。随机变量是对某个值出现的可能性的描述,所以都具有一定的出现概率。当一个变量 X 的所有取值的概率都确定时,我们称这个概率的描述情况为变量 X 的概率分布。

1.4.2.2　概率分布

概率分布(probability distribution)主要描述随机变量或一组变量每个取值的可能性大小。

随机变量有两个类别:离散型和连续型。

离散型随机变量是指具有有限多个或可列无穷多个值的变量。数学上的定义如下:

如果随机变量 X 只可能取有限个或可列无限多个值,则称 X 为离散型随机变量。

离散型随机变量的概率分布可以用概率质量函数(probability mass function,PMF)来描述。我们通常用大写的 P 表示概率质量函数,将随机变量 X 取到的每个值映射到该值的概率,如 $P(x_i)$ 或 $P(X = x_i)$ 或 $x_i \sim P(x_i)$。

概率质量函数可以映射多个随机变量,形成了概率联合分布(joint probability distribution),如 $P(X=x,Y=y)$ 表示变量 x 和 y 同时发生的概率,简写为 $P(x,y)$。

有时候,我们研究的随机变量是连续的,因此称之为连续型随机变量。我们采用概率密度函数(probability density function,PDF)来描述。

连续型随机变量指具有无穷多个反映某个区间值的变量。数学上的定义如下:

对于随机变量 X,若存在一个非负的可积函数 $f(x)$,使得对任意实数 x,有

$$F(x)=\int_{-\infty}^{x}f(t)\mathrm{d}t \tag{1-10}$$

则称 X 为连续型随机变量。其中 $f(x)$ 为 X 的概率密度函数,简称概率密度记为 $X\sim f(x)$。

概率密度函数具有这样的一些性质:

a. P 的定义域必须是 X 的全集。

b. $\forall x\in X$,$P(x)\geqslant 0$,不要求 $P(x)\leqslant 1$。

c. $\int P(x)\mathrm{d}x=1$。

d. 对于任意两个实数 x_1 和 x_2(假设 $x_1<x_2$),都有

$$P\{x_1<X\leqslant x_2\}=F(x_2)-F(x_1)=\int_{x_1}^{x_2}f(x)\mathrm{d}x \tag{1-11}$$

通过对概率密度函数求积分可以获得点集的真实概率质量。

1.4.2.3　边缘概率

有时候,我们知道了联合概率分布,需要知道其中一个子集的概率分布,这种定义在子集上的概率分布就是边缘概率分布(marginal probability distribution)。这种概率分布一般采用求和法(sum rule)获得。

离散型边缘概率:

$$\forall x\in X,\ p(X=x)=\sum_{y}p(X=x,Y=y) \tag{1-12}$$

连续型边缘概率:

$$p(X)=\int p(x,y)\mathrm{d}y \tag{1-13}$$

1.4.2.4　条件概率

在语言研究中，我们经常关注一些已定的事件对某个事件出现概率的影响。这些已定的事件一般称为条件，被影响的某个特定事件可以称为目标事件。研究这类概率的问题一般称为条件概率（conditional probability）。这种概率模型最早受到关注是为了研究命题之间的因果关系。

假设 $X=x$，$Y=y$，则条件概率可以记为 $P(Y=y\mid X=x)$。条件概率可以通过下面的公式进行计算：

$$P(Y=y\mid X=x)=\frac{P(yx)}{P(x)},\ P(X=x)>0$$

$$P(X=x\mid Y=y)=\frac{P(xy)}{P(y)},\ P(Y=y)>0 \qquad (1-14)$$

当有多个随机变量形成联合概率分布时，可以将这个联合概率分布分解为只有一个变量的条件概率的乘积形式。这种变通的规则称为条件概率的链式法则，也称为乘法法则，表示如下：

$$P(x_1,\cdots,x_n)=P(x_1)\prod_{i=2}^{n}P(x_i\mid x_1,\cdots,x_{i-1}) \qquad (1-15)$$

1.4.2.5　全概率和贝叶斯概率

全概率（total probability）公式为概率论的重要公式。它把对一复杂事件 A 的概率求解问题转化为在不同情况下发生简单事件的概率的求和问题。全概率公式和贝叶斯公式都起到了这样的作用。如果事件 $\{B_1,B_2,B_3,\cdots,B_{n-1},B_n\}$ 构成一个对样本空间 S 的划分，即它们两两互不相容，其和正好为全集 S，并且 $P(B_i)>0$，则对任一事件 A，有

$$P(B)=\sum_{i=1}^{n}P(A_i)P(B\mid A_i)$$

$$P(A)=\sum_{i=1}^{n}P(B_i)P(A\mid B_i) \qquad (1-16)$$

全概率公式的离散随机变量形式：

$$P(Y=y)=\sum_{i=1}^{n}P(X_i=x_i)P(Y=y\mid X_i=x_i) \qquad (1-17)$$

全概率公式的连续随机变量形式：

$$P(y) = \int P(y \mid x)P(x)\mathrm{d}x \qquad (1-18)$$

贝叶斯定理,也称为贝叶斯法则,是由英国数学家贝叶斯(Bayes)发展出来的用来描述两个条件概率之间关系的公式。它的现实意义在于：当你不能准确知悉一个事物的本质时,可以依靠与事物特定本质相关的事件出现的多少去判断其本质属性的概率。用数学语言表达就是：支持某项属性的事件发生得愈多,则该属性成立的可能性就愈大。例如,当你看到一个人总是做一些好事时,则可以推断出那个人是好人的概率较大。

通常,事件 A 在事件 B（发生）的条件下的概率,与事件 B 在事件 A 的条件下的概率是不一样的。然而,这两者有确定的关系,贝叶斯法则就是陈述这种关系的。因此,贝叶斯定理是应用所观察到的现象对有关概率分布的主观判断（即先验概率）进行修正的标准方法。

贝叶斯法则是描述关于随机事件 A 和 B 的条件概率和边缘概率的。数学定义如下：

设实验 E 的样本空间为 S, A 为 E 的事件,B_1, B_2, $\cdots$, B_n 为 S 上的一个划分,且 $P(A) > 0$, $P(B_i) > 0(i = 1, 2, \cdots, n)$,则

$$P(B_i \mid A) = \frac{P(A \mid B_i)P(B_i)}{\displaystyle\sum_{j=1}^{n} P(A \mid B_j)P(B_j)} \qquad (1-19)$$

贝叶斯公式的离散随机变量形式：

$$P(X_i = x_i \mid Y = y) = \frac{P(X_i = x_i)P(Y = y \mid X_i = x_i)}{\displaystyle\sum_{j=1}^{n} P(X_j = x_j)P(Y = y \mid X_j = x_j)} \qquad (1-20)$$

贝叶斯公式的连续随机变量形式：

假设二维随机变量(X, Y)的联合概率密度函数是$f(x, y) = f_x(x)f_{Y|X}(y \mid x)$,其中 $f(x)$ 是 x 的边缘概率密度函数,$f_{Y|X}(y|x)$ 是在 $X = x$ 的条件下 Y 的条件密度函数,则在 $Y = y$ 的条件下,X 的条件密度函数 $f_{X|Y}(x|y)$ 为

$$f_{X|Y}(x \mid y) = \frac{f(x)f_{Y|X}(y \mid x)}{\displaystyle\int_{-\infty}^{\infty} f_x(x)f_{Y|X}(y \mid x)\mathrm{d}x} \qquad (1-21)$$

1.4.2.6　朴素贝叶斯算法

贝叶斯分类是一系列分类算法的总称。这类算法名称的来源是以贝叶斯定理为基础,在自然语言的信息处理领域非常重要。在贝叶斯分类模型中,应用最广的两种分类模型是决策树模型(decision tree model)和朴素贝叶斯模型(naive bayesian model,NBM)。

决策树模型通过构造树来解决分类问题。首先利用训练数据集来构造一棵决策树。一旦树建立起来,它就能为未知样本产生一个分类。在分类问题中使用决策树模型方便、高效。根据决策树可以很容易地构造出规则。规则通常易于解释和理解,也能很好地扩展到大型数据库中,同时它的大小独立于数据库的大小。决策树模型的另一大优点就是可以对有许多属性的数据集构造决策树。决策树模型的缺点也很明显,如处理缺失数据时困难,存在过度拟合的问题以及忽略数据集中属性之间的相关性等。

和决策树模型相比,朴素贝叶斯分类器(naive bayes classifier,NBC)发源于古典数学理论,有着坚实的数学基础和稳定的分类效率。同时,NBC模型所需估计的参数很少,对缺失数据不太敏感,算法也比较简单。理论上,NBC模型与其他分类方法相比具有最小的误差率。但NBC模型属性之间相互独立的假设在实际应用中往往是不成立的。在属性个数比较多或者属性之间相关性较大时,分类效果不好。而在属性相关性较小时,朴素贝叶斯性能最为良好。该模型先验概率大多是假设。当先验假设有偏差时,预测效果也偏离较大,错误率较高。另外,这种模型对输入数据的表达形式也很敏感。

朴素贝叶斯属于机器学习和大数据挖掘领域的重要算法之一。所谓学习算法就是构建一个分类器,指派给特定训练样本集合中的每一个成员一个类标签,然后训练模型分类。这是自然语言机器学习的基本问题之一。它的基本原理可以表述如下[①]:

假设有一个样本空间 E , E 有一组属性值($X = \{x_1, x_2, \cdots, x_n\}$),函数表示为 $X(x) = x_i$,设 C 为样本空间 E 的类别变量集合,表示为 $C = \{c_1, c_2, \cdots, c_n\}$,函数表示为 $C(c) = c_i$,假设这里 C 集合的子集只有两个元素 $C = \{c_1 = +, c_2 = -\}$ 。一个分类器实际上就是一个反映属性特征的概率值把类标签映射给样本空间中元素的函数,即

$$F(c_i) = e_j \quad (c_i \in C \text{ 并且 } e_j \in E) \tag{1-22}$$

---

① 这里的理论主要来自 Harry Zhang(2004)的阐述。

这里的赋值主要是参照了样本空间 E。所以，当函数 $F(c_i)=e_j$ 时，函数主要是取最大值，即 $\text{Max}\,P(F(c_i))=e_j$。概率的计算公式为

$$P(c\mid E)=\frac{P(E\mid c)P(c)}{P(E)} \tag{1-23}$$

如果 $C=\{c_1=+,\ c_2=-\}$，则概率的赋值方式只有下面三种情况：

a. $\max P(F(c_i))=e_j=+,\ c_1=+>c_2=-$；

b. $\max P(F(c_i))=e_j=-,\ c_1=->c_2=+$；

c. $\max P(F(c_i))=e_j=+/-,\ c_1=+=c_2=-$。

在实际的处理中，第三种赋值方式在概率上是不起作用的。因为，函数 P 赋予属性的值是均等的，也就是不具有概率上的大小。但是，我们可以将概率值相等的情况归属于某个类别。这样定义域所有的属性都会有一个确定的值。我们可以将第三种赋值方式归属于类"$+$"，这样，我们可以得到下面的公式：

$$f_b(E)=\frac{P(C=+\mid E)}{P(C=-\mid E)}\geqslant 1 \tag{1-24}$$

式（1-24）中的 $f_b(E)$ 为贝叶斯分类器，表示函数 $f_b(E)=+$。如果所有的属性之间都是独立的，并且各自赋值给类变量 C，则

$$p(E\mid c)=p(x_1,\ x_2,\ \cdots,\ x_n\mid c)=\prod_{i=1}^{n}p(x_i\mid c) \tag{1-25}$$

这样就可以计算前面的情况：

$$f_{\mathrm{nb}}(E)=\frac{p(C=+)}{p(C=-)}=\prod_{i=1}^{n}\frac{p(x_i\mid C=+)}{p(x_i\mid C=-)} \tag{1-26}$$

函数 $f_{\mathrm{nb}}(E)$ 就是朴素贝叶斯分类器，如图 1-13 所示。

这个模型不仅仅十分高效，而且由于概率 $P(a_i\mid c)$ 的值可以通过训练数据集合获得，所以这种模型是很容易构建的。由于属性独立性的假设，这种模式在现实

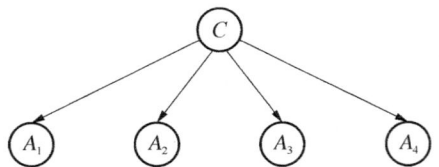

图 1-13　朴素贝叶斯分类器模型

和人工的数据集上都很少具有现实性。但是，Domingos 和 Pazzani 认为即使属性独立性假设改变了概率的分布，对于具有最大概率的类也基本上不受影响，即在最大后验概率原则（MAP）下，朴素贝叶斯分类的错误依旧是很小的。

为了改进朴素贝叶斯模式的独立性假设的不足，一般采用两种方案。一种

是将属性集分类,模型仅仅考察内部成分具有独立性的子集,这样就降低了模型的复杂性;另一种方案是改进朴素贝叶斯模型内部的结构,重新解释属性之间的独立性。Friedman 等提供了一种树扩展朴素贝叶斯模型(tree augmented naive Bayes,TAN)。在该模型中,类节点和所有属性节点相联系,并且一个属性节点可以并且仅仅有另一个属性节点为父节点,如图 1-14 所示。

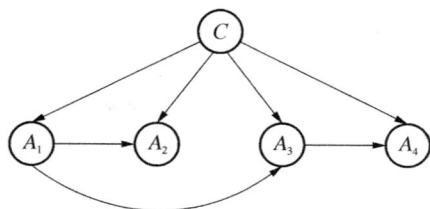

图 1-14　树扩展朴素贝叶斯分类模型　　　　图 1-15　通用扩展贝叶斯模型

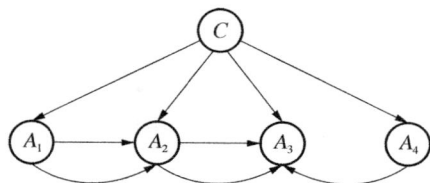

树扩展朴素贝叶斯分类模型和前面的朴素贝叶斯分类模型之间的差异就是增加了属性之间的单向联系。这点区别于可以无限制地连接属性的通用扩展贝叶斯模型。通用扩展贝叶斯模型(simply augmented naive Bayes,ANB)可以如图 1-15 所示。

这个模型和上面的不同在于属性之间的连接没有限制。从概率角度看,一个 ANB 反映的是一种联合概率分布,可以表达为

$$\mathrm{PG}(x_1, \cdots, x_n, c) = p(c) \prod_{i=1}^{n} P(x_i \mid \mathrm{Pa}(x_i), c) \tag{1-27}$$

$\mathrm{Pa}(x_i)$ 指 X_i 的父节点,指派一个 X_i 值给它的父节点。ANB 中除了父节点,所有的节点都是一样的。它的最大特点就是所有的联合概率分布都可以被表达。

1.4.3　幂律分布与移情优选

幂律指节点具有的连线数和这样的节点数目乘积是一个定值,也就是几何平均是定值。比如有 10 000 个连线的大节点有 10 个,有 1 000 个连线的中节点有 100 个,100 个连线的小节点有 1 000 个,在对数坐标上画出来会得到一条斜向下的直线。幂律分布现象在自然界与社会生活中广泛存在,语言学研究中也经常涉及。

幂律分布表现为一条斜率为幂指数的负数的直线。这一线性关系是判断随机变量是否满足幂律的依据。统计物理学家习惯于把服从幂律分布的现象称为

无标度现象,即系统中个体的尺度相差悬殊,缺乏一个优选的规模。最著名的幂律分布模型有两个,即长尾分布和 Pareto 分布。

1932 年,哈佛大学的语言学家 Zipf 在研究英文单词出现的频率时发现了这个规律。如果把单词出现的频率按由大到小的顺序排列,每个单词出现的频率与它的排名序号的常数次幂存在简单的反比关系:

$$P(r) \sim r^{-a} \quad 或 \quad P_r = \frac{a}{r} \tag{1-28}$$

这种概率分布就称为 Zipf 定律。例如,假定幂指数 $a = 0.1$,取某个词库使用最频繁的词,即词表的前 1 000 个词,则

$$\sum_{r=1}^{1\,000} P_r = \sum_{r=1}^{1\,000} \frac{0.1}{r} = 0.1 \sum_{r=1}^{1\,000} \frac{1}{r} = 0.1 \times \left(\frac{1}{1} + \frac{1}{2} + \frac{1}{3} + \cdots + \frac{1}{1\,000} \right) \approx 0.748 \tag{1-29}$$

说明这 1 000 个排名靠前的词语占到了该语言整个词库的 74.8%。也就是说,我们只要掌握这种语言中的前 1 000 个频率最高的词,就可以应对该语言书面材料的绝大多数内容。这表明只有极少数英语单词被经常使用,绝大多数很少被使用。实际上,包括汉语在内的许多国家的语言都有这种特点。例如,在 Brown 语料库中,"the"是最常见的单词,它在这个语料库中占了大约 7%(100 万单词中出现 69 971 次);出现次数第二位的"of"占了整个语料库的 3.5%(36 411 次);第三的"and"出现了 28 852 次。前 135 个词就占了 Brown 语料库的一半。这比率比较符合 Zipf 定律。该定律和认知上的"省力原则"也相一致。在 Zipf 分布中,α 越大,曲线越陡,分布迅速降低为零。这实际上可以看成是认知上长期使用省力原则造成词语使用频率上的固化现象。

19 世纪的意大利经济学家 Pareto 在研究个人收入的统计分布规律时发现,少数人掌握了社会上的大多数收入,进而提出了著名的 80/20 法则,即 20% 的人占据了 80% 的社会财富。这个现象可以归纳为:个人收入 X 不小于某个特定值 x 的概率与 x 的常数次幂亦存在简单的反比关系,即 $P(X \geqslant x) \sim x^{-k}$ 这就是 Pareto 定律。Pareto 定律在社会学中被称为马太效应。

Zipf 定律与 Pareto 定律都是简单的幂函数,我们称之为幂律分布。其通式可写成:

$$y = cx^{-r} \tag{1-30}$$

其中 x、y 是正的随机变量,c、r 为大于零的常数。这种分布的几何意义

为绝大多数事件占有很小空间,而少数事件占有大多数空间。对式(1-30)两边取对数,可得线性关系:

$$\ln y = \ln c - r \ln x \qquad (1-31)$$

该线性关系表现为一条斜率为幂指数的负数的直线。式(1-31)是实际应用中判断随机变量是否表现为幂律的依据。

判断两个随机变量是否满足线性关系,可以求解两者之间的相关系数。利用一元线性回归模型和最小二乘法,可得 $\ln y$ 对 $\ln x$ 的经验回归直线方程,从而得到 y 与 x 之间的幂律关系式。在双对数坐标下的图形,由于某些因素的影响,前半部分的线性特性并不是很强。而后半部分,则近乎为一直线,其斜率的负数就是幂指数。

从语言学角度看,幂律分布不仅仅表现在词汇的频率分布上,不同话语的使用频率,以及同意图不同话语的交替优选中也会呈现出这种分布特征。也就是说,在表达相同意思的一组话语中,我们常使用的形式就为使用频率较高的几种,其他形式尽管很多,却很少使用。这种性质很符合我们的语感。

从移情角度看,一组具有不同移情值的表达相同意图的句子,会自然形成一个客观的梯度。移情值越高的句子,越靠近梯级的前端,越容易被认知上提取,可及度也就越高;反之,句子就不容易提取,可及度就低。从概率角度看,这显然是服从幂律分布的。真正在话语中常用的使用频率较高的句子也就是前面的几种。后面的使用频率很低,但相互之间的频率差异并不是很大。这显然在几何上形成一个陡坡和长尾。话语的提取除了语言自身固化的社会心理造成的客观梯度之外,还有因个人差异和特殊环境形成的主观加权梯度。这表现在每个句子主观加权值的差异,形成了一组句子的主观加权序列。这两种序列的概率累加就会形成每个句子的综合移情概率值。主观梯度造成了句子序列的重新排序。这种最终的序列显然就是特殊环境中话语移情优选的产物。

这里,每个句子的移情概率分为两大块:客观部分和主观部分。客观部分的幂律分布曲线通过幂指数调整坡度;主观部分比较复杂,可以考虑一些常规的环境和言语主体属性作为影响因子,然后通过大数定律和中心极限定理,使得大量随机变量(诸多的呈现为小概率的而又互相独立的同分布中的影响因素,如言者、周边环境、参与人员、事件属性等)的积累分布函数逐点收敛到正态分布的积累分布函数。这种收敛的呈现为正态形式的累积概率就是个体的主观概率值。这部分的处理最为复杂,如何量化诸多参数的概率值是计算累积概率的中心问题,也是最困难的部分。

1.4.4 熵与移情优选

熵(entrophy)最早是由德国物理学家 T. 克劳修斯(T.Clausius)于 1854 年提出的。在希腊文中,熵为发展演化的意义。据说爱因斯坦曾经说过"熵理论对于整个科学来说是第一法则"。人们称熵为一种新的世界观、真理观。克劳修斯认为熵是描述和表征系统不确定程度状态的函数。

克劳修斯之后,熵理论逐渐蔓延,已经远远超出了热力学、统计物理的范畴,在诸多的科学领域都得到了发展,例如,信息论、数学、天体物理、生物医学和大多数的社会科学等领域。熵在化学和物理学中一般是衡量不能做功的能量总数。在统计力学中,熵主要指系统的无序现象。社会科学中,熵用于表达人类社会某些状态的程度。传播学中,它是一个随机事件不确定程度的量度。在信息论中,熵表示为一个信息源发出信号状态的不确定程度。

因此,在不同场合,针对不同对象,熵有不同的解释。但是,在大多数情况下,熵表示的是状态的无序性和不确定性,或者是信息的缺乏性、不均匀性或丰富性等。这当中,最为流行的观点就是无序性。这种观点认为,一个系统越杂乱无序,它的熵就越大,反之就小。事物间差异越小,熵值越低。生物能感知的确定性越大,获取的信息也相应降低。系统越混乱或者分散,熵值越高。香农(Shannon)把熵概念引进信息论中,并从数学上证明了满足随机变量不确定性的度量函数具有唯一形式:

$$H(X) = -C \sum_{x \in X} p(x) \log p(x) \tag{1-32}$$

式(1-32)奠定了现代信息论的基础。式中,C 为常数。我们将其归一化为 $C=1$,即得到了信息熵公式。该公式表达的是:

信息熵就是平均信息量,平均信息量越大,熵就越大。

信息量与该事件发生的概率成反比。当事件为必然事件时,信息量为零。信息熵也可以表示不确定性。当我们不知道某事物的具体状态,但知道它存在几种可能性时,可能性种类越多,则不确定性越大。对于不确定性越大的事物,我们能从中得到越多的信息,即信息量越大。

但是,张学文认为,应该把熵理解为状态的复杂程度(丰富程度)。他认为这有三个方面的好处:

(1) 使熵的概念更好理解。

(2) 可以把信息论、统计力学和热力学中对熵的理解统一起来,都理解为复杂程度。

（3）可以将一直无法解决的生物学和物理学中与熵有序度和熵的增减过程相反的情况做统一的解释，即都视为复杂度加大，熵值增加的过程。

张学文认为熵就是衡量状态的尺度。状态的多少是通过丰富性体现出来的。物体越复杂，状态越丰富，反之就越简单、单调。我们可以把熵定义为物质系统状态的复杂程度。如果我们以 Ω 表示状态的数量，以 S 表示单个变量，以 n 表示总体变量，则

$$S^n = \Omega \qquad\qquad (1-33)$$

变换为对数形式，即

$$\log_S \Omega = n \qquad\qquad (1-34)$$

显然，在底数确定的情况下，n 越大，则 Ω 也就越大；n 确定的情况下，底数越大，Ω 也越大。Ω 越大，表示为状态的复杂度越高，熵就越大。所以，假设用 H 表示状态的复杂度，则

$$H = Cn \qquad\qquad (1-35)$$

C 为常数，可以变式为

$$H = C\log_S \Omega \qquad\qquad (1-36)$$

显然，n 越大，H 越高，即越复杂。这里的 H 就是状态的熵。如果我们把对数的底数换成自然数 e，把常数 C 换成玻耳兹曼常数 k，则式（1-36）就变成了下面的热力学熵的玻耳兹曼公式了，即

$$S = k\ln \Omega \qquad\qquad (1-37)$$

可以把式（1-37）看成是整合热力学、统计物理学和信息论中熵的通用公式。但是，式（1-37）并不能表示无序和有序，两者是不同层面的概念。张学文认为有序和无序是一个更为深奥的概念。

语言上的熵是指在实际的交际环境中语言符号出现的不确定性大小。符号的不确定性取决于符号的数目、概率和复杂度。例如，假设有 a、b 两个符号，概率 $P(a)=0.7$，$P(b)=0.3$，如果这两个符号同时发出且只接收一个，那么默认的接收肯定是 a。这是可以预测的。在这种情况下，不确定性就很低，反之就高。当我们接收到了信号后，这种不确定性就会消除，相应地我们就获得了一定的信息量。不确定性越小，则获取的信息量也越大，反之就越小。因此，只要测出了语言的熵，就可以大致知道话语信息量的大小。如我们能通过计算文字的熵来衡量该文字所负载的信息量，可以采用下式：

$$I = -\log_2 P \qquad\qquad (1-38)$$

P 指出现或获得事件的概率。信息量的单位为比特(bit)。如计算一封含
1 000 个字母的英文信件所含信息量。英文字母共 26 个,加上文中空白算一个
符号,共 27 个具有等可能性的符号,每个符号出现的概率为 1/27。则每个符号
的信息量为

$$I = -\log_2 \frac{1}{27} = 4.76 \,(\text{bit}) \tag{1-39}$$

则 1 000 个字母所含信息量为 4 760 bit。实际上,每个字母出现的频率并不
相同,那么,利用现成的字母频率表,并代入下式:

$$I = -\sum p_i \log_2 p_i \tag{1-40}$$

得每个字母的平均信息量为 $I = 4.03$ bit,则 1 000 个字母总信息量为
4 030 bit。

这个例子说明,字母出现概率(或频率)越均匀,则信息量越大,反之则越小。
当字母以等概率出现时,所含信息量将达到最大值。假设 27 个字母有 26 个出
现概率为 0,剩余一个为 1,则熵为 0。因此,信息量和语言的熵呈反比关系,信
息量越大则熵越低,反之则高。

显然,语言的熵会影响话语的优选。当一组不确定的成分集合在一起时,集
合中的每个成分由于熵不同,优选的难度也就会存在差异。理论上,如果不考虑
其他的影响因素,熵越低则越容易优选胜出,反之则难度越大。如果我们将一个
集合中的所有成分按照熵值由低到高排序,则会形成一个基于熵的优选序列。
从移情角度看,越是不确定的对象,我们的移情值会越低,这很明显。很难设想
我们与不认识的或交情不高的或一面之交的人在心理上能有多近。由此,话语
涉及对象的模糊度会影响我们的移情值高低,而模糊度可以看作话语的熵。这
样,话语也就含有了移情熵。

理论上,一组表达相同意图的句子传递出的话语的明确性是不同的。尤其
是讲究意会的汉语更是如此。很多时候,话语真实意图有的带猜测性质,有的就
直白点,有的介于两者之间。这明显体现出熵的差异。总之,我们可以按照理解
话语对象付出的心力大小,给一组同意图句子排序,形成的句子梯级显然就是移
情熵的梯级。再将这种梯级和移情优选的等级序列模式匹配,获得的优选结果,
显然就是移情熵的优选。

把熵概念引入移情优选论的难度在于计算话语变量或对象的移情熵的值。
因为,语言中的话语是无穷的,话语本身复杂性和单位的多少理论上也是无穷

的。如何把这种复杂的情况统一纳入简洁的计算模式，这确实是一种挑战。尽管如此，语言单位交替形式之间呈现出熵的差异是确定的，对话语优选产生影响也是确定的。

1.4.5　概率移情优选

　　语言学研究历来都有概率的传统。从 20 世纪 30 年代以来，布拉格学派的语言学家一直从事某些语法过程频率的定量研究。如言语不同部分出现的相对频率，句子中信息的落点和分布，音节类型和结构的统计分布等。美国语言学家 Zipf 在对词语与语篇及其长度之间关系做定量分析时，发现了著名的 Zipf 法则。也就是，一个词项的出现频率与它在词汇频率表的排名成反比。英国的马林诺夫斯基也做过间接陈述。他认为，将语言看作是说话人脑子中的思想转移到听话人的脑子中的观点是错误的。我们需要从经验和情境角度来研究。这就会涉及概率和统计。弗斯认为我们不能孤立地研究句子，而是需要在语境中讨论意义。强调记录下来的真实语篇应当是语言学家主要关注的内容[①]。Halliday 从 20 世纪 50 年代初用简单的概率统计方法研究汉语中范畴和频率的关系，通过不同系统之间关联程度的不同，提出了汉语的系统分类。Halliday 认为语言系统天生具有似然率，语篇中的频率是概率在语法中的实例化。他认为概率用于描写系统和范畴，而频率则是对具体实例的分析，它们之间的关系就像气候和天气的关系或者波和粒子的关系。实际上，语言无论是结构本身还是在具体环境中的应用，其本质上都是概率性的。

　　但是，这种实证性的研究传统在 20 世纪 50 年代中期被打破。随着乔姆斯基转换生成语法的兴起，侧重于经验主义的语言学研究开始式微。代替的是以乔姆斯基理论为主的理性主义。由此，在随后的一段时间中，各种理论层出不穷，而忽视了对语言本身事实的关注。这显然过多地偏离了语言研究的本质。

　　进入 21 世纪之后，语言研究也逐渐回归本体，由注重理论转为对语言本身现象的探讨。从而，经验和客观实际的研究思路逐渐回归。受语言信息处理的影响，以概率为基础的语言学研究逐渐复苏，并走向繁荣。与语言学相关的交叉研究逐渐走向前沿，如概率语言学、计算语言学、语料库语言学、心理语言学等。这些学科的研究都是以概率和统计作为其核心的方法。

　　语言学一直有用概率来研究语言的传统。但是，把概率和语言相结合作为一门学科来研究，还是 21 世纪的事情。2001 年美国语言学会首先在华盛顿召

---

①　转引自胡壮麟(2005)。

开了第一次语言学概率理论的专题讨论会,其结果就是 Rens Bob、Jennifer Hays、Stefanie Jannedy 等主编的《概率语言学》(*Probabilistic Linguistics*)的产生。它开宗明义地指出:"形形色色的证据表明语言是概率性的。概率在语言理解和产生方面,在提取、意义分解和生成中起作用。概率在学习方面,在切分和概括中起作用。概率在语言学和形态学方面,在可接受性判断和替换性方面起作用。概率在句法学和语义学方面,在范畴陡度化、句法的造得好与否的判断和解释中起作用。概率在建立语言变化和差异模型中更起到关键作用。"2003 年在亚特兰大又召开了第二次概率语言学讨论会。会议讨论了把概率语言学融入当时的语言学潮流,并且定性了概率语言学和生成语言学之间具有互补关系,而不是对立关系。由此,概率语言学作为一门独立学科受到了学者们的注意。

　　本质上看,世界是概率性的。任何事物的出现都带有随机性,具有一定的概率。人类的认知也是概率性的。因为,认知是反映现实世界的,现实世界的随机性决定了认知必然是随机的。语言作为人类认知世界和交流的工具,一定是随机性的,因而也是概率性的。从某种程度上看,概率性是语言的本质特征。无论是传统语法的描写方法还是生成语法的描写方式都存在大量的不合规则的语言形式。对这些例外的形式,都必须给以合理的解释。但不管是哪种语法理论,这都是棘手的问题。理论总是很难自圆其说。即使看似解释力非常强大的认知语法,也很容易进入循环论证的圈子。

　　但是,如果我们从概率的角度来思考,这些例外现象就可以获得解释。语言中的合语法和不合语法会存在一个概率的差异。越合语法的单位就越高频率,反之频率就低。这样就将语法的问题转化为概率的问题。所有的语法问题就可以在概率下获得统一。当然,正如一阶谓词逻辑对语义的描写那样。概率属性仅仅是语法的部分,可以反映语言使用和出现的分布特征,并不涉及语言自身属性的描写或解释。合语法和不合语法可以看成是由高概率向低概率延伸的梯度现象,如图 1 - 16 所示。

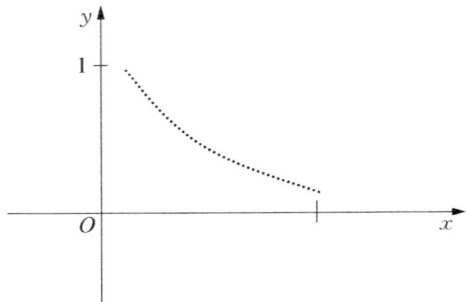

图 1 - 16　语言单位合语法性的概率函数图像

　　随机变量 $X = \{x_1, x_2, \cdots, x_n\}$,为一组相关语言单位,$y = F(X) = P(x_i)$,为随机变量 X 的概率分布函数,表示为

$$P(x_i) = 1 \longrightarrow P(x_i) = 0 \tag{1-41}$$

式(1-41)反映了三种情况：

a. $P(x_i)=1$ 时，$X=\{x_1, x_2, \cdots, x_n\}=\{a\}$（$a$ 为常量，即集合为独元集）；

b. $P(x_i)=0$ 时，$X=\{x_1, x_2, \cdots, x_n\}=\{\Phi\}$（$\Phi$ 为空集）；

c. $P(x_i)\neq[1, 0]$ 时，$X=\{x_1, x_2, \cdots, x_n\}$（$X \geqslant 2$）。

情况 a 表示的是语言中只有一个成分的单位；情况 b 表示的是语言中不存在成分单位；情况 c 才真正反映了语言中的梯度问题。它的意思是，某个位置上存在多个具有不同概率的成分，其概率值为 $1 > P(x_i) > 0$。 如果我们按照概率的大小将之排序，就会形成图 1-17 中的概率曲线。其语言学的解释为：当某个成分在语言中经常出现，使用频率很高时，一定是合语法的成分。随着使用概率的降低，其合法度也随之下降。这可以解释为什么有的单位我们使用不多，有的单位使用频繁。

所谓的不合语法，就是说母语者一般不说的成分。直觉上，一般不合语法的句子我们基本上不说，从而就会造成使用频率的下降，导致概率较低。有些有标记的句子实际上就是概率值较低的句子，表示其使用具有条件的限制，一般不用，只有条件具备了才使用。因此，我们可以反过来通过频率或概率推断语言单位的合法度。这种观点实际上与认知上的原型范畴的理论相一致。当然，当两个单位使用概率都很高且概率差距不大时，它们之间的合语法性基本上是不可鉴别的。只有两者具有明显的概率差异，才会表现出明显的合法性差异。

语言的概率分布表现在两个层次上：宏观层次和微观层次。

从宏观角度看，语言中的不同范畴之间存在概率上的差异。不同的单位概率上也会存在差异。这种差异体现了不同范畴和单位在语言体系中的不同重要程度。因此，根据概率的差异，我们就可以归纳出核心语法范围和外层语法范围。从语言使用的概率分布上看，不同的语言单位形成大小不同的集合。但每个集合中的成员都会呈现出正态分布。例如词汇体系，语言的实际表现是，大量的语言材料中仅仅集中了少量的高频词汇。汉语的汉字也体现出了这样的特征。尽管有几十万的汉字，但 2 500～3 000 个汉字覆盖了市面上所有书面材料的 98% 以上。句式和句型的使用也是一样的。不同句型和句式之间在使用频率上也是不同的。例如，根据一些学者的统计，陈述句使用概率大于"把"字句，"把"字句使用频率大于"被"字句。这从概率角度解释了"被"字句比"把"字句标记性更强。原因是"被"引介宾语远离宾语位置，而"把"则近点。

从微观角度看，一组表达相同交际意图的句子或一组反映相同现实对象的语言单位，在语言使用中具有交替性。但是，在一定的环境下其优先度是不同的，也就是认知上的可及性不同。有的单位我们一般会优先使用，有的则比较慎重。这种情况带有普遍性,一般在概率上就表现为值的大小差异。概率值较高的单位优先度相应就高,反之就低。因此,如果我们按照概率值的大小将所有的成分排序,就会得到一个语言使用上的梯级。这种梯级在认知上就表现为可及性的差异,形式上就表现为标记性的强弱。本质上,概率性表现出语言单位使用状态的数字特征,不表现内部情况。但内部情况的变化导致概率值的差异。因此,概率具有敏感性,是发现问题的先导。

导致语言单位概率值差异的原因是多方面的,主要有社会文化心理因素、语言自身结构规则的特征、表达主体的习惯、性格特征、文化背景、言语对象的属性特征、周边实时环境因素、其他人员情况及与言语双方之间的关系、表达形式在语言体系中的位置等。这些因素共同作用按照一定的概率值贡献给整体,从而形成了某个环境下的某个表达方式具有最佳的表达效果,也就是获得最高的概率值。这种概率的计算模式符合独立同分布中心极限定理。各种因素的综合影响形式非常符合前面提到的朴素贝叶斯模型。不同的是,后者是一种分类模式,这里是优选模式。我们可以将前面的类型 C 变为一组同类交替形式 F,然后通过计算各个形式 f_i 的综合概率,求出形式 F 的最大概率单位,进而优选出输出项。

概率本身不反映语言内部的结构特征。但是,探求如何获得概率则涉及语言的内部属性规律。求最大概率的优选过程就是探索语言结构和语义等特征的过程。如果仅仅通过几个影响概率的大类因素,显然无法获得语言单位的具体概率值。一个可能的途径就是通过将影响语言概率的因素转变为制约条件。根据影响的大小确定相对的概率范围和等级序列。再在每个概率范围内确定次一级的等级序列和相对的概率值。这样就可以将概率和语言单位的优选结合起来,形成一种概率优选的模式。

从认知角度看,人类话语的输出,本质上是优选性的,而这种优选又基于概率值。我们的语感告诉我们,我们说话时就在优先选择常用的单位。这些单位就是概率值较高的单位。越是概率值高的单位,我们提取越轻松,反之就越累,也就是认知的调取时间越长。

从移情角度看,人类情感距离的远近显然会影响到话语表达方式的变化。这说明了不同的话语具有不同的移情值。一般来讲,这受两个方面的影响:一是不同的句式或句型具有移情值的差异;二是不同词语或短语也具有移情值的差异。前者偏向于构式义方面的情感不同;后者偏向于具体语义对情感的渲染。但是,都是表现为语言单位在移情值上的差异。这种差异会造成调取难度的不同。最终会反映在概率上,体现为概率的差异。因此,移情值的高低会影响语言单位概率值的高低。

从研究的角度,我们可以考察认知和移情对语言单位优选的综合影响;也可以采用限定法,假定在其他条件恒定的条件下,移情值的差异导致了概率值的差异,进而表现为优选输出的不同。

1.4.6 相关问题讨论

概率除了影响语言的优选输出之外,还存在于语言的其他方面。大致来看,以下这些方面都受到概率的影响而且都可以纳入优选模式中统一处理:

(1)语法范畴和语言发展。Halliday 认为:"语言有无限的可能性,但它的使用者是有限的。词汇语法的概率模型可帮助我们解释语域的变异,这与语言的历时变异有关。当概率得到一定程度的肯定后,可看作是范畴的变化。"这实际上是说,语法范畴的确定是建立在概率上的,只有一个单位用于某个范畴达到一定的概率时,才可以确定为这个范畴的成员。从历时角度看,当一个语言单位发生变异时,只有变异性质达到一定的概率时,才可以确定变异的身份。反过来,我们可以根据语言变异的情况确定语言发展变化的时间。这可以通过下面的公式计算:

$$t = \frac{\ln L}{\ln L_0} \tag{1-42}$$

语言的基本词汇保留率 L_0 是个常数,为 0.86,即 10 年为 0.86%,100 年衰减 8.6%,1 000 年衰减 86%。由此,我们只要知道了 t 和 $\ln L$ 的任何一个数据,就可以获得另一个数据。例如某种语言的基本词汇保留率为 0.6。则

$$t = \frac{\ln L}{\ln L_0} = \frac{\ln 0.6}{\ln 0.86} = 3.38 \tag{1-43}$$

因此,该语言存在的时间为 3 380 年。反过来,如果知道某种语言的存在时间,就可以求得它的基本词汇的衰减率。

推而广之,如果是从同一种语言分化出来的两种独立的语言,则可以通过同源词比例计算它们之间分离的时间。如语言基本词汇的保留率为 0.6,同源词的比例为 0.82,则

$$t = \frac{\ln L_C}{2\ln L_0} = \frac{\ln 0.6}{2\ln 0.82} = 1.3 \tag{1-44}$$

可以知道,这两种语言分离的时间大致为 1 300 年。

(2)解释儿童语言。Halliday 认为:"儿童语言发展过程也反映了概率的因

素。儿童在学说话时,首先说自己最喜欢的形式,形成他们自己的语言系统,然后开始说不太喜欢的,作为额外的选择。他们构建词汇语法的根据是语篇频率,把它看作一个概率系统,可见概率方式有助于解释意义潜势的扩展"。通过概率的统计,可以大致知道儿童语言发展的一些共性特征和差异性的特征,以及这种偏离的程度。显然,儿童语言的使用是遵循着概率优选法则的。

(3)辞书编辑。这方面概率用得较多,主要反映在词性定位和词语分级方面。前者主要在词语类别的确定方面具有关键作用。确定一个词语具有某种词性需要在使用上达到一定的频率,频率越高越确定,越低越模糊。后者根据词语使用频率确定词汇中的核心词汇和外围词汇,并按照频率高低确定词语的分级。现在的英语四、六级词汇和汉语的 HSK 分级词汇都是通过这种方式确定的。

(4)自然语言处理上的运用。可以说自然语言处理的所有领域都和概率有关系。例如,语言的文体分析,通过对具有特定文体特征的一些词语和符号等的搜索和频率统计,可以很准确地确定一篇文章的文体特征和类别特征,从而可以很准确地将文章归类。例如,陈大康利用计算机对《红楼梦》中的"屁""放屁""屎"之类的脏字进行了统计分析。他发现前 78 回中这种词语的出现频率为 0.012 9%;后 40 回合为 0.000 854%。两者的比率相差大约为 15 倍,这就说明了作品前后语言风格上的巨大差异。这种差异在统计学上印证了后 40 回和前面的 80 回为不同的作者所写的事实。这说明,如果我们知道某个作家作品语言风格的统计数据,就可以通过这些数据比较鉴别作品的真伪。我们也可以通过数据的比对确定匿名文章的归属。例如,某一作家的二阶中心矩为 $m(i, j)$,偏离指数为

$$\sigma(m) = \sum_{ij} \left[m(i, j) - M(i, j) \right]^2 \qquad (1-45)$$

按照切普曼-柯尔莫哥洛夫方程:设 $\{\xi_n\}$ 为一马尔可夫链,则对任意非负整数 k、m、l,存在

$$p_{ij}(m, k+l) = \sum_r p_{ir}(m, k) p_{rj}(m+k, l) \qquad (1-46)$$

则 σ 值越小,作品语言风格同标准语差异越小。

对于不同作家之间的语言风格比较,则用相关指数 S:

$$S(m, n) = \sum_{i, j} \left[m(i, j) - M(i, j) \right] \left[n(i, j) - M(i, j) \right] \qquad (1-47)$$

其中 $m(i, j)$ 与 $n(i, j)$ 表示作家 m 和 n 的二阶中心矩。该公式表明,S 值越大,作家之间语言风格差异就越小。

再如机器翻译方面,大多数是通过概率计算将句子和目标语言中的某个句子模糊匹配,而不是精确的匹配。概率越大,匹配越准确,反之就低。语言的理解也是一样的,机器对语言形式的解读也是根据概率大小来匹配的,一般通过计算匹配具有最大概率值的选项。

所有这些涉及概率的方面,最终都会归结到语言的优选方面来。例如,语法范畴和语言发展以及辞书编辑等最后还是通过概率确定界限问题;儿童语言发展还是反映话语的优选输出问题;自然语言处理都是通过概率确定类别等问题。可以说,概率和优选之间有着天然的联系,像一双筷子或翅膀,总是相伴而行,但两者是完全不同的两个方面。概率仅仅是语言活动所表现出来的数字特征。但我们的语言活动很多方面是以这种数字特征为依据的。由此可以看出,概率对于语言活动本身和研究的重要性。这也是大篇幅介绍概率的原因。

第 2 章　移情的本质与研究价值

2.1　美学中的移情

移情(empathy)概念发端于美学,盛行于 19 世纪,是浪漫主义运动时期文艺思想的余波,最早由德国美学家劳伯特·费肖尔(Robert Vischer)于 1873 年在著作《视觉的形式感》中提出来的。他的这种思想来自他的父亲弗列德里希·费肖尔(Friedrich Vischer)关于移情作用的表述。尽管老费肖尔没有明确提出移情作用的概念,但在他晚年的著作《批评论丛》(1863)中,他把移情作用称为"审美的象征作用",本质上就是"对象的人化"。他认为:

> 这种对每一个对象的人化可以采取很多不同的方式,要看对象是属于自然界无意识的东西,属于人类,还是属于无生命或有生命的自然。通过常提到的紧密的象征作用,人把他自己外射到或感入(fühlt sich hinein)自然界事物里去,艺术家或诗人则把我们外射到或感入(fühlt uns hinein)自然界事物里去。

这种思想为后来劳伯特·费肖尔"移情作用"(einfuhlung)的提出奠定了坚实的基础。后来,美国实验心理学家 E. B. 惕庆纳(E.B.Titchener)创造了英文单词"empathy"来对译德语中的单词"einfuhlung"。劳伯特·费肖尔认为,一切认识活动都多少涉及外射作用。这种外射可分为感觉和情感两类。前者通过知觉神经的刺激,在人的头脑中产生了印象,而后者通过运动神经的刺激,在主体心理上产生诸多静态感觉以及运动感觉。在此基础上,劳伯特·费肖尔分别将感觉和情感划分为三个类别,并相互对应。他认为情感和感觉的区别在于它不只是追随或模仿对象的线条轮廓或全部形状,而是要涉足想象的活动和情感的外射。这种情感的外射就是移情现象。尤其值得注意的是,劳伯特·费肖尔认为自我主体的情感和观照对象之间情感上的交流是一种互动的交融关系,而不是记忆或联想的关系。他认为移情现象是一种物我同一，中间没有时间间隔来供记忆或联想起作用。

尽管费肖尔父子开创了移情理论，但真正对全世界有重要影响的是另一个德国的美学家西奥多·立普斯（Theodor Lipps）。有人甚至将美学中的移情说比作生物学中的进化论，而把立普斯比作美学中的达尔文。尽管有点夸大事实，但是移情说全面影响了近代美学思想是不可否认的事实。立普斯在《空间美学》里论道：

> 从一方面说，审美的快感可以说简直没有对象，审美的欣赏并非对于一个对象的欣赏，而是对于一个自我的欣赏。它是一种位于人自己身上的直接的价值感觉；而不是一种涉及对象的感觉。毋宁说，审美欣赏的特征在于：在它里面，我的感到愉快的自我和使我感到愉快的对象并不是分割开来成为两回事，这两方面都是同一个自我，即直接经验到的自我。

立普斯的移情说主要是从心理学观点提出的。朱光潜认为："立普斯在论文中费大力要说明的其实不过是一句很简单的话：在审美的移情作用里，主观与客观须由对立关系变成统一的关系。"牟春认为，与浪漫主义思潮的意向一致，立普斯想以"移情"化解人与自然、自我与他人的对立并使对立双方有效和解，但其在实质上却以取消一方的方式推进甚至僵化了两者的关系。

立普斯之后，对移情说产生重要影响的是德国学者卡尔·谷鲁斯（Karl Groos）。尽管其也是从心理学角度去研究美学，但他认为艺术和游戏是相通的。在审美活动中，两者的自由活动体现在内模仿。内模仿说实际上是移情说的一个变种。他的观点对后世的影响也较大。

近百年来德国主要的哲学家和心理学家几乎都涉及美学，而讨论美学也几乎没有不讨论到移情的。这个风气由德国发端，弥漫到了整个西方。关于移情，我国的著名美学家朱光潜认为：

> 什么是移情作用？用简单的话来说，它就是人在观察外界事物时，设身处在事物的境地，把原来没有生命的东西看成有生命的东西，仿佛它也有感觉、思想、情感、意志和活动，同时，人自己也受到对事物的这种错觉的影响，多少与事物发生同情和共鸣。这种现象是很原始的、普遍的。

实际上，移情就是指情感的渗透，即把自己的感情倾注到相关的事物或人身上，形成一种情感的外移。认知主体可以感受到身体之外的其他相关对象的某些典型特征，并使这种特征和认知主体的某个方面的感受相匹配，形成一种交融的状态。从心理学角度看，它属于情感外射（projection）一类。

移情现象是人类认知世界和自然交流以及人类社会交往中的一种重要手段和策略。因而,它具有最大的普遍性,基本上无处不在,渗透在人类生活的各个方面。不同种族和文化中均有移情现象及其表现形式。差别仅仅是表现的方式不同而已。在汉语中,这种现象在我国上古时代的第一本诗歌总集《诗经》中就有所体现。其关于"兴"的手法,就是对该现象的具体运用。从语言发展的角度来看,词义的引申也大量涉及移情的使用。而在西方,早在《荷马史诗》中,也有大量的通过隐喻手法将无生命的东西变成了活的生物的用例。真正关注到该现象并对之进行了理论解释的是亚里士多德。他在《修辞学》里将之看成是一种隐喻手法。不过,真正比较深入地探讨移情现象的却是从 17 世纪英国经验主义学派开始的。到了 18 世纪,意大利的维柯(Vico)把这种研究又推进了一步。直到19 世纪后半期,移情说才真正地在美学领域里取得了主导地位。

2.2 语言学中的移情

随着"移情说"在美学和哲学领域的繁荣,其影响力也逐渐延伸到心理学、修辞学、语言学以及跨文化交际等许多领域。最早将移情引入语言学领域的是日本语言学家库诺(Kuno),他从功能句法学角度阐述了移情现象在语言中的体现,并借用摄影术语中的"拍摄角度"来阐述该概念。他认为移情就是说话者在表述事件或状态时,把自己也投入句子的情景中,以体现他与参与对象的关系和关系的密切程度。换句话说,"移情"就是反映言者对句子中所描述的事件或事件参与者的态度。例如:

[8] a. 张三打了李四。

b. 李四被张三打了。

例[8]a 中,言者关注的角度主要是"张三"。因而,从心理上讲,"张三"离言者的心理距离较近,"李四"是连带成分。例[8]b 中,言者关注的角度主要是"李四",因而从心理上讲,"李四"离言者的心理距离较近,"张三"是连带成分。在这里,靠近言者的成分所指对象就是库诺所说的移情对象。在认知上,认知主体是先扫描句首的主题成分所指对象,再依次扫描句中的后序成分所指对象。库诺的移情对象主要就是指认知上最先扫描的,离言者心理距离最近的成分。在此基础上,库诺提出了"句法突显原则"(syntactic prominence principle),即哪个成分所指对象(referent)的移情值高,哪个成分便取得句法上的突出地位。反过来,就是在句中最凸显的成分移情值最高。显然,从实时对话来看,一般句首成分所指对象离言者最近,就是移情对象。

这里的句首成分离言者近是从时间的角度分析出来的。因为,处在前面的成分认知上是先提取的。一般来说,对于物理上或心理上离言者近的对象,言者会优先感知,进入认知并加工。反之就会后感知和加工。这样反映到句法上就体现为句法位置的先后。从表面上看,句法是线性关系,实际上这种线性关系背后却是时间上的先后关系。这种时间上的先后序列反映的是认知可及度的强弱。认知可及度的强弱又和对象的移情值高低有关。移情值高的对象认知可及度就高,进而提取就快,最终导致了句法上的凸显。

因此,在诸多对句法序列的影响因素中,移情应该是底层的因素之一。我们可以这样说,认知可及度高的在句法上不一定会凸显,但是移情值高的一定会凸显。这种句法凸显有两种表现方式:

(1)句法成分的隐现。也就是在一个交际框架中,一般会涉及多个相关的对象。从句法上来说,并不是所有的对象都需要并能够在句法上凸显。我们在进行表达的时候总是受多方面的因素制约而有所取舍。这当中,移情就是影响话语表达中成分在句法上凸显的一个重要因素。

(2)对象之间的线性安排。如前文所说,在一个交际框架中,一般会涉及多个相关的对象。这些不同对象处于关系网的节点上,相互之间会因各种关系而联系在一起。但这只是一种客观的现实,对象本身并没有主次之分。真正地影响对象并使之在句法上产生变化的是言者的视角。随着言者观察对象视角的不同,这些对象和言者的距离就产生了变化,从而造成了移情值和凸显次序的差异,最终表现为句法序列的不同。认知语法一般认为认知可及度是句法序列的认知理据。从移情角度来看,认知却不是终极的理据,终极的理据应该是移情值导致的移情序列,即情感因素。

从先后顺序上看,认知应该在前,因为只有对对象有了感知才谈得上情感。但感知到不一定会聚焦并在认知上存储起来,进而会在言语上有形式表现。只有感知到的对象与主体的情感发生交互,并产生作用时,才会在认知上存储,并被组织进句法中。因此,从语言角度看,情感才是最底层的成分。

移情在句法上的这两种表现方式是相互作用、相互制约的。也就是,不同的成分凸显会影响句法结构的安排,而句法结构的选择又会制约相关成分的实现。这两者又在移情的机制下获得统一,共同决定着句法的性质和可接受性。正因为如此,库诺认为移情决定着一些句法结构的可接受性。

2.3　移情现象的本质特征

从本质上看,移情是一种具有人际功能特征的普遍性心理状态,是人际交往中带有规约特征的情感策略。长期高频使用使这种语用策略产生分化：一部分已经语法化为句法上的特征，成为语言上的带有移情特征的有机组成部分，这部分属于功能句法的范畴；另一部分还没有语法化，是实时话语表达策略的一部分，仍属于语用学范畴。然而，语言中大多数移情现象还是介于规约和非规约之间的过渡带。属性定位并不清晰。这实际上反映了语用法到语法化的固化过程。理论上，我们日常的话语基本上或多或少都带有移情的特征。这是提高话语交流效果的一种长期自然选择。正是这样，语言中的移情现象应该是语法的重要组成部分。而从目前来看，学界似乎并没有达到应有的重视程度。

　　语言中所有范畴以及范畴之间都具有原型特征，没有截然的分界线。移情也是这样，且体现在语言的各个部分。正因为如此，语言中的移情现象给人的感觉就是非常散乱。但是，假如我们将移情看成是从语用上的临时性移情策略到典型的具有移情特征的句法的一个连续梯级。那么，所有的散乱都可以归入语用到语法之间的连续统。散乱的移情现象也就都成了一种大趋势的表现形式了。理解这一点是理解语言中移情现象的关键，也是将移情上升到语法高度的主要理论基础。同时，也是我们转换分析思路的对象基础。

　　目前的汉语语法研究中从没有将移情理论作为主要手段或将移情现象作为主要的研究对象加以系统化阐述。无论是功能句法学范畴还是语用范畴都是用少数的原则来阐述显性的移情现象，更有多数流于主观，凭语感想当然认为某几个对立成分中的某一个是移情格式。这显然缺乏科学性。究其原因主要还是移情现象自身的特殊性：既普遍又复杂，充满着诸多的不规则现象。所以，用原则体系很难涵盖全部或大多数的移情现象，更多时候是因例设原则。所以该系统对语言的移情解释总是不够令人满意。我们可以这样比喻，原则系统像是一个点的集合，而移情现象更像是一根线。用离散的点描写连续的线，其匹配度是可想而知了。所以，归根结底，目前描写移情现象的理论或手段基本上不能够匹配这个现象的本质特征。因此，找一个与之匹配的新理论也就成为必然的选择。

　　除了前面提到的语用移情与语法移情之间的移情存在形式上的梯级之外，语言中还有另外一个移情梯级，即移情值的梯级。也就是语言中的话语在移情值的高低上有高有低，从而使一组相关的语言单位表现为一个有移情值差异的梯级。我们可以将句子的移情值看作从命题到自然数的函数。形式化定义如下：

定义 23：移情函数 E。

　　设 S 是一个句子集，E 是一个移情函数，自然数集合 N，那么，$E(s_i \in S) = \grave{u} \in N$。$\grave{u}$ 为句子违反制约条件 C_i 的次数，$\grave{u}$ 越小移情值越高，反之越低。

序集 $(S, \leqslant_E)$ 有一个最小值,可以定义如下:

定义 24: 移情序集的最小值。

设 $(S', \leqslant_E) \subseteq (S, \leqslant_E)$,那么, a 为 $(S', \leqslant_E)$ 最小值,当且仅当 $a \in S' \wedge \forall x \{ x \in S' \to a \leqslant x \}$。

集合 $(S, \leqslant_E)$ 没有最大值的原因是某个句子可能无限地违反某个制约条件,导致了一个无穷大的自然数。

定义 25: 移情点 E_p。

设 O_s 为句中对象集, E_p 为移情点,则一个句子含有一个且仅有一个对象 $o_i \in O_s$,并且 $\forall o_j (o_i \neq o_j \to E(o_i) \geqslant_c E(o_j))$,则 $E(o_i)$ 为移情点 E_p。

符号 $\geqslant_c$ 为某个单位的移情值"大于或等于"另一个单位的意思。

一个最大移情值的句子就是 $\dot{u} =_c 0$,即不违反任何制约条件的句子。基本上,一个句子总是或多或少地违反一些制约条件。这种极端情况很难出现。因此,句子总有一个大于零的移情值。

这两个梯级反映了移情现象的两个不同侧面。语用语法侧面反映的是移情现象在语言中存在的形式;移情值梯级反映的是受制约条件等级序列 CON 评估的一个特定的偏序集 $(S, \leqslant_E)$。无论是前者的语用语法梯级还是后者的移情值梯级,都是建立在候选项移情值差异基础之上的。没有移情值的差异,也就失去了比较的基础,进而也就不会得出一个序集和最终的优选项。但是,这种移情值仅仅是一种相对值,是位置上的先后次序,而不是一个绝对值。当然,从优选论的视角,这种先后的顺序反映的是移情制约条件违反的程度差异,因而也是可以量化的。另外,如果将这种序列先后概率化,每个候选项在特定条件下都可以获得一个确定的概率值。

2.4　语用移情及其在汉语中的表现

我国学者何自然给语用移情下了个定义:"在语用学上指言语交际双方情感相通,能设想和理解对方用意。它既有语用—语言的问题,也有社会—语用的问题,涉及说话人如何刻意对听话人吐露心声,表达用意,听话人如何设身处地来理解说话人言谈的心态和意图。"根据何自然的表述,语用移情既和社会交叉,也和语言交叉。正因为如此,语用移情也就分为两个大的研究领域:语用语言领域,社会语用领域。

我们在这里强调语用移情,而不说移情或语言移情。其原因为移情本质上是一种语用现象。即使是固化在句法上的移情特征也是语用法的语法化现象。

　　另外,所有语言上的移情特征最终都是体现在话语功能上。句法本身并不表现移情特征。这也是句法功能学上讨论移情的原因。句法功能也还是在语用的环境下讨论。这样,归根结底移情是一种语用现象。

　　社会语用移情在跨文化交际上表现非常明显。不同社会和文化之间的差异会造成移情方式、视角和程度等方面的一系列差异。这种差异会干扰跨文化的交际。比如中国人见面时常说这样的口头禅"你吃过了吗?",也不管时间上的合适与否,甚至明明知道对方已经吃过了我们依然会这样去说。再如,"你到哪儿去啊?"也是这样的。明明知道这样打探别人隐私的行为不太妥当,我们依然会这样去问,而对方也是不太在意。实际上,这些话语与语境的关系就不是太大。对中国人来说,任何场合下见面了都可以这样寒暄,也不会产生任何的违和感。Halliday 将这种现象称为语言的交感性功能。话语本身的内容并不重要,重要的是交际对象之间通过言语而实现的心理互动。

　　这种交感性话语的移情特征表现得非常明显。我们在回答这样的问话时,思维上明显有一个先评价后选择的过程。假如问话的人与你关系非常亲密,你就会移情到对方,他也会感觉到你对他的信任。这时你就会告诉他你的真正去向,甚至邀请他与你一道前往。当问话人没有通过你的评价过滤,也就是,你认为这个人还不是你的朋友或至少需要对他有所保留时,通常的做法就是撒谎,提供一个假答案。这时,问话人可能知道你撒谎,也可能不知道,但他并不在意你的话语内容本身。你只要回应了他的话,也就达到了他的目的,至于其他方面则是无所谓的。

　　我们不是说明实现汉语交感功能的方式,而是要通过这两个例子阐述汉语和英语之间的移情差异。这两种语言代表了两种不同的文化。不同的文化有着不同的移情策略。前面的两个例子放到以英语作为母语的交际环境中就不太恰当了。因为,西方人交往时是忌讳问别人隐私的。但是,当一个以汉语作为母语的中国人用不太流利的英语和英国人交流而说了上面的两个例子时,尽管听话人从内心可能感觉不舒服,但并不会造成交际的中断。他也不会因说话人的语言不妥而做出有所针对的行动。这实际上就是一种跨文化的社会语用移情现象。这种移情实现的功能是文化的顺应。反过来也是一样的,当一个操英语的英国人用不太流利的汉语说"今天的天气真好! 是吧!"(It's a nice day, isn't it?)时,说汉语的人也会觉得奇怪。但是,他会出于礼貌回应对方,完成交际。

　　社会语用移情更多关注的是话语对特定环境的移情表达。面对一个交际环境,言者应该去选择合适的话语去表情达意,达到理想的交际效果。语用语言移情更多关注的却是话语视角对句法结构的影响。举个经典例子:

[**9**] a. 我能坐在你的身边，我感到非常荣幸。

　　b. 你能坐在我的身边，你感到非常荣幸。

例[9]a 是在宴会场景中，谈话人表示客套的非常常用的一种表达。言者在这儿实际上是运用了一种移情的表达策略。句中代表言者的"我"站在代表对方的"你"的位置，以"你"为中心来组织话语。"我"是关联成分。这符合一般的交际策略。出于礼貌，我们在交往时一般将对方至于显著的尊位，表达对对方的尊重。该例子 a 就顺应了这样的文化心理，并用移情的方式反映在句法上，得体地表达了言者对对方的友好关系，从而为后续的交流打下良好的基础。b 表达的情感策略恰恰是反的。在该句中，言者是以"我"作为中心来组织话语的。这样"你"就成了关联成分。这种表达让听者产生了一种言者有独大或居高临下的心理。这违背了中国文化中的抑己扬人的美德，产生了一种冒失的、不礼貌的言语效果。这种效果和一般的交际场合是不协调的。显然，这不是移情话语。但是，这种表达也不是在任何情况下都不能说。在有些交际场合，这种表达也是适用的。比如，对方是言者厌恶的对象或言者出于某种特殊需要而故意凸显自己的社会地位或身份的场合。再比如，一些幽默、反语、讽刺或夸张等修辞的使用，也会产生特殊的效果。

例[9]的两种产生完全不同交际效果的句子中，代表言者的"我"和代表对象的"你"在语序上也正好相反。由此说明，在一个交际框架中，相关对象凸显并在句中位置的不同会产生不同的交际效果，有时甚至是截然相反的。

语用语言移情有点类似于换位思考。实际上在有的文献中也确实将之类比成换位思考。然而，换位思考和语用移情还是有差异的，不能完全等同。因为，换位思考只是思考立足点发生了变化，当中不一定会有认知主体的存在或者认知主体在当中起作用。当话语表达侧重于言者主观上认同对方并和对方在同一立场上时，这种换位思考才会大致等同于语用移情。综合来说，社会语用移情主要反映语言在社会大背景下的移情表现，是语言的外部功能研究；语用语言移情主要反映语言在移情影响下的内部变化，是语言的内部结构研究。这正好说明移情心理影响的是整个语言系统，而不是局部。

目前，较有影响力的关于移情的定义就是库诺和何自然的观点。对比这两个概念，我们可以发现，库诺所说的移情和何自然的移情并不是一回事。国内的学者在涉及移情现象的分析时鲜有区分两者的。有的学者侧重于库诺的移情观点，有的侧重于何自然的观点。库诺是从功能句法学角度下的定义，何自然是从语用学角度下的定义。功能句法学的定义是着眼于句内对象的移情值考察和移情对象的鉴别，语用学的定义是着眼于句外言语对象的移情考察。这两者一个在句内,一个在句外。句内的移情现象以规约性为主,动态性为辅;而句外的移情现象主要表现为动态性,规约性为辅。同时,这两者使用的语体环境也有差异,前者侧重于书面环境,而后者侧重于口语环境。

这两个定义实际上是从不同的角度来看待移情现象在语言中的表现。然而,在运作机制上两者却是一样的,都是通过句法的变化改变话语的功能。定义不同,殊途同归。现在的问题是,到底是何因素导致了移情值的变化。库诺和何自然基本上认为语序的调整是主要的。但是,导致移情值变化的不仅仅是语序。句内成分的交替也是造成变化的原因之一。甚至句子语气和重音等差异也会导致移情值的不同。这样来看,句法上的诸多因素都可以造成移情值的变化,影响着句子的功能。

我们可以给语用移情重新下个定义:

言者为顺应一定的语境,通过话语内部诸要素的调整,有目的地拉近言者和相关对象的心理距离,从而有效提高话语交际的功能。

这里的定义实际上是前面两位学者观点的进一步提炼,将移情对象扩大到包含句内成分和话语对象,将句法的调整扩大为包含句内成分的替换等影响移情的因素。根据移情强度的差异,移情可以分为强移情形式和弱移情形式。强移情形式就是言者发生心理立场转换的移情形式;弱移情形式就是言者不发生心理立场转换,但是会发生心理视角转换的形式。

从交际互动看,言者就是通过移情策略影响听者的心理,使之按照言者所设定的思路思考并行事,从而实现话语的功能和价值;反过来,听者会转换心理视角,从言者的角度去理解话语,从而准确领会言者的话语意图。从言者角度看待移情,它是一种言语行为的策略;从听者角度来看,则是一种顺应。因此,移情现象与言语行为理论和语言顺应论的关系较为密切。

尽管库诺和何自然等对移情的定义比较宏观。但涉及语言学的研究是实实在在的。库诺主要是从功能句法学角度阐述了移情现象在语言中的表现。其实质就是探索移情对语序的影响,或者说移情对句式的选择。反过来说,语言通过句式的变化,凸显言者的移情心理,强化言者所要实现的某种功能。然而,库诺仅仅着眼于移情和语序之间的关系,也就是侧重于移情对句法层面的影响。这存在两方面的问题:

1)话语移情功能的内在动因问题

到底是什么因素造成了移情效果。词汇还是句式,还是两者兼而有之。当言者因移情的原因在一组相关句式中选择某个句式来表达时,说明这个句式有其他句式没有或者不适合的移情功能。一般的研究文献中仅仅列举了移情导致的句式变化,即选择。但是,被选择的句式中到底是什么导致了移情的产生。这方面讨论的人不多。按照库诺的研究,句首的成分一般为移情成分。实际情况却不一定如此。比如上面例[9],a 应该是移情于"我",却移情于"你";b 应该是移情于"你",却移情于"我"。这是什么原因造成的? 是句式的原因,还是词汇的原因。在现有关于移情的文献中,很多都举到了这两个例子,却没有人解释为什么会有这种现象。诸如此类的问题在语言中比比皆是,但还没有一种统一的原则支配这种纷繁复杂的看似无关联的移情现象。

2) 移情现象的分布

移情是一种普遍的表达策略,理论上可以存在于语言系统的各个层面,而绝不仅仅只在语序中体现。即使在句法层面上,除了语序的变化,句子成分的隐现也会受到移情的影响。一般来说,在一个言语框架中,移情值高的对象在句法上是要出现的,而移情值低的就不一定。认知语法认为,认知凸显的成分一般在句法上也会相应凸显。移情也是一样的,但是,需要注意的是,认知上凸显和高移情值两者之间没有必然的对应关系。认知凸显的对象移情值不一定高,反之也不一定低。毕竟这是两个不同层面的概念。例如,一个你特别厌恶的然而每天和你在一起工作的同事,在你的认知上他一定是凸显的,具有高可及性。可是,你并不会心理上移情该同事。相反,可能在话语或行为上有意识地拉远和他的距离。这是典型的高可及度低移情值现象。

移情在词类上表现非常明显。部分词类中有一部分词明显带有移情特征。而且,同一范畴内的词语之间移情凸显度也很不同。有的非常明显,有的就相对小点。一部分的所谓情感词语义上大多含有移情特征。也就是说,这类词在使用时会带有显性的移情特征。然而,汉语研究中,涉及词汇移情讨论的文献极少。直接研究词类移情现象的鲜有看到。相对研究多一点的是汉语中的人称代词移情研究。董秀芳真正立足于人称代词本身讨论移情现象。张春平专门讨论了现代汉语人称代词的移情用法。其他学者基本上是在讨论句式或某类现象时,用移情作为心理动因的解释。如张旺熹的"人家"在劝解场景中的移情功能讨论,宛新政讨论了祈使句中柔劝功能的移情特征,等等。实际上三种人称代词之间以及每种人称代词的单复数之间都存在移情值的差异。最早探讨这方面的国内学者是董秀芳,后来李向华和张春平有详细的讨论。

除此之外,还有一些典型的词语移情现象零星分布在不同的文章中。如"来"和"去"的移情现象以及一些称呼语体现出的移情变化,比如"谁欺负宝宝了,叔叔找他去"和"谁欺负你了,我去找他去"之间的"宝宝"和"你"以及"叔叔"和"我"之间在移情值上的不同。但是,移情特征产生的原因基本上缺乏解释。

除了前面提到的以外,很多词类,如名词、动词、形容词、代词以及情态动词等也都存在大量移情现象。

两个原因导致了我们对词类移情的忽略:

1)认识的误区

这是最典型的现状,也就是文献中一般将词语造成的移情现象误认为是句法造成的。原因是词语本身并不能反映移情值的差异。它们的移情功能是通过句子的功能实现的。这些词语进入特定的句子环境时,句子就会表现出移情特征。这也是为什么没有对词类系统中的移情现象进行分析的原因。

2)词类系统中移情表现出的无序性

移情特征在词类上表现很散。即使是同类词语,相互之间也存在差异。有的表现很明显,有的就很难发现。而且,我们似乎并不能找到规律。正因为如此,很多文献中将这些现象看成是个例。基本上没有什么理论能够将这种杂乱的移情现象统摄起来,做出统一的解释。由此,我们觉得词类中的移情现象具有个性特征。这也是造成研究忽略的原因之一。

移情在形态层面也有体现。汉语中一些词语或词根的前后缀也表现出了移情特征。比如前缀"老"和"小",后缀"家"等,在特定的组合中均会表现出一定的移情效果。只是这种移情特征也是在话语功能层面反映出来。

移情在语音层面也同样有所体现。汉语主要表现在儿化现象和话语表达上的轻重音等方面。但是,其移情特征的实现平台都是句子。也就是说,只有这些成分出现在特定的句法中时,才能够表现出移情效果。所有纯粹的非句子单位本身都不直接体现移情功能。它们的移情特征是隐形的。我们也可以将这种特征看成是移情触发因子。

前面的论述中,我们可以得出这样的结论:语用移情功能的实现是句式和语言单位之间共同作用的结果。特定的句式只有和特定的词语相组合之后才具有移情的功能。单独的句式和构句成分都实现不了移情功能。因此,讨论句子移情时,一定会涉及词语;讨论词语移情时,一定涉及句子。这也是学者们将两者混为一体的原因所在。但是,这两者有本质上的区别,涉及谁是导致移情现象产生的源头问题。如果某个句子的移情现象是由词语的使用造成的,我们就应该将之看成是词语造成的移情;反之就是句子移情。

2.5   移情优选研究的价值

移情是人类的一种普遍交际心理。这种心理可以通过语言和行为表现出来。理论上,我们平时的话语几乎都或多或少带有移情特征。我们的交际行为也会潜移默化地表现出一定的移情性。这是我们提高交际效果的心理触发的必然言语选择。无论是交际行为还是交际中的话语研究,探讨移情特征都有重要的价值。但是,目前的言语行为和语法分析中很少有学者以言语的移情特征作为本体,全面探讨言语的移情现象。这显然不符合语言的事实情况。

传统上,我们都知道话语输出是一个优选的过程。很多时候,我们认为是语境制约着这种优选。但是,一方面,语境是一个整体的宽泛概念,目前我们还是无法加以清晰化地描写;另一方面,这种看法也掩盖了一个事实,所有话语要素的选择实际上都是为了提高交际的效果。为了达到交际效果,我们必须在心理上相互靠近。而这正是移情心理的动因。所以,如果我们将语言的优选看成是一种移情优选,则可以统摄这些诸多的因素。

话语移情优选和语言成分优选的最大不同是涉及语境因素。句内的焦点和重音也会涉及移情。它们和语境也有关系。因为,这些方面虽然作用于句子的局部成分,本质上却属于语用范畴。语境对话语的移情影响必须符合语法本身的规则,是两者合力的结果。因此,话语移情和句内移情之间很多时候是相互交织的,并没有截然的界限。所谓的类别划分仅仅是偏向不同,更利于我们理解而已。目前来说,研究句内移情的比较多,而语用移情的相对较少。究其原因,语境是一个动态因素,随时都在变化,很难确定并量化,句内的语法层面相对稳定得多,更利于讨论。从优选论视角看,OT 语法本质偏于计算。这要求涉及的因素具有确定性和可重复性,结果具有可验证性。这些都和语境的性质相悖。因而,OT 处理语境也是难点。

正因为如此,语境一直都是语法研究的重点和难点。随着机器学习和人工智能的兴起和走向热门,作为信息传递载体的语言学逐渐变为极为重要的前沿学科。然而,自然语言是一个习惯系统,与一个民族的文化、风俗关系密切。语言表达系统更多的是顺应民意,而不是符合逻辑规则。当两者发生冲突时,习惯一定是优先的。这种发展模式的本质决定了它的随机性和无序性。这种语言是在人的认知习惯基础上发展起来的。因而,我们在理解和学习时并不觉得困难,尽管其不合逻辑。然而,机器学习和计算是基于逻辑和数学规则的。这两者显然是矛盾的,不兼容的。这也是我们一直无法合理处理自然语言的本质原因。我们建立的科学方法体系不适合我们的处理对象。这种问题可以上升到人类科学面对的主要问题,而不仅仅是自然语言处理的问题。可能在很长的时间之内,在我们的方法和理论没有彻底地颠覆之前,语言处理的问题可能都是无法彻底解决的。我们所做的大多数进步只是在现有基础上的一种优化和改进。

然而,我们也不是一点办法都没有。在现有框架下,我们可以改进方法,提高处理问题的精度。这可以部分解决问题,尤其是一些具体任务的实现。但是,建立一个统一的简洁优美的理论体系,目前仅仅是个理想。传统的语篇学和语用学等实际上都是考察句子、语境和话语主体之间的关系。只是这些基于归纳和内省的传统定性语法研究并不需要采用数学和逻辑的方式。它们要做的就是发现问题,并将之描写清楚,然后再根据经验进行适当的解释。OT 语法就难多了。

我们的交际就是伴随着不断的移情优选过程而进行的。甚至,话轮的交替也是一种移情优选的过程。因为,我们谈话时选择某个话题,排斥某个话题,并不是任意的,而是有选择性的。例如,我们总是选择对方感兴趣的话题进行话语的延续,对于对方反感的话题我们要尽量避免涉及。这些显然就是一种移情心理在话轮上的反映。再如,话语的主持人或控制者有时会有意识地照顾到在场的每个人,安排他们的话语次序和频次,尽量不冷落任何一个人,不使话语失控。这些都是移情心理的体现。从这个角度看,话语移情优选的研究也是深化言语行为理论的重要途径之一。

优选论除了可以描写话语输出的机制,即话语的优选性之外,在话语内部现象的分析上也有强大的解释力。特别是 ROE 模型,处理语言的范围非常广。如语音输出的变异问题和语音固化的判断①、同义词语的选择和词语固化的判断②、短语固化的判断、焦点和重音的优选等。实际上,语言只要涉及多项之间的选择问题,都会存在梯级输出的问题。从这个角度看,等级序列评估模式具有广泛的研究价值,覆盖范围较为广泛。

从应用层面看,移情优选研究也具有较强的价值。优选论是一套形式化的运算系统,给定一个符合条件的输入,就会得出可预测的确定输出。这实际上是一个数学模型。我们也可以将这个模型看作是对一个复杂函数的模拟。将语言问题转化为数学和逻辑的问题是未来人工智能领域的主要方向。显然,优选论的框架符合这种趋势,尽管还存在很多目前无法处理的缺陷。但是,随着时间的推移,这些问题也会一个个解决。显然,所有用数学模型解决的问题都可以转化为机器语言,在计算机上执行。因而,优选论的模型理论上可以实现机器处理。这对人工智能中机器人的语言处理模块的开发有重要的实践价值。

人工智能是一门计算机科学、控制论、信息论、神经生理学、心理学和语言学

---

① 语音输出的变异和语音固化的判断一直是语音研究的难点,尤其是后者,一直找不到一种令人信服的处理办法。

② 词语固化的判断也一直找不到一种令人信服的处理办法。

等多学科相互交叉的综合性学科。主要目标是生产出一种模拟人类智能和行为的智能机器。该领域的核心是感应、处理和反馈的信息交换处理系统。可以说，人工智能领域的所有发展分支都涉及信号的传递和分析。语言处理就是关键部分之一。传统的结构主义语法不适合机器分析。后来的转换生成语法可以用于机器分析。当前，自然语言处理中的句子合成技术还用到该理论。但是，转换生成语法的核心是对句子结构的分析，仍然是一种静态的理论。如果要将这种理论用于话语系统还得加进语境因素，以及一些语言中非核心部分的处理①。因而，从话语系统上来讲，该理论仅仅是完成了基础部分的工作，为话语的产出生成了备用材料，至于话语用不用，或者用哪个，就得需要另找处理方法。

机器人的自然语言处理主要是信息的抓取、转换、整合、过滤和传递、话语产生和理解等。在信息交换过程中，机器需要识别、学习和使用人类的语言。这个过程不是一个单纯话语命题的生成和理解问题。除了需要构建实时环境模型及识别系统之外，话语中主体的态度与情感的特征、定位和程度等均是话语处理的重要因素。目前智能系统和人类之间的言语互交还处于严格的非自然语言范围，即所谓的专家系统。超出了预设的范围，机器也就没能力处理了，更不用说情感的处理了。当前，虽然有一些聊天机器人，但其作用非常有限，一些答非所问的话语也严重挫败了我们的有限热情。

自然语言处理的语法有多种，一般采用短语结构语法。通过这种语法可以生产出大量合语法的句子。这种递归性的数学运算模式生产能力非常强大。但它缺乏变通性，无法满足自然语言的非规范需求。尤其是口语，有大量的不规范的句子。这些不规范的句子既有任意的省略，也有有意识的复杂化。机器理解这类话语的处理策略是句法结构的规范化。也就是，把大量可能的输入结构映射为数量较少的结构，用来简化语言处理，如图 2-1 所示。

图 2-1 中的"a，b"和"c，d"为不规范的话语。机器通过一定的规则将之映射到一个机器预先设定的话语集合中的成分"E，F"。对于这里"E，F"的意义，机器是确定的，可以理解的。实现的规则有多种。例如，词语相似度匹配，话语相似度计算，等等。

当然，图 2-1 是一个最简模型，仅仅为了说明问题。实际情况远比这个复杂。因为，任

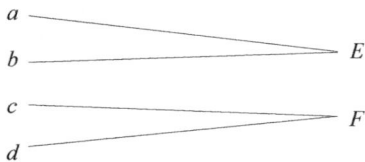

图 2-1 语言处理简化

---

① 转换生成语法的主张是研究理想的、有规律的语言，而将语言中的例外现象排除在外，但在实际的自然语言处理中这部分的例外是不能忽略的，必须得处理。所以，如果要用该理论生成句子就必须发展出一种处理该部分的方法。

意的深层话语意图投射到表层结构理论上的数量都是无限的。只是我们在优选时仅仅考虑概率较大的排在前面的有限个成分而已。另外，这种处理方法有个假设，就是这些不规范句"a，b"和"c，d"与规范句"E，F"之间是一种等价关系。但实际的情况是，两者之间基本上不会是真正的等价关系。之所以语言表达总是充满着大量的备用单位，实际上是为了满足不同环境下的交际需要。因而，一些所谓的不规范话语恰恰是言者故意而为。目的在于调整言听者之间或言者和涉及对象之间的心理距离。这实际上就是移情动因。这样看，这些所谓的规范句子失去了语言本身的灵魂，是不完美的，无法体现语言所蕴含的移情优选心理。显然，这不是我们想要的结果。

自然语言的交际过程实际上就是优选的过程。话语生成是将最优形式优选出来，理解是将最适合环境的意义优选出来。优选心理动因就是话语的顺应。顺应的核心正是移情心理。因此，我们完全可以采用移情优选的方法处理自然语言。这种基于顺应的移情优选非常符合我们的语感，实际上就是适应语境的话语优选。和前面的句子结构规范化映射相比，移情优选方法具有较大的优势。它无须改写话语形式，可以直接在话语表层形式上处理和环境的交互问题。一个底层输出，映射为一系列的表层形式，它们形成一个客观的移情级差。在认知语境的作用下，每个候选项的移情值会有一个主观加权，然后形成了候选项的综合移情值。最终会有一个综合的移情值级差。这非常符合我们对语言输出的感知。这种思路的难点在于移情优选认知语境的处理，加权的设计和与客观语境的整合方式。正因为如此，该理论研究还有较长的路要走。

第 3 章　移情研究困境与优选论级差模式

3.1　移情现象研究的困境

目前,移情理论在语言研究中发展得并不太好。李向华对移情理论的主要观点做了介绍,并对现代汉语中的移情现象做了全面的梳理。他认为移情特征分布在语言的各个层面。语言单位本身具有移情的特征和触发机制,但不具备实现功能。原因是移情功能只能在句子层面实现。这种间接的实现方式很多时候给我们一个认识的误区,认为移情现象就是句法的功能。李向华描写的面很广,但每个点并不深入。他提出了移情现象在语言中表现为两类的序列:语用法到句法的宏观级差和话语成分的交替级差。这两种级差形式都是移情存在的形式。然而,他并没有提出统一的框架描写这诸多的现象。

我们还没有看到其他学者将移情现象作为主要研究对象加以系统化阐述。学者们在分析语言时仅仅把移情作为辅助手段,解释一些现象出现的动因。而且,在解释移情理论时也并不一致。这显然不太符合语法研究的实际,也不太符合移情在语言中的应有地位。如此高度频繁使用的话语组织的内在要素,却一直被语言研究所忽视。这显然是语言学领域的一大缺憾。

如果我们将语言看成是一只鸟,则认知和情感就是它的两个翅膀。它们是影响语言表达最深的因素。我们可以这么认为,对于情感上靠近的对象,认知上一定会凸显,语言上也一定会有所体现,反之则不一定。比如,对于我们所厌恶的人,认知上可能会凸显,感情上一定是远离的。但是,由于感情的排斥,我们最终会在认知上忘却这个厌恶的人。这是因为情感的选择性对对象的过滤。反过来,对于一个自己喜欢的人,认知上一定会凸显,而且很持久。这样看,从话语生成上,可能移情因素要比认知更为优先。这种思考很符合我们心理的感知。

基于认知心理学的认知语法已经发展到很高的水平。我们已经发现了语言背后的诸多认知动因。而移情心理既没有建立起来移情心理学,也没有建立起来移情语法。绝大多数的讨论都是个案性质的,还没有上升到理论框架水平。这对于语言学学科来说是一个重大的不足。正如前面章节所述,造成这种现象的原因既有客观的,也有主观的。

从具体的研究来看,功能句法学的移情研究相对成熟一点。该理论主要考察移情视角的变化对句子组织的影响。不同的视角有不同的原则,从而形成了制约语言形式的原则体系。然而,语言是习惯体系,并不具有逻辑上的一致性。其结果就是基于习惯表达式之间的矛盾性。这反映在原则上就是移情值的互相冲突。显然,这个问题是致命的。然而,功能句法学并没有充分考虑到语言的这种属性,而是试图建立一种统一的原则体系。这本身是科学理论构建的基本要求。但是,这种内在的冲突最终使得该理论无法深入发展。具体表现为以下两点:

1)原则归纳过于严格

功能句法学认为句子内部成分之间在移情值上不能存在冲突现象,否则句子不合格或接受度不高。实际情况却是语言中存在大量的移情冲突,真正不冲突的仅仅占很小部分。比如汉语中所谓有标记的句子基本上存在移情冲突。可以说,句子存在移情冲突是语言的常态,而非异态,这是由语言的习惯系统所决定的。功能句法学恰恰忽略了这个基本事实。

2)研究视点过于单一

句内成分移情并不是自足的系统。正如句法不自足一样,很多时候我们需要从句际,甚至是话语外寻求移情布局的理据。而且,更重要的是,这些理据很多并不是逻辑上的,而是文化风俗上的。一些形式上看似矛盾的对象之间,放到更大的环境下基本上会有一个合理的解释。将移情分析限制在句法形式上,显然不能够真正揭示移情的本质属性。这一点也被功能句法学忽视了。移情本身属于语用范畴,句法上的移情特征仅仅是语用移情心理在语言形式上的固化。这种固化并不彻底。一些高频成分可能已经固化,而一些低频的还属于语用范畴。因而,句法中的移情特征不可能是系统的。我们用基于这种不系统的现象归纳出来的原则来描写整个语言系统,效果也是非常有限的。这也是该理论受到诟病的主要原因。

功能句法学中移情认识上和方法上的局限性决定了它可以解决部分的问题,无法建立系统的涵盖整个语言体系的移情理论。如果我们将它的原则系统放宽,除了从句法本身考察移情原则之外,还从语言外探求理据。我们可以将语言内部形式和外部环境结合起来,构建一个广泛的原则系统,解释语言中的移情现象,可能一些原来的冲突问题就在更大的环境下获得消解。然而,在语境的混杂环境下同样会出现一些新的冲突问题。也就是说,我们解决了一些问题后,还是会出现一些新问题。原因在于,语境因素相互之间不具有对立性。这样,不同维度的属性归纳出来的原则就会互相交叉,从而造成互相之间的冲突。因此,即使将移情放到语境下讨论,我们依然会面对无法解决的冲突问题。也就是说,移情原则的本质缺陷并没有改善。我们仅仅是将一个范畴的问题转移到另一个范畴而已。

导致功能句法学的移情观存在问题的不仅仅是语言和语境。人类心理状态和语言之间的分离性也是造成这种状况的主要原因。所有语言的结构规则都是确定的。任何的内容装载进语言中时都得适应语言的规则。所以内容决定着语言的表达形式,而表达形式反过来也会制约内容的表达方式。这种双向关系是长期语言发展中形成的一种妥协状态。人类所有的心理都应该在语言表达中体现。然而,语言结构的发展远远慢于人类思维的发展。其结果是存在一些思维状态在语言中无法精确对应。这造成了句法和心理之间的部分不对应现象。显然,移情属于这样的现象之一。原因很明显,随着人类文化的发展,人类不同民族之间交流日益频繁,民族心理也在不断发展变化。这造成了我们移情心理的变化。然而,语言并没有跟上这种变化。两者之间的不匹配也就是很自然的事情。如果我们探索移情仅仅从句法着眼,很多的移情动因就会丢失。由此看出,语言中的移情现象实际上是不完整的。由语言视角考察移情可能永远都存在问题。全面的探索移情可能更多的是要从心理学视角反过来考察语言中的移情,或者将两者结合起来考察。

上面的讨论反映在移情研究上实际上就是两个视角:规约在句法中的移情和在语用中的移情。前者以库诺的功能句法学的移情原则体系为代表,主要从语言形式的角度探讨移情的动因;后者将语言的移情放到语境下,考察移情和话语表达之间的关系,如以何自然为代表的语用移情研究。这种研究的着眼点在句子,而前者的着眼点在句内成分认知视点变化和句子结构之间的互动关系。所以,两者一个是句内的,一个是句际的;一个是静态的,一个是动态的。动态以静态为基础,静态以动态为目的,两者相互依靠。

但是,两者的目标是一致的,都是通过话语的调整达到拉近心理距离的目的。区别在于,两者的着眼点不同,一个在句内,一个在句际。实际上,语言本身并没有这种划分。这种划分仅仅是研究的需要而已。然而,在实际分析中,两者基本上处于割裂状态,学者们很少将这两个视角结合起来。研究句法移情时,很多现象因得不到语用的支持而出现了无法解决的冲突;研究语用移情时,因缺乏句法分析的基础而流于主观化。

移情现象本质上就是一种心理状态,不管我们说不说出来,它都存在于我们的心里,只不过我们通过话语将这种心理外化而已。移情心理可以表现在句法上,也可以不表现在句法上。因为,它可以通过句子的下级单位甚至是话语的意念或者语势来体现。尤其是汉语,强调意合。很多语义的投射并不体现在句法上,而是通过句子背后的语义推导来完成话语的表达。这种表现方式在移情表达上体现得非常明显。所以,这种句法上不体现的移情现象也应该是我们关注的对象。只是,我们的关注点不再是句法结构本身,而是句法结构表达出的语义所体现的话语意图,以及这种意图采用的语调甚至与环境的交互。总之,话语中的移情一定是通过话语表现出来的,只是不一定是通过句法实现。显然,这种看法超出了句法学的范畴。实际上,无论是功能句法学还是语用学,都只是以部分移情现象为对象,并不完整。例如:

[**10**] a. 张三确实是个好人。

b. 张三是个好人。

c. 张三真是个好人。

例[10]中的三个句子至少存在以下功能句法移情原则无法解决的问题:

(1)移情对象不明确。从功能句法角度看,这三个句子都是移情于"张三"。但是,实际上话语也可能移情于话外的听者,即直接交际对象。显然,这在句法上是无法解释的。当言者说这三个句子时,听者的感觉是不同的。这本身就反映了话语自身移情值的差异,而不仅仅是句中对象移情值的差异。这在功能句法学上也是无法解释的。因为,这些已经超出了它的研究范畴。

(2)语感上例[10]a的移情值肯定要比后面两个句子高。但是,它们的区别仅仅是修饰语的不同。句法结构上并没有差异。显然,句子移情值的不同并非来自句法,而是由词语或语用带来的。这也超出了功能句法学的范畴。

(3)例[10]后两个句子的句调都可以变为升调,从而使得句子的判断变得不确定,表现出对"张三"是否为好人的怀疑。这种情况明显拉远了言者和"张三"之间的距离,也可能会拉远和言语对象之间的距离。这是一种离情现象,也可以说是取消了移情效果。

这些问题都需要从语用视角找答案。因此,移情现象需要将句法和语用等结合起来考察。

3.2 句式和移情值之间的共变

文旭在介绍功能句法学中的移情原则时提到了下面无法解释的句子,转述如下:

[**11**] a. 我们彻底打败了敌人。

b. 我们把敌人彻底打败了。

c. 敌人被我们彻底打败了。

根据表层结构移情等级原则(surface structure empathy hierarchy)：E(主语)$>E$(其他 NPs)①。文旭认为例[11]中 a 和 b 的移情等级为"E(我们)$>E$(敌人)"，这符合移情原则；然而，c 的移情等级为"E(敌人)$>E$(我们)"，这就无法理解了，并不符合我们的实际情感取向。

沈家煊也分析了例[11]中 b 的移情现象。但是，他的观点是反的。他认为："正是因为有一个参与者(受事)在说话人心目中是受损者，所以'把'字句常常有不如意的含义。但是必须明确，所谓'不如意'是对说话人来说不如意。"这种不如意的受损对象和言者的同情、钟情和厌恶三种情感又联系在一起，从而引起了移情现象。沈家煊不仅认为"把"字句是一种移情句式，而且认为"把"后成分就是移情对象，而句中主语为责任者，并不是移情对象。这样来看，句首对象的移情值(empathy value)就低于"把"后对象的移情值，其移情等级为"E(敌人)$>E$(我们)"。这和库诺移情原则所得出的等级"E(我们)$>E$(敌人)"也不一致。

从移情等级的角度看，例[11]中 a 是没有问题的，b 是有分歧的，一种认为移情对象就是"把"前的"我们"，一种认为是"把"后的"敌人"。而 c 是无法解释的，因为"敌人"处于句首自然移情位，是移情值最高的对象。这显然不符合我们的直觉。所以，文旭说："对敌人也有移情，真令我们费解。"

类似上面这样的移情冲突并不是个案，在语言中比比皆是。功能句法学的移情原则在解释复杂的移情现象时，经常在满足一个原则的前提下就得以违反另一个为代价。然而，这种违反却又是不允许的，这使得该理论的解释力大打折扣。

解释例[11]的移情冲突之前，我们需要先了解一组新的概念：句际移情序列和句内移情序列。前面我们已经提到了语言移情以两种方式存在：语用到语法的梯级形式和话语移情的梯级。前者将语用移情和句法移情统一起来，两者仅仅是移情梯级中不同阶段的形式而已。后者是一组相关的具体话语之间形成的移情级差，该级差决定着话语输出的优先次序。

如果我们进一步考察话语移情值的来源，就会发现句内成分移情值高低和排列对整个句子移情功能的影响。根据功能句法学的思想，我们认知视点的变化会造成事件参与对象远近的调整。这种变化会反映在句子对象组织的顺序上。原因

---

① 这里的移情原则，包括后面引用的原则都是引自文旭(2002)，后面的除特殊情况外，否则不再注明。

在于,越是靠近认知主体的对象,认知上调取越快、越简单,从而自然形成了一个认知调取的序列。这在句法上就表现为句内成分之间形成一个移情值由大到小的排列。这种排列我们称之为句内移情序列①。这符合我们的直觉。我们在认知上长期以某种默认序列调取对象,最终就会在语法形式上形成序列的匹配。即使最初语法形式不符合这种认知序列,语言也会随着发展而逐渐向这种认知序列靠拢。因此,移情既不是人类心理的本源,也不是促进语言改变的直接力量。而认知心理才是直接力量,移情心理是促进认知状态发生变化的重要力量。

这样,话语的移情梯级可以分为两个类别:句际移情序列和句内移情序列。前者反映了一组相关句子之间因移情值差异而形成的序列;后者反映了句子内部成分之间因移情值差异而形成的序列。这两类之间是互相关联的,句内序列的调整会造成句子移情值的变化,从而导致句际序列的调整;句际移情序列顺应环境的需要,调整候选项的顺序,反向压制原有句子的移情值,会引起句内成分序列或隐现的变化。

进一步研究发现,句内移情序列又分为两个类别:心理移情序列和句法移情序列。前者就是在句法上不出现变化,但影响意义理解的内隐性序列,主要是语用移情;后者在句法上一定出现变化,主要是句法移情。它们的关系如图 3 - 1 所示。

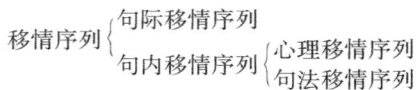

$$移情序列 \begin{cases} 句际移情序列 \\ 句内移情序列 \begin{cases} 心理移情序列 \\ 句法移情序列 \end{cases} \end{cases}$$

图 3 - 1   移情序列分类

句际移情序列主要是话语的优选,句内移情序列主要是句子的组织或者句式的选择。前者关注点在句子之间,后者关注点在句子内。所有的句子都存在心理和句法移情序列,但两者不一定是严格对应的。例如:

[**12**] a. 小王的老师批评了小王。

b. 小王的老师批评了张三。

c. 老师批评了张三。

例[12]反映了句法移情序列和心理移情序列不一致的情况。根据叙词移情等级原则 $E(x) > E(f(x))$,则例[12]中 a 为 $E(小王) > E(f(小王) = 小王的老师)$;根据表层结构移情等级原则,说话人移情于主语的所指比移情于句中其他名词短语的所指更容易,即 $E(主语) > E(其他 NPs)$,例[12]中 a 为 $E(小王的老师) > E(小王)$,这显然在句法移情序列上是冲突的。这就是前面描述的典

---

①   句法序列是移情序列的投射,但移情有时不反映在句法上或与之不一致。

型的功能句法学移情原则的冲突问题。但是,如果我们引入了心理移情序列,就可以解决这种问题。我们的心理移情序列依然是 E(小王)$>E$(小王的老师)。

例[12]b 为 E(小王)$> E(f$(老师)＝小王的老师)和 E(小王的老师)$>E$(张三),合起来就是 E(小王)$> E(f$(老师)＝小王的老师)$>E$(张三)。 而从心理移情上来看,相对于言者来说,"小王的老师"可能是认识的,也可能是不认识的,假如不认识,则移情值肯定不高。言者的实际心理序列就是 E(小王)$>E$(张三)$>E(f$(小王)＝老师)。 这时候,心理移情序列和句法移情序列也不一致。这种不一致在语感上是有差异的。我们可以感觉出说"小王的老师批评了张三"就没有"张三被小王的老师批评了"自然。后者之所以更自然是因为"张三"被提升到自然移情点的主语位置,提高了其移情值,从而解决了这种移情序列的冲突。

例[12]c 的句法移情序列为"E(老师)$>E$(张三)"。但是,和例[12]b 的情况一样,"老师"是模糊的,有定指和不定指两解。"老师"如果不定指,则心理移情序列为 E(张三)$>E$(老师)。显然,这和句法序列也不一致。采用被动结构"张三被老师批评了"就比"老师批评了张三"听起来自然,因为"张三"的移情值要高于"老师"。

定指和不定指可以影响对象的移情值。但是,它们不是句法概念,而是语义的概念。典型的句子是话语中最自然的句子,即无标记的句子。这种句子的句法移情序列和心理移情序列是一致的。例如:

[**13**] a. 李四批评了小王。

　　　b. 李四打了张三。

例[13]a 的句法和心理移情序列都是 E(李四)$>E$(小王),b 的句法和心理移情序列为 E(李四)$>E$(张三)。这种句子是汉语中最典型的使用频率最高的句子,也是儿童最早习得的句子。

例[11]中这组例子之间的关系实际上是陈述句、"把"字句和"被"字句之间的句际移情关系。这三个句式在大多数情况下可以变换,形成一个交替的集合。它们适用于不同的环境,具有自身特定的语用功能。移情值也并不等值。但是,我们在考察它们之间的移情值差异时又必须分析其内部结构,寻找造成句式移情值不同的理据。这就涉及句式内不同移情对象之间的排列问题。

标记理论认为,汉语最典型的无标记句式是"主＋动＋宾"[①]格式的陈述句。"把"字句和"被"字句作为与之交替的复杂格式,都是标记格式,显然在典型性上

---

　　① 　这里的"动"是动语,不是动词,后面的也是一样的。

要弱点。"把"字句和"被"字句之间的差异就在于宾语位置的不同。前者宾语在动语中心动词和主语之间,后者直接将宾语移到主语位置。如果我们将这三个句式放到一起考察,会看到宾语从典型的谓语中心动词之后逐渐前移提升的过程,如图3-2所示。

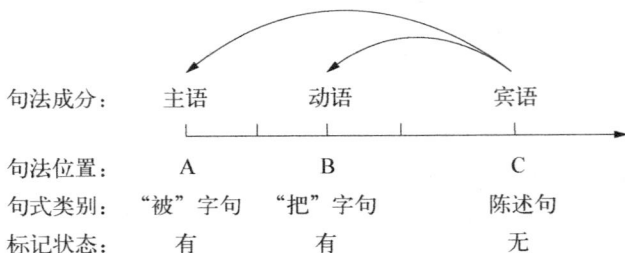

句法成分:	主语	动语	宾语
句法位置:	A	B	C
句式类别:	"被"字句	"把"字句	陈述句
标记状态:	有	有	无

图 3-2   三大句式的对比

在图3-2中,随着宾语的前移,句子的标记性越来越强。因此,"被"字句相比较"把"字句标记性更强。宾语前移观点最早可以追溯到黎锦熙先生的《新著国语文法》。黎锦熙认为"把"的作用在于把原先位于动词之后的宾语提到动词之前。后来,王力提出了"处置式"说法,一直影响到现在。但是,吕叔湘、胡裕树和张斌等学者不赞成这种看法。实际上,不仅仅是"把"字句,"被"字句也同样具有处置性。如例[11]b和c都表示了"我们"对"敌人"的处置。再例如:

[14] a. 我把茶杯打碎了;

　　　b. 茶杯被我打碎了。

语义上,例[14]都含有"我们"对"茶杯"的处置意义。王力也认为"被动式和处置式所叙述的行为的性质大致相同"。所以,处置义并不是"把"字句所独有。

我们大致可以这样认为:当宾语对象处于其本来的中心动词之后的位置时,句子表示的是对某个事件的陈述,实现的是"陈述义"。当宾语对象在句法上前移时,表示的是对某个对象的处置,实现的是"处置义"。突出"处置"性是宾语对象提升的基本动因①。这种观点在认知上是可以解释的。当对象之间越接近,就越容易被控制。宾语越前移靠近主语,就越容易受到主语的控制,语义上处置性就越强②。例如,例[14]中的两个句子,句子b显然要比句子a对"茶杯"

---

① 这里注意两点:a.必须是句法移位,语用移位不遵守这种规则;b.强调"基本动因"是因为"把"字句和"被"字句的功能扩展到可以不表示"处置"义。

② 这里需要注意两点:a.这里的主语可以是言者主语,也可以是句子主语;b."把"字句和"被"字句的处置对象都在处置者边上,但"被"字句中的处置性最强,原因是被处置者处于左向的主题位置,句法上左边位置要高于右边的位置。

的处置性强。尽管"被"字句和"把"字句都表示"处置义",但两者功能偏向不同。"把"字句侧重于主动处置;被动句侧重于被动处置。例如:

　　[15]　a. 我不小心把茶杯打碎了。

　　　　　b. 茶杯被我不小心打碎了。

　　[16]　a. 我有意地把茶杯打碎了。

　　　　　b. 茶杯被我有意地打碎了。

　　例[15]中加了表示"无意识"意义的状语"不小心"后,尽管两个句子都成立,但是句子 b 要比 a 感觉更自然;例[16]中加了表示"有意识"的"有意"后,尽管两个句子同样成立,但是 a 要比 b 自然。这说明"被"字句侧重于客观控制,"把"字句偏向于主观控制。越客观移情值越低,反之就高。所以,"被"字句的移情值要低于"把"字句。

　　王还认为:"这两种句子有很多相似之处,但'被'字句不如'把'字句常用。大部分'被'字句是涉及人的,涉及事物的比较少;而'把'字句就很难说究竟是涉及人的多还是涉及事物的多。"这说明"被"字句受到的限制更大,标记性更强。这也印证了图 3-2 中宾语提升导致句子功能产生变化、标记性加强的正确性。句子标记性越强,其移情值也就越低。

　　上面的论述得出了三个结论:

　　(1) 无意识的处置偏向于客观事态,有意识的处置偏向于主观意愿,偏向于客观的肯定比偏向于主观的移情值低;

　　(2) 在认知上,宾语越靠近主语,就越被控制,其自由性就越小,显然移情值就越低;

　　(3) 句子的标记性越强,移情值就越低,反之就越高。

　　根据上面三点,我们可以得出两个移情序列:

　　(1) 句际移情序列:E(陈述句)$>E$("把"字句)$>E$("被"字句);

　　(2) 句内移情序列:E(主语)$>E$(宾语)。

　　这个结论是符合我们直觉的。句际移情序列反映了句式使用频率的高低和留学生二语习得响应时间的差异。移情值越高的句式,使用频率越高,响应时间越短。反之,使用频率越低,响应时间越长。可以说,句式移情值的变化是句内宾语位移变化的反映。句内宾语位移和移情值变化又取决于事件本身的性质、对象之间的关系以及言者的主观态度等。这些因素都不是句法上的。

　　现在,我们可以总结出这样的一对矛盾:陈述句、"把"字句和"被"字句之间随着宾语的依次上升,其移情值依次下降。从句法上看,宾语的前移提高了对象的移情值,但从认知和语义等方面看,心理移情值反而越来越低。这体现为两条

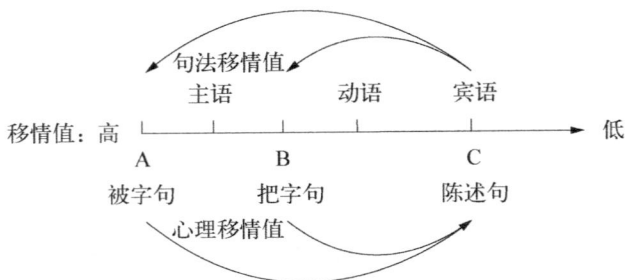

图 3-3   两条相反的移情序列

相反的移情序列,如图 3-3 所示。

图 3-3 反映了宾语前移造成的句式和移情值之间的共变关系。随着宾语位置的前移,其句法移情值越来越高,当其移到句首位置时,移情值达到最高值。我们用前向箭头线表示宾语前移造成的句法移情值的上升。从句法上看,句子最前面的论元位置是自然移情位,其对象就是句子的移情点①。所以,句子的移情点是从句位角度确定的。从认知心理角度看,随着宾语位置的前移,移情值却越来越低,当其移到句首位置时,移情值达到最低值。我们用后向箭头线表示宾语前移造成的心理移情值的下降。伴随着宾语移情值的降低,句子的移情值也随之下降,从而形成了句内成分、句式和移情值之间的共变关系。表面上看,这里的论述似乎违反了语言象似性原则,不过可以从两个角度看这个问题:

(1) 这种移情值下降和处置义是匹配的,一般被处置的对象不大可能被移情;

(2) 宾语移位本来就是对象似性的偏离,移位越远偏离度越大,句子的标记性也就越强。标记性越强的句子移情值越低。

语言表达中的认知象似性原则是一种倾向性原则。完全象似的结构不多,大多数都忽多忽少有点偏离。因而,象似性的偏离也是一种常态。英语中的情况和汉语是一样的。我们将例[11]翻译成英语如下:

[**17**] a. We completely defeated **the enemy**.

b. We put **the enemy** completely defeated.

c. **The enemy** was defeated by us thoroughly.

如果我们忽略两种语言表达习惯的差异,例[17]中对象安排次序和汉语是完全一样的。"the enemy"由句尾逐渐前移到句首,其移情值和句法之间同样存

① 移情点就是句子中含有一个且仅有一个移情值最高的对象,是主语或言者的移情对象。

在严整的共变关系。

例[17]反映了当句子足够复杂时，宾语可以无限制前移，句法移情值可以无限地提高，而心理移情值可以无限下降。这样的状态加大了两类移情序列之间的冲突，当冲突达到一定程度时，句子也就不再被接受了。这解释了汉语中宾语为什么只有两次移位的原因。由此，我们可以得出这样的结论："把"字句和"被"字句是调低受事移情值的句式。至于宾语句法上提升造成的移情值上升，我们认为心理移情序列应该先于句法移情序列，因为，移情本质上属于心理范畴。另外，这种宾语的前移也导致了句子标记性的增强和移情值的下降。

现在可以解释例[11]中的冲突了。例[11]a 是陈述句，b 是"把"字句，c 是"被"字句。正常的言语表达中，我们优先选择移情值最高的句子 a 作为常规的表达。如果受到言语环境的影响，需要降低"敌人"的移情值时，我们就选择"把"字句。例如，前一话轮中提到"敌人"并想要表达对敌人的贬低、处置等。假如言语中"敌人"变成话题已成为客观现实，但并非言者所愿，这时就用"被"字句调低"敌人"的移情值。随着"敌人"认知上的凸显度和言者移情度的变化而对这三个句子做出相应的选择。

如果从认知角度看例[11]，三个句子都没有问题，但从移情角度看就不同了。a 中的两条移情序列是一致的，没有冲突。因而，它是汉语中典型的句子，即都是 $E(我们) > E(敌人)$。b 中的两条移情序列也是一致的，都是 $E(我们) > E(敌人)$。但是，"敌人"前移，句法移情值提高了，相应地心理移情值降低了，从而使两条移情序列向两个方向分离。这样，句子就带上了标记。然而，尽管不和谐，句子却依然合格①。句子 c 就不同了，由于"敌人"移到句子的最前面，导致了句法移情值高于原主语"我们"的移情值，形成了 $E(敌人) > E(我们)$ 的移情序列。然而，"敌人"的心理移情值却因前移而进一步降低，依然是 $E(我们) > E(敌人)$。这样就形成了两种移情序列之间的强烈冲突，我们把这种冲突称为"强冲突"，而把"把"字句中的冲突称为"弱冲突"。这就是"被"字句比"把"字句标记性更强、使用范围更小的原因之一。

文旭中提到的"被"字句的困惑实际上就是两种移情序列之间的不对应。我们的语感对应于心理移情序列 $E(我们) > E(敌人)$，可句法对应于 $E(敌人) > E(我们)$。这种解释非常符合我们的直觉。文旭敏锐地感觉到了光靠句法本身无法解释这种现象，他说："由此看来，离开了具体的言语环境，离开了语言的使用，只根据移情原则单从句法结构去分析语言中的移情现象，不一定十分奏效。因

---

① 这里所谓的"不和谐"是相对陈述句来说的，实际上"把"字句在汉语中的使用频率还是很高的，一般也觉得很自然。

此,这一问题还有待我们从语用学的角度去进一步研究和探索。"

　　沈家煊将"把"字句中"把"后成分看成是移情对象,而句中主语为责任者,并不是移情对象,从而得出 E(敌人)＞E(我们)的序列。这和库诺的移情等级 E(我们)＞E(敌人)并不一致,和我们的分析也不一致。沈家煊的解释是"把"后成分为说话人心目中的受损者,并且与同情、钟情和厌恶三种情感联系在一起,从而产生了移情现象。沈家煊这一观点的前提为受损是移情的基本动因。实际上,我们可以分开来看:一方面,正常的社会心理是同情弱者,受损者一般是弱者,因而易于成为移情对象;另一方面,如果受损者就是因施事的控制而受损,那么施事一般不会将之看成移情对象,而"把"字句恰恰突出了这种控制,即"处置"性。并且,"把"字句相比陈述句,宾语位置前移了,有标记词"把"标记,很容易使人把认知现象和移情现象混淆。

　　宾语移位和移情值的变化最终反映了句子移情值的差异,形成了 E(陈述句)＞E(把字句)＞E(被字句)的序列。这种移情值的差异主要表现在两个方面:

　　(1)句类使用频率的差异,移情值越低的句类,使用频率越低,反之就高。

　　(2)组配上的差异,主要表现在修饰语的选用和句际组配的选择。例如,例[15]中的消极修饰语"不小心"就适合于移情值较低的"被"字句;例[16]中的积极修饰语"有意"就不适合出现在"被"字句中。

　　这里的移情冲突反映了句法和移情之间对应上的不足。理论上,移情心理是一定得反映在语言中的。但是,不一定通过句法来反映。句法只是体现移情心理的诸多手段之一。语义和语用也是反映移情的重要手段。除此之外,词语和形态的交替以及语音上的轻重等都是表达移情值差异的重要手段。甚至,交际时的体态变化和现场环境的营造等都可以传达移情的特征。从表面上看,这些话外的特征和句法关系不大,实际上也影响了话语的表达方式。两者之间是一种互补的关系。正因为如此,我们在进行移情现象分析时,需要具有广泛的视野,从语音、句法、语义和语用等方面进行综合的考察,才能发现移情现象的本质特征。

　　陈述句、"把"字句和"被"字句之间的关系实际上反映了宾语提升的过程。强调它们之间的变换关系并不表明它们功能上的等值。很多情况下它们并不能互换,属于交叉的关系。原因在于,这三种使用频率较高的句式各自都存在功能的泛化现象。当宾语前移时,句法移情值相应提高,而心理移情值却下降了,这就造成了句子标记性加强而移情值的下降。这两种移情序列的冲突是例[11]出现困惑的原因。

3.3　优选论对移情现象描写的可行性

从整体看,自然语言所有的范畴之间的界限都是模糊的,而且情况非常复杂。例如名词和动词之间的界限在很多情况下都是不清晰的。有的词语既是名词也是动词,如"设计""表演"等;有的名词属性已经减弱了,如抽象名词"原因""结果"等;还有,在一定语境中,名词跨到了动词的类别,具有了动词的部分属性,形成动词和名词属性的混合,如:

[**18**] 更何况先生离婚以后,除了一张躺上去就塌陷得令人无法翻身的"席梦思"、一张油漆剥落的写字台、一把人造椅子、几身颇具两袖清风色调的服装之外,一无所有,真是延安得很[①]。

[**19**] 可是阿土和大头呆觉得她走路的姿态实在美丽大方,女人极了。[②]

以上两个例子中的"延安"和"女人"都是名词跨到了动词的范畴。这种现象在语言中大量存在,一般称为词类活用。但是,当这种活用具有一定频率后,就会依概率收敛,形成稳定的用法,从而就使得这类词延伸出新的用法,这就是概率上的大数定律对语言中语用语法化的数学描述。名词跨到形容词的例子如下:

[**20**] 这天清晨,他刚睡醒,一小格窗子透着一点光,非常希腊的天空[③]。

[**21**] 虽然已经运行了十二万公里,可是不再抛锚、门也关得上了,甚至还能看出车身的颜色——很青春的奶白[④]。

例[20]和[21]中的"希腊"和"青春"都是名词跨到了形容词的范畴。

动词和形容词之间的交叉,如"白"在"白了胡子"中就同时具有形容词和动词的属性。再如:

[**22**] 他们强调尊严、合作和充分授权的重要,因为这三种东西能促进工作环境中的荣誉感与责任心,让人明白,人在荣耀工作的同时,工作也荣耀了人[⑤]。

[**23**] 我同时便机械地拧转身子,用力往外只一挤,觉得背后便是满满的,大约那弹性的胖绅士早在我的空处胖开了他的右半身了[⑥]。

例[22]和[23]中的"荣耀"和"胖"都是形容词跨到了动词的范畴。

---

① 引自丁玉波、赵玉君(2007)。
② 同上。
③ 同上。
④ 同上。
⑤ 引自张海铭(2002)。
⑥ 同上。

不仅仅在词汇之间,语言中所有范畴之间的边界都是交叉的。处于交叉地带的成分同时会具有多种范畴的部分属性。表现为如图 3-4 所示的形式。

这种复杂的交叉关系意味着所有范畴的特征之间都是交叉的,即一个特征同时跨几个范畴。这也说明任何的规则都会存在反例。而且,我们并不能将这种反例看成是例外现象。因为,这在语言中数量很大,且频繁出现,表现出一种常态。传统语言学将之看成例外现象,不加处

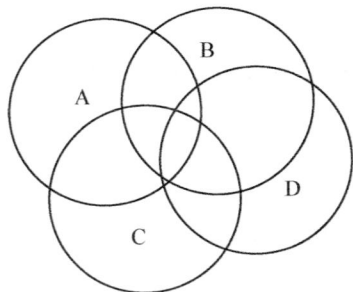

图 3-4　不同词类范畴之间的交叉图

理。生成语法将之排除出核心语法范畴。真正重视这种现象的是最近几十年来兴起的基于认知语法发展出来的构式语法(construction grammar, CG)。Goldberg 认为这些例外格式和所谓的语言中的规范格式本质上没有区别,都是语言中的构式。比较而言,特殊构式的构式义更为突出规范构式的隐含点。她认为语言中只有不同大小的构式,不存在其他成分。这样在构式语法下,所有的单位获得统一,并得到解释。然而,构式语法是一种基于内省的理论方法。它在话语理解基础上提炼出构式义,再找证据,做出一些认知上的解释。它的主要方法是定性描写,而不是定量发现。这种方法不需要将语言形式化。显然,它可以描写解释语言,但无法将之运用到机器学习和人工智能领域。其跨学科的应用价值有限。

所有的基于规则或原则体系的语法理论都是采用经典范畴理论。这种理论是一种二元切分。也就是一个成分要么属于某个范畴,要么不属于某个范畴,不存在中间情况。如果遇到了中间情况,要么勉强归入某个类别,要么不做处理,将之排除。传统结构主义语法和生成语法就是这么处理的。这也是传统结构主义和以原则为基础的生成语法总是不断遇到例外挑战的原因。不管传统结构主义和生成语法如何改进和完善,受理论架构的影响,它们都不可能既兼顾到范畴本身,又兼顾到范畴的变异现象。显然,这类理论分析模式无法完美匹配自然语言。其本质矛盾在于用离散的方法强行切分连续的变量,怎么切都会出现问题。这是理论本身先天的不足,或者说,理论不匹配适用对象。解开这种死结的唯一出路就是打破重建。彻底废除原来的理论架构,重新寻找适合语言本质的新理论。

OT 语法具有天然的处理自然语言的优势。它是一套形式化的演算系统,给定特定的输入就会得到确定的输出。整个装置类似一个复合函数,由生成器

和评估器两个相连的模块组成。生成器只管输出语言中可能出现的全部形式，避免无法生成的情况出现。评估器保障输出正确的结果，其核心就是具有严格等级关系的制约条件体系。表面上看，这种严格的计算模型很难适应语言的非规范性特征。但实际上，OT 语法将自然语言中的一些例外或模糊现象看成是常态，和一些的所谓规范现象之间并无本质不同。差别仅仅在于制约条件的违反上的不同。OT 认为，语言中的不同单位或范畴之间不存在截然的分界线，而是一种模糊的平滑的过渡关系。不同的语言单位之间在同一个制约条件体系中违反的程度是不同的。违反制约条件等级越低、数量越小的单位可接受度越高，反之就低。所有单位的合语法性都是一个程度问题。所谓的合不合语法，或不太合语法仅仅是违反制约条件的程度不同而已。这种观点为处理语言中的所有单位提供了理论基础和分析的思路。

制约条件的冲突是 OT 语法的核心。其性质差异表现为同一个体系中等级上的高低。这就是说，位置决定一切。高等级的条件具有绝对的优先权，低等级的必须绝对服从。这就是 Prince 与 Smolensky 提出的严格优势层级（strict dominance hierarchy）原则。决定制约条件等级高低的内在机制在于不同制约条件在语言中的重要性。一个制约条件在某种语言中的地位越重要，则等级就越高，反之就低。制约条件具有普遍性，不区分语种的差异。语种之间的不同，仅仅在于制约条件的利用数量、种类和它们之间的排序的差异。

这样看，语言表层形式的输出不外乎是一种竞争的妥协。牺牲一方利益，满足优胜方是博弈的最佳结果。失败方与优胜方的区别就在于更大制约条件的违反上。所以，在语言由内容向形式的投射中，违反制约条件是一种常态，也是一个程度的问题。所谓合语法的句子就是违反制约条件程度相对较轻的句子，不合语法的句子就是违反程度相对比较重的句子。合语法和不合语法之间自然表现为一种性状。语言上表现为梯级状态。优选上，我们只要遵循着选择最小违反的总原则就可以得出最佳的形义匹配体。

移情也是一种心理性状。移情和非移情之间本身也没有界限，是一种平滑的过渡状态。这种心理是全人类的，任何民族都具有的。差异只体现为在语言中的表现方式和程度不同而已。比如，中国人相对于欧美国家更关注交际中的礼貌性，从而在语言的表达上就更易于采用移情形式。西方国家受文化影响，习惯于直接表达所想所感，所以话语比较直接。他们言语中的移情形式就相对少点。但是，表达效果是一样的。两种语言并没有差别。我们所谓的差别是不同语言之间的比较。就不同语言内部来说，交际者之间也有默认的约定俗成的提高话语移情值的有效方式。换句话说，不同语言之间在移情方式上存在差异，但是移情心理和移情值级差是等价的。这样看,不同语种之间移情状况不具有类比性。考察移情现象仅仅可以就某种语言本身讨论它的移情情况。跨语言考察是不成立的。这点和音位的归纳是一样的。

理论上,一点不含移情的话语很少,甚至是不存在的。原因在于,如果一点移情值都没有,我们很难设想交际可以正常进行。我们的心理一定是排斥的,这明显会违反合作原则,最终造成交际的中断。所以,只要话语可以继续,我们说话时总是多多少少需要考虑到对方,并把握一个度。这本身就是移情心理的体现。也就是说,不管话语本身是不是不合适、不得体,只要不影响交际继续,就具有一定的移情性。

移情是一个相对的概念,只有相对的位置,没有绝对值。一个成分相对于 A 可能是移情表达,但是相对于 B,可能就不是移情的形式。因此,移情值高低是由级差序列的位置确定的。这和多级标记理论是一致的。一个集合中的所有成分通过两种关系确定位置,获得一个相对的移情值,即偏序关系和等价关系。

移情本身是没有界限的。但是,语言总能够找到一种量化的方式,去切分这种连续的性状。这使得移情状态离散化,具有了疏密不同的单位。语言可以根据表达需要调整移情值的相对大小,进而调整候选项的密度。也就是可以通过调整一个级差中位置的先后和增减候选项的数量,来调整语言移情表达的精度。由于移情是一种性状,本身没有界限,所以我们可以根据需要任意切分。理论上移情的密度是无穷的,只要表达需要,可以任意调整。但是,实际语言的表现并不太多,只是集中于少量的常用形式,这是由语言的经济性决定的。

有了移情梯度就有了移情值的大小。有了移情值的大小就会存在一个序列中的最大值,该值就是话语默认的输出项。确定一个候选项的移情序列主要是靠移情制约条件实现的。当一个候选项在一个制约条件体系中违反程度最小时,就获得了最大的移情值。制约条件对候选项的评估是通过冲突实现的。也就是说,一个候选项在一个制约条件体系中可能违反了一个条件,通过了另一个条件。所有的候选项都存在条件违反的问题,只是违反程度不同而已。这样,诸多功能句法学的移情观无法解释的冲突问题,都可以在优选论的框架中得到合理充分的描写和解释。因而,OT 语法与移情现象之间具有天然的匹配关系。

然而,经典 OT 语法将生成器生成的候选项集分割为两个子集,即只有一个元素的优选项集和非优选项集。这种经典的 OT 模式在处理移情现象时会遇到一些无法解决的问题。因为,OT 语法只允许一个候选项成为优选项,不存在两种以上的选项成为输出项的可能。但是实际的语言事实为语言中存在着大量的由同一个思想投射出来的具有不同移情值的同义句集,且语感上都是合法的,而且在特定环境下也都会使用,形成了一种一义多形的变体①。条件变体还可以在一定程度上反映输出项的唯一性,而自由变体则完全是两个或多个并列的输出项了。然而,同时输出两个或两个以上结果是经典 OT 语法所不能接受和处理的。同理,经典 OT 语法也不能够解释语言中大量存在的一形多义现象。作为一个优秀的语法理论必须能够处理语言的各方面问题。显然,经典 OT 语法理论并不完善。正因为如此,级差评估模式就出现了。

3.4 优选论级差评估模式评价

优选论的级差评估模式也叫等级序列评估模式(rank-ordering model of EVAL, ROE),是由 Coetzee 提出的一种在不改变经典 OT 语法核心思想和分析程式基础上的改进型优选模式。这种改进保留了经典模式的内核,只是对优选涉及的数据在分析方法上加以改进。实际上就是将过于严格单调的经典处理模式在条件和制约性上放宽,从而极大地提高了经典模式的适用范围和解释力。整体上看,这种级差模式主要做了两个方面的改变:

第一,将经典 OT 中评估器对候选项集的二级分割改为多级分割。也就是经典模式只有两个等级,而这种模式是一个等级序列。表面上看,改变并不大,就是一个技术处理,实际上却是本质的不同。经典模式只允许有一个优选项作为最终的输出项。等级序列模式输出的则是一个级差序列,而不是单个的输出。这改变了优选论的评估方式。这种处理的最大优势是候选项集合中的所有成分都参与评估,有机会成为输出项,而不是只有优选项。不同候选项之间的差异仅仅在于出现频率不同而已。也就是,有的候选项出现频率很高,有的则很低。这种差异性会造成人类认知可及度的不同,体现为高频候选项可及度高,反之就低。从优选论视角看,造成这种频率差异的原因就是相关制约条件对候选项制约程度的不同,这通过得分向量(违反制约条件的数量和等级差异)体现出来。所以,等级序列的差异就反映了人类调取候选项次序的差异。而调取次序的差异反映了候选项违反制约条件的程度不同。

这种弹性思想显然更适合语言的实际情况。因为处于等级序列前端的几个候选项一般都可以频繁出现在语言中。而且,很多时候我们并不觉得不合适。传统 OT 对这种现象是无能为力的。然而,ROE 模式却可以完美解释这种现

① 这里采用思想而不用命题之类的是因为构成一个移情梯级的候选项集可能有不同的相互独立的输入项,这和经典的 OT 理论强调候选项来自同一个输入端是不同的。也就是说,一个移情梯级可能是由多个相互独立的命题独立投射出来的。

象。一个等级序列中，几个候选项都可以在语言中频繁出现，这称为语言的变异现象。也就是说，一个内容或思想对应多个形式的问题。显然，这种 ROE 模式能够描写和解释这种现象。理论上，语言中只要是涉及梯级问题都可以采用这里的等级模式处理，例如，词语或短语等的固化判断问题。

从另一个角度看，这种二级分割改为多级分割，扩大了优选论的适用范围，也减弱了优选的强度。我们在语言的实际使用中，最终说出来的都是唯一的一个候选项，并不是序列。因此，这种等级序列适用于对语言活动状态情况的描写和解释，是一种偏向宏观的模式。但是，就语言的行为来说，这种模式并不是终极模式。因为，它只是给了我们一个语言表达倾向性的概率高低的客观序列，并不能告诉我们为什么在一个环境中使用某个候选项，而不是另外的一个。回答这样的问题似乎又得回到经典模式上来。当然，这种思路的回归和经典 OT 的思路有本质的差异。

经典 OT 采用的是排除法，关注的仅仅是保留下来的候选项。模型一旦确定了优选项，其他候选项就不再考虑了。ROE 模式则不同。它会评估每一个候选项以及它们之间的关联。从而，每个候选项都可以获得评估结果，和其他候选项之间的关联以及在级差序列中的相对位置。也就是说，这种模式中的每个候选项都存在一定的价值，是其他候选项价值存在的前提。所有优选项的价值都是在互相的关联中实现的。因而，这种价值是一种相对的价值。级差序列是话语存在的形式，是语言中客观存在的默认的优选倾向性。这种倾向性会影响我们实时话语输出的调整。显然，我们优选输出是依次递降选择的。这种观点就体现了级差序列本身的价值。然而，这在经典 OT 中是没有的。实际上，ROE模式扩展了经典 OT 的部分功能，本质上是对它的研究适用范围的补充和扩展，并不能完全替代经典 OT 的模式。关于这点，Coetzee 并没有论述。在这种 ROE 模式上再思考单一输出问题，表面看是回归，本质上却是更高层级上的优选问题。找到一种整合两者的方式，使之既可以描写和解释梯级现象，又可以适应话语的最终单项输出，则是接下来学界的任务。

第二，ROE 模式的另一项重要改变是扩展了评估器的评估能力。在经典优选论中，评估器仅仅可以评估来自同一个输入项的候选项集合。然而，在实际语言中，我们需要表达的思想很多时候在形式上并不是来自该思想的深层命题结构以及由此结构派生出来的诸多相似结构，而是采用在民族心理和文化特征上可以关联起来的它生结构。也就是说，我们实际表达话语的形式和该形式承载的本义之间没有关系。大多数情况下，人类的文化心理和话语的情景语境使得形义之间建立起了认知上的关联推导，从而形成了特殊匹配。这种关联推导一般都是多重的推导,也就是经历了一系列的推导后,形义上达到了关联,最终获得需要的意义。下面例子根据斯珀波(Sperber)和威尔逊(Wilson)的关联理论设计:

[24] 情景:小明正在教室里用心地复习英语,明天就是英语考试的时间,大家都有点着急。这时,同座的小王向他借英语词典,他们有下面的对话:

小王:小明! 麻烦把词典借给我用用,行吗?

小明:明天我要考英语呢!

在这段对话中,小明的回答并没有直接表达涉及考试而不借词典,而是利用了下面的关联推理过程,向小王传递了不借词典的信息。小王接收了小明的话语后,通过推理,获得正确的信息:

[25] A. 常识前提推理:

　　a. 词典对英语复习很重要。

　　b. 词典很重要就不能没有。

　　c. 没有词典就严重影响复习。

　　d. 影响复习就会影响考试。

　　e. 明天就会英语考试。

　　f. 明天英语考试会考不好

　　g. 所以不能借词典。

　　B. 运用常识的实时推理:

　　h. 小王向小明借词典。

　　i. 借词典会造成词典没有。

　　j. 没有词典就严重影响复习。

　　k. 影响复习就会影响考试。

　　l. 明天就会英语考试。

　　m. 明天英语考试会考不好。

　　n. 所以不能借词典。

　　C. 小王推出结论:

　　o. 明天就会英语考试。

　　p. 所以不能借词典。

这一系列的过程就是关联推理的过程,形成了一个推理的序列(见图3-5)。

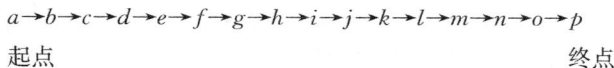

$$a \rightarrow b \rightarrow c \rightarrow d \rightarrow e \rightarrow f \rightarrow g \rightarrow h \rightarrow i \rightarrow j \rightarrow k \rightarrow l \rightarrow m \rightarrow n \rightarrow o \rightarrow p$$

起点　　　　　　　　　　　　　　　　　　　　　　终点

图 3 - 5　关联推理序列

图 3-5 中，小王从 a 点开始，通过诸多的推导阶段，最终获得话语的意义 p，将 p 和 o 关联，形成了以 o 为形式，以 p 为意义的特殊匹配。这例子说明了一个话语的输出形式可能和这个话语所代表的思想的深层结构之间没有多大的关系。显然，这种表达形式超出了传统 OT 生成器的生成范围。

经典优选论评估器只能评估同一个输入来源的候选项，即话语思想命题的原型匹配项。这就意味着生成器生成的候选项集都必须来自同一个原型匹配项集，不能超越深层结构。其结果，就是实际的评估中有大量的话语根本没办法找到对应的优选输出。或者反过来，一个优选输出找不到一个对应的输入项。前者侧重于生成，后者侧重于结果。而且，这种现象并不能看成是语言的特殊情况，而是一种常态。尤其在注重讲话婉转和策略的汉语中，这种现象特别严重。这给经典 OT 语法造成了不小的挑战，并不符合 OT 语法的本质属性和期望的目标。如果我们将评估器的评估能力扩大到可以评估任意来源的候选项，显然就解决了这个矛盾。我们通过扩展的评估器就可以自然合理地将例[26]的情况纳入优选论的评估框架中，并能做出准确的描写和解释。

移情现象作为语法的一个重要组成部分和这里的多级 OT 评估模式之间有着天然的匹配性。因为，移情在语言中基本上不是二元对立的。我们感觉或者看到的分析是二元对立，是定量化分析的结果，并不是语言的真实表现。所有二元的移情对立都可以很容易地被扩展，变成一个多级的序列。而且，理论上长度是无限的。这显然和优选论的级差模式之间具有天然的同构关系。

另外，移情的本质类似于水，内部处于匀质状态，任意切割，性质不变。不论语言的形式如何，差异就在于移情值高低。很多情况下，一组具有移情值差异的句子或单位，在表层形式上千差万别，找不到规律。之所以它们能够集合在一起，就是具有移情上的关联。例如，有时候我们为了表示客套，拉近相互之间的距离，就会说一些迎合对方的话语。可能这些话语表达的内容，表层的形式等，都不相同，因而给对方心理上的感觉一定有差异，造成了双方之间心理距离的远近，从而形成了移情级差关系。这样看，将评估器扩大为可以将任何来源的候选项放到一起评估，是将移情现象和优选论的评估模式之间关联起来的前提。

这种评估能力的扩展带来了优选论评估模式的极大解放，使得很多以前不能评估的候选项都可以集中在一个集合中，统一地加以评估。但是，随之也带来了一些的问题。

首先是候选项集合来源和大小的问题。如果所有的评估集合都可以无限关联和扩展，那么也就意味着每次评估都是一个整体的候选项集合，即一种语言的所有结构形式。因为这种无限关联会穷尽一种语言中所有的相关单位。这显然

不合理,表现为:

(1) 如果集合是一个无穷集,那么所有的评估得出的结论都是不可靠的。正如不完全归纳一样,你确定的任何一个候选项,或者你考察的任何数量的集合,只要是一个定数,都是不完全的考察,都会存在一个或多个比确定的候选项更优的可能。所以,任何的优选输出都是一个不确定的输出,从而大大降低了优选论评估的可信度。尽管该理论在评估过程上是很严格的,给定特定的输入,就可以有确定的输出。但输入无法确定,则输出也就不确定了。

(2) 评估效率低下。因为评估器每次评估都会面对庞大的数据库,在检索和处理上会占用太多的资源。所以,效率不可能高,并且还会带来两个方面的问题:

a. 自然语言处理上机器运算效率低下,并容易出错。

b. 不符合人类的语感和心理现实性。很难想象我们在每次话语输出时,脑子里有如此庞大的运算。实际上,我们的话语输出都是“抄近路”的自动化过程,根本就不需要运算。而且,人类的话语很多都是采用缺省推理,或者不完全归纳,效率特别高,并不会每次都处理大量数据。在大多数情况下,往往运用极少的数据就得出结论。这实际上涉及语境的依赖问题。

其次,语境的依赖性较高。不同来源的候选项之间本来不具有关联性,之所以能够关联大多数情况,都是语境制约的结果。离开了特定的语境,这种混合的关联集合就会解体。例如,在图 3-5 中,形式 o 和意义 p 能够关联为一个形义结合体,主要是基于特定的临考氛围。如果换一个环境,可能该例子中的关联就建立不起来。听者也就不能准确理解言者的意图。根据格莱斯的会话含义理论和合作原则,当言谈双方遵守合作原则时,话语的异常一定会带来异常的理解,即会引起听者的更多推导。但是,这是以语境作为基础的,即话语意图产生了关联都是建立在认知语境的基础上。当然,换个角度理解,就又回到了前面的问题,即这种关联可以通过无限制的推导,最终穷尽一种语言中的所有成分。实际上,按照斯珀波和威尔逊的观点,人类的认知推导具有无限延伸的能力,但是在实际的语言中,受认知语境中定识的制约,一般找到最大的关联理解后,推导就停止了,并不会无限推导下去。这就解释了为什么我们会很快理解一句话,而不会无限制地推导认知根源。

人类在说话时的语境为认知语境,并不是实际语境。这种语境是由一系列的定识构成的,而且这个定识的集合是动态的,随着环境和时间的变化而不断增加或减少。定识的变化会导致话语关联的差异,进而引起了话语理解的不同。但是,认知语境是一个内在的主观状态,并不容易直接感知,更不易客观化和定量化。从而,优选论在处理认知语境上就不易描写、定性和定量,进而无法计算。越是形式化的理论,遇到语境问题就越多。优选论显然也遇到了这样的困境。这一困境是典型的优选论严格控制对象范围的原因,也是优选论在语法语义和语用领域发展困难的原因。

最后是关联机制的问题。前面已经谈到了人类的认知在话语生成和理解时并不会无限地推导。实际上,大多数时候,话语仅需要极少数的数据就可以推导出正确的结论,再通过话语对象的反馈和确认,得出正确的意思。如果反馈的结果显示理解错误,就会重新进入推导,直到得出正确的结论。这就是一般所说的话语误解。人类的话语理解就是用试错的方式弥补推理上的不足。

这里的阐释实际上说明了一个问题,即我们在无数的具有关联的候选项中,如何确定为数有限的候选项的问题,也就是限制生成器的过度生成问题。搞清这方面的机制并不容易,目前基本上还处于未探索的状态。

接下来是对该理论的一个具体案例的分析。

3.5　移情级差评估模式的案例分析

OT 语法可以看成是生成语言学的发展,具有较强的演绎性。经典优选论的运行程序非常简洁,给定一个特定输入就可以得出确定输出,具有严格的数学上的简洁性和完美性。所以,该理论一出现就具有强大的影响力,一直是西方语言学的重要理论之一。但是,话语输出并不像语音输出那样规整,一形多义或一义多形现象普遍存在,这显然远远超出了只可以输出一个优选项的经典优选论的处理范围。

Coetzee 提出了一种不改变经典 OT 语法核心思想和分析程式的改进措施,主要包含两个方面:第一,经典 OT 中评估器将候选项集的二级分割改为多级分割,这被称为级差评估模式。第二,扩展了评估器的评估能力,将原来只可以评估同一来源的候选项扩展为可以评估不同来源的候选项。这种柔性处理方式更适合语言的实际情况。从移情角度看,任何一个话语意图都会存在一系列的具有移情值差异的表达形式以供言者选择。这实际上就是话语移情优选的问题。一般来说,语言中都会存在大量默认的移情梯级形式,这是认知上提取次序的重要依据。这种固有的移情梯级形式是语用语法化的结果,表现在话语的使用频率、响应时间和适用范围等方面。目前文献中还没见到与移情相关的研究。以下采用实例分析的方式将优选论用于移情级差现象的描写和解释。

3.5.1　标记、移情和语境之间的级差共变

看下例：

[26] ① 我们彻底打败了敌人。

　　　② 我们把敌人彻底打败了。

　　　③ 敌人被我们彻底打败了。

　　　④ 敌人我们彻底打败了。

　　　⑤ 我们敌人彻底打败了。

　　语感上，这组例子越靠近后面，可接受度越低，受语境的制约会越大，越不会使用。例[26]中④和⑤就很少出现了。理论上，只要语言中两个交替成分在基本性、常见性和自然性上存在差异，就存在标记对立的现象。所以，我们一般将例[26]①称为无标记句子。后面的都是有标记的句子。

　　从认知标记看，Givon 认为："一组表达相同意思的句子因结构复杂性和认知复杂性的差异，标记性也存在差异。"这表达了两个方面的含义：其一，语言标记性并不仅仅是二元对立，而是呈多元的梯级状态，一个成分相对于 A 成分是有标记的，但对 B 成分可能就是无标记的；其二，句子结构和认知的复杂性也反映在标记性的强弱上，越复杂的句子，其标记性越强，反之就弱。这符合我们的认知。

　　从移情看，一个句子越复杂，标记性就越强，认知加工就越困难，需要付出的心理努力就越大，心理抵制性就越强，就越拉远认知主体和话语之间的心理距离，从而和移情就发生了关联，降低了话语的移情值。反之，一个句子越简单，标记性就越弱，认知加工就越容易，需要付出的心理努力就越小，心理抵制性就越小，认知上就更容易接受和使用，从而心理距离就更近，移情值也就更高。这说明，抛开意义，句子本身就表现出了移情值的差异。一般情况下，标记和移情表现为反比关系，特殊情况下也存在正比关系，例如话语中的委婉语一般就是移情值和标记性都高的复杂句子。

　　从语境看，Givon 认为："同一个结构可能在这个语境中是有标记的，而在另一个语境中就是无标记的。"这反映了语言成分标记性受语境制约，语境依赖性越强，标记性就越强，反之就弱。一般来说，句子语境依赖度越高，理解越困难，心理距离就越远，移情值也就越低，反之就高。因此，除了标记性和移情度存在级差现象之外，语境依赖度也是一个级差现象，反映了不同语言单位对语境敏感度的差异。

　　可以看到，标记、认知和语境与话语移情值的变化都存在关联，句法变化是

其外在表现,而标记性、认知复杂性以及语境的依存度等是其内在的理据。这些理据本身都是性状,在语言里表现为单位之间的级差,存在着有规律的共变关系,如图3-6和图3-7所示。

图3-6 三种级差关系 图3-7 三种级差的三角关系

图3-6中的箭头线反映了语言单位的趋向性。标记越小,移情值越大,而语境的依赖度也越小。反之,标记越大,移情值越小,语境依赖度就越大。例[26]的一组例子就符合图3-6的规律,具有严整的共变关系。例[26]中从①到⑤,标记性越来越强,语境的依赖度越来越大,而移情值却越来越低。例[26]中④以下的句子如果没有特定语境支持,基本上就不会使用了。这从语感上可以明显感觉出来。

图3-6中的这三种级差关系,可以分别称为话语的标记级差、移情级差和语境级差。它们之间相互影响、相互作用、相互支撑,构成了图3-7的三角关系。正因为如此,我们在分析语言单位时无论以三角形的哪个角作为视点,都会牵涉到另外的两个角,只是研究的视角不同而已。认知也同样遵循这种共变关系,可及度越高的话语,标记性越低,移情值越高,反之则标记性越高,移情值越低。

从句法变化的角度考察移情值的差异具有不确定性。因为导致句法变化的因素很多,移情仅仅是诸多因素之一。也就是说,移情一定会造成句法上的变化,反过来则不一定成立。因此,在研究移情值的制约因素时,句法是重要的因素,但仅靠句法是不够的。不同的维度尽管和移情没有直接关联,但由于它们之间具有共变关系,可以作为探究移情值变化的制约因素。类似前面的共变维度有很多,更为重要的是,这些共变维度一般具有跨语言的属性,具有普遍意义,满足作为移情优选约束的条件。当归纳出这些条件并确定等级关系后,我们就可以将之纳入评估器,客观地量化语言单位的移情值,运用于话语的优选评估中。

根据这里的思路,通过三条不同维度的具有等级关系的移情优选制约条件,我们可以将前面具有移情级差关系的例[26]放到优选论级差模式中进行计算,验证是不是获得了和我们语感一致的结果,并加以解释。

3.5.2　移情优选级差评估模式

语言中的移情级差序列是长期话语移情策略在语言中固化而形成的移情优选潜势。语法主要是对这种静态潜势的描写;语用主要是对潜势在一定环境中的具体应用。因此,移情潜势是语用移情优选的基础和前提。ROE 模型主要是描写这种语言中客观存在的移情潜势,属于静态的优选模型。这点和经典 OT 是一样的。接下来,主要阐述移情潜势的优选机制。

例[26]涉及的是同一意义投射出来的一组句子之间的移情优选问题,反映的是语义表征到句法表征的函数。移情特征体现在优选制约条件中。尽管这组例子中几个候选项是相同来源的映射,但这种由意义到形式的投射具有转换(或翻译)的特征。也就是说,输入到输出之间不一定是单一映射,GEN 函数在生成候选项集时,可以是不同形式来源候选项集的并。定义如下①:

定义 26: GEN 函数。

设意义表征集为 M,形式表征集合为 F,如果 $F = \{f_i \mid \bigcup\limits_{i=1}^{\infty} f_i, f_i$ 为不同形式来源的子集$\}$,并且,F 为 $m_i \in M$ 的一个投射集合,则 $\mathrm{GEN}(m_i) = F$。

GEN 函数和 Coetzee 的观点本质上是一致的,反映了意义向形式投射的多值函数。不同于单值函数,多值函数为自变量 $x \in X$,按关系 f 在因变量中至少有两个元素 $y_i \in Y$ 与之对应,形成 $y_i = f(x)$,且所有元素 $x \in X$,按关系 f 都有 $y_i \in Y$ 与之对应。语言中形义匹配一般都是多值函数。GEN 函数是建立形义匹配的装置。

在进行下一步之前需要明确的是,移情优选和其他优选的区别在于制约条件的不同。移情优选是从制约话语移情值高低的角度构建移情制约条件等级体系的,且所有的移情特征都是以制约条件的方式起作用。不同的优选体系有不同的制约条件,仅在体系之内起作用,不能跨体系混用。因为,不同体系中的制约条件尽管性质相同,价值上是不相等的,不具有比较性,因而无法互用。这也恰恰反映了不同体系之间在制约条件上的差异性,同中有异,异中有同。

接下来,我们考察移情优选的运算过程。

当 GEN 函数生成了候选项集 K 之后,OT 就会将之送入评估器进行评估。评估器根据进入的候选项特征,从制约条件集合中激活对 K 敏感的制约条件,并通过偏序集的计算,将制约条件合并为一个具有严格等级关系的最小的制约

---

①　这里的形式是指和深层的语义相对应的语言表层输出形式。

条件子集 CON'。这里,候选项集合 K 激活了含有三个制约条件的集合①:

$$CON' \subseteq CON = \{1. \ *S \sharp Context:句子不依赖语境。$$
$$2. \ *Span:移位不跨节点。$$
$$3. \ *Obmovement:宾语不能移位。\}$$

这三个条件通过偏序计算形成了如下的等级序列:

$$C_1: \ *S \sharp Context \gg C_2: \ *Span \gg C_3: \ *Obmovement②$$

这里激活了语境和句法维度,没有激活前面提到的标记维度,因为在候选项 ①之下的候选项均存在标记性问题,区分度不明显,也没有激活认知维度。C_1 和 C_2 为标记性条件,C_3 为忠实性条件。获得了制约条件等级序列之后,OT 就可以对候选项进行评估了。

首先,OT 根据定义 27 求出每个候选项的得分向量(score vector),然后根据得分向量计算序列,表达如下:

定义 27: 映射候选项集到 $\dot{u}$ 的制约条件③。

设 CON 为制约条件集,K 为被评估候选项集,$\forall C \in CON$:

$C: K \rightarrow \dot{u}$ 使得 $\forall k \in K$,$C(k)$ =违反制约条件的数量。

得分向量是确定候选项集中成员等价关系的依据。OT 采用有序偶 $\langle x, \dot{u} \rangle$ 方式遍历集合 K 中的元素,并赋值,得到每个制约条件下的得分向量。

$C_1 = \{\langle ①, 0 \rangle, \langle ②, 0 \rangle, \langle ③, 0 \rangle, \langle ④, 1 \rangle, \langle ⑤, 1 \rangle\}$;

$C_2 = \{\langle ①, 0 \rangle, \langle ②, 0 \rangle, \langle ③, 1 \rangle, \langle ④, 1 \rangle, \langle ⑤, 0 \rangle\}$;

$C_3 = \{\langle ①, 0 \rangle, \langle ②, 1 \rangle, \langle ③, 2 \rangle, \langle ④, 2 \rangle, \langle ⑤, 1 \rangle\}$。

这样,根据得分向量的大小,每个制约条件可以分别将候选项从小到大进行排序,如图 3-8 所示。

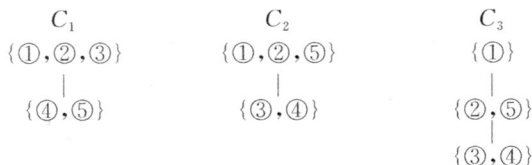

C_1	C_2	C_3
$\{①,②,③\}$	$\{①,②,⑤\}$	$\{①\}$
$\{④,⑤\}$	$\{③,④\}$	$\{②,⑤\}$
		$\{③,④\}$

图 3-8 每个制约条件下得分向量的排序

在图 3-8 中,每个制约条件都分别将集合 K 划分为若干个子集。每个子

---

① 激活制约条件的数量以区别候选项的最小数为准。

② 这里的"$\gg$"表示"先于"的意思。

③ 这里"$\dot{u}$"为自然数。

集中的成分因值相同构成了等价关系"$\approx_{C_i}$"，满足自反性、对称性和传递性。因此，子集可以看成是等价类。在同一个等价类中，成分相互之间的移情值是无法辨别的。OT 采用定义 28 的方法表述 K/C 集上的序关系：

定义 28：所有的 $C_i \in CON$ 和所有的 k_1/c_i，$k_2/c_i \in K/C$：[①]

$k_1/c_i \leqslant_c k_2/c_i$ 当且仅当 $C_i(k_1) \leqslant C_i(k_2)$

从而，OT 将图 3-8 表述为商集序：

$\langle K/C, \leqslant_c \rangle$：$K/C_1 = \{\{①,②,③\} \leqslant c_1 \{④,⑤\}\}$

$\qquad\qquad\quad K/C_2 = \{\{①,②,⑤\} \leqslant c_2 \{③,④\}\}$

$\qquad\qquad\quad K/C_3 = \{\{①\} \leqslant c_3 \{②,⑤\} \leqslant c_3 \{③,④\}\}$

K/C 为候选项集 K 上的分割，具有两方面的特征：

(1) K 中的所有成员都被归入一个且仅仅一个等价类 k_j/c_i 中；

(2) 每个等价类占有并仅仅占有商集序中的一个位置。$\langle K/C, \leqslant_c \rangle$ 和候选项集 K 之间有严格的对应关系，即如果 $k_1 \leqslant k_2$，那么一定 $k_1/c_i \leqslant k_2/c_i$，反之亦然。

这里我们论述的是每个制约条件对候选项集的分别处理，但 OT 反映的是 CON' 集合对候选项集的综合评估。所以，需要将这几个单序合并，求综合的 K/C 序列。用定义 29 的方法先求制约条件集合下商集的笛卡尔积，定义为：

定义 29：制约条件集合下 K/C_i 之间的笛卡尔积。

$V_{i \in I} K/C_i$：$= \{f \mid f$ 是一个域为 I 的函数，且 $\forall i(i \in I \to f(i) \in K/C_i)\}$

集合 $V_{i \in I} K/C_i$ 被定义为 $K/C_\times$。

根据定义 29，OT 得出 $K/C_\times = \{K/C_1 \times K/C_2 \times K/C_3\}$，集合 K/C_i 之间的笛卡尔积如下：

$K/C_\times =$

$\{\langle \{①,②,③\}, \{①,②,⑤\}, \{①\} \rangle,$

$\langle \{①,②,③\}, \{①,②,⑤\}, \{②,⑤\} \rangle,$

$\langle \{①,②,③\}, \{①,②,⑤\}, \{③,④\} \rangle,$

$\langle \{①,②,③\}, \{③,④\}, \{①\} \rangle,$

$\langle \{①,②,③\}, \{③,④\}, \{②,⑤\} \rangle,$

$\langle \{①,②,③\}, \{③,④\}, \{③,④\} \rangle,$

$\langle \{④,⑤\}, \{①,②,⑤\}, \{①\} \rangle,$

$\langle \{④,⑤\}, \{①,②,⑤\}, \{②,⑤\} \rangle,$

---

① 这里的 k_1/c_i、k_2/c_i 为等价类，是制约条件 C 对 K 进行分割得出的商集。

$\langle\{④,⑤\},\{①,②,⑤\},\{③,④\}\rangle,$

$\langle\{④,⑤\},\{③,④\},\{①\}\rangle,$

$\langle\{④,⑤\},\{③,④\},\{②,⑤\}\rangle,$

$\langle\{④,⑤\},\{③,④\},\{③,④\}\rangle\}$

这里的 $K/C_{\times}$ 是一个非序集,定义 30 将 $K/C_{\times}$ 排序:

定义 30: 建立在集合 $\langle K/C_{\times}\rangle$ 上的字典序。

$\langle x_1, x_2, \cdots, x_n\rangle \leqslant \langle y_1, y_2, \cdots, y_n\rangle$ 当且仅当

(1) 对于所有的 $i \leqslant n$, $x_i = y_i$,那么 $\langle x_1, x_2, \cdots, x_n\rangle = \langle y_1, y_2, \cdots, y_n\rangle$,否则

(2) $\forall i(i < k \rightarrow x_i = y_i)$,并且 $x_k < y_k$,那么 $\langle x_1, x_2, \cdots, x_n\rangle < \langle y_1, y_2, \cdots, y_n\rangle$。

定义 30 实际上是说,两个序列对应位置 k 的元素 x_k 和 y_k 与之前的 x_i 和 y_i 相等,x_k 和 y_k 之间的大小决定着整个序列的先后关系。通过字典序之间的比较,OT 就可以将 $K/C_{\times}$ 由小到大排列:

$\langle K/C_{\times}, \leqslant_x\rangle$:[①]	交函数 $\psi(K)$ 得出的结果:
$\{\langle\{①,②,③\},\{①,②,⑤\},\{①\}\rangle$	①
$\langle\{①,②,③\},\{①,②,⑤\},\{②,⑤\}\rangle$	②
$\langle\{①,②,③\},\{①,②,⑤\},\{③,④\}\rangle$	∅
$\langle\{①,②,③\},\{③,④\},\{①\}\rangle$	∅
$\langle\{①,②,③\},\{③,④\},\{②,⑤\}\rangle$	∅
$\langle\{①,②,③\},\{③,④\},\{③,④\}\rangle$	③
$\langle\{④,⑤\},\{①,②,⑤\},\{①\}\rangle$	∅
$\langle\{④,⑤\},\{①,②,⑤\},\{②,⑤\}\rangle$	⑤
$\langle\{④,⑤\},\{①,②,⑤\},\{③,④\}\rangle$	∅
$\langle\{④,⑤\},\{③,④\},\{①\}\rangle$	∅
$\langle\{④,⑤\},\{③,④\},\{②,⑤\}\rangle$	∅
$\langle\{④,⑤\},\{③,④\},\{③,④\}\rangle\}$	④

有序集 $\langle K/C_{\times}, \leqslant_x\rangle$ 并不是 OT 想要的结果,因为它不是候选项序列,而且数量也远远多于集合 K,显然需要简化。OT 的解决方法是求 $\langle K/C_{\times}, \leqslant_x\rangle$ 的交集,定义如下[②]:

---

① 后面的一列是下一个运算步骤得出的结果,为了节省空间放在一起表达。

② 这里是为了节省篇幅,将交集定义的运算也放在上面的字典序运算中,实际上这里是两个步骤:先排字典序,后求交集。

定义 31：$\langle K/C_\times, \leqslant_x \rangle$ 上的交集 $\psi(K)$。

让 k_j/c_i 代表等价类，$\langle k_1/c_1, k_2/c_2, \cdots, k_n/c_n \rangle \in K/C_\times$，那么可以定义 $K/C_\times \rightarrow \psi(K)$ 如下：

假如 $k_1/c_1 \bigcap k_2/c_2 \bigcap \cdots \bigcap k_n/c_n = \varnothing$，那么 $(k_1/c_1 \bigcap k_2/c_2 \bigcap \cdots \bigcap k_n/c_n)$ 是不明确的，否则，$\psi(k_1/c_1, k_2/c_2, \cdots, k_n/c_n) = k_1/c_1 \bigcap k_2/c_2 \bigcap \cdots \bigcap k_n/c_n$。

定义 32：交集 $\psi(K)$ 的集合 K/C_{come}。

$K/C_{\text{come}} := \{Z \mid \exists \langle k_1/c_1, k_2/c_2, \cdots, k_n/c_n \rangle \in K/C_\times$，使得 $Z = \psi(\langle k_1/c_1, k_2/c_2, \cdots, k_n/c_n \rangle)\}$。

定义 33：链序 $\langle K/C_{\text{come}}, \leqslant_{\text{come}} \rangle$。

让 $(k_1/c_1 \bigcap k_2/c_2 \bigcap \cdots \bigcap k_n/c_n)$，$(k_1/c'_1 \bigcap k_2/c'_2 \bigcap \cdots \bigcap k_n/c'_n) \in K/C_{\text{come}}$。那么

$\langle k_1/c_1 \bigcap k_2/c_2 \bigcap \cdots \bigcap k_n/c_n \rangle$，$\langle k_1/c'_1 \bigcap k_2/c'_2 \bigcap \cdots \bigcap k_n/c'_n \rangle \in K/C_x$，则 $\langle K/C_{\text{come}}, \leqslant_{\text{come}} \rangle$ 可定义为

$(k_1/c_1 \bigcap k_2/c_2 \bigcap \cdots \bigcap k_n/c_n) \leqslant_{\text{come}} (k_1/c'_1 \bigcap k_2/c'_2 \bigcap \cdots \bigcap k_n/c'_n)$ 当且仅当

$\langle k_1/c_1 \bigcap k_2/c_2 \bigcap \cdots \bigcap k_n/c_n \rangle \leqslant_x \langle k_1/c'_1 \bigcap k_2/c'_2 \bigcap \cdots \bigcap k_n/c'_n \rangle$。

定义 31 获得交集；定义 32 删除交集中的空集 $\varnothing$，获得 K/C_{come}；定义 33 确定了最终的链序 $\langle K/C_{\text{come}}, \leqslant_{\text{come}} \rangle$，如图 3-9 所示。

$$\langle K/C_{\text{come}}, \leqslant_{\text{come}} \rangle$$

☞　①
②
③
⑤
④

图 3-9　最终链序结果

图 3-9 就是级差模型对例[26]进行评估的最终结果，表现为一个和候选项集相同大小的序列。有手指图形标识的为序列的最优选项。表面看，这里的最优项和经典模式输出一样，都是候选项①。但是，这里并不排除后面的选项。竖排表示候选项之间的级差分布。

Coetzee 指出："当我们讨论 OT 语法的输出项时，我们实际上指的相当于是语法上无法区别的一个集合。"图 3-9 中的级差结果也是一个对候选项集 K 的分割，得出的每一层都是一个等价类 k_j/c_i。尽管 $\langle K/C_{\text{come}}, \leqslant_{\text{come}} \rangle$ 中每层只包含一个成分,但我们并不能将之理解成个体单位。

需要注意的是,这里优选过程的技术性描写是解释性的。它阐述了优选论运作的内在机制,即优选论为何会得出某种结果。然而,大多数情况下,优选论都是描写性的,并不需要阐述内在优选过程,仅需要描写制约条件下的评估结果。这种描写最好的展示方法就是优选竞赛表。图3-9的结果可以用表3-1表示。

表 3-1　制约条件下的优选竞赛表

F_a	C_1	C_2	C_3
①	☞		
②			*
③		*	**
④	*	*	**
⑤	*		*

表3-1直观描写了移情优选序列为①＞②＞③＞⑤＞④[①]。但是,从表3-1中我们并不能获得结果的运算过程。优选论的优势就在于可以数学建模,给定特定的制约条件下的有序集合和特定的输入,就可以获得相应的结果。这种计算具有客观性和可重复性,可用于自然语言的机器处理。

3.5.3　关键分割线:有限性和无限性的统一

在表3-1中,候选项⑤和④尽管与前面的候选项形成一个移情级差序列,但可接受度较差,一般不能自由出现在语言中。这就和前面的几个候选项不同。

Coetzee对这种现象提出了解释。他注意到言者尽管可以调取任意深度的候选项,但实际上大多数情况下仅仅调取最优选项,即使可以向下调取,一般也就仅仅调取两三个选项,其他候选项被调取的概率非常小。在探讨原因时,他提出了"关键分割"的概念。关键分割本质上不是对象,而是制约条件序列上的一个位置,将制约条件分割为处于其之上的高阶制约条件和之下的低阶制约条件。

Coetzee认为,高阶制约条件和经典OT中的是一样的,具有筛选候选项的能力。当一组的候选项都违反了高阶制约条件序列上的某个条件时,OT仅仅输出违反程度最低的那个候选项,这种情况下语言中不会出现变异现象。然而,低阶制约条件是不同的,它不具有排除不合法候选项的能力,所以,当有两个以

---

① 符号">"表示"移情值大于"的意思。

上的候选项仅仅违反低阶制约条件时，则它们均可以在语言中出现，此时，这几个候选项就形成了一组变异单位。这些低阶制约条件的作用是将仅仅违反它们的这些候选项排序，从而确定变异候选项在语言中出现的概率大小。Coetzee 将之归纳为三种可能情况：

（1）一个候选项仅仅违反低阶制约条件（没有变异）；

（2）两个以上的候选项仅仅违反低阶制约条件（有变异）；

（3）没有候选项仅仅违反低阶制约条件（没有变异）。

根据 Coetzee 的分析，我们可以有两点的延伸：

（1）情况（1）（2）中获得的最优项的合语法度大于情况（3）中的最优项。

（2）情况（2）仅仅表示候选项可以在语言中出现，不表明它们的等级是一样的。如果高阶制约条件序列本身不可以确定优先次序，如表 3-1 所示，我们可以通过低阶制约条件或者增加高阶制约条件的方式，分化变异项，得出优选输出和候选项的级差序列。当然，关键分割的目的是解释变异现象出现的机制，至于变异本身的优先度并不在其处理范围之内。

理论上讲，任何一个候选项集合，都可以通过制约条件等级序列将之排序，序列中候选项之间的区别在于概率的大小，或者说和谐度高低，并没有本质的界限。不管制约条件的关键分割在哪，其本身都是性状性质的，任何的绝对划分都是有问题的。关键分割本身是制约条件序列的分割，但其目的是划分候选项集合，确定语言的变异现象。一个完整的候选项序列因关键分割而分为自由使用（关键分割之上的）和有条件使用（关键分割之下）的两个不同子集[①]。自由使用集合实际上就是处于关键分割线上的集合，该集合成员不违反高阶条件，因而都可以在语言中自由出现，其成员的多少决定了变异的数量。例如，假设表3-1中的分割线在 C_1 和 C_2 之间，则前面的三个候选项都是自由选项。但是，并不表示它们在地位上是平等的。实际上，后面的低阶条件还是对它们进行了排序。这个序反映了它们在语言中的表现。

尽管 Coetzee 把关键分割看成是函数，表示为"关键分割函数"，但是他并没有进一步论述该函数的性质以及确立关键分割的依据。我们认为，由于关键分割是一个集合的二分，因而可以将该函数看成是一个特征函数，表示如下：

定义 34：定义在 $\langle K/C_{come}, \leqslant_{come} \rangle$ 集上的特征函数。

设 x_i 为集合 $\langle K/C_{come}, \leqslant_{come} \rangle$ 中的成员，$C_{cut\text{-}off}$ 为关键制约条件，表示为 ω，则

---

① 这里表述采用"自由"和"有条件"是为了符合语言的实际，因为有些不合格的或特殊的候选项在一定语境下确实是可以出现的。

$$f_\omega(x_i) = \begin{cases} 0, & x_i \text{ 违反 } \omega \\ 1, & \text{否则} \end{cases}$$

定义 34 特征函数以关键制约条件 ω 为函数的特征。通过该特征函数,可以将前面 Coetzee 归纳的第二种可能情况筛选出来。当 x_i 违反了 ω,函数返回 0,表示该候选项处于有条件使用集合;相反,当 x_i 不违反 ω,函数返回 1,表示该候选项处于自由使用集合。当多个候选项返回 1 时,就出现了变异现象。这可以直接在优选竞赛表上表示(见表 3 - 2)。

表 3 - 2　关键分割线对制约条件和候选项的分割

F_a	C_1	C_2	C_3
①	☞		
②			＊
③		＊	＊＊
④	＊	＊	＊＊
⑤	＊		＊

表 3 - 2 通过一条垂直的粗线分割制约条件,并遍历整个候选项集,所以称为"关键分割线"。粗线左边第一个制约条件即为关键制约条件 $C_{\text{cut-off}}$,即 C_1。C_1 就是特征函数的特征 ω。当扫描所有候选项时,返回两个值 0 和 1,0 为排除项,1 为保留项。这样,表 3 - 2 中的候选项就被分为两个集合,前面三个选项为保留集合,即自由集合;后面两个为排除集合,即有条件集合。因此,前面的三个候选项都可以在语言中出现,形成了变异的交替形式。这样,模型就清晰地解释了为何候选项④和⑤在语感上可接受度不高的原因了。总体看,所有的级差评估都存在一个关键切割线。因为,面对大量的候选项,语言中出现的仅仅是极少的几个,这需要用切割线去排除。

关键分割理论还存在一些暂时无法解决的问题:

(1)从属性看,关键分割线本身并不绝对,候选项无论处于线上还是线下,都有一定出现的概率。因而,这种集合的划分也不是绝对的,具有一定的弹性。这实际上弱化了关键分割的存在理据。

(2)关键分割线是通过关键制约条件确立的。问题是关键制约条件是怎么确立的?无论是基于统计数据的出现频率,还是认知上的可接受度等都是不确定的,缺乏清晰的、客观的标准。

(3)关键分割线的动静状态不明确,也就是说,还未弄清它究竟是依据环境而变化的,还是固化在制约条件等级序列中的内在属性。

最理想的状态是:关键分割是制约条件等级序列中的内在属性,是通过某种数学方法依据客观的基础计算获得的、符合语言实际的级差评估的一个算子。

OT 的级差评估模式主要是描述和解释语言中存在的诸多梯级现象,移情级差现象仅仅是语言诸多级差现象的一种。通过关键分割线,ROE 模式把语言的无限性和有限性和谐地统一了起来,即 GEN 函数可以生成无限的单位,但语言中实际出现的很有限,一般也就是处于序列前面的几个选项。这比较符合我们语感:话语有无穷种表达,但我们实际使用的只是极少部分。关键分割线就是确定这极少部分的依据。这种观点也是对 Coetzee 观点的进一步解释,扩大了该理论的适用范围。

3.5.4　解释与相关讨论

这里的讨论从三个角度展开:理论视角、应用视角和相关的理论讨论。

3.5.4.1　理论视角

图 3-9 中的结果正好和我们开始提到的语感一致,说明分析是有效的,达到了我们期望的结果,证明优选论 ROE 模型可以完美解释语言中的移情级差关系。这个结果也说明了 ROE 模型和自然语言梯级之间有着天然的匹配性,可以预测语言中的其他级差关系,如认知可及度、语境依赖度、语法单位的合语法度、语音的可识别度、语义的准确度等,都可以通过 ROE 模型获得一定的解释。从这个意义上讲,这里的探讨具有较为普遍的意义。

本结果也间接说明了语言研究应该多元化。我们不能够将语言中的非规则的、非范畴化的现象仅仅看成例外的黑箱子。兴起于 20 世纪 80 年代后期,以Ronald、Goldberg 和 Croft 及 Cruse 等为代表的构式语法,证明了语言中的例外现象都是特殊意义的表达,是可解释的。构式语法中的常规性和特异性的连续统(continuum)概念实际上就是一种级差分布的表达。语言就是两者的混合体。这些观点都将语言的不规范现象看成是语法本身的正常表达,是能够也是必须解释的部分。本章中的级差模型也为语言中特殊现象的解释提供了优选论的框架,从而使得该研究具有较高的理论价值。

儿童语言的发展也支持本文的研究结果。"简单陈述句是儿童早期语言中出现最早、使用最多的一种基本句型"。Erbaugh 认为,儿童 1~10 岁就可以组织"主+动+宾"的句子,而且"主+宾+动"和"宾+主+动"这样的变异语序是在语言发展的后期才出现的。实际上这种典型的"主+动+宾"句式早在儿童电报句阶段就已经开始使用了。儿童语言中最早出现"把"字句为 2 岁,"被"字句要到 3 岁左右才开始使用。在 J. Tse 等的儿童习得语料中,儿童 2 岁左右开始用"把"字结构,"被"字句大约在 2 岁 6 个月才出现。李行德认为儿童语言的发展顺序为

陈述句 < "把"字句 < "被"字句①

这和图 3 - 9 中的移情级差序列完全一致,说明移情值越高的句式,越先习得,反之就后习得。这也说明了本研究的结果具有语言发生学的理据,是可信的。

3.5.4.2　应用视角

移情级差序列是影响话语表达的重要因素之一。它的排序反映了语言的使用习惯,具有民族特征。同时,它也反映了交替单位之间相对使用频率差异和话语优先调用的顺序。移情优选级差序列模型研究具有多方面应用价值。

语言中不同句式之间因移情值的差异而造成了使用频率上的不同。有些句式使用特别频繁,有些就相对低。我们可以根据句式使用频率的不同划分语法的核心句法和外围句法,或者给句法等单位划分有限等级,便于有侧重的研究。另外,也可以通过不同语言之间这种移情级差序列的不同寻找语言类型上的特征,从而为不同语言之间的对应、差异、影响和源流等方面寻找情感的理据。

话语移情值高低的合理选用,既反映了第二语言学习的水平,也反映了他们对目标语言文化的融合程度。我们可以根据移情级差设置句式的教学和教材编写的顺序以及将其作为语言水平等级测试的重要参项。

前面已经讨论了,移情级差序列大致和儿童语言学习的顺序一致。这种规律可以用到儿童早期语言教学和读本的编写中,有意识地顺着儿童语言习得的规律强化语言的发展。

移情值高的句式或单位一般是话语优先调用的高频成分,也是一种语言中的核心成分。目前,自然语言处理还面临诸多无法解决的问题,我们可以考虑优先研究和处理这些移情值高的核心部分。这可以有效地提高自然语言处理的效率。在语言检索、信息抽取、人机对话的话语调用等方面都可以按照移情级差序列,设计语料检索的顺序,提高匹配的效率以及输出话语的移情值。实际上,本书的模型部分可以看成是自然语言处理中人机对话移情优选策略的一个粗略的数学模型,可加以改造并入服务型机器人语言处理程序的人机互交系统。

---

① 这里的"<"表示时间上的"先于"意思。

3.5.4.3　相关讨论

移情是人类交际中具有的普遍心理。我们说话时移情参与我们的话语选择，这个是有心理依据的，可以通过心理学的实验获得证明。然而，参与话语优选的因素不仅仅是移情心理，还有认知可及度、语境因素等等。本书将这些因素看成是常量，仅仅考察移情对话语的影响。从宏观角度看，这是话语优选的变量分析，并不能完整解释话语的优选现象。因而，从这个角度看，尽管本书偏向理论研究，本质上却是对对象细节的考察。

优选论本身更适合于描写静态的现象，而对动态现象的描写缺乏有效的手段。本书中的 ROE 模型也是这样的，它实际上是将话语看成是相对静止的状态，从言语现象角度反向构建模型。这种思路实际上更多反映和解释的是语言中存在的大量变异情况，以及这些变异在出现频率、调用时间、合法度、固化度等方面的差异。从而，使得这些出现在语言中的合法的、半合法的和不合法的现象形成了一个完整的梯度，并赋予它们同等的地位和应有的语用价值，而不是传统上所认为的语言发展的偏离现象。这本身就具有一定的理论价值，也是 Coetzee 理论所阐述的方面。

传统的 OT 语法有一个确定的输出，但无法解释语言中的变异问题，ROE 模型表面上看就是为变异而生的，特别擅长描写变异。然而，其解释力也很有限。它能够告诉我们语言中会出现哪些变异成分，它们的使用频率和适用范围等信息，却不能够告诉我们何时使用何种变异，也就是不同变异的出现条件是什么，或者说在不同的环境下几个具有级差关系的候选项谁会胜出，而不一定是 ROE 模型中处于级差顶端的成分。这些本质上是话语的动态使用问题。显然，这已经超出了 ROE 理论的适用范围。因此，我们说移情优选的 ROE 模型属于语用研究范畴，但更多的是偏向于言语结果的静态解释而不是动态的描写。理解了 ROE 理论的本质也就了解了它的适用范围，对于正确看待该理论以及本书的研究是有一定意义的。

语言中存在大量的级差现象，这是 ROE 模型存在的前提。如果在模型中加入语境因素，则模型就动态化了。原来语言中默认的级差关系，在语境的参与下会出现序列的重新调整。不同的语境就会有不同的序列。甚至极端的是，一些处于级差中后段的不合法的形式，通过语境的制约，也会排到序列的顶端，成为输出对象。这样，语言所有的级差现象全都变得不确定了。表面看，这并不是不可描写的。实际情况是，我们无法准确确定特定环境下，真正影响优选的语境因素，也不了解言语中的语境感知机制。但有一点可以肯定，人类语言在感知环境时一定是靶向的,存在高效的层层过滤系统。但这目前还是一个谜。这不仅仅是本书研究存在的问题,也是当前语用学、自然语言处理和涉及信息处理的人工智能等领域的主要问题。

模型构建上,优选模型对环境因素的感知是通过两个途径实现的:制约条件和环境的交互、评估器和环境的交互。这两个方面都非常复杂,可以相对独立地研究。从制约条件角度看,诸多语境因素形成的制约条件会发生相互的冲突。制约条件之间的交互冲突本身是允许的。然而,一个严重的问题在于,制约条件等级体系中出现了冲突,这是破坏性的。例如存在制约条件集合:C_1, C_2, C_3, C_4,它们可以形成下面的两类冲突:

(1) 制约条件的等级序列冲突:

$$A: C_1 \ll C_2 \ll C_3 \ll C_4$$
$$B: C_1 \ll C_3 \ll C_4 \ll C_2$$

序列 A 和 B 中,$C_1 \ll C_3 \ll C_4$ 是没有问题的,但 C_2 位置出现了问题。也就是说,在 $C_1 \ll C_3 \ll C_4$ 序列中,C_2 有两个出现位置。这显然是 OT 语法所不允许的:同一个成分在一个链序中有并且仅仅有一个唯一的位置。

(2) 制约条件的等级序列冲突:

$$C: C_1 \ll C_2 \ll C_3 \ll C_4 \ll C_2$$

这里 C_2 存在于同一个序列的两个不同位置上。这在逻辑上是矛盾的。

这两类现象理论上是一定会出现的。原因在于,语境中的不同维度之间不具有排斥性。上面的两种情况在语境制约条件的构建中都会出现。显然,我们需要想办法解决这种问题。这里仅仅是举个例子说明情况的复杂性。

评估器的互交也是一样的。语境因素在评估器中究竟是并行处理还是串行处理,如何接口,不同性质的信息源如何互通和整合,等等,都是很棘手的问题。

还有一个大的体系问题就是随着语境因素的加入,模型会越来越复杂。虽然在评估时可以通过靶向技术控制参数,但在构建模型时潜在的参数都需要整合进模型中。从而,模型会越来越庞大,随之而来的就是牺牲运行的效率。这当中,最关键的也是最难的问题就是语境的感知、靶向和筛选技术。这既涉及模型本身,也涉及模型的外部接口和信息的整合等方面。基于此,未来的研究可能重点在以下三个方面:

(1) 系统的自我管理、自我判断、自我进化的机制探索。实现一定程度的智能化,是课题研究的下一步努力方向。

(2) 语境感知的靶向和筛选技术。这部分研究不仅仅关注优选论,人工智能和自然语言处理领域也一直是热点,如多模信息感知(multi-mode information perception)和多模计算(multi-mode computing)等技术。优选论的特殊性在于,这些技术除了和评估器整合,还需要和制约条件整合。另外,制约条件理论体系的探索也任重道远。核心问题是解决前面提到的制约条件冲突的问题。

(3) 与神经网络模型整合的技术。优选论本质上是一种数学模型,我们可以将之看成是一种复合函数的运算。通过内部结构的设计,达到输入和输出之间的数据模拟。这种性质和神经网络模型非常相似。在未来的研究中,我们可以将优选论的模型和神经网络模型相结合,组成一种复合模型,提高自然语言处理的精度。就目前的自然语言处理技术水平看,这是可以实现的。

第 4 章　概率语法与概率优选模式

4.1　语言的概率性

　　大量的证据表明语言具有概率性。在句法和语义方面,概率具有重要的作用,这表现在范畴的梯级性、句法合形式的判断和解释等方面。而且,概率在建模的语言变异和变种方面也具有重要作用。传统的经典分析方法强调范畴的离散化,主要关注语言现象分布的端点,不太或不愿意关注处于这两个端点的中间部分。然而,这中间部分在语言中大量存在,一般称为不规则现象。因此,任何忽略这部分的语法理论都不可能全面分析语言中的现象。传统语法对于这些不规则的成分,一般只是简略地说明一下,深入分析得极少。其主要原因在于这些现象远远超出了传统语法理论的范畴,很难找到统一的规律和解释。因此,放弃这部分也是不得已而为之。

　　但是,随着概率语言学的发展,我们逐渐认识到语言中的范畴和单位在分布上呈现为一种连续统。以前关注并研究较多的典型的规则现象仅仅是处于连续统的两端。那些不规则的现象并不是无规则可循,而是处于连续统的中间。它们相互之间表现为概率上的差异。心理语言学的实验已经表明,言者对单词和句子合格性的判断明显可以通过它们的子部分的综合概率预测出来。而且,高频率的词语相对于低频率的词语在认知上调取速度会更快,且倾向于用高频率的意义解释一些模棱两可的词语。Manning 认为概率的方法也可以用于句法范畴的成员之间,这些成员也呈现出梯级的属性。他通过研究"concerning, considering, following"这种非典型介词,令人信服地阐述了从典型的动词到典型介词范畴类之间的梯级性。概率语言学将范畴概念化为概率分布,从而可以采用概率的方式来描写语言现象。范畴中的成员依概率呈现为梯级状态。

　　Manning 认为大量的语言事实证明,句子合不合格并没有截然的界限,而是表现出明显的倾向性。有的结构高度优先使用;有的使用频率较低;有的根本就不使用。这种从概率角度的思考明显不同于传统语法的范畴观。传统语法认为一个句子要么是合格的,要么是不合格的,只有这两种可能。这种梯级的观点明显更符合语言的实际表现。因为从话语或结构的使用分布视角确实可以判断一组单位之间的合法性高低。概率语言学就是从这个角度寻找语言单位不同表现的解释。

概率在语言习得、感知和生成等方面都具有重要的作用。理论上讲,概率存在于语言的各个层面,从底层的音系到表层的输出,并且能够计算任意复杂和抽象的表达式。而且,Pierrehumbert 认为语言中的制约条件也取决于出现率。有些理论上存在的制约条件实际上在语言中并不起到多大作用。因为,这些条件基本上不出现在语言使用上。相反,另一些制约条件则容易被人学习、传播并且运用。它们都具有较高的统计频率,并且能够被人从非常有限的语言材料中习得。

Rens Bod 等的研究说明了概率特征表现在语言表达的各个领域。

音位呈现出一定的概率分布的连续统性质。确定一个特定音位先需要确定一个合适的语音范围。范围内成员之间具有概率上的差异。一串音位组合的合格性是它们的子部分及其相互结合的特定方式的一个频率函数。我们一般就是根据这种概率高低感知语音音位的划分,以及合形式的判断。

概率在形态学领域也起作用。大量的研究表明,有些词缀相对于其他词缀使用得更为频繁,而且这种使用特征已经固化为言者的语言能力。当几个相关词缀形成竞争的时候,人总是倾向于选择频率最高的那个词缀。

词汇的使用也是频率性的。高频词和低频词在表现上会有差异,而这种差异又与词形态的简单和复杂有关系。词频的高低会影响到词意义和语音上的模棱两可现象的解决以及语言的变异等方面。另外,词语之间的关系也是概率性的。词对共现频率越高,则概括性越强,词语越凸显和能产。从认知上讲,单词共现的频率会影响认知处理预判的时间,频率越高,时间越短,反之就高。

动词的使用也是概率性的。同类动词的不同子类,实际上反映了动词的不同使用框架,即前后与不同类别单位相组合。这种子类也和频率相关联。一般来说,当我们遇到几种情况的选择时,概率较大的框架自然成为优先选择的对象。另外,这些相关子类之间也呈现出连续统的属性。

Jurafsky 采用实证的方式阐述了句法结构也是概率性的。他认为,高频句子或句子框架相对于低频的更容易被认知处理。这种规律在词汇和其他的语言单位上也是适用的。这种概率处理的结果表现在响应时间和单位明确性的判断上。

概率理论在真值条件语义学上也适用，主要表现在类属词、频率动词、条件词和模糊项等方面。Cohen 认为，真值条件的判断能够被概率判断取代。在这种情况下，一个句子的意义不再是从可能世界到真值的函数，而是从可能世界的集合到概率值的函数。这样，理解一个句子的意义实际上就是给定一个特定的情境，去评估它的概率大小。这种观点表明了语义也是概率性的。

4.2 概率语法及相关讨论

4.2.1 概率语法概述

概率语法主要就是指以语言中存在的大量概率现象作为描写对象，解释现象出现的数据特征或规律。它的范围包括语音的可接受度、形态交替的选择、句法的合法度和模糊性、语义解释以及语言的社会变异等现象。语言的所有层次、所有范围都或多或少存在着概率的问题。显然，如果从概率的角度着手，就可以考察概率和一组相关单位之间的共变关系。从而，我们可以解释一些语言现象出现、交替和选择等概率机制。同时，这种概率机制也和认知机制有一定的因果或对应的关系。这样，概率实际上是一个纽带，把认知和语言联系在一起。下面这部分的介绍主要来自 Rens Bod。

最广泛使用的概率语法称为概率上下文无关语法（probabilistic context-free grammar，PCFG），有时也称为随机上下文无关语法（stochastic context-free grammar）。例如，下面两个句子构成了一个最小语料库。

[27] a. Mary hates visiting relatives.

b. John likes buzzing bees.

可以将之变为树库（tree bank），表达如下。

这两个树对应前面的两个句子。它们之间的不同就在于第三层的句法标签"VP"和"NP"的差异。这两个结构树中含有一个简单的上下文无关语法（CFG）以及每一条规则出现的频率。例如，图 4-1 共计可以获得 14 个规则（规则出现的总数）。规则"S→NP VP"在树库的 14 个规则中出现了两次。所以，它的概率为 2/14＝1/7。同样，我们可以根据规则出现的次数，计算出所有规则的概率。

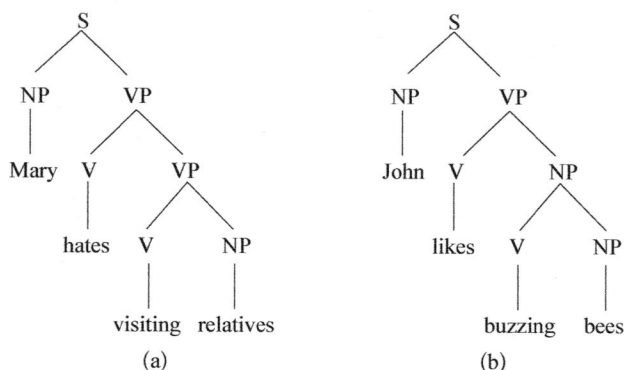

图 4-1　树库

[**28**] 规则频率库。

1. S→NP VP	2
2. VP→V NP	2
3. VP→V VP	1
4. NP→V NP	1
5. NP→Mary	1
6. NP→john	1
7. NP→relatives1	1
8. NP→bees	1
9. V→hates	1
10. V→likes	1
11. V→visiting	1
12. V→buzzing	1

共计：14 次

　　例[28]规则频率库仅仅列出了单个规则的概率。概率语法更多关注的是这些规则组合成特定句子时的联合概率，而不是这种成分的概率。从话语输出的优选角度看，关注的也是话语的概率。也就是，在一组相关的句子中，如果其他条件一定，认知上一般是选择概率较大的那个句子。但是，这些句子的概率是通过规则形成的内部构成成分的概率的乘积表现出来的。

　　这样看，句子是由不同数量的规则按照节点变换，一步步组合起来的交际单位。例[28]中的规则通过不同的组合可以派生出不同的句子。前面例[27]中的句子仅仅是这个无穷句子集合中一个小的子集而已。如图 4 - 1 中的第二个树，从例[28]中抽取如下的规则构成。

[**29**] 句子派生：John likes buzzing bees.

     1. S→NP VP
     2. NP→John
     3. VP→V NP
     4. V→likes
     5. NP→V NP
     6. V→buzzing
     7. NP→bees

当然，这个句子也可以派生为图 4 - 1(a)，提取的规则也有一些的变化。表述为：

[**30**] 句子派生：John likes buzzing bees.

     1. S→NP VP
     2. NP→John
     3. VP→V VP
     4. V→likes
     5. VP→V NP
     6. V→buzzing
     7. NP→bees

实际上我们可以把例[30]看作一个有限的上下文无关语法。该语法可以通过递归和变化生成无限的句子。当一个深层的交际意图映射到表层话语时，有时候有一组句子可以供选择，而这组句子之间在概率上并不相同。换一个角度看，同一个句子，可以有不同的分析，从而能计算出不同的概率。这两种情况，都会形成一个具有概率值差异的等级序列。这种等级序列显然会影响到话语表层的优选。重要的是如何得出这些句子的概率值。

我们可以将一个句子树看成是一个分析句子结构的实验事件。事件中包含着若干个上下文无关规则。这个句子分析从最大的 S 节点开始右向派生。我们可以将每个规则类比成一个样本空间中的成员。树和树的组合可以看成是事件和事件的组合。例如，句法分析时，我们首选从规则库例[28]中选取左端点有 S 的规则。然后，根据 S 规则中箭头右边部分最左边的非终结符，找寻规则库中左端点和它相一致的规则，将这个选中的规则附接到 S 规则上的箭头右边部分最左边的非终结符上。再次将 S 规则箭头右边部分的右端非终结符与和规则库中的左端点相一致的树附接到一起。依照这种方法，层层附接，最终插入终结符，就得出了一个句子完整的树结构。每一次树和树之间的附接都可以看成是两个事件的同时发生，它们的概率就是二维联合概率，当 N 个事件同时发生时，它们的联合概率就是 $P(a_1, a_2, \cdots, a_n)$。

　　每个事件发生的概率是以它在树库中派生的规则左端非终结符为条件的条件概率。例如，规则"S→NP VP"在树库中共出现了两次，在例子中也是出现了两次，那么 2/2＝1，即出现概率为 1。再如，例[31]规则 2 的概率为 1/5，因为规则库中的以 NP 开头的总共有 5 个，规则"NP→John"出现了 1 次。同样，规则 3 的概率是 2/3，因为规则库里总共有 3 个这样的规则，这里出现了 2 次。通过这样的方法，我们就可以计算出所有规则的概率：

　　[31] 规则的概率

1.	S→NP VP	1
2.	NP→John	1/5
3.	VP→V VP	2/3
4.	V→likes	1/4
5.	VP→V NP	1/5
6.	V→buzzing	1/4
7.	NP→bees	1/5

　　这种计算概率的方式为 P(S→NP VP|S)，即给一个特定非终结符的条件概率。这是概率语法的一个重要假设。在 PCFGs 语法中，一个派生规则仅仅依靠被扩展的非终结符。由此看出，这种规则的概率就是与它前面附接的非终结符的概率有关，与其他的概率没关系。知道了每个规则的概率之后，我们就可以求一个树结构（即一个句子）的整体概率了。如前面的例子"John likes buzzing bees"的概率为 $1 \times \dfrac{1}{5} \times \dfrac{2}{3} \times \dfrac{1}{4} \times \dfrac{1}{5} \times \dfrac{1}{4} \times \dfrac{1}{5} = \dfrac{2}{6\,000} = \dfrac{1}{3\,000}$。也就是说，一个句子的概率为它的所有子树概率的乘积。这种方法一般称为"树库语法"。因此，句子的概率实际上就是求句子中所有子树的联合概率。

　　但是，如前所述，这种诸如图 4-1(a)的表层结构的分析方式，即将"buzzing bees"看成是"VP→V NP"这样的结构，由此派生出了例[30]的规则库，生成了与图 4-1(a)一样的结构树。它的概率为 $1 \times \dfrac{1}{5} \times \dfrac{1}{3} \times \dfrac{1}{4} \times \dfrac{2}{3} \times \dfrac{1}{4} \times \dfrac{1}{5} =$

$\dfrac{2}{3\,600} = \dfrac{1}{1\,800}$。因此,这种结构分析方式获得的概率要远远大于前一种分析方式的概率。这显然不太符合我们的直觉。因为,在一般情况下,我们看到"John likes buzzing bees"这样的表层序列,自然会将之分析为例[29]中的规则集合。这说明了,我们在考察句中词语的概率时,不考虑环境显然是错误的。因为,在短语"buzzing bees"中,孤立地看"bees"的概率不可能和在事先知道前面有一个单词"buzzing"的情况下的概率相同,也就是"bees"的概率不同于以"buzzing"为前提条件下的"bees"的概率。这说明概率上下文无关语法(PCFGs)规则独立的假设具有明显的缺陷。但是,这个语法设计本身就无法将这种双联词或者多联词关联起来。

正是存在这一问题,一些替代模式就被提出,以期改进 PCFGs 语法的不足。其中一个改进的语法就考虑到了派生中先前被使用的规则,将规则独立改为条件概率形式。它使用以下规则:

[**32**] 链规则

$$P(A_1, A_2, \cdots, A_n) = P(A_1) \times P(A_2 \mid A_1) \times \cdots$$
$$\times P(A_n \mid A_1, A_2, \cdots, A_{n-1})$$

这种基于过程的语法能够抓住"buzzing"和"bees"之间的关联。然而,它有一个致命的弱点,就是无法将不在一起的两个具有联系的词语关联起来。例如,句子"The old man died"中,语义上有关联的是"old"和"died",而不是"old"和"man",或者"man"和"died"。这个模式仅仅可以抓取到两个连在一起的词,而不是前面任意远的词。因此,这种语法依旧有问题。

另一个概率语法理论是将上下文无关规则的非终结符和它的词汇中心联系起来。这类似于偏正结构、述宾结构、述补结构这样的典型关系中的关联。但是,这种概率语法仅仅可以处理一些类似前面提到的简单直接的中心词依存关系。复杂一点的也是无能为力。例如,句子"Show the nearest airport to Denver"中的"nearest"和"to"之间的依存关系,该理论无法准确识别。因为"nearest"在句子中属于结构"the nearest airport"的非中心成分,和后面的"to"并不形成中心依存关系。这个理论仅仅将"show"和"to"建立依存关系,而不是将"airport"和"to"建立依存关系。因此,总的来说,这种理论也没有获得较大的发展。

但是,这些理论表现出了一些共性:句子(或树)整体的概率能够通过部分的联合概率获得。困难的是,怎么确定相关单位之间的关联。尽管各自看法不同，但都存在较大的问题。

　　基于数据分析模式(data-oriented parsing，DOP)的出现改变了这种不利的局面。这个模式属于树分析模式的一种。其最大的优点就是条件放宽，可以把任意大小的子树作为关联的部分，整合进一个更大的树中。它甚至可以将树库中的整个树作为关联部分。它赋予关联极大的自由，不会将关联部分限定死。该模式最大的优点就是可以抓取前面提到的其他模式不容易获得的依存关系，如"old"和"died"之间的关系。而且，这个模式还可以抓取任意的固定短语和习惯用语，诸如"to take advantage of"之类的。

　　DOP 模式建立在大量的大小不同的树库之上。树库是这个语法的基础。组句子不外乎就是从树库中选择几个合适的树，采用节点替代法(node substitution operation)将它们合并为一个有机的整体而已。因此，这种语法一般都有一个庞大的树库作为基础。

　　具体操作：首先建立一个庞大的符合某种语言规则的大大小小的树库。树库中的单位小到两个词构成的单元树，大到以整个句子为树。这样，规则的句子可以直接调取树库中的成品，不规则的或者派生出的不常用的句子可以由若干个大小不同的树通过节点替代组合而成。这当中，每个节点都代表上下文无关语法中的规则。其次，通过符号"〇"将不同大小的树连接起来，如"T〇U"表示树"T"和树"U"之间连接在一起。这种连接的一个前提是树"U"的最高节点(母节点)和树"T"中的某个节点相同，这样就可以用树"U"替换树"T"中的这个节点(节点替代法)。这种方法有点像代数中的代入法。例如，我们假设有一个英语的树库"T_b"，该树库含有大量的英语中生成句子的常规树单位。现有句子"Mary likes Susan"需要生成。该语法首先从树库中选择母节点为"S"的具有非终结符的能够生成"Mary likes Susan"句子的最大树(见图 4 - 2)。

　　接下来，搜索到了"Mary"和"Susan"，并识别到了其为名词性成分，对应到非终结符"NP"，从而得到了叶子树(见图 4 - 3)。

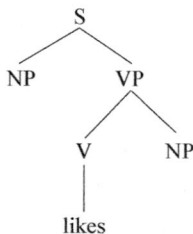

图 4 - 2　根树 1

图 4 - 3　叶子树 1

通过节点替代法将这三个树附接起来(见图4-4)。

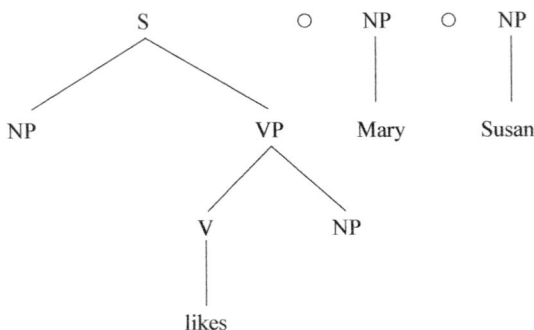

图4-4　附接1

这样,就得到了一个完整的反映这个句子生成过程的树(见图4-5)。

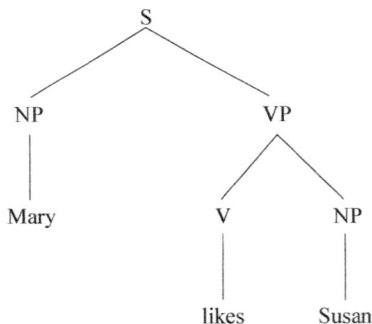

图4-5　句子树

在图4-5中,树的概率依赖于该树的子树概率。这些构成整个树的子树概率实际上是先验概率,由树库内部的结构决定的。不同的树库由于内部不同节点数量以及它们出现次数的不同而造成了概率的差异。相同的一个句子得出的概率也会不同。例如,树库A有10 000个单位,其中某个节点出现了1 000次,则这个节点的先验概率为0.1。

因此,这种模式的概率值是以特定的树库为基础的。不同的树库由于基础的差异也会得出不同概率。假设树库"T_b"中具有S根节点的树共出现了20次,而根树仅仅出现1次,则它的概率为1/20;假设"NP"节点为母节点的树共有4次,则叶子树的概率分别为1/4,因为它们都仅仅出现了一次。

有了不同子树的概率之后,就可以通过联合概率的方式计算整个句子的概率了。概率语法是把不同大小的树看作是一个个事件,树和树的组合实际上就是事件的联合分布。当若干个树组合成一个完整的句子时,也就是若干个事件组合成的联合概率。由于这个模式中每个子树仅仅依靠自身的根节点,与先前的选择无关,因此其联合概率的计算就是各个子树概率的乘积。这样,图 4-5 的联合概率为 $\frac{1}{20} \times \frac{1}{4} \times \frac{1}{4} = \frac{1}{320}$。从而,语法得出该句子在树库“$T_b$”中的出现概率为 1/320。当然,这仅仅是在特定假设的树库中的概率,换个树库概率就会变化。因此,这种语法对树库有较高的要求,树库建设的好坏会直接影响到对语言描写和解释的准确性。

除了树库本身会影响到一个语法单位(可以是句子也可以是小于句子的单位)的概率之外,不同的派生过程也会影响到相同树库中单位的概率,这一般称为“伪歧义”。这种现象在非概率语法中是无关紧要的。但是,对概率语法则影响较大。如上面的图 4-5 也可以通过下面的附接(见图 4-6 至图 4-8)获得。

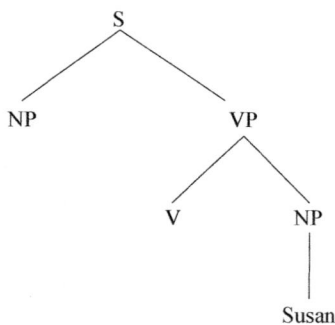

图 4-6　根树 2

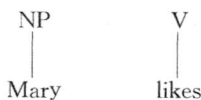

图 4-7　叶子树 2

通过节点替代法将这三个树附接起来。

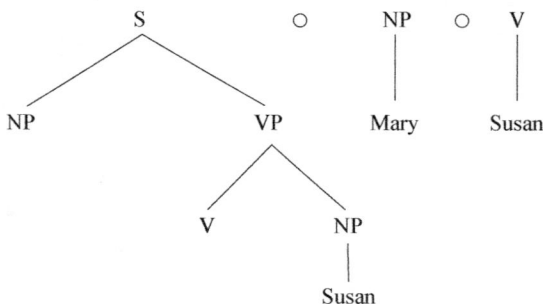

图 4-8　附接 2

同样可以得到一个完整的如图 4-5 所示的句子树。这种派生出来的联合概率为 $\frac{1}{20} \times \frac{1}{4} \times \frac{1}{2} = \frac{1}{160}$。这就不同于图 4-5 中的附接概率。但是,最终的结果是一致的。

前面的两类都只是三个单位的附接,实际上遵从了认知上的趋简原则。如果考虑到组合原则,即任何大单位都是由小单位组合而成的观点,那么可以将 S 根节点再次分解,获得更小的单位,从而通过多次组合,变成一个句子。附接图如图 4-9 所示。

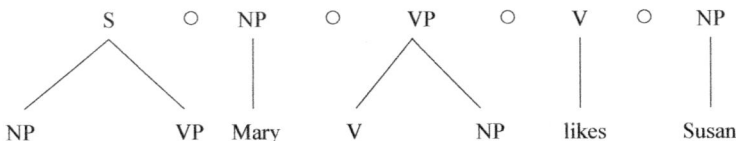

图 4-9　附接 3

这样联合概率的计算就复杂一点:$\frac{2}{20} \times \frac{1}{4} \times \frac{2}{8} \times \frac{1}{2} \times \frac{1}{4} = \frac{1}{1280}$。这说明这种组合的可能性很小。尽管可以得出相同的结果,但这种组合不符合经济性原则。从这些例子可以看出,一个树组合的成分单位越大,成分数量越少,则该树的概率也越大,反之就小。这个观点是符合认知上的语言模块化理据的。我们学习语言实际上是学习一个个块状单位,而不是一个个词。

DOP 模式是 Bod 提出的,它和其他概率模式的差别在于:

(1) 直接用句子框架作为语法描写手段;

(2) 对框架的大小不施加任何条件限制。

学术界一般认为,第一点和当前较为热门的自然语言概率处理的方法之间是兼容的。然而,第二点却因条件太宽而被放弃了。很多 DOP 模式依然是局部的单层规则模式。这个模式一种采用的是有限的信息过滤方式,诸如中心词识别等。另外一种就是采用约束框架模式,诸如概率词汇树附接语法。这种语法的典型特征就是不处理非词的框架。从后来的发展来看,该理论对树库的依赖性越来越强,而树库发展也就越来越大,从最初的仅仅局部的中心词依靠,到后来的对树中更大节点的情境依靠,该模式的分析和解释力随之也越来越大。

语言学家感兴趣的是,我们是否在记忆中存储句子框架。如果是的,是否可以存储任意大小的框架,就像 DOP 模式提出的那样。Jurafsky 认为人类不仅仅存储词汇项,也存储高频双联词、高频短语,甚至整个句子。相关的证据为语言中的一些习语以及一些高频句子。如英语中的"I love you"和"I don't know"等，汉语中的"你好"等。这些事实说明，我们并不是遇到句子就会分析它，而是大量重复使用以前听到过的或用过的句子或句子框架，这些框架不需要再分析了。也就是说，有些常用句子是人类整体习得的，作为一个单位使用。到目前为止，还没有任何证据证明人可以记住他们听到的所有框架。但是，高频的单位肯定能够被记住。这实际上还是说明频率在语言使用中的作用。当人类的语言输入发生变化时，框架记忆也会随之发生更新。这种思想几乎涉及语言学研究的所有领域。

尽管 DOP 模式有强大的描写和解释力，但依旧有一些问题无法解决。如长距离的句法照应，交叉序列依赖（自然语言处理概念）等。正因为如此，概率论后来又扩大了适用范围，将之建立在语言表征的基础上。这样，该框架可以从句法特征、句类和语义等角度描写句子。尽管这个理论分支较多，但是核心为任意大小的框架是正确预测句子结构的关键。这种语法不像传统生成语法对生成能力感兴趣，而是更多着眼于句子或树的概率分布。

4.2.2　概率语法的类型及其与优选论的关系

自然语言的处理方法主要分为两个大的种类：定性研究和定量研究。这两种方法采用完全不同的处理策略。前者采用定性模型，主要是用明确的规则系统来表达自然语言的各种属性，如常用的正则规则和上下文无关语法等。后者采用统计模型，这主要是用来处理语言中的一些无法规则化的不确定性现象。这两种方法是互补的，但定量研究逐渐形成了自己的体系，称为概率语法。这种模型的特征就是通过描述语言中的不同单位在数量上的不同以及其相互之间的依存性，进而反映语言单位的不同及其属性上的关系。同时，通过数量及其分布关系考察某种语言或语言内某个模块的存在和表现形式。从宏观上看，通过语言内不同单位之间分布上的差异及其数字规律，可以一定程度上找出不同语言之间存在的共性和差异，进而为语言的类型分析提供数学上的客观依据。

然而，在心理语言学领域，概率模式既是较古老的也是较新的研究领域之一。20 世纪 50 年代，语言学和心理语言学方面的很多研究都基于概率和统计。但是，这种方法在 60、70 和 80 年代消失了。按照 Dan Jurafsky 对六所现代大学在心理语言学教科书和手册上的非严格调查，目录中没有一本提及概率这个词。这确实反映出了语言研究领域对这种语言随机现象的关注和研究不足。语言学研究的传统方法受近代语言研究理论和方法的影响，逐渐没落了下去。因为，大多数国家把语言学定位在文科。绝大多数学习和研究语言学的都是文科生。他们在数学和相关理工学科方面基础相对薄弱,这造成了概率语法方法成为现代语言学研究的弱项。随着信息科技的发展,自然语言处理已经深刻地影响了科技的创新,成为制约人工智能等领域的瓶颈。目前,自然语言处理领域采用的方法主要还是概率和统计方法。所以,概率语法研究的深入程度会直接影响 21 世纪主流科技的发展进程。

目前来看,概率语法主要有以下四种主要分析模型,以下内容是简略的介绍①。

4.2.2.1　基于约束条件的模型

这种模型就是以约束条件为核心构建话语分析的概率模型。这种模型有很多不同的具体方案。但是,基本上是通过罗列大量的带有概率性质的制约条件及其相互之间的交互来并行计算语言的概率性质,从而达到描写和解释语言的目的。大量的实验显示,基于特定频率的制约条件模型,通过阅读时间数据的回归分析或完整因素的分析,对句子处理方面有重要的作用,例如,通过动词角色偏向和搭配频率等方面的分析。

基于约束条件的框架含有一些计算模型。一般来说,这些模型属于神经网络模型。这类模型把输入看作不同的基于频率和语境的特征。通过将它们激活,语法可以确定某个形式的特定解释。这里,我们还是采用 Dan Jurafsky 介绍的由 Spivey-Knowlton 提出的一种基于竞争的模型。这个模型把竞争性发挥得特别充分。另外,该模型也获得了大量关于阅读时间的实验数据结果的证实,是一个可靠的、客观的、可操作的模型。这个模型的输入是一个具有概率性的特征的集合。例如,某个形式的特定解释涉及的诸多语境影响因素就可以形成一个造成该解释具体概率的特征。这实际上就是条件概率的制约条件。尽管这些特征具有不同的性质,反映不同现实和思维的维度,但在概率上都表现为在 0 和 1 之间的百分比,特征集合中所有的概率做归一化处理,加和为 1。这样不同维度特征之间的作用大小就是可以比较的。这个模型基于神经网络模型,参考所有的制约条件,然后在一个平行并列的诸多候选项中择优(高概率)选择。句法上的每个候选项用网络中前期建立的位置节点来表示。因此,这个网络模型仅仅是消除不确定性的处理,并不是句法候选项的生成和构建的过程。网络中的诸多候选项在充分竞争过程中,当有一个能够通过激活阈值时,该候选项就是优胜者或解释者的身份。这个神经网络模型可用图 4 - 10 表示②。

---

① 这部分主要参考了 Dan Jurafsky(2003)的归纳,下文不再标注。

② 来自 McRae,Spivey-Knowlton,Tanenhaus (1998)。

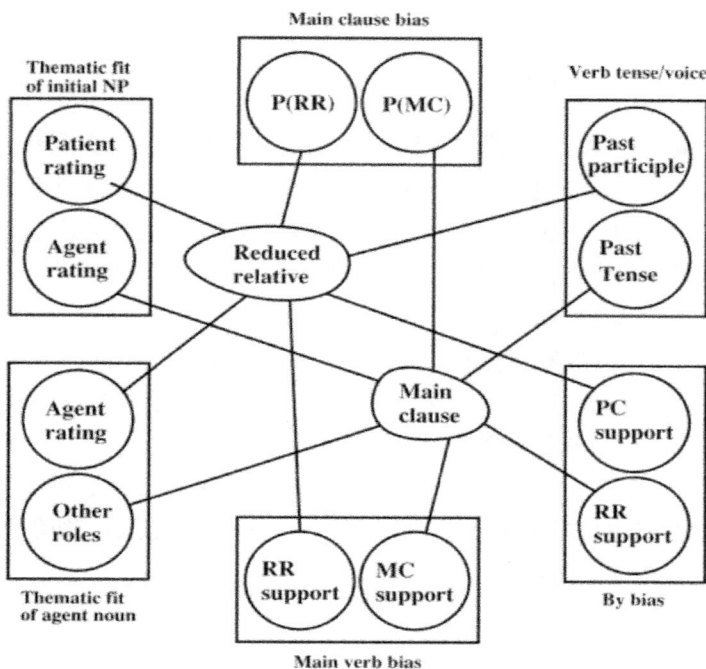

图 4 - 10　心理语言学的竞争整合概率模式的图示

这种模型将解释和条件相关联，每一种的解释能否激活取决于条件。在每一轮竞争中，当某个解释获得激活后，就将信息反馈给条件节点。这种算法首先归一化每对的条件，例如，假如 $C_{i,a}$ 是第 i 个条件节点和第 a 个解释节点的激活匹配，$C'_{i,a}$ 是归一化激活，则每个条件的激活范围为 0 到 1，公式化为

$$C'_{i,a} = \frac{C_{i,a}}{\sum_a C_{i,a}} \qquad (4-1)$$

即算出每对 $C_{i,a}$ 的归一化概率值，所有的 $C'_{i,a}$ 合在一起概率为 1。

从条件 i 到解释 a 的激活阀门 I_a 是一个条件激活权重数的集合。w_i 是每对 $C_{i,a}$ 分配给条件 i 的权重值。这样，将权重值 w_i 乘上 $C'_{i,a}$ 就得到了基于条件 i 的权重概率值。如果将涉及的所有条件都按照这种加权处理计算，就会得到某种解释的加权激活阀门 I_a，即达到这个值就获得解释，因而 I_a 是一个加和概率值，表示如下：

$$I_a = \sum_i w_i \times C'_{i,a} \qquad (4-2)$$

最后,获得的解释将积极反馈传递给条件,表示为

$$C_{i,a} = C'_{i,a} + I_a \times w_i \times C'_{i,a} \qquad (4-3)$$

在具体的概率计算时,式(4-1)~式(4-3)被反复使用,直到获得一个合理的解释为止。在这个模型中,阅读次数被定义为循环次数的线性函数。该函数把解释提供给标准,直到获得符合标准的解释。这个模型是对实验中大量主要动词等模糊现象阅读次数的解释。从本质上看,这一概率模型类似于后来发展出来的神经网络中的多层感知机模型。不同的制约条件就是获得某个解释的输入概率数据。通过神经元的激活和加权计算,机器模型可以获得在这些条件下的某个解释的整体概率值。如果有一种解释,感知机就是一个输出,两个解释就是两个输出,N 种解释就是 N 个输出。

现在来看一个由 McRae、Spivey-Knowlton 和 Tanenhaus 提供的具体研究实例。他们的研究包括两个实验,第一个是句子的竞争实验。他们让受试者补充完整下面四个句子的框架:

[**33**] 句子不完整框架

a. The crook arrested

b. The crook arrested by

c. The crook arrested by the

d. The crook arrested by the detective

对于每一个框架,他们测量了关系从句完缺的比例。接下来,通过竞争集成模型,结合大量的概率因素,他们正确地预测了主句相对于残缺的关系从句的完型偏向。

另一个实验就是动词主语对论元角色的选择性对阅读速度(时间)的影响。他们举了一个"arrested"对主语论元的选择性例子来阐述这个问题。如"cop"就是一个合适的施事论元,而"crook"就是一个合适的受事论元,反过来则不太合适。这显然反映了施事和受事对句法位置的选择性。如果违反了这个选择性,则阅读理解的时间显著增强。因为,这违反了认知上的常规默认预测。这种性质可以表示为图 4-11。

图 4-11 就是说,当施事"cop"处于被动结构的标记"by"后介词短语中时,则受试者的阅读时间显著增加。反之,"crook"处于之后,则阅读时间大大缩短。

这种基于制约条件之间交互和竞争的模型与后来的优选论模型中制约条件的运行机制具有相同理念。但是,两者在运算模式上并不相同。

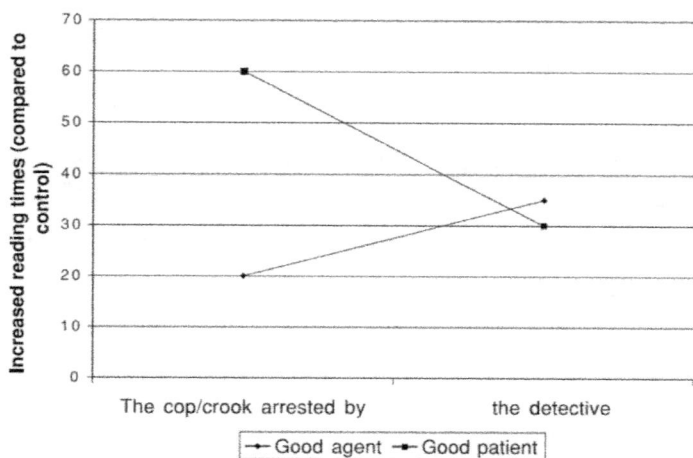

图 4-11 主语论元选择与阅读时间关系①

4.2.2.2 基于理性和应用的概率模型

这类模型主要有两类：竞争模型和理性模型。

竞争模型是处理句子最早的概率模型。它的目标是将语言的形式层面（如表层形式、句法结构和韵律形式等）映射到功能的层面（如意义和话语意图等）。话语的输入一般都是模糊的，带有诸多的噪声信息。这个模式假定话语者依靠各种带有不同概率的表层线索建立正确的功能结构。模型根据这些线索结合概率，提供不同的解释，并考察这些概率在不同语言间的差异。例如，同语言中存在一个输入句子的行为中把施事和受事指派给一个名词短语的问题；不同语言间的差异，如英国的话语者在形式和意义的映射中主要依赖词序，而德国的话语者却依赖于形态的线索。

竞争模型通过线索有效性将线索形式化。线索有效性是可用性和可靠性的结合。Bates 和 MacWhinney 将线索可用性定义为在一个领域中，线索在所有情况下可用的数量和情况总数之间的比率。概率上，我们可以将这种比率看成是一个线索先验概率的估计。线索的可靠性被定义为在可用的情况下，线索导致正确结论的情况数量和情况总数之间的比率。从概率上看，这个相对频率是 $P(i|c)$ 最大可能性的估计。假如线索的可用性和可靠性通过乘法结合，则线索 c 相对于解释 i 的有效性 $v(c, i)$ 如下：

---

① 来自 McRae，Spivey-Knowlton，Tanenhaus（1998）。

$$v(c, i) = 可用性(c) \times 可靠性(c) = P(c) \times P(i \mid c) = P(c, i) \quad (4-4)$$

这种竞争框架把线索有效性看成为某种语言中一个线索使用的客观正确值。该值主要来自语料库和对多个说话者的实验研究。

线索的强度仅仅是一个话语者的主观上的性质。相对于某个目标或意义而言，话语者附加一个概率到一个给定的信息上。在一个环境中一般会有很多的线索共同去决定某个解释。McDonald 和 MacWhinney 提供了一种形式化结合线索的方法。该方法假定每个线索对一个解释的贡献是独立的，并且线索的强度在 0 和 1 之间。根据这种假定，他们提供了一个线索结合的方程式：

$$P(A \mid C) = \frac{\prod\limits_{i} P(A \mid c_i)}{\prod\limits_{i} P(A \mid c_i) + \prod\limits_{i} P(B \mid c_i)} \quad (4-5)$$

式(4-5)中的 A 和 B 表示解释，C 是所有线索的集合，形式为 $c_1, c_2 \cdots c_n$。这个公式反映的是有两种解释(A，B)的情况下，条件 C 下的 A 的概率值。当解释项扩大时，把下面的分母项相应扩大就行了。通式可以表示为

$$P(\xi_j \mid C) = \frac{\prod\limits_{i} P(\xi_j \mid c_i)}{\prod\limits_{i} P(\xi_1 \mid c_i) + \prod\limits_{i} P(\xi_2 \mid c_i) + \cdots \prod\limits_{i} P(\xi_n \mid c_i)} \quad (4-6)$$

式(4-5)和式(4-6)把线索的因素相乘是基于线索相互独立的假设。这和经常被用于分类的朴素贝叶斯独立性假设很像。

竞争模型除了考虑到上述因素之外，还会考虑到冲突的有效性。冲突的有效性指在竞争的环境中一个线索是如何有效的。Bates 和 MacWhinney 把冲突的有效性定义为：一个线索导致正确解释的竞争情境的数量除以线索参与的竞争情境的总数。因此，一个线索的绝对频率或有效性并不像在消除歧义的情况下的线索一样重要。这个冲突的有效性就和机器学习中的差别训练有联系，也和调优假说有关，即以前采用的那种解决模棱两可问题时选择高频率的解释的假说。

竞争模型也会考虑到线索的成本因素，即认知上搜索利用该线索所付出的心力的大小。如果一个线索虽然有用但是付出了较大的心力，它也不会被优先调用，甚至不调用，除非在特殊的环境下必须要这个线索的参与。也就是说，线索的调用难度越大，调用机会就越小，反之亦然。例如，我们使用一个可以关联到的线索，但是它几乎耗尽了认知上的所有短时记忆，则该线索的调用成本就过

高了,这种成本叫"可转让性成本";再如若一个线索常规上很难被我们感知到,则调用这个成本就过高,这种成本就叫"感知性成本"。

理性模型的框架是 Anderson 提出的。该模型认为,人类充分利用有限的认知资源来解决认知问题。当我们面对大量的噪声数据和有限资源时,对某个决定的最佳解决策略是概率性的,即通过概率的方式解决。因此 Anderson 使用概率形式作为理性模型的解决方案,给人类的记忆和分类等建立模型,并用这个模型去解释词汇调用上的一些现象。

Anderson 认为这种检索记忆的理性系统不断地检索记忆结构,并按照概率大小排序,最后获得的结果 G 与检索正确的目标和检索成本相联系。当记忆检索项的概率 $PG < C$ 时,这种检索就停止了,获得了最后的结果。Anderson 提供了一个方程式:

$$P(A \mid H_A \& Q) = P(A \mid H_A) \times \prod_{i \in Q} \frac{P(i \mid A)}{P(i)} \qquad (4-7)$$

式 4-7 是一个条件概率,即检索获得的概率 A,是以"$H_A \& Q$"这两个因素作为条件的。这里的 H_A 是和检索目标 A 有关系的历史因素,也就是某个项的选择和过去涉及的一些因素有关系;Q 表示的是和 A 有关系的情境因素。这方面的形式化是一个非常难处理的问题,也是所有语法模型的难点。因为,情境本身非常复杂,而情境因素的选择就更复杂。它涉及选择的标准和筛选机制等。小写字母 i 为情境的因素,代表了涉及的所有情境因素。

Anderson 在 $P(H_A \& Q)$ 概率中又增加了一个单调映射,将目标映射到高回忆率和短延迟(反应时间)上。他用理性模型在回忆率和时间延迟上正确预测出了大量的结果,包括词汇处理中的一些现象。例如低频词比高频词更容易识别等。

Chater、Crocker 和 Pickering 将 Anderson 的模型扩展到句子的分析上。他们认为人类认知分析的目标在一般情况下是正确分析集合中的最大概率的选项。Anderson 模型以每个单词作为输入。所以,他们进一步假设句法分析器会考虑所有可能的分析,也就是能够产生单词的所有排列序列。这是一种穷尽性的词语组合的检索和排序,后来被优选论理论继承,成为优选论的核心原则之一,称为"分析随意性原则"(freedom of analysis)。这种原则号称可以穷尽一切的可能。然而,语言表达形式和深层命题结构之间映射的偏离也决定了这种号称的不可能性。也就是说,即使我们穷尽了所有的句法组合,仍旧有一些话语表达我们无法输出。因为,这些输出形式根本就不在输入单词的集合中。另外,这种分析所付出的认知努力也非常大,甚至远远超出了我们认知的承受范围。例如一个有

20 个词的句子，这种长度的句子在汉语中很常见。这个句子可能的组合数为

$$[34] \qquad 20! = 2\ 432\ 902\ 008\ 176\ 640\ 000$$

如果不考虑重复，则组合数为

$$[35] \qquad 20^{20} = 104\ 857\ 600\ 000\ 000\ 000\ 000\ 000\ 000$$

例[34]为单词无重复排列，例[35]为单词允许重复的全排列。显然，这种计算所耗的认知资源是个巨大的甚至无法完成的任务。而且，更重要的是，这种表述也不符合我们的语感。很难设想我们每次说话认知上有这么大的计算量。而且，还不止如此，我们还得计算这么多种排列的概率，并将之排序。显然，这是个天文数字，远远超出了人脑范畴。当然，这种计算还没有考虑到其他的影响因素。这种计算如果交给计算机处理，数据不是特别大还可以应付，但如果交给人脑去运作，显然是不可能的。由此说明，人脑计算概率应该是一种简化的方法，这种方法可能并不像逻辑上要求的那样严密，具有一定的出错率，但很高效，并具有预测的特征。

Chater 等认为仅仅依靠概率去排序并不能获得最好的候选项。因为有时候概率上的优选项实际上是错误的。道理很简单，认知在调取成分时，依据的概率特征主要是两个方面：语言中的单位出现的客观概率和近期认知关注的视点。这两者有时候和实际选项都存在不一致。拿前者来说，所谓的概率是一种通用概率，或者称为期望值。在实际使用时，经常出现偏离的情况，如果偏离度较大，肯定就不能再把这个选项作为输出项了。这种偏离度在概率上叫方差。一个语言单位的概率在一个期望值上，存在一个合理的均方差。误差在方差之内的，单位功能不会变化，否则就会变化。这种观点在级差优选论上称为客观序列和主观加权序列的差异。后者的当前认知关注点也直接影响概率值。有些词语或单位在某个环境和时期出现很频繁，在另一个时期就很少出现，因此统计概率如果时段不够长则也会造成概率的偏离。

遇到这种情况，句法分析器将采用花园路径的形式，回溯并重新分析这个句子。因此，Chater 等认为一个最优的分析器需要在它的算法中包含这个反向跟踪的成本计算，以便在不确定的点上选择一个成本较低的分析。他们认为平衡假设的概念是很重要的，即厘清需要多长时间才能确定假设，需要花费多长时间拒绝假设等问题。基于这种理论，他们认为一个串行分析器首先应该考虑假设 H_i，它的最高值为以下函数 f：

$$f(H_i) = P(H_i) \times P(\text{settle } H_i) \times \frac{1}{1 - P(\text{escape } H_i)} \qquad (4-8)$$

式 4 - 8 的函数 f 是一个被人类分析器最大化的效用函数。settle H_i 是确定的假设，escape H_i 是拒绝的假设。f 是一个概率函数，将不同的假设映射到一定的概率值上，从而确定在哪种假设下分析句法。这是一个有趣的关于句子处理的观点，其有效性还有待进一步检验和发展。

4.2.2.3　词汇范畴偏好的隐马尔可夫模型

上面两节主要描述的是与概率有关的理论方面的问题，讨论概率对认知机制的解释或对行为进行排名。这节将具体讨论一些概率模型的处理细节，即技术手段，将通过隐马尔可夫模型和随机上下文无关语法以及贝叶斯信念网络等讨论词汇范畴的复杂概率模型和句法歧义。这些模型是所谓的图模型（graph model）的实例化。首先讨论隐马尔可夫模型（HMM）。

词类范畴模糊问题一直是自然语言处理中的难点。Corley 和 Crocker 认为该问题可以通过隐马尔可夫模型的词性标注算法（part-of-speech tagging algorithm）建模解决。这种算法是 Church 提出的词性标注器的一个变种形式。在给定一个单词的序列时，HMM 标注器用于计算词语标签序列的概率。例如：

[36] a. the miracle cures　→单词序列；

　　　b. Det　Noun　Noun　→词语标签序列。

例[36]中 b 由 a 产生，是对其词性标注序列。HMM 模型基于一个简单的直觉：选择一个词在语境中最大可能的标签，也就是词性标注取最大概率的选项。为达到这个目的，这个模型主要使用两类的概率：

（1）特定词类标签下该词的概率，表示为 $P(w_i | t_i)$。

（2）一个词类标签跟随在另一个词类标签后面的概率，即双联标签的概率，表示为 $P(t_i | t_i - 1)$。

例如，英语单词"race"既可以是名词，也可以是动词，用作名词的频率更高，但是在前面是不定式标记"to"的情况下，用作动词更为频繁。表 4 - 1 反映了 HMM 词性标注器在前面为不定式标记"to"的情景下，自动将"race"正确地判断为言语行为动词的标签，而不是更为频繁的名词标签。

表 4 - 1　HMM 词性标注器对单词"race"标注

Words	$P(t_i | t_{i-1})P(w_i | t_i)$	P
to/INF race/VERB	$P(\text{Verb}|\text{InfTo}) \times P(\text{race}|\text{Verb})$	0.000 01
to/INF race/NOUN	$P(\text{Noun}|\text{InfTo}) \times P(\text{race}|\text{Noun})$	0.000 007

表 4-1 通过求 $P(w_i|t_i)$ 和 $P(t_i|t_i-1)$ 的联合概率,得出了在前面有不定式标记"to"的情况下,"race"为动词的概率为 0.000 01,为名词的概率为 0.000 007。根据选择一个词在语境中最大可能的标签的假定,显然应该取 0.000 01,即标注为动词。

HMM 词性标注器最大的优势不在于标注单个词的最大概率,即 $\hat{t_i}$,而是句子或者类似句子形式的单词序列的最大概率,表示为 $\hat{t_1^n}$。该模型能够有效找出在某个单词的序列中,每个单词依据这序列环境选择可能性最大的标签,即词性类别。然后计算整个序列的联合概率,最终把概率值最高的选项选出来。这就是计算一个整句子的联合概率值,并取最大的概率作为序列解释的词性标注。最大的概率用函数 $\operatorname*{argmax}_x f(x)$ 表示,$y=f(x)$,$x_0=\operatorname{argmax}(f(x))$,意思就是参数 x_0 满足 $f(x_0)$ 为 $f(x)$ 的最大值。换句话说,$\operatorname{argmax}(f(x))$ 是使得 $f(x)$ 取得最大值所对应的变量 x。此处 arg 即 argument,即自变量。用于计算最大概率的方程式为

$$\hat{t_1^n}=\operatorname*{argmax}_{t_1^n} P(t_1^n \, w_1^n) \qquad (4-9)$$

式(4-9)能够改写为贝叶斯公式:

$$\hat{t_1^n}=\operatorname*{argmax}_{t_1^n} \frac{P(W_1^n \mid t_1^n)P(t_1^n)}{P(W_1^n)} \qquad (4-10)$$

通过式(4-10)我们可以计算出一个单词序列 W_1^n 的概率最大的标签序列,即词性序列。由于在比较不同的词性序列时,分母为常数,所以,该式可以去掉分母项,表示为

$$\hat{t_1^n}=\operatorname*{argmax}_{t_1^n} P(W_1^n \mid t_1^n)P(t_1^n) \qquad (4-11)$$

HMM 词性标注器做了两方面的较大简化假设:

(1) 一个单词的概率只取决于它自己的词性标签,与任何相邻的标签无关。

(2) 一个单词序列中的各词之间是相互独立的。

在这两个假设下,产生了一个双联词标注器,这个标注器约等于式(4-9)。如下:

$$\hat{t_1^n}=\operatorname*{argmax}_{t_1^n} P(t_1^n \mid W_1^n) \approx \prod_{i=1}^{n} P(w_i \mid t_i)P(t_i \mid t_{i-1}) \qquad (4-12)$$

Corley 和 Crocker 认为式(4-12)的模式可以解释大量的心理语言学的现

象。例如英语中的"that"，在句子开始位置时，一般会被处理为限定词，而在动词后就作为补足性成分。他们用 HMM 模型对这种现象做了计算，如表 4 - 2 所示。

表 4 - 2　处于不同位置上"that"的概率值

Context	Part of speech	$P(t_i \mid t_{i-1})P(w_i \mid t_i)$	P
Sentence-initial	Comp **Det**	$P(\text{Comp} \mid \sharp)P(\text{that} \mid \text{Comp})$ $P(\text{Det} \mid \sharp)P(\text{that} \mid \text{Det})$	0.000 3 **0.001 1**
Following verb	**Comp** Det	$P(\text{Comp} \mid \text{Verb})P(\text{that} \mid \text{Comp})$ $P(\text{Det} \mid \text{Verb})P(\text{that} \mid \text{Det})$	**0.023** 0.000 51

表 4 - 2 列到了"that"处于两个不同位置上的四种情况。处于句首时，作为标句词 Comp 的概率为 0.000 3，作为限定词的概率为 0.001 1；处于动词后时，为标句词 Comp 的概率为 0.023，作为限定词的概率为 0.000 51。前者选最高概率为 0.001 1 的限定词标签，后者同样选最高概率为 0.023 的标句词标签。这样，该模型就有效地对话语中处于这两个不同位置上的"that"的不同用法在概率上做出合理解释。

4.2.2.4　随机上下文无关语法

Jurafsky 提出了一种解决句子歧义的方法。这种方法保留了一个歧义句子的多种解释，并且为这些解释在概率上进行等级排列。每个解释的概率通过两类概率之间的乘积获得：① 前缀概率，当前看到的句子部分的概率；② 配价概率，每个动词所具有的配价概率。这种模型一般称为随机上下文无关语法（stochastic context free grammar, SCFG）。这个语法最早由 Booth 提出，它把上下文无关语法中的每一个规则和该规则由左向右扩展时的条件概率相联系。例如非终结符"NP"的两种扩展概率，按照布朗语料库（Brown corpus）复现数计算，可以得出：

[37]　a. NP→Det N　　　0.42

　　　 b. NP→Det Adj N　　0.16

显然，例[37]a 的概率要远远高于例[37]b 的概率。这种计算模式是一种静态的模式，一方面依托于某一个语料库做统计上的分析以获得每个规则的固定概率，换一种语料库可能得到的数据也就不同；另一方面，这种概率的算法不涉及其他的规则和相关因素，每个规则之间具有独立性。

Jurafsky 的模型属于在线概率算法的左下角概率算法。它可以计算一个句子的任何初始子串(或前缀)的 SCFG 概率。在这个模型中,子类的概率也会依据布朗语料库算出。例如,动词"keep"作为二价动词时概率为 0.81;一价动词时为 0.19。尽管这个模式保留了多重解释,但这些解释并不是完全平行的。一些低概率的解释通过靶向搜索获得修剪,即从选择项中将低概率的先排除掉,从而提高了运算的速度。靶向搜索是一种算法,通过筛选,在问题空间中尽量一次只查看最少的候选项,搜索出解决方案。这个名字来用手电筒搜索东西的隐喻说法,只有在光束中存在的东西才会被保留下来。这种靶向搜索策略在自然语言处理上经常使用。这种不完全排列模型意味着当正确的解释被删除时,剩下的句子在没有重新分析的情况下是无法获得解释的。Jurafsky 认为这个模式可以解释心理语言学中关于选择偏向和花园路径句等的现象,如基于语料库的子范畴化、随机上下文无关概率语法中的偏向性选择等。例如 SCFG 模型正确地解释了下面的花园路径句的错误分析:

[**38**] The complex houses married and single students and their families.

在例[38]中,"houses"通过声明被正确地解释为动词,而不是名词。

SCFG 概率和子范畴化概率的结合,也可以为像"race"这样的具有性质偏向而造成的花园路径影响的及物动词以及像"find"这样的弱花园路径影响的动词等进行建模。如:

[**39**] The horse raced past the barn fell.

[**40**] The bird found in the room died.

Jurafsky 的分析器有很多优点。它是一个清晰的、界限清楚的概率模型,具有逐字逐句地改变的能力。它既是一个可以建模处理词汇和句子的平行性处理的设计,又是分析偏向性以及解释花园路径句的定向搜索的设计。当然,这个模式也存在一些问题。首先,它只会做出粗粒度的阅读时间预测,对花园路径句需要额外的阅读时间去预测,因为这个正确的分析落在定向分析的光束之外。其次,尽管这个模型声称解释器可以组合任何类型的概率信息,但所描述的模型仅仅指向了 SCFG 和子范畴化的概率。最后,这个模型也没有得到大规模的验证,仅仅在极少数的例子中进行了测试,其有效性还需要后来的证实。

该模型提出的概率级差选择的思想为后来的优选论级差模型继承。优选论级差模型认为话语的优选主要取决于概率大小。无论是客观的概率序列还是主观的加权序列都是以概率值为基础的。

Crocker 和 Brants 提出了一个与 Jurafsky 相似的处理句子的概率模型。但不同的是,Crocker 和 Brants 的模型有较宽覆盖和充足的可度量性,被称为增量级联马尔可夫模型(incremental cascaded Markov model,ICMM),主要建立在

Brants 的大范围的统计分析技术上。ICMM 也是一个搜索最大可能的模型,其运行机制是将随机上下文无关语法与隐马尔可夫模型结合起来。

最初的非递增式版本的模型构建了一个逐层的分析树。这是一个自下往上的模型。首先,第一层是分析树最底层的词类上面的那层非终结符节点,接下来是再上面一层的节点,以此类推一直到根节点"S"。在这个模型中,当认知主体遍历了每个单词后,信息就会传递到模型的每个层级中。每个马尔可夫模型层由一系列节点组成。这些节点对应于像 NP 或 VP 等这样的语类。其过渡对应于这些语类的三连词概率。每层的输出概率为随机上下文无关语法指派的概率结构。例如,图 4-12 显示了一个句子的第一个马尔可夫模型层的一部分。每个马尔可夫模型层充当了一个概率过滤器,只有最高概率的非终端序列才可以通过过滤,并将信息传递到下一个更高的层。三连词过渡概率和 SCFG 输出概率是在一个树库中通过训练获得的。所以,该模型对树库有较高的依赖性。树库质量的好坏直接影响到概率值的准确性,进而影响到模型对句子的分析。

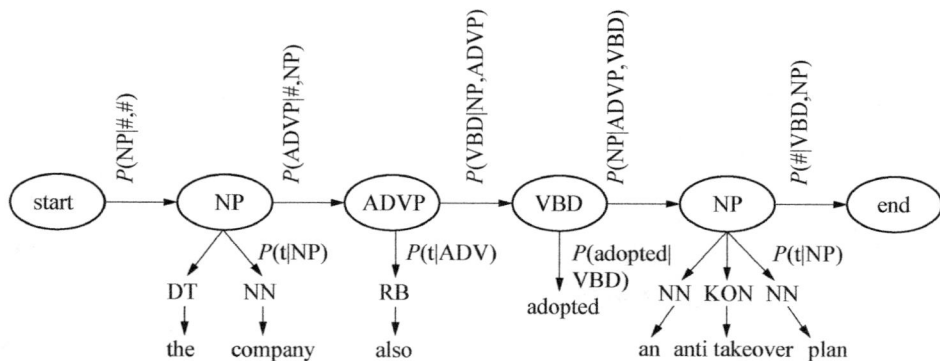

图 4-12　增量级联马尔可夫模型的部分图式

图 4-12 中的 ♯ 号表示该位置为空,大写字母的符号表示的是语类,字母 t 是"tree"的缩减形式,表示被随机上下文无关语法生成的子树,如 $P(t|NP)$ 表示的是在 NP 的条件下,子树"NN→company"的条件概率。这种模型的条件概率仅仅考察某个语类前面两个单位的联合概率,以及在这个联合概率下的该语类的概率。本质上,就是考察一个三连词的概率。

Crocker 和 Brants 的模型可以解释许多关于认知分析的实验结果。例如,在下面 NP/S 的歧义结构中,"his goals"这样的名词短语角色的消歧:

[**41**] a. The athlete realized [NP his goals] at the Olympics.

b. The athlete realized [S[NP his goals] were out of reach].

尽管有解读为"S"的选项,然而认知上还是优先将之看成是"NP"的解释。这可以通过带补语来解释。例如:

[**42**] a. The young athlete realized her potential one day might make her a world-class sprinter.

　　　　b. The young athlete realized her exercises one day might make her a world-class sprinter.

在例[42]a 中,名词"potential"是动词"realize"的直接宾语,b 中的"her exercises"就不是一个直接宾语。这时,短语"might make her"的阅读时间会延长,而"her potential"则不会。

Crocker 和 Brants 用 SCFG 模型分析了例[42]中的不同。他们认为句子补语相对于直接宾语来说结构更复杂,这会降低它的概率。因为更复杂的结构意味着联合概率值越低,这符合我们的直觉。一个东西出现的概率显然要高于几个东西同时出现的概率。因此,这两个句子的概率和阅读时间的严整对应关系获得了合理的解释。

Hale 也通过 SCFG 概率提出了一个话语模式。他认为,一个单词的阅读时间与这个词中的信息量有关。单词越不常见或者越让人感到奇怪,则阅读时间越长,反之则短。他提出了如下的计算公式:

$$h(w_i) = -\log P(w_i) \qquad\qquad (4-13)$$

前项表示单词的信息量,后项表示单词的负对数概率。该公式表示,一个单词的概率值越高,其信息量就越大。

这种模型本质上可以看成话语语义理解上的优选模型。只是它在描写上采用了概率的形式。通过计算,模型获得不同解释的联合概率,最终将概率值最大的优选出来。这种模型实际上更偏向于一种序列模型,考察不同序列之间的概率关系。优选论中的话语优选也是序列模型。差异在于优选论是一种混合的判断模型,结合了多种分析手段。然而,后期的优选论模型虽然有些方面和概率语法一致,但没有很好地继承它的一些好的优选方法。这确实是一种缺憾。

4.2.3　概率语法评价

传统的形式语法理论有两个中心概念,即弱等价和强等价。如果生成了两个相同的字符串,那么这两个语法是弱等价的;如果生成两个相同的并有相同树结构的字符串,那么这两个语法是强等价的。从语法 G 中生成的字符串的集合称为 G 的字符串语言,从语法 G 中生成的树集合称为 G 的树语言。

概率上,句子或树都可以看成是一个随机事件的联合分布。基于这种观点的语法一般称为形式随机语法理论。它也有两个中心概念:弱随机等价和强随机等价。假如两个概率语法是弱随机等价,当且仅当它们生成相同的随机字符串语言时,这种语法以$\langle x,P(x)\rangle$序对集形式存在,x 为语法 G 生成的字符串,$P(x)$是这个字符串的概率。假如两个概率语法是强等价关系,当且仅当它们生成相同的随机树语言时,这种语法以$\langle x,P(x)\rangle$序对集形式存在,x 为语法 G 生成的树,$P(x)$是这个树的概率。如果两个概率语法是强随机等价的,那么它们一定是弱随机等价的,反过来则不一定。

一组表达相同交际意图的句子或树,如果它们在概率上是等值的,即 $P_i=P_j$,则说明在话语系统中它们有相同的出现概率。那么,从交际上看,它们就是等价的,尽管这两个单位之间在形式上有差异。这种等价并不说明它们在意义或交际意图上是一样的,而是说明在语言系统中,它们有着相同或不同的概率分布和联合概率。也就是说,它们的分布可以重合,也可以不重合,如图 4 - 13 所示。

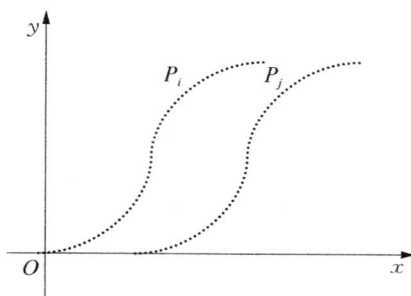

图 4 - 13　概率分布关系

图 4 - 13 中,x 轴为候选项分布,y 轴为概率值,说明"P_i"和"P_j"之间概率分布不同,但概率值一样。当这两个曲线完全重合时,两个单位在概率分布和概率值上就完全相同了。但是,这也并不能证明两者就是同一个单位。例如,上面讨论的树之间的附接组合,不同组合之间一般会得出不同的概率值,但也可能是相同的概率值。只是这种情况概率不大而已。

句子组合有概率的特征,表现为联合概率分布。话语的概率特征更为明显。同一个交际意图可以通过概率语法的随机概率将大量不同结构的单位统一起来,从而可以将以前看起来没有关联的句子联系起来。这些单位或句子或树之间可以形成概率等级序列。我们还可以通过概率考察一系列单位之间的分布,如正态分布、泊松分布、二项分布等。我们也可以考察语言中的大量成分表现出来的数据特征。另外,一组表达相同交际意图的句子很多时候都是满足中心极限定理和大数定律的。

整体来讲,概率贯穿于语言活动的各个角落。所有的语言活动,从微观到宏观,都有概率参与。在实际语言的处理中,环境噪声的过滤、句法结构、属性界定、语义或话语义模糊性处理以及语言单位的非结构性的识别和解码、单位边界的确定等,基本上都需要从概率角度做出判断。人的活动也基本上是概率性的。正因为如此,Pearl认为,概率实际上不是关于数的问题,而是关于推理的结构问题。从语言理解角度看,Dan Jurafsky认为概率主要起到了三个方面的作用。

(1)概率影响到心理词汇和语法单位的调取。概率越高的结构调取速度越快,花费的精力也越少,反之就越高。而且,高概率的结构调取时需要的条件越少,反之就越多。这两种情况在语言属性上的反映大致与有标记和无标记对应。有标记的结构在使用时总是有各种的条件制约,而无标记的使用就比较自由,对环境的要求较低。

(2)概率可以一定程度上解决语言的歧义现象。自然语言处处充满了歧义现象,语言在理解时始终是模糊的。我们说出来的话语在成分分割上就是模糊的,有多种划分的可能,词语在句法和语义上是模糊的,句子在句法上是模糊的,话语充满了言外之意。在这处处皆为模糊的语言中,概率是解决语言理解的有力手段,某个解释的概率越高,它被选择的可能性就越大。

(3)概率在处理语言难点上也有作用。例如,特定成分的范畴归属,特殊成分的内部分析,等等。这些方面在无法定性时就需要采用定量的方式确定。概率就是一个很重要的定量手段。

从语言生成角度看,概率有利于生成最合理的结构。言者需要从心理词汇或语法中提取合适的结构,而可提供的结构很多。这时,概率高的结构显然具有优先性,思维中调取的速度更快,调取更容易,并且有较高的可信度。反之,则调取速度较慢,调取较难,可信度也不高。但是,换个角度思考,概率低的也有其存在的必要性和合理性。尽管频率不高,但由于其适用于特殊的场合,因此具有不可替代性。高频率的单位对语境的要求较低,适用面较广,低频率的单位对语境的要求较高,适用面较窄,语境的限制性也较大。正是语境限制的不同才造成了一组单位之间概率上的差异。这反过来也看出了概率部分反映了语境和话语之间的关系,为从概率角度同质化研究语境提供了部分的思路。当话语意图存在多个结构可以选择时,概率的大小是影响选择的重要因素。

从语言习得角度看,概率也是重要的影响因素。当我们学习语言时,有一个明显的现象,即出现频率较高的单位会优先习得,反之就会靠后,并且学习困难。一个有趣的现象是,高概率的单位尽管会优先习得,不代表认知上理解了该单位。有时候,一个单位习得后还需要很长的时间去掌握其完整的用法和性质。另外,对象的难易度和概率的高低之间呈反比关系,结构复杂度越高的单位概率越低,反之就高。

从心理语言学的角度看,概率主要表现为证据推理,即在理解上采用权重和证据相结合去选择解释,或者在生成上得出特定形式的算法。最典型的就是贝叶斯模式。其优点就是将复杂的概率问题简单化。例如,假如我们现在要计算某个特定解释 i 的概率,该解释有一个证据 e,可以将 e 看作条件,i 看作该条件下的结果,则可以通过贝叶斯条件概率公式:

$$P(i \mid e) = \frac{P(e \mid i)P(i)}{P(e)} \qquad (4-14)$$

计算出在条件 e 证据出现的情况下,特定解释选项 i 出现的概率。这种预测认知上出现或不出现某个成分的概率大小问题,几乎覆盖了心理语言学的所有领域。

通过上面的概述,我们可以发现概率贯穿于所有的语言活动。从言语主体的语言生成和理解到语言活动表现出的动态特征都体现出了概率性。语言中没有成分是必然需要出现的,也没有成分是绝对不能出现的。所有成分的出现都是一个概率的事件,差异就在于概率值的大小不同。概率较大的表现为接近常态出现的特征,反之就表现为特殊的成分。语言是一种自组织状态,从微小的局部看,所有成分的出现都是一个偶然的事件,但是从语言的整体看,又呈现出较强的规律性。这实际上符合熵的特点,可以采用熵方法进行描写和解释。现在自然语言处理领域已经采用这种方法用于语言的理解。

但是,概率语法也不是万能的,它有着规范的处理模式,也存在诸多的问题。主要表现在如下几个方面:

(1) 概率语法虽然可以解释语言使用中的倾向性,描写语言单位的分布现象,但是并没有触及语言自身的属性、组配和使用规律等方面,描写力极弱。概率仅仅是各种语言现象表现出来的一种数字特征,并不反映造成这种概率特征的原因以及现象本身的整体属性等。概率反映的仅仅是现象表现出的数字结果,而语言结构的生成和理解机制更多地体现为一种过程。所以,语法研究不仅仅要关注现象产生的结果,更应该关注造成这种结果的原因和过程。正因为如此,概率语法和传统的结构主义语法以及后来的生成语法,或者形式语言学中常用的上下文无关语法、中心词驱动语法等是互补的,而不是排斥的。最好的办法是将它们整合在一起,形成一种合力模式。这可以大大增强语法的描写和解释力。

(2) 概率语法主要依赖上下文无关语法的规则库或树库。但是,规则库或树库是整个语法库的子集,是个不完整的集合。因此,描写和解释也是有限制的。目前,增强概率语法解释力的有效办法就是扩大规则库或树库的容量,尽量包括更多的实际话语中出现的结构。这种方法并不是最佳方案。因为,实际上当一个库达到一定的规模后就具有鲁棒性,再增加它的容量并不能显著带来其效率。从实际使用上看,大多数的规则库和树库为了提高效率,都是一个限定的集合。这样选定规则或树成员的不同,会影响到库的效率。每个库系统运行机制的不同也会影响到效率。要想达到库和效率的最佳平衡是很困难的,这也是目前概率语法以及自然语言处理中话语识别始终达不到百分百的主要原因之一。

(3) 环境因素的处理也是难点。前面所有的概率操作都是建立在语言结构本身的基础上。概率是稳定的,有什么样的库,就会有什么样的概率。在这样的概率基础上,组合起来的联合概率也是确定的。也就是说,当库确定的情况下,输入一组规则或树(库中的一个子集),就会获得这个联合单位的确定概率。我们也可以将这种概率称为语言的客观概率,或者叫先验概率。实际上,当我们对语言做这种分析时,仅仅完成了一半的工作。因为,我们研究语言是要搞清楚语言形式和表达意图之间的匹配规律,两者之间的中介就是语义,通过并行推导获得最终的话语义,如图 4-14 所示。

$$话语形式 \xRightarrow{固定匹配} 句义 \xRightarrow{并行推导} 话语义$$

图 4-14　话语并行推导

前面论述的概率语法完全侧重于形式,即某个联合形式在某个库中出现的概率,也就是图 4-14 中的开始阶段(话语形式)。至于后两个阶段,这个结构表示的句义以及这种语义产生的话语义,该语法并不曾涉及。实际上,话语获得的固定概率可以对应于固定的语义,这是可以用形义匹配函数表示的,即

$$P(f) = m = 1 \tag{4-15}$$

也就是说,语言的形式和意义之间的匹配大多数情况下是唯一的。但是,由这个意义推导出话语义就不是固定的了。在环境因素的影响下,会产生出无限个选项(话语义)。反过来理解,在特定的环境下,有且仅有唯一的候选项是最适合的,也就是凸显的概率最大。那么,概率语法如何结合环境因素和先验概率,通过运算,将概率最高的选项选出来。这实际上是一个挑战。因为,语境因素是无穷的,特定环境中的因素也是无穷的。言者或听者如何选择和考量环境因素,实在太复杂,目前根本无法形式化,因而也就无法运算。但是,这并不意味着没有处理办法。我们的机器问答、话语识别和理解等实际上还是可以部分实现的,尽管效率和准确性偏低。

从认知上看，人类在环境中理解话语时对语境的诸多要素是有筛选的，摈弃掉大多数的干扰因素，仅仅选择与理解话语相关的重要因素。而且，我们遵守着经济性原则，满足话语理解的最小关联因素。语言的形式处理的最大问题就是如何感知获取这千变万化的语境信息，并进行有效的筛选。目前认知机制对这方面也不是很清楚，所以还谈不上用数学模型去精确模拟这种过程。自然语言处理领域也一直在探索这个问题。

（4）词汇对主题角色选择性描写的不足。也就是说，话语述谓结构中的核心词汇对主题角色有一定的选择性，并不是什么角色都可以充当该词的施事成分。当然，这种选择大多是倾向性的，因而也就明显存在一个概率问题。例如，动物类的名词一般倾向于是施事角色，非动物类的则是受事角色；单词"警察"经常充当动词"逮捕"的施事，而名词"坏人"或"小偷"等则更可能是受事。类似这类现象在语言中大量存在。所以，语法成分结构的描写不纯是形式问题，还涉及语义上的组配。这种组配表现出了概率特征，但是，反过来概率并不能描写这种组配。

4.3　概率优选评估模式及特点

Coetzee 对传统 OT 进行改造，发展出了等级序列评估模式，并通过频率和反应时间的参项将之运用于解释语言的变异现象和词语固化的判断中。这种等级序列模式能够解释一个候选项集合中不同候选项之间的相互依存关系，以及为什么一个候选项会比另一个候选项出现频率更高等问题。该模式主要考察语言表现的整体情况，话语输出和理解的整体优选趋势。一般来说，处于该模式输出结果序列最高位置的候选项就是优选项。但是，尽管它列出了后面的候选项，表示这些成分也有可能成为输出项，可是模型并没有阐述在何条件下会实现这种转化。因此，该模型还是一个静态的、不太完善的模型。它仅仅可以解决部分的语言问题，若涉及动态的话语优选，则还是无能为力。也就是说，这个理论可以描写语言中的不同变体，但是不能够解释或者阐述变体使用的条件和内在机制。一个好的理论不仅仅能够描写话语的结果，也应该能够解释这种结果产生的动因和过程，而这正是该理论薄弱的方面。

前面阐述的是语言表现出的一种静态倾向性。这种倾向性是任何语言都有的，是长期语用语法化的结果。差别就在于不同语言的表现方式不同。这是一种稳定的、不易变化的状态。因而，我们可以称这种序列为移情的客观序列。从话语使用的动态视角看，一组候选项和特定认知环境结合时，就会受到认知环境的制约。这时,每个候选项的移情值会重新调整,进而重新排序,最后得出的结果和语言中客观的移情等级序列并不相同。这是两个话语表达过程中的不同阶段,两者的机制也不同。客观序列是认知中存在的定式性的知识、语言使用的固定策略。我们在说话时仅仅需要从认知中直接调取,而不需要做临时性的计算。然而,动态化阶段就不同了。它是在前面客观序列的基础上结合认知语境的情况做出加权处理,最终形成了话语的动态化的移情序列。因此,这种动态化的操作远远超出了 Coetzee 理论的涵盖范围。我们这里不用语境概念,而是使用认知语境,它主要来自斯珀波和威尔逊中的观点。因为,所有话语行为中语境的参与都是在认知获取和改造的情况下完成的,都是认知语境而不是真实语境。

　　客观和主观两个阶段的观点实际上就是将静态的级差理论进一步发展,增加了动态处理部分。显然,这种话语动态化描写通过增加制约条件的思路是行不通的。因为这样一来,制约条件就成了一个开放系统,会随着不同的情况而增加,不可避免会产生因例设条件的现象。这显然有违 OT 语法所提倡的简约性。而且,庞大的制约条件体系也会制约语言处理的效率。我们也不能够将认知语境看成是一个开放的系统,这样 OT 语法也没法计算。我们唯一能够采用的方法就是启发式的程序。评估器能够实现自我进化、自我简化,制约条件的关联和部分调取,从而完成对语言的描写和解释。

　　在认知上,我们说什么话、不说什么话都存在一个潜在的评估过程,只是有时候是有意识的,有时候是无意识的。在这过程中言者实际上主要考虑两方面的因素:一是话语本来需要怎么说;二是当前环境下能不能这样说,应该怎么说。前者反映语言中的常规表达,后者反映在语言常规表达基础上语境顺应的变化。这两者都是语言评估的主客观依据,体现这种依据的是概率。换句话说,语言的选择过程实际上就是一组话语之间的概率计算过程。所谓优选就是将特定环境中出现概率最大的候选项计算出来。因此,优选论和概率之间有着天然的联系。概率是一个匀质的概念,它可以将各种主客观因素统一在一起加以计算,得出综合性的结果。语言中的这种优选级差是一种模糊级差,不是绝对值之间的等级关系,基本上符合幂律的长尾分布。在理论上,我们可以将等级序列模式中候选项的级差序列转化成概率的级差序列,从而为主客观的综合评估提供了可能性。

　　我们可以设置两个阶段来扩展 Coetzee 的理论,将他的静态等级序列模式改进为动态模式,增加话语优选的主观评估部分。这样就可以描写解释语言的实时产出过程,如图 4 - 15 所示。

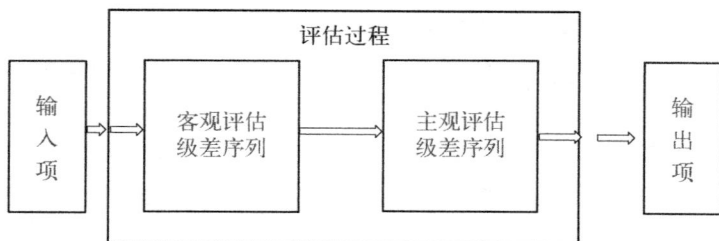

图 4-15　概率加权评估模型

图 4-15 为优选论的概率评估模型。这个模型在 Coetzee 的理论模型基础上,再增加一个主观评估模块,将 Coetzee 的模型变为一个评估模块,两者一起构成一个完整的评估运算过程。前面的框表示优选的输入项,包含话语的生成器。后面的框为最终优选出的结果。通过这样一种变化形式,使结果又回到了经典评估模型的单一结果上。所不同的是,经典模型的结果是静态的评估结果;这里的结果是在一定环境中的动态优选结果,含有了语境参与的因素。

为了实现图 4-15 中的过程,我们需要设计一个建立在所有制约条件 CON 基础之上的移情概率优选评估模式的计算过程。主要有以下几个步骤:

(1)制约条件等级序列的激活。这是由评估对象的特征和认知语境协同作用而激活的。这个步骤建立在关联理论的基础上,即特定的语言处理仅仅涉及与之关联的认知语境,而不可能是所有语境。与之对应,模型在处理特定语言对象时,也仅仅会涉及部分的制约条件,而不可能是所有的制约条件。这实际上是一种局部感知策略,其最大的优势在于经济性。往往涉及的特定语言现象仅仅是有限的几条原则,而关联处理就是将这有限的原则找出来。

(2)候选项客观概率计算。部分 CAN 激活之后,对生成器生成的候选项进行等级评估,得出每个候选项相对于每个制约条件的得分向量,并求出商集。接下来将每个制约条件下的商集 K/C_i 合并为笛卡尔积,利用字典序求出交集,并得出最终的客观等级序列(K/C_{come},$\leq_{come}$),最后将这种序列转化成概率序列。这里的概率序列符合幂律中的长尾分布。

(3)候选项主观概率计算。这部分根据话语主体特定的认知语境对候选项影响的不同而赋予候选项特定的加权概率,然后按照由大到小的顺序排列,形成候选项序列的主观加权概率序列。

(4)将主客观概率序列按照一定的权重百分比分配后合并。一般是主客观各占 50%,也可以是 40% 和 60%。当权重不对等时,表明认知主体话语输出时的偏向不同。客观占多数,表明话语输出更依赖平时的经验;主观占多数则说明了更偏向于对情况的判断,更少依赖经验。两者的合并得出最终的综合概率,并排出概率等级序列。这里的合并有两种方式:直接加权法和位置倒数加权法。

直接加权法。该方法就是将权重直接加在候选项上,和客观概率值相乘,获得候选项的主客观联合概率值。所有的候选项都做相同处理。所有的加权值加和为1。这时,由于加权的不同,候选项的概率值会发生变化,原来排在序列前面的可能就靠后了,后面的也可能因最终值的提高而排名前移。所以,模型会将这种综合得分后的候选项再次排序,从而获得最终的候选项序列。这种序列是特定环境下的特定排名,具有临时性。当环境改变时,这种排名也就不再有效了。新的环境会导致新的加权,进而候选项重新排序。

位置倒数加权法。该方法就是将所有候选项先主观加权,加权值合计为1。然后,模型将加权值乘以该候选项在客观序列中的位置的倒数,再将得分和客观加权值相乘,获得候选项的主客观联合概率,最后将这种调整了得分的候选项重新排列,获得最终的候选项排序。这种方法的优势是结合了候选项的主客观得分和候选项在默认状态下的位置信息,从而做出综合判断。例如,一个候选项在序列中位置非常靠后。这时,即使它的主观加权得分很高,由于位置靠后使得它的倒数值很小,进而部分抑制了它综合排名。这种方法实际上是直接加权方法的一种柔性处理策略,使得候选项的综合判断不至于受到主观的影响太大而造成了偏差。

由此,我们可以看出:语言中候选项集合和它们之间的客观排序更像是一类语法单位。我们可以将之称为群单位。该单位只有性质,没有确定的边界和数量。话语就是由这大量的群单位构成的基本单元。群单位内部候选项之间的关系,可以通过优选机制获得排序。

(5)概率序列向移情序列的转化。也就是说,将这种综合的概率序列转变为移情等级序列,并将处于等级序列最高位置的候选项确定为优选输出项。

这里需要注意两点:

(1)语言中最和谐的移情候选项不一定是最优选项。这点违背了McCarthy提出并被 OT 语法学家遵守的严格等级约束原则,也不同于 Rajesh Bhatt 提到的传统 OT 语法中提出的权重观。因为,这里的权重是认知语境的加权,而不是特征值的加权。实际上,这里优选出来的候选项在语言中不一定出现频率最高,也不一定感觉最自然,但在这个语境中一定是最合适的。因此,这种综合的概率优选更加符合语言的实际表现。

(2)概率评估着眼点是话语移情值,不是句子内部对象的移情值。这种概率处理方式增加了主观动态加权部分,分解了偏序集中最高位置的候选项和优选项之间的必然联系,从而可以确保客观等级序列中切割线以上的任何候选项都有机会成为优选项。由于运用概率是这种评估模式的主要特点,所以我们将之称为概率评估模式,以突显这种评估模式的特征。

4.4　移情概率评估模式的案例分析

4.4.1　关于跨文化交际中的话语移情现象

跨文化交际是指具有不同文化背景的人之间的交际,有广义和狭义之分。广义的跨文化交际范围非常广,只要是文化背景有差异的个体之间的交际都为跨文化交际,包括同一民族的不同地区甚至同一地区的不同个体之间的交际都为跨文化交际;狭义的专指具有不同文化背景和母语的个体之间的交际,一般专指语言的跨文化交际。广义的跨文化交际外延较为笼统,边界也较为模糊,范畴界定并不清晰。所以,我们一般所说的跨文化交际如果不特别指出,就是指狭义的。本节讨论的是狭义的跨文化交际。

目前这方面研究最多的是传播学领域。语言学领域主要讨论跨文化交际与二语习得和翻译之间的关系。前者如何自然、蒙岚、周晓玲、邵丹和彭世勇等,后者如张仰奋、郑社养等。无论讨论跨文化交际的哪个方面,基本上都会涉及移情。学者们主要讨论以下几个方面:跨文化交际的障碍、语用原则、移情能力,以及跨文化交际之间的关系和在外语学习中的作用等。而关于跨文化话语移情机制和过程的研究较少。跨文化言语交际的本质就是采用某种策略去顺应目的语的环境,做出有利于话语意图实现的话语形式的选择,消除因文化差异造成的障碍,保证交际的顺利进行。移情是提高跨文化交际有效性的重要手段之一。其本质就是谈话者根据话语的环境,在一组具有移情值差异的候选项中,选择最和谐的候选项作为优选输出项,从而达到交际效用的最大化。这种话语优选现象一般是自动无意识的,但在一些无法调用默认状态的特殊环境下就可以明显感觉出来。其明显标志就是自言自语"让我想想怎么说""我该怎么说啊"之类的。此时,言者并不是没话说,而是在对话语进行评估,选出最优的移情值最大的话语作为表达输出。

不管是自动完成评估还是有意识的评估,本质是一样的。前者只是将话语和事件之间匹配的评估过程在认知上固化为一个个的备用单元,说话时不再分析,而是直接映射调用;后者指事件和话语之间没有固化,需要实时匹配而已。

这种话语评估匹配过程本质上就是优选的过程。因此,优选论和话语评估匹配过程之间有天然的联系。母语匹配的自动化是一种常态,而跨文化交际大多数是实时匹配,只有极少数目的语学得很好的人才可以完成有限的自动匹配。因此,考察跨文化交际中语言的优选过程,除了可以深化其本身的研究之外,对探索理解母语的优选过程也具有重要的借鉴价值。目前这方面鲜有涉及,所以本节拟从优选论的视角以汉语中借钱事件的实例探讨话语的评估匹配过程和具体的基于概率的技术性操作手段。

4.4.2　案例的设计

话语优选理论要做到两个相符:① 话语优选过程要符合语感;② 优选结果要符合言语实际。为了达到这两个目标,我们先采用定性分析,考察跨文化言语中话语的实际评估匹配情况,然后分析这种结果的产生过程。如果分析过程能够符合我们的语感,分析结果和调查的言语实际一致,说明这种分析能够准确地描写语言,并可以为计算机语言处理提供形式化的方法。我们设计了一个跨文化交际借钱事件的言语调查问卷,调查对象为在华高校的不同国家的留学生。每个选项前面有一个编号供留学生受试者选择,如下:

[43] 你来中国留学已经半年了,上个月因为出去旅游把钱花完了,这个月你需要向其他同学借钱。你可能会说:

① 我最近手头紧张,你呢? 也紧张吗?

② 我身上没钱了,方便的话借点给我吧!

③ 我身上没钱了,你可以借点给我吗?

④ 我没钱了,能借点给我吗?

⑤ 我没钱了,借点给我吧!

⑥ 我没钱了,你应该借点给我!

⑦ 借点钱给我吧!

⑧ 你必须借点钱给我!

⑨ 我需要点钱! 拿点给我吧!

⑩ 拿点钱给我吧! 我没钱用了!

注:每个人必须从上面的列表中选择选项对应的序号填进表格的最后两栏,每栏至少填一个选项。每栏的解释如下:

① 对本国人借钱:按照你们国家的借钱习惯选哪个?

② 对中国人借钱:你认为向中国同学借钱要选哪个?

例[43]设计的目的是考察日常生活中典型的借钱事件在不同民族话语中的

处理方式以及在跨文化交际时的处理策略。通过比较这两个参项以及观察同一个参项的升降变化可以得出文化和移情值之间的关系。决定一个人究竟选择哪个选项作为话语的输出主要取决于两个方面：

　　① 客观方面：事件参与者的母语和目的语的话语选择习惯；

　　② 主观方面：话语参与者对环境的实时评估。

　　客观方面可以量化计算，主观因人而异，就不好量化处理了，也很难有统一的标准去计算和评价。因此，优选评估就需要采用两个不同的方法来分别处理，考察主客观因素对话语输出的影响。同时，我们需要用某种手段将这种不同处理的结果合并为一个统一的过程，并得到一个综合的最终结果，即优选项。因为所有话语的优选结果都是主客观的综合权衡。

　　通过对留学生的调查，我们得出如表 4-3 所示的结果。

表 4-3　留学生调查反馈表

国籍（人数）	学汉语时长/年	来中国时长/年	对本国人借钱	对中国人借钱
柬埔寨（6）	1～4	0.5	②③	②③
苏丹（5）	2～3	0.5	⑨⑩	②③
塞拉利昂（6）	1	0.5	④⑦⑨	③⑤
韩国（4）	0.5～1	0.5	②③	②③
美国（5）	0.5～1.5	0.5	⑦⑨⑩	②③

　　表 4-3 可以从横向和纵向两个维度考察。

　　(1) 横向看，主要是考察不同民族语言和汉语之间在借钱事件上的对应关系。序号的变化主要有三种：上升、下降和不变，如图 4-16 所示。

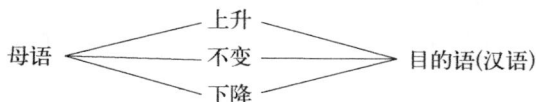

图 4-16　不同民族语言和汉语之间和谐度的变化

　　图 4-16 反映了两个视角：母语到目的语和目的语到母语。它们互为逆关系。这里选择留学生自己的母语到汉语的视角。假如受试中目的语（汉语）处于上升位，则说明是文化移情选择，言者说话时从目的语视角组织话语的，上升间度越大，移情值越高，反之就低；假如受试者两栏选择一样的结果，则说明两个民族在该事件的移情处理上具有相同的语言策略；假如目的语（汉语）处于下降位，

则说明言者从母语的视角组织话语。从自己的母语视角组织话语很容易产生交际障碍,间度越大,则越容易交际失败。这里的移情值比较梯度是以母语和目的语自身客观的移情序列为基础的。表 4 - 3 就反映了留学生运用汉语的移情程度。

（2）纵向看,考察不同民族之间在借钱话语优选上的差异。通过对候选项的不同选择可以看出不同民族在借钱事件上的处理策略的差异,进而可以看出他们的民族性格和表达风格上的不同。结果显示,话语使用策略差异并不是按国家或区域划分,而是按照文化来分的。这里大致可以分为两类:汉语文化圈和英语文化圈。柬埔寨和韩国属于汉文化圈,苏丹、塞拉利昂和美国属于英语文化圈。这两种不同文化的差异在话语上体现出了一致性。因此,有关语言体现出民族差异的观点是不准确的。不同民族和国家在语言表达上确实有差异,但文化圈之间的差异在语言上的表现才具有类型学上的意义。因为,不同民族之间话语表达不会必然有差异,而文化不同则一定会有差异。从事对外汉语教学的老师都会感觉到,尽管非洲学生和欧美学生的来源地相差很远,但他们在话语表达和行为方式上确实有很多的相似之处。

汉文化圈的受试者选择例[43]的高位选项,偏向于委婉表达;英语文化圈选择低位选项,偏向于直接表达。这个结果基本上和我们的认知一致。至于个体之间选择的具体差异以及意外选项主要是受主观评估的影响。这也说明了,跨文化话语选择既会受到相对客观稳定的目的语和母语移情序列的制约,也会受主观评估的影响。

在表 4 - 3 中,移情现象在汉文化圈中的前后选项保持不变,但这不证明没有移情,只是移情值较低而已。英文化圈的移情表现得非常明显,母语和汉语之间选项的跨度很大,且都倾向于选择汉语移情序列的高位选项。这说明了来中国的留学生在用汉语表达时基本上有跨文化移情现象,采用了移情策略。但受到汉文化、汉语水平以及认知评估的限制,他们并未能选择处于最高位置的候选项。

4.4.3　优选论的不足及其原因

这些本国语的选项差异反映了不同民族语言表达方式的不同。这体现在选项序号的升降上。序号越小,表明表达越婉转,移情值越高,反之就低。目的语选项的不同可以看成是不同民族对借钱事件的跨文化优选差异,也可以反映言者对目的语汉语的熟悉程度。越熟悉,迁移度越高,反之就低。但是,无论言者如何选择,都是主客观的综合判断。这里既有语言中常规的默认表达,也有因环境变化而对常规形式的调整。

经典的 OT 语法只是将生成器生成的候选项集分割为两个子集,即独元的优选项集和非优选项集。这种二分的 OT 模式无法解释表 4-3 中不同人员的不同选择。因为,如果按照经典 OT 这种形式化的推导,则一组候选项只可以有一个输出,不可能有不同移情值的候选项输出。这种理论明显不符合语言表达的实际情况。一组具有不同移情值的候选项构成了一个移情的梯级,话语输出并不一定得是移情值最高的成分。而且,这种现象在语言中是一种常态,在特定环境下也会使用,形成了一种一义多形的变体①。语言的实际表现远远超出了经典 OT 能够描写的范围。

Coetzee 对经典 OT 语法提出了一种在不改变其核心思想和分析程式基础上的改进措施。这主要包含两个方面:首先,将经典 OT 中评估器对候选项集的二层分割改为多级分割,称为等级序列评估模式(rank-ordering model of EVAL)。这打破了优选项只可以有一个成分的限制,在一个梯级中可以允许多个候选项成为最终的优选项。这些优选项的地位并不相同,处于最高等级的优选项为最优项,是系统缺省优选项。处于第二位置的为次优项,语言中也是可以见到的,只是在使用频率上没有最优项高。余者以此类推。这种思想实际上是对经典 OT 评估的重新解释,将原来 OT 语法忽视的认为无须考虑的信息重新捡起来加以运用。这种对评估器的扩大理解很好地解释了语言的变异现象,即一种思想多个形式的问题,也很好地解释了对词语固化判断的分析。

其次,扩展了评估器的评估能力,将原来只可以评估来自同一个输入项的候选项集扩展为可以评估来自不同输入项的候选项集。在自然语言的实际形义匹配中,很多时候输出的形式与要表达的内在思想之间相差较远,根本无法做到忠实性的对应。这就意味着一个思想的输出形式可能和它的本原命题形式之间没有多大的关系。如果我们仅仅将评估器局限于同一个输入项,那么也就意味着在实际的评估中有大量的话语根本没办法找到对应的优选输出,或者反过来一个优选输出找不到一个对应的输入项,这显然有违 OT 语法的精神。如果我们将评估器的评估能力扩大到可以评估任意的候选项,显然就解决了这个矛盾。图 4-17 显示了两种 OT 语法评估模式的差异:

---

① 这里采用思想而不用命题之类的是因为构成一个移情梯级的候选项集可能有不同的相互独立的输入项,这和经典的 OT 理论强调候选项来自同一个输入端是不同的。也就是说,一个移情梯级可能是由多个相互独立的命题独立投射出来的。

$$经典\ OT\ 评估模式：2层$$

$$\{K_1\}$$
$$|$$
$$\{K_2，K_3，K_4，\cdots\}$$

$$等级序列评估模式：多层①$$

$$\{K_1\}$$
$$|$$
$$\{K_2\}$$
$$|$$
$$\{K_3\}$$
$$|$$
$$\{K_4\}$$
$$|$$
$$\cdots$$

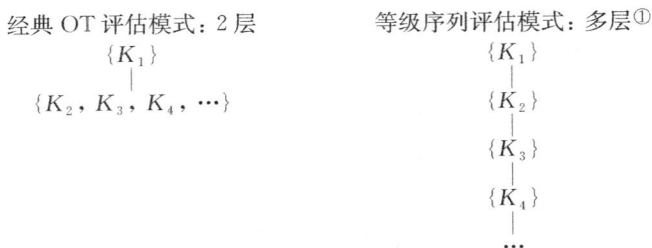

图 4-17　两种 OT 语法评估模式差异

这种 OT 语法的柔性处理方式更适合语言的实际情况。我们完全可以用这种模式来描写和分析语言中的移情现象②。但是，该模式并没有发展出一种技术手段去解释一个等级序列为什么在不同环境下优选出了具有不同移情值的候选项，而不是最高移情值的候选项。

这种模式可以解释语言中变体的存在状态，却不能够描写变体的使用机制。这实际上和真正的优选思想是有偏离的。优选论指在诸多候选项中把最好的候选项选择出来，而不是仅仅描写候选项之间的关系和存在状态。显然，级差模式并没有完成优选过程。最终，这种级差序列还是得回到特定的输出上。这样看，这种级差理论也仅仅实现了完整优选过程的一半而已，并不是一个完整的体系。所以，它的解释力还是非常有限的。

之所以存在这种问题，主要因为级差理论本质上还是一种静态理论，类似于语法和语用的关系。级差理论是语法问题，而优选论的本质是语用理论，涉及语境下的动态优选问题。当一组候选项和特定认知环境结合时，就受到了认知环境的制约，这时每个候选项的移情值会重新调整，进而重新排序，最后得出的结果和语言中客观的等级序列不同也是理所当然的。跨文化交际本身就是在特定认知环境下的特定话语优选，显然语境对移情优选的过程会产生重要的影响。这是一个动态过程，等级序列理论并不能够解决这样的问题。下面的几节主要尝试讨论优选论在跨文化交际中的动态优选问题。主要分为两个部分：客观优选和主观加权。

4.4.4　客观移情等级序列的运算与讨论

跨文化话语的移情优选实际上反映了由语义表征到句法表征的函数。移情

---

① 这里的表达和 Coetzee(2004)的表达视角不同。他的侧重于评估，这里侧重于结果。

② 优选论中的一对多问题，学者们一直在关注，如 Kiparsky(1993)、Hammond(1994)等提出的制约条件部分等级排列理论，Anttila(1997)的部分制约条件之间层级关系不确定理论(non-ranking)；Boersma(1997)等提出的随机域值分布理论，Kager(1999)的多制约等级体系并存理论等。每种理论各有自己的优点和不足。

特征就体现在制约条件中。和一般同文化话语交际不同的是这种话语意图到句法的映射受到母语的影响比较大，即存在着跨文化的语码转换，因而不管是话语的产生还是理解都比同文化交际难得多。正是这种转换的存在，使得输入和输出形式很多情况下都是不同的映射，具有转换（或翻译）的特征。实际上，大多数情况下，生成器生成的候选项集由和某个话语意图相关的不同来源输入项生成的输出项集合并构成。这种思想符合语言的实际，和经典 OT 理论中的生成器不同。经典 OT 中的候选项仅仅由同一个输入来源的形式不同的排列构成，其原因是 OT 的产生来自语言学，没有话语表达这么复杂的推导过程。话语表达的生成器要能够生成话语意图命题形式之外的关联推导出来的形式。这可以定义如下：

定义 35：GEN 函数

设意义表征集为 M，形式表征集 $F = \{f_i \mid \bigcup_{i \geqslant 1} f_i$，$f_i$ 为不同形式来源的一个子集\}，F 是意义 m_i 的形式投射集合，$m_i \in M \rightarrow \mathrm{GEN}(m_i) \in F$。

GEN 函数和 Coetzee 的输入项观点本质上是一致的。这个定义本身是清晰的，但是，如何使用这个定义就有问题。因为，除了话语底层的命题形式及其推导是确定的之外，其他的一些说话中产生的变异形式生成器是如何产生的，目前并不清楚。因而，该生成器的构建是话语优选模型处理的难点。因为本案例中候选项已经给出，不涉及生成器问题。所以，这里的问题可以忽略。

接下来考察例［43］中一组例子的 OT 客观移情概率序列的运算过程。输入项 I 为命题，K 为生成的候选项集，生成器的输入命题和输出候选项集如下：

［**44**］生成器的输入命题和输出候选项集

I＝借点钱给我，

K＝{①，②，③，④，⑤，⑥，⑦，⑧，⑨，⑩}[①]。

首先，OT 激活和 K 相关的制约条件的偏序集 $\mathrm{CON}' \subseteq \mathrm{CON}$。这里，模型激活了话语移情优选制约条件集合{＊CulC；PoliC；PsychoS；ReasonC；InfoC；PreC；PrepO；PrepA}，它们的定义如下：

［**45**］话语移情优选的制约条件体系

PrepO：命题输出条件（prepositional output），目标话语和原话语输出表达方式一致。

PrepA：命题态度条件（prepositional attitude），说话者持积极、肯定、无损于对方的态度。

---

① 这里的序号是例［43］中候选项的序号。

PsychoS：心理移位条件（psychological shift），说话时心理上要移位于对方立场。

＊CulC：文化不冲突条件（＊cultural conflict），话语不能和目标语文化冲突。

PoliC：礼貌条件（politeness），说话要有礼貌。

ReasonC：合理性条件（reasonableness），话语要符合目的语的认知习惯。

InfoC：信息性条件（informativity），话语要提供足量信息。

PreC：表达方式条件（presentation），话语形式符合目标语话语表达方式。

这些条件形成如下的等级序列：

[46] 移情优选制约条件等级序列

$CON' = \{C_1：PreC \gg C_2：PrepA \gg C_3：＊CulC \gg C_4：ReasonC \gg C_5：PoliC \gg C_6：PsychoS \gg C_7：InfoC；C_8：PrepO\}$。

将制约条件的序列 CON' 和候选项集的序号填入下面的竞赛表中，并在违反制约条件的对应格子中打上"＊"号，如表 4-4 所示。

表 4-4　移情优选竞赛表

I	PreC	PrepA	＊CulC	ReasonC	PoliC	PsychoS	InfoC	PrepO
①	☞						＊	＊
②						＊		＊
③						＊		＊
④						＊		
⑤					＊	＊		＊
⑥		＊	＊	＊	＊	＊		＊
⑦					＊	＊		
⑧			＊		＊	＊		＊
⑨			＊	＊	＊	＊		＊
⑩			＊	＊	＊	＊		＊

根据表 4-4，我们可以解读出以下信息：

（1）尽管输入项 I 是一致的，但输出并不都是单一的映射。候选项集中的选项并不一定有同一来源。这些候选项和深层的命题结构 I 之间在映射过程中存在着不同程度的转换。也就是说，这部分候选项是经过认知上的关联推导实现的。

（2）并不是所有的候选项之间必然存在着移情等级差异。有些候选项之间尽管语义上存在着不同，但在移情值上并没有差异。比如②③④、⑤⑦、⑨⑩这三组候选项的移情值就是一样的。这说明移情和语义有关系，但并不是一回事。

（3）这些制约条件的序列关系是不变的，选取数量是有弹性的，可以根据表达需要动态调整，但一般以能够分化语言单位为准。我们一般所说的一个制约条件等级序列中无差异的候选项集（即等价类）只是一个相对的概念，可以通过增加制约条件的数量再次将它们排序。相反，也可以通过减少制约条件数量合并已有的等价类。至于是否需要这种操作由环境和语言表达的需要决定。例如，前面提到的②③④、⑤⑦、⑨⑩这三组候选项，在表 4-4 中是无法辨别的，移情值等价。但是，我们可以通过增加制约条件的方法将之区分开。

因而，OT 总是用满足交际需要的最少制约条件序集参与评估。不同环境下，面对不同的话语集合，需要的制约条件组合是不同的，数量大小也不一致。但必须遵守两个原则：① 需要原则，② 偏序一致原则。前者主要是指选择出来的制约条件组合要能够解决问题，将候选项集合划分开；后者是指制约条件之间的排序一定要有等级差异，否则评估出来的结果就不正确。这种偏序关系可以通过偏序计算获得。前面的原则保证能够解决问题，后面的原则确保分析正确。这和生成语法最简方案的主张是一致的，只是生成语法是原则体系，而 OT 是制约条件体系而已。这也是表 4-4 中为什么激活了这么多制约条件的理论基础①。

从表 4-4 中已经可以看出优选结果了，但有三点需要说明：

（1）这是一个静态的结果，可以从两个角度看：其一，违反制约条件最小的候选项是该制约条件体系下的优选项；其二，整个候选项集合因违反制约条件体系的不同，而表现出了一种级差关系。前者属于经典优选论视角，后者属于级差评估视角。

（2）这里不涉及特定环境下候选项的动态调整问题。无法解释处于级差中间的候选项为何有时会成为优选输出。换句话说，这个表仅仅完成了实际优选的一半任务。

（3）这里仅仅显示了评估的结果，至于认知上是如何计算的，此表并不反映。所以，这里仅仅是一种定性上的描写，而不是解释。我们可以采用这种优选竞赛表描写语言的优选情况，但是无法获知内部的运行机制。OT 移情语法是

---

① 最前面的制约条件在这个例子中是可以删除的，保留的原因是起到提示作用。我们这里的候选项集并不是一个全集，只是全集的一个很小的子集。在跨文化交际中，很多时候由于受到母语的影响或对目的语的不熟练，经常会出现一些不符合目的语表达方式的话语。在这种情况下，这个制约条件就起作用了。

一套形式化程序,需要自动完成评估、判断以及表 4-4 结果的输出。所以,这里的竞赛表只是我们认知分析和直观表达的需要,OT 本身并不需要。OT 要做的就是给定一个输入,完成评估和结果的输出。这样,我们可以将 OT 看成是一个广义函数对语言输出情况的模拟。

因此,我们实际上要完成两个任务:

第一,语言中静态优选的自动化运算机制,也叫客观优选。其目的是获得语言中的常规优选序列,或者叫移情优选潜势。这是实时变化的参考基础。

第二,静态优选结果的动态加权运算。这是解释在特定环境下的非优选项成为输出的内在机制。

接下来,我们首先讨论 OT 对语言中静态优选的运算过程。

首先,OT 需要求出每个候选项的得分向量(score vector),然后根据得分向量给候选项排序,表述如下:

定义 36:映射候选项集到 $\dot{u}$ 的制约条件

设 CON 为制约条件集,K 为被评估候选项集,$\forall C \in CON$:

C:$K \rightarrow \dot{u}$ 使得 $\forall k \in K$,$C(k)$ = 违反制约条件的数量。

得分向量也是确定候选项集中成员等价关系的依据。下面采用有序偶$\langle x,y\rangle$方式列出每个制约条件对候选项集评估的得分向量:

[47] 制约条件下的得分向量

$C_1 = \{\langle①,0\rangle, \langle②,0\rangle, \langle③,0\rangle, \langle④,0\rangle, \langle⑤,0\rangle, \langle⑥,0\rangle, \langle⑦,0\rangle, \langle⑧,0\rangle, \langle⑨,0\rangle, \langle⑩,0\rangle\}$

$C_2 = \{\langle①,0\rangle, \langle②,0\rangle, \langle③,0\rangle, \langle④,0\rangle, \langle⑤,0\rangle, \langle⑥,1\rangle, \langle⑦,0\rangle, \langle⑧,0\rangle, \langle⑨,0\rangle, \langle⑩,0\rangle\}$

$C_3 = \{\langle①,0\rangle, \langle②,0\rangle, \langle③,0\rangle, \langle④,0\rangle, \langle⑤,0\rangle, \langle⑥,1\rangle, \langle⑦,0\rangle, \langle⑧,0\rangle, \langle⑨,1\rangle, \langle⑩,1\rangle\}$

$C_4 = \{\langle①,0\rangle, \langle②,0\rangle, \langle③,0\rangle, \langle④,0\rangle, \langle⑤,0\rangle, \langle⑥,1\rangle, \langle⑦,0\rangle, \langle⑧,1\rangle, \langle⑨,1\rangle, \langle⑩,1\rangle\}$

$C_5 = \{\langle①,0\rangle, \langle②,0\rangle, \langle③,0\rangle, \langle④,0\rangle, \langle⑤,1\rangle, \langle⑥,1\rangle, \langle⑦,1\rangle, \langle⑧,1\rangle, \langle⑨,1\rangle, \langle⑩,1\rangle\}$

$C_6 = \{\langle①,0\rangle, \langle②,1\rangle, \langle③,1\rangle, \langle④,1\rangle, \langle⑤,1\rangle, \langle⑥,1\rangle, \langle⑦,1\rangle, \langle⑧,1\rangle, \langle⑨,1\rangle, \langle⑩,1\rangle\}$

$C_7 = \{\langle①,1\rangle, \langle②,0\rangle, \langle③,0\rangle, \langle④,0\rangle, \langle⑤,0\rangle, \langle⑥,0\rangle, \langle⑦,0\rangle, \langle⑧,0\rangle, \langle⑨,0\rangle, \langle⑩,0\rangle\}$

$C_8 = \{\langle①,1\rangle, \langle②,1\rangle, \langle③,1\rangle, \langle④,1\rangle, \langle⑤,1\rangle, \langle⑥,1\rangle, \langle⑦,0\rangle, \langle⑧,1\rangle, \langle⑨,1\rangle, \langle⑩,1\rangle\}$

根据上面的得分向量,我们可以得出每个制约条件对候选项的排序,如图 4-18 所示。

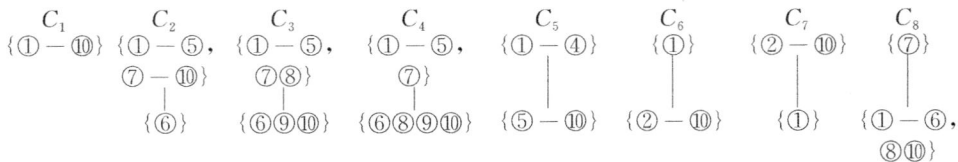

图 4-18　单制约条件下候选项的排序

图 4 - 18 中每个制约条件下花括弧中的成分值相同，为等价关系"$\approx_{Ci}$"，满足自反性、对称性和传递性。花括弧可以看成是等价类，在同一个等价类中，其成分之间的移情值是无法辨别的。图 4 - 18 是直观表达，OT 直接将之转换成商集序。

定义 37：K/C 集合上的序关系

所有的 $C \in \mathrm{CON}$ 和所有的 $fk_1,,c$，$fk_2,,c \in K/C$：[1]

$fk_1,,c \leqslant fk_2,c$，当且仅当 $C(k_1) \leqslant C(k_2)$。

根据 K/C 序关系的定义，我们可以得出每个制约条件下候选项的商集序，如下：

[48] $\langle K/C, \leqslant_c \rangle$：$K/C_1 = \{\{① - ⑩\}\}$

$K/C_2 = \{\{① - ⑤, ⑦ - ⑩\} \leqslant_{c_2} \{⑥\}\}$

$K/C_3 = \{\{① - ⑤, ⑦ - ⑧\} \leqslant_{c_3} \{⑥⑨⑩\}\}$

$K/C_4 = \{\{① - ⑤, ⑦\} \leqslant_{c_4} \{⑥⑧⑨⑩\}\}$

$K/C_5 = \{\{① - ④\} \leqslant_{c_5} \{⑤ - ⑩\}\}$

$K/C_6 = \{\{①\} \leqslant_{c_6} \{② - ⑩\}\}$

$K/C_7 = \{\{② - ⑩\} \leqslant_{c_7} \{①\}\}$

$K/C_8 = \{\{⑦\} \leqslant_{c_3} \{① - ⑥, ⑧ - ⑩\}\}$

K/C 为移情优选候选项集 K 上的一个分割，具有两个方面的特征：

（1）K 中的所有成员都被归入一个且仅仅一个等价类 $fk_i,,c$ 中；

（2）每个 $fk_i,,c$ 占有并仅仅占有移情链中的一个位置。

$\langle K/C, \leqslant_c \rangle$ 是一个链序且有一个违反制约条件最小的候选项。该候选项是最和谐的，因而移情值最大，为该序列的默认输出项。$\langle K/C, \leqslant_c \rangle$ 和候选项集 K 之间有严格的对应关系。如果 $k_1 \leqslant k_2$，那么一定 $fk_1,,c \leqslant_c fk_2,,c$，反之亦然。

到这里我们实际上论述的都是每个制约条件对候选项评估获得的单序。然而，OT 语法反映的是整个制约条件集合对候选项的综合评估。所以，我们需要获得完整 EVAL 上的 K/C 的链。这就需要将单个制约条件的候选项序合并。OT 通过求制约条件集合下商集的笛卡尔积，获得制约条件体系整体评估的结果。具体步骤如下：

首先，将制约条件的单序通过笛卡尔积整合在一起，定义如下[2]：

---

① 这里的符号"$fk_1,,c$"表示等价类。

② 这里采用 Coetzee(2004)的表示法。

定义 38：制约条件集合下 K/C_i 之间的笛卡尔积

$V_{i \in I} K/C_i := \{ f \mid f$ 是一个域为 I 的函数，且 $\forall i (i \in I \to f(i) \in K/C_i) \}$

集合 $V_{i \in I} K/C_i$ 被定义为 $K/C_\times$。

根据定义 38，我们可以得出偏序商集 $\langle K/C, \leqslant_c \rangle$ 的积 $K/C_\times$，并求出笛卡尔积的数量，如下：

$$
\begin{aligned}
\text{[49]}\ K/C_\times &= \{ K/C_1 \times K/C_2 \times K/C_3 \times K/C_4 \times K/C_5 \times K/C_6 \times \\
&\quad\ K/C_7 \times K/C_8 \} \\
&= \{ 1 \times 2 \times 2 \times 2 \times 2 \times 2 \times 2 \times 2 \} \\
&= \{ 128 \}^①
\end{aligned}
$$

$K/C_\times$ 中的数量 128 为 $\langle K/C, \leqslant_c \rangle$ 中每个商集 K/C_i 中等价类的数量乘积，表示集合 $K/C_\times$ 可以获得 128 个子集，或者叫子序列。我们可以按照下面的方式将之排列：

$$
\begin{aligned}
\text{[50]}\ K/C_\times = &\{ \langle \{①—⑩\}, \{①—⑤, ⑦—⑩\}, \{①—⑤, ⑦—⑧\}, \{①—⑤, \\
&⑦\}, \{①—④\}, \{①\}, \{②—⑩\}, \{⑦\} \rangle, \\
&\langle \{①—⑩\}, \{①—⑤, ⑦—⑩\}, \{⑥⑨⑩\}, \{①—⑤, ⑦\}, \\
&\{①—④\}, \{①\}, \{②—⑩\}, \{⑦\} \rangle, \\
&\cdots \}
\end{aligned}
$$

由于数量太大，在这里只用部分成员作为代表，余者依次类推。集合 $K/C_\times$ 是一个全集，有两个特征：

（1）整个的 $K/C_\times$ 是一个非序集；

（2）$K/C_\times$ 集合中的每个成员本身是一个笛卡尔序。

因为存在这两个属性，我们就可以将所有的 128 个成员放到一起，按照内部成分的得分向量将它们排成一个字典序。定义如下：

定义 39：建立在 $V_{i \in I} K/C_i$ 上的字典序

定义如下：

$\langle x_1, x_2, \cdots, x_n \rangle \leqslant \langle y_1, y_2, \cdots, y_n \rangle$ 当且仅当

（1）对于所有的 $i \leqslant n$，$x_i = y_i$，那么 $\langle x_1, x_2, \cdots, x_n \rangle = \langle y_1, y_2, \cdots, y_n \rangle$，否则

（2）$\forall i (i < k \to x_i = y_i)$，并且 $x_k < y_k$，那么 $\langle x_1, x_2, \cdots, x_n \rangle < \langle y_1, y_2, \cdots, y_n \rangle$。

---

① 这里的花括弧表示这个集合中有 128 个元素或成员。

我们只要将前面商集 K/C_i 中的等价类变成定义 39 中的 x_i 和 y_i，将前面的笛卡尔积 $K/C_\times$ 的序 $\leqslant_\times$ 变成定义 39 中的字典序，就可以将前面的 $K/C_\times$ 排序。表达如下：

[51] $\langle K/C_\times, \leqslant_\times \rangle$：

$\{\langle\{①-⑩\},\{①-⑤,⑦-⑩\},\{①-⑤,⑦-⑧\},\{①-⑤,⑦\},\{①-④\},$
　$\{①\},\{②-⑩\},\{⑦\}\rangle,$

$\langle\{①-⑩\},\{①-⑤,⑦-⑩\},\{⑥⑨⑩\},\{①-⑤,⑦\},\{①-④\},\{①\},$
　$\{②-⑩\},\{⑦\}\rangle,$

　$\cdots\}$

例[51]和例[50]中的子项排列看起来很像。但是，它们之间有本质的区别。例[50]不能保证集合中所有的序列排序是有序的，而例[51]却是一个按照和谐度由大到小的有序的排列。也就是说，序列中的子序列越靠近前面，违反制约条件体系的程度越轻，反之就高。

为了更清晰看出这种字典序关系之间的不同，可以将例[51]序集 $\langle K/C_\times, \leqslant_\times \rangle$ 中的每个笛卡尔积序列转换成得分向量，则上面例[51]的两个序列可以表示如下：

[52] 笛卡尔积的得分向量序列

$$[1]=\langle\{0\},\{0\},\{0\},\{0\},\{0\},\{0\},\{0\},\{0\}\rangle$$
$$[2]=\langle\{0\},\{0\},\{1\},\{0\},\{0\},\{0\},\{0\},\{0\}\rangle$$

例[52]中序列[1]和序列[2]的不同就在于后者第三个花括弧中的数值是 1，前者是 0。所以，序列[1]排在序列[2]的前面，表示前者比后者更和谐。余下的 126 个序列可以以此类推。从而，OT 可以将所有的笛卡尔积序列按照得分向量由小到大排序。但是，这里的结果远不符合我们的认知。我们需要的是将前面例[43]中的一组例子按照移情值大小降序排序，而不是这个庞大的序集 $\langle K/C_\times, \leqslant_\times \rangle$。显然，这里的冗余项太多了。因而，集合 $\langle K/C_\times, \leqslant_x \rangle$ 需要简化成例[43]的形式。OT 采用的方法是求集合 $\langle K/C_\times, \leqslant_x \rangle$ 的交集，并将之排序，定义如下：

定义 40：$K/C_\times$ 上的交集 $\psi(K)$

让 $fx_i,,c_i$ 代表等价类，$\langle fx_1,,c_1, fx_2,,c_2, \cdots, fx_n,,c_n \rangle \in K/C_\times$，那么可以定义交集 $K/C_\times \rightarrow \psi(K)$ 如下：

假如 $fx_1,,c_1 \bigcap fx_2,,c_2 \bigcap \cdots \bigcap fx_n,,c_n = \phi$，那么
$\psi(\langle fx_1,,c_1, fx_2,,c_2, \cdots, fx_n,,c_n \rangle)$ 是不明确的，否则

$$\psi(\langle fx_1,,c_1,\ fx_2,,c_2,\ \cdots,\ fx_n,,c_n\rangle) = fx_1,,c_1 \bigcap fx_2,,c_2 \bigcap \cdots \bigcap$$
$fx_n,,c_n$。

最后将交集的结果定义如下：

定义 41：交集 $\psi(K)$ 的集合 K/C_{come}

$K/C_{come} = \{Z \mid \exists \langle fx_1,,c_1,\ fx_2,,c_2,\ \cdots,\ fx_n,,c_n\rangle \in K/C_\times$，使得 $Z = \psi(\langle fx_1,,c_1,\ fx_2,,c_2,\ \cdots,\ fx_n,,c_n\rangle)\}$。

定义 42：集合 K/C_{come} 的链序

让 $(fx_1,,c_1 \bigcap fx_2,,c_2 \bigcap \cdots \bigcap fx_n,,c_n), (fy_1,,c_1 \bigcap fy_2,,c_2 \bigcap \cdots \bigcap fy_n,,c_n) \in K/C_{come}$。 那么

$\langle fx_1,,c_1,\ fx_2,,c_2,\ \cdots,\ fx_n,,c_n\rangle, \langle fy_1,,c_1,\ fy_2,,c_2,\ \cdots,\ fy_n,,c_n\rangle \in K/C_x$。 则

$\langle K/C_{come}, \leqslant_{come}\rangle$ 可定义为

$(fx_1,,c_1 \bigcap fx_2,,c_2 \bigcap \cdots \bigcap fx_n,,c_n) \leqslant_{come} (fy_1,,c_1 \bigcap fy_2,,c_2 \bigcap \cdots \bigcap fy_n,,c_n)$ 当且仅当

$\langle fx_1,,c_1,\ fx_2,,c_2,\ \cdots,\ fx_n,,c_n\rangle \leqslant_x \langle fy_1,,c_1,\ fy_2,,c_2,\ \cdots,\ fy_n,,c_n\rangle$。

根据定义 40 至定义 42，OT 只要按照前面字典序的顺序从前到后找出每个成分的交集，就可以得出上面 $\langle K/C_\times, \leqslant_x\rangle$ 的交集序。这个交集序也是 128 个成分，但大多数交集都是空集。类似如下：

[53] 定义在集合 K/C_{come} 上的交集

$$[1] = \langle\{①,②,③\},\{①,②,⑤\},\{①\}\rangle \qquad\qquad ①$$

$$[2] = \langle\{①,②,③\},\{①,②,⑤\},\{②,⑤\}\rangle \qquad\qquad ②$$

$$[3] = \langle\{①,②,③\},\{①,②,⑤\},\{③,④\}\rangle \qquad\qquad \phi$$

$$\cdots$$

例[53]中，序列[1]中的交集为①；序列[2]中的交集为②；序列[3]中的交集为 ϕ。序集 $\langle K/C_\times, \leqslant_x\rangle$ 中的所有成员都可以得出这两类值中的一个。当然交集的值可能不止一个，存在着多个成分的可能。因为，这里得出的交集反映的是等价类，不是单个候选项的值。只要在同一个位置存在多个交集值，该位置就是一个多值等价类。例如，本节中分析的例子②③④就处于同一个位置中。序集 $\langle K/C_\times, \leqslant_x\rangle$ 的 128 个成分中大多是空集，需要删去。最后，剩下的交集序列就是 OT 评估得出的链序 $\langle K/C_{come}, \leqslant_{come}\rangle$。 表示如下：

[54] $\langle K/C_{come}, \leqslant_{come}\rangle$：

☞　①
☞　②③④
☞　⑦
☞　⑤
☞　⑧
☞　⑨⑩
☞　⑥

　　例[54]中的交集自上而下构成了一个移情等级序列。这和前面表 4-4 看起来相同,但本质不一样。表 4-4 是基于认知直觉的判断,是一种定性分析结果。例[54]是 OT 语法基于和候选项相关的所有移情制约条件评估后获得的严格等级序列,通过数学模型计算而生成的结果。$\langle K/C_{come}, \leqslant_{come} \rangle$ 是一个链序,有一个最小违反值①,也是一个对候选项集 K 的分割。需要注意的是当我们讨论 OT 语法的输出项时,我们实际上指的相当于是语法上无区别的一个集合。也就是,这个链序中的每一层都是一个等价类,尽管有的只包含一个成分。

　　尽管链序[54]中的每一个成分都有成为输出项的可能,但它们的地位并不均等。处于链序最顶端的候选项①因违反制约条件最少,因而移情值最高。在其他因素恒定的情况下,它是最优的选项。候选项②③④违反制约条件比候选项①要多。所以,其移情值相对就低,成为次优选项。即当候选项①不出现时,它们就是最优选项。依次类推,一直到违反制约条件最多的候选项⑥为止。由此可以看出,在链序[54]中移情值随着等价类位置的下降而相应地降低。

　　移情等级序列与认知有一定的关系。越往序列的前面,移情值越强,被认知提取的可能性越大,反应的时间就越短,反之提取的可能性就越小,时间就越长。当移情值低到一定程度时,就达到了移情关键分割线(crucial cut-off line)。关键分割线以下的候选项一般不会自然无标记地出现在语言中,而是需要语境的支撑才可以出现。一般情况下,离关键分割线越远,移情值就越低,语境依赖度就越大。这里讨论的例子没有涉及关键分割线的情况。

　　移情等级序列改进了传统 OT 二级分割优选的不足,使得优选论在话语输出时不再仅仅受到深层命题向表层形式投射唯一性的局限,也不再受到语言中一些变异形式处理的困惑,而是赋予了对自然语言现象的强大解释力和优越性。Coetzee 通过提取时间、使用频率和固化程度几个参项考察了词语的固化问题。但他也没有运用等级序列来处理话语优选的问题。等级序列的每个候选项都有成为输出项的可能,等级序列仅仅反映的是语言的表现状态,并不能告诉我们某种语境下的具体结果。因而,例[54]的评估结果和表 4-4 一致,但并不符合

表 4 - 3 中的实际调查结果。要达到表 4 - 3 的结果还需要在规约性常规移情链序上加进语境因素,形成综合性的评估。接下来讨论这个问题。

4.4.5　移情等级序列的主观加权运算

4.4.5.1　移情优选的心理现实性

　　理论上,人类的话语从思维深层思想到表层话语形式的投射是无穷的。但是,人类实际选择的范围是非常有限的。而且,在候选项集合中的诸多可选的选项之间地位也不均等。它们形成了一个递降的梯度,越往后认知提取的难度会越大。所以,有的选项尽管是可以提取的,但在绝大多数的情况下是不会出现的。这符合话语频率的语感,也和优选论的等级序列理论相一致。所以说优选论的等级序列模式是符合心理现实性和话语实际表达感知的。

　　等级序列模式在不改变经典 OT 理论评估架构的前提下,重新解读和处理优选结果并扩大了生成器的生成范围。这种改进实际上更加匹配语言的实际情况。因为语言本身就是一个模糊范畴集合,各范畴之间的界限并不清晰,相互联系在一起,在一些属性上处于梯级状态。从 Coetzee 提出这个改进以来,他用等级序列模式理论分析解释了语音上的变异和词语词化的判断,但并没有将这个理论拓展到句法甚至话语的领域。

　　Coetzee 没有将该理论拓展到话语层面是因为受该理论本身局限性的制约。不管是经典 OT 理论还是等级序列模式都是对语言现象的静态分析,并不涉及动态的语用。因此,我们获得了等级序列也只是完成了话语优选的客观基础。至于话语者究竟选哪个候选项还要参考实时的认知环境因素。这解释了实际语言中有时等级较低的候选项比等级较高的候选项更和谐的原因。然而,认知环境很难用规则或制约条件来统一描述。这也是为什么 OT 语法在语用领域难以延伸的主要原因[①]。

　　我们平时说话时对于相同思想有一系列表达形式。这些表达形式在移情值上并不相同,有的移情明显一点,有的隐含一点,由此,构成了一个移情度等级序列。处于等级序列最上端的候选项移情值最高,一般是优先提取项,也是认知调取最快的候选项。但是,移情值最高不一定最合适。这在自然语言表达中经常出现,有些句子甚至不合语法,但用在一定环境中很和谐得体。这说明语言使用得好与不好,不仅仅是语言自身的问题,还存在与环境的匹配问题。理论上看,

---

　　① 目前语用学领域的 OT 处理主要是建立在 Blutner(2000)的双向优选基础之上的。单项优选的语用分析并没有得到多少发展。

单纯的句子没有好坏和适合与否的问题，只有在一定环境中才体现出合适性。但句子自身有种体现价值的潜势，这种潜势是有差别的。这是我们分析语言客观移情序列的基础。

句子潜势在语言上表现为出现频率、使用优先性和调取时间等方面的不同。处于最高潜势的句子倾向于优先使用，但并不必然如此。在表现某个思想的序列中，最终谁胜出成为最终优选项，还要看说话者主观上对环境评估后的加权。这种评估很复杂，是很难用数学方法精确计算，但根据移情对象参与的情况，一般可以有以下等级：

[**55**] 话语移情等级序列（1）：双向移情＞单向移情＞互不移情

如果言语交际中双方都能移情于对方，则这样的话语和谐度最高①。如果只有一方移情，话语的移情和谐度就会低。这又分为两种情况：假如说话者移情，听者不移情，话语会继续，和谐度会比双向移情差；假如说话者不移情，听者移情，话语还是会继续，但这交际和谐度比言者移情的和谐度又低些。如果双方都不移情，大多数情况下交际是失败的，即使有时交际没有中断。从而，序列[55]又可以扩展为：

[**56**] 话语移情等级序列（2）：

双向移情 ＞ 言者单向移情 ＞ 听者单向移情 ＞ 互不移情

当然，单纯的言者或听者本身都不能判断话语移情和谐度。只有通过对话的反馈才可以识别这种移情参与的程度。因此，话语移情是在交际中产生的一种互动心理，它的价值在对方的参照下实现。我们一直讨论的语言中的静态移情，即客观移情实际上就是一种语言存在的话语移情心理潜势，是没有实现的功能。

这说明了，日常话语并不仅仅是信息的传递，而是一种伴随情感交流的过程。情感是基础和前提，而信息传递是主体。理论上，所有的言语过程都是伴随着情感交流的过程，这个并不是跨文化交际所独有。只是，在跨文化交际上这种情感因素对交际达成的作用提高了而已。从这个意义上讲，移情分析适合于所有的话语分析，这也是我们一直坚持将移情现象上升为语法现象的主要原因。

我们的主观评估本质上就是对认知语境的评估②。认知语境是动态的，某一思想激活了特定的认知语境，随着关联推导，不断会有定识加进来，也不断会

---

① 这里的移情和谐度是指综合评估得分最高的项。
② 我们将一切环境因素和人的主观心理合为一体，在关联理论中这叫做认知语境。环境因素影响语言，归根结底，是通过认知实现的。

有定识删去。正是如此,一组具有潜势的候选项的具体输出也应该是动态的。这点明显不同于传统优选论的主张,也不同于等级序列评估的主张。传统优选论是不考虑认知和环境因素的,而是就语言形式本身计算优选项。等级序列评估建立了一个优选项等级序列,但是并没有考察这些具有输出潜能的候选项最终如何实现输出项,而只是考察了这个等级序列候选项出现的频率和认知调取时间之间的关系。话语本身就是一个动态的优选过程,每次的优选都应该是唯一的,因为语境是唯一的。接下来要处理的就是在一个表现为序列的移情区间里,计算出合适的输出项。

4.4.5.2　幂律分布与移情优选

幂律分布一般是指 Zipf 定律和 Pareto 定律这样的简单幂函数,一般表示为 $y = cx^{-r}$,其中 x 和 y 为正随机变量,c 和 r 为大于零的常数。幂律分布的最大特点就是少数成员规模较大,大多数成员规模较小。

Pareto 定律一般指钟形分布。这种分布不符合语言使用的实际情况。但 Zipf 定律和语言使用的表现相当一致。1932 年,Zipf 在研究英文单词出现的频率时,发现如果把单词出现的频率按由大到小的顺序排列,则每个单词出现的频率与它的名次的常数次幂存在简单的反比关系:$P(r) \sim r^{-a}$,这种分布就称为 Zipf 定律。它表明在英语单词中,只有极少数的词被经常使用,而绝大多数词很少被使用。实际上,包括汉语在内的许多国家的语言都有这种特点。这种分布最大的特点就是有一条长长的向下倾斜的幂指数直线,像一个长长的尾巴,所以 Zipf 分布又叫"长尾分布"。

例[54]的移情等级序列就符合幂律分布。从最高等级的候选项等价类到最低等级的候选项等价类,构成了一个等级序列。内部成分不仅在移情值上表现出了梯级差异,而且在使用频率和话语者调取时间上也都表现出了等级上的差异。语言中词汇在词频上表现出了极大的不平衡性,少数的词语占据了词汇使用频率的绝大多数。这是人类长期使用语言中自然形成的特点,深层的原因是经济性的体现。句子上,如此庞大的无限句子集合中,人类真正使用的句子却是很少的部分,并且少数句子占据了绝大多数的频率。这明显具有幂律分布的特点。从语感上看,一组有着移情梯级关系的句子,真正常用的也就是处在高位的几个句子。它们具有调取时间短、使用频率高等特点。越往后的句子使用频率越低,但相互之间频率差越小。这也符合幂律分布的特点。

除了客观移情序列体现出这种幂律分布特点之外,话语者对候选项的主观加权也会形成一个明显的幂律分布。一般来说,在特定环境中,话语者会做一个综合的主观评估,并根据评估结果形成一个主观的移情序列。处于最高位的这个选项就是加权值最高项。言者认为是概率最大的选项,依次排列下去,直到穷尽候选项集中的所有选项。最后,言者综合权衡客观和主观的序列,将综合概率最高的选项确定为优选输出项。

当然,实际的话语中,绝大多数情况下不需要走完全部的过程。因为,不管是客观序列还是主观加权序列,它们都是符合幂律分布的。真正特别活跃的成分也就前面几个。话语者在评估完前面几个句子后基本上也就得出答案了。这种思想是比较符合我们实际话语输出语感的。人类的话语很多时候都是一种模糊推理。尽管评估的过程非常复杂,但话语之间的幂律分布特征赋予了言语极简的操作。这种优选模式又称为做缺省优选或模糊优选。但是,作为一种用数学模型精确表达的理论,我们这里还是要做一个完整的分析,尽管在实际语言中并不需要。

4.4.5.3　基于幂律分布的加权与合并

从前面的表 4-3 可以看出,英语文化圈的留学生向本国人或向中国人借钱选择的候选项基本没有重合,且差异很大。对本国人倾向于低等级的候选项,而对中国人相对偏向于选择高等级的候选项。这种选择比较符合实际。因为,候选项等级越低,话语越直接,反之就越委婉。中国人偏向于委婉表达,英语文化圈的人偏向于直接表达。这说明,如果外国人面对中国人选择的候选项越是靠后,说明他们话语的移情值越低,反之就越高。

从表 4-3 统计结果来看,留学生基本上都采用了移情方式,而且移情值都比较高。但是,从例[54]的移情等级序列来看,最符合中国人表达习惯的最高移情表达选项不是选项②③⑤,而是候选项①。正如前面所说的,在实际话语优选时外国人受到认知语境的影响,最后的输出项不一定是移情值最高的候选项,而是因应环境最合适的选项,即结合主客观因素综合评估的选项。外国人受自身对目的语认识能力的限制,很难达到像本国人一样选择高移情值的句子。随着对目的语认识的加深,他们在句子的选择上会越来越合理,也越来越趋向于中国化,从而有效提高话语移情值。

在实时言语环境中,话语优选评估的主观加权就是言者根据实际环境在心理候选项集合中判断哪个候选项最适合当前环境,即概率最高。认知上从处于客观序列的最高成分开始筛选,如果该候选项不行,紧接着评估随后的候选项,依次评估,直到找到合适的候选项,搜索评估停止。当然,绝大多数情况下,前面的几个候选项就会有合适的选项,很难达到序列末端。很显然,评估加权虽然很重要,但是话语输出的基础级差依然是最重要的核心依据。

话语输出过程中,认知除了调取语言自身存在的具有移情值差异的静态候选项序列之外,还附加一个动态的主观加权序列。这两个序列都是必不可少的。客观序列保持话语的稳定性,是达成交际的基础;主观序列反映话语的灵活性,提高交际的顺应性和效率。二者基于相同的候选项集合,但在移情值的计算机制和排序上是不同的,并且互为前提。前者基于语言的移情心理,是民族习惯的定势在语言长期使用中的固化,是稳定的移情序列;后者基于认知语境的实时需要,具有个性化特征。不同的个体在面对相同情况时,可能会做出不同的判断和加权,从而输出不同的结果。这也是不同的人在相同环境下总是说出不同话语的内在机制。所以,决定一句话的最终输出主要取决于个体的主观加权。因为,客观序列可以看成是常数,不同的人都是一样的。这样看,客观序列对言语的变化推动作用不大。客观序列的主要作用是提供话语输出的基础,保持话语的稳定性和可理解性。主观序列才是话语变化的灵魂。接下来,我们尝试构建主观的加权算法。

首先,定义主观链序,该链序以链[54]为基础:

定义43:集合 $\langle K/C_{\text{come}}, \leqslant_{\text{come}} \rangle$ 上的主观链序

在话语移情优选中,存在着一条和客观移情链序 $\langle K/C_{\text{come}}, \leqslant_{\text{come}} \rangle$ 对应的按从大到小排列的主观概率加权链序 $\langle P_s, K/C_{\text{come}}, \geqslant_{\text{come}} \rangle$,定义为:

① $\langle P_s, K/C_{\text{come}}, \geqslant_{\text{come}} \rangle = \{P_s(fx_i,,c_i) \mid$ 假如存在 $P_s(fy_i,,c_i)$,则要么 $(P_s(fy_i,,c_i) > P_s(fx_i,,c_i)$,要么 $P_s(fy_i,,c_i) < P_s(fx_i,,c_i))\}$。

② $\langle P_o, K/C_{\text{come}}, \geqslant_{\text{come}} \rangle$ 为客观移情链序,且和 $\langle P_s, K/C_{\text{come}}, \geqslant_{\text{come}} \rangle$ 之间成分对应,即等价类对应。

现在最大问题就是这种主观移情加权如何确定。显然,认知语境是无限制的,这不能作为加权的依据,否则怎么处理都有问题。确定加权依据需要满足两点:

(1)客观性。尽管主观认知是动态的,但需要找出一种方法将之静态化处理,使得模型可以计算。

(2)简洁化。影响话语的因素很多,但是真正重要的、核心的因素很少。模型需要将之找出来,用于加权计算。其他诸多因素作为干扰因素处理。

如果找到了认知语境的特定属性,满足了上面两点,则主观加权计算就可以很容易处理。

根据对留学生的调查,在跨文化交际中,外国人首先考虑的是文化上的隔阂,然后才会考虑到相互之间关系的亲密度以及借钱原因的表述等相关因素。

这说明文化移情在跨文化交际中被放入首要的权重地位。但是,并不是有这种意识就会达到较好的移情效果。因为,还存在言者自身对目的语文化的认识和接受程度的差异,认识较深并自然接受的,在话语交际中移情度就高,反之就低。最后,还存在适度平衡的问题。言者总是想在母语和目的语之间找到一个表达的平衡点。这是跨文化交际中文化抵抗的反映。基本上所有的跨文化交际都或多或少存在这种现象。其根源在于对自身民族文化的认同,是民族文化向心力的体现。这也是造成话语者不会完全移情于目的语的重要因素。除此之外,还有许多因素都可以影响到话语者的主观判断和对候选项的概率赋值。

根据表 4 - 3 的调查,我们看到言者对本国和目的国之间话语权重的赋值存在着明显的不同。英语文化圈的留学生选择候选项②③最多,其次是候选项⑤。选择候选项②③是文化移情于言语对象的表达;选择候选项⑤并不能得出言者不移情于言语对象,而是相对平衡的表达,只能说明言者母语迁移较深。本国和目的国之间话语选择的差异体现了文化的适度移情,但不能解释候选项选择的规律或内在机制。

我们可以有这样的合理假设:跨文化交际中,偏向于目的语表达的话语移情值高于偏向于母语的表达,且这二者都高于无偏向的表达。由此形成下面的序列:

[57] 跨文化交际移情序列假设

目的语表达　　>　　母语表达　　>　　客观表达

以上假设是基于这样的思想:说话时偏向目的语表达是跨文化交际中移情心理的必然体现,即从对方的立场上说话,提高话语的交际效果。母语表达是自我文化认同对话语移情的制约。理论上,这是反移情的,也就是具有离情效果。如果离情力量过于强大就会阻碍交际的进行,造成交际的中断。所以,从逻辑上,"目的语表达>母语表达"的移情等级是没有问题的。再看"目的语表达>客观表达"这一项,也是没问题的。因为前者相对于后者是一种强移情格式,后者可能也是移情格式,但是因为没有前者移情值高,所以等级上靠后。这说明前面两项肯定先于最后一项。但是,"母语表达>客观表达"是有争议的。这可以从以下两个方面考察:

(1) 客观表达的所指。即客观表达是言者母语中的表达还是目的语中的表达。事实上就话语表达本身来说,这种区分意义不大。因为,所谓的客观表达就是认知上没有调取的语言表达的潜势。这部分单位可以在语言中出现,但是在特定环境中没有出现,也就是没有被认知调取。所以,其和主观性没有关系。不管是从母语或者目的语视角，主观性都要低于前面两个。但是，有一点不同，即我们在考虑客观表达的候选项级差时，这两者的区分会导致排序不同。跨文化交际中，目的语视角思考话语表达是所有言者的共识，差异在于实践中执行程度的大小。所以，这里的客观表达理应是目的语视角的序列，或者叫潜势。

（2）思考的视角。这条还是以第一条为基础，分为移情视角和主观性视角。先从移情角度看，如果我们关注的视角是目的语的客观移情序列，很可能客观表达本身的移情值就要高于言者的母语表达。也就是"母语表达＞客观表达"不一定成立。因为这是两个不同的语言表达，之间不存在对立性。如果关注视角是言者的母语，则"母语表达＞客观表达"一定是成立的。因为，"母语表达"是认知的提取成分，其移情值肯定排在没有提取的成分前面，否则就不会提取。这在前面多个章节中都有论证。再看主观性角度，不管是母语视角还是目的语视角都没有争议。因为，客观表达是语言中存在的潜势，认知上还没有调取，因而不存在有认知主体的主观参与，也就不具有主观性。母语表达一定是被认知调取使用的表达形式，具有认知主体的选择性。因而，该形式一定有主观的加权值。显然，如果仅仅考察主观性，"母语表达＞客观表达"也是成立的。

上面的表达可以简单概述为：跨文化交际中话语组织目的语优先于母语排列，最后是认知上没调取的候选项，即话语潜势。这些形成了序列[57]中的大的序列原则。然后，每个大的序列内部的等价类再遵循着客观等级序列排序①。这样，我们就可以推导出一个客观移情序列的主观加权序列。前面的表 4-3 中，候选项②③在目的语和母语栏都是最高的，所以在主观概率的赋值上是最高的；其次是目的语中的候选项⑤；然后是母语栏中的候选项⑦⑨⑩；再后面是优选无关选项，按从高到低排列为候选项①⑧⑥。由于候选项④、候选项②和候选项⑨⑩为等价类，所以并为一起。这样我们就得出了案例[43]中十个候选项主观概率的序列，表示如下：

[58] 建立在案例[43]上的主观移情序列

$$\langle P_s, K/C_{come}, \leqslant_{come} \rangle$$

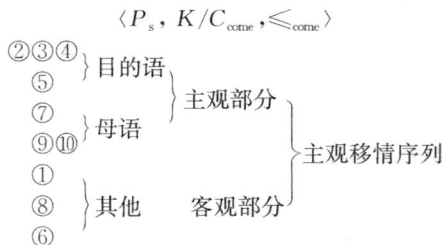

---

① 认知上没调取反映两个问题：其一，这些选项和这里的优选无关；其二，人类评估的认知捷径，即前面提到的部分评估。

这里需要注意的是,例[58]是根据表 4-3 推出来的,采用的是由果溯因法。可以看到,跨文化移情优选评估是言者的母语和目的语之间交互竞争的结果。评估中,OT 既要参考目的语的客观移情序列,也要参考母语的客观移情序列,最终形成一个统一的候选项等价类序列,该序列就是一个主观的加权序列。这种算法,不是很精细,但很明确,OT 模型也很好处理,可以大致反映认知的主观加权强度。从另一个角度看,这种概率加权本身就是一个模糊的序列,也不需要精确值。因此,这种处理可以大致满足主观加权的需要。

主观移情序列和客观序列性质上有很多相同点。赋值最高的候选项不一定会是最终的输出项。因为,假如主观概率赋值最高的候选项在客观序列中的等级较低,综合评估后可能就不是最优选项。因此,评估程序的一个重要工作就是合并客观序列和主观加权序列并将结果排序,得出综合评估的最优项。该最优项就是 OT 的输出项。这个输出是在一定环境下的具体输出,是单值,而不是序列。这里,我们可以采用幂律分布的方法合并这两个序列。接下来讨论具体计算的过程。

首先,我们需要求客观序列的幂律分布。定义 44 可以将移情客观序列中等价类的位置赋值给自然整数,表示如下:

定义 44: 映射移情等价类序列到自然数 $\grave{u}$ 的函数 ξ:

设 X_i 为移情等价类序列中的等价类,则函数 ξ 定义为

$\xi: X_i \to \grave{u}$,使得 $\xi(X_i) = \grave{u}$,$\grave{u}$ 为 X_i 在序列上的位置。

根据定义 44,序列[54]可以有以下的 ξ 函数运算:

[**59**]
$$\xi(\{①\}) = 1$$
$$\xi(\{②,③,④\}) = 2$$
$$\xi(\{⑦\}) = 3$$
$$\xi(\{⑤\}) = 4$$
$$\xi(\{⑧\}) = 5$$
$$\xi(\{⑨,⑩\}) = 6$$
$$\xi(\{⑥\}) = 7$$

根据序列[54]和定义 44,我们可以得到客观序列的概率链序:

[**60**] $P_o(1) > P_o(2) > P_o(3) > P_o(4) > P_o(5) > P_o(6) > P_o(7)$

接下来,需要求幂律分布上每个位置的概率值,也就是将移情值转化为概率值。这可以通过定义 45 获得:

定义 45: 基于幂律分布的客观移情概率链序 $\langle P_o, K/C_{come}, \geqslant_{come} \rangle$

设客观移情概率链序 $\langle P_{\text{o}}, K/C_{\text{come}}, \geqslant_{\text{come}} \rangle$ 中等价类成分为 X_i，函数 P_{o} $(\dot{u})$ 为链序中的位置概率，满足幂律分布，则 $P_{\text{o}}(\dot{u}) \propto 1/i^a, (a > 0)$。

客观序列的概率链序的值为

[**61**]
$$P_{\text{o}}(1) \propto 1/1^a$$
$$P_{\text{o}}(2) \propto 1/2^a$$
$$P_{\text{o}}(3) \propto 1/3^a$$
$$P_{\text{o}}(4) \propto 1/4^a$$
$$P_{\text{o}}(5) \propto 1/5^a$$
$$P_{\text{o}}(6) \propto 1/6^a$$
$$P_{\text{o}}(7) \propto 1/7^a$$

假设候选项客观移情序列遵循着 Zipf 定律，这里的上标 a 默认为自然数 "1"。序列[61]的值可以通过下面的步骤来计算。

首先，将所有的等价类正则化为 1：

[**62**] 等价类概率和：$P_{\text{o}}(1) + P_{\text{o}}(2) + P_{\text{o}}(3) + P_{\text{o}}(4) + P_{\text{o}}(5) + P_{\text{o}}(6) + P_{\text{o}}(7) = 1$

接下来，求出幂律分布的归一化系数 c：

[**63**] 系数 c：$1/1^a + 1/2^a + 1/3^a + 1/4^a + 1/5^a + 1/6^a + 1/7^a = c = 363/140 \approx 2.59$。

则序列[61]的公式扩展为

[**64**]
$$P_{\text{o}}(1) = 1/(c \cdot 1^a)$$
$$P_{\text{o}}(2) = 1/(c \cdot 2^a)$$
$$P_{\text{o}}(3) = 1/(c \cdot 3^a)$$
$$P_{\text{o}}(4) = 1/(c \cdot 4^a)$$
$$P_{\text{o}}(5) = 1/(c \cdot 5^a)$$
$$P_{\text{o}}(6) = 1/(c \cdot 6^a)$$
$$P_{\text{o}}(7) = 1/(c \cdot 7^a)$$

这样，我们就将前面的序列[54]中的移情序列转化为概率序列，且满足幂律分布：

[**65**] 移情客观序列的概率值序列

$$1/(c \cdot 1^a) > 1/(c \cdot 2^a) > 1/(c \cdot 3^a) > 1/(c \cdot 4^a)$$
$$> 1/(c \cdot 5^a) > 1/(c \cdot 6^a) > 1/(c \cdot 7^a)$$

接下来,我们再获取主观移情序列的概率值。其计算方法和客观序列一致。序列[58]是主观的移情序列。根据定义 44,ξ 函数将等价类映射到自然数 $\dot{u}$ 中,获得下面的自然数序列:

[66]
$$\xi(\{②,③,④\})=1$$
$$\xi(\{⑤\})=2$$
$$\xi(\{⑦\})=3$$
$$\xi(\{⑨,⑩\})=4$$
$$\xi(\{①\})=5$$
$$\xi(\{⑧\})=6$$
$$\xi(\{⑥\})=7$$

根据序列[58]和[66]和定义 44,我们可以得到主观的概率链序:

[67] $P_s(1) > P_s(2) > P_s(3) > P_s(4) > P_s(5) > P_s(6) > P_s(7)$

接下来,我们将移情值转化为概率值,这通过幂律分布的位置获取。定义如下:

定义 46:基于幂律分布的主观移情概率链序 $\langle P_s, K/C_{come}, \geqslant_{come} \rangle$

设主观移情概率链序 $\langle P_s, K/C_{come}, \geqslant_{come} \rangle$ 中等价类成分为 X_i,$P_s(\dot{u})$ 为链序中的位置概率,满足幂律分布,则 $P_s(\dot{u}) \propto 1/i^a,(a > 0)$。

根据定义 46,主观移情链序的概率值为

[68]
$$P_s(1) \propto 1/1^a$$
$$P_s(2) \propto 1/2^a$$
$$P_s(3) \propto 1/3^a$$
$$P_s(4) \propto 1/4^a$$
$$P_s(5) \propto 1/5^a$$
$$P_s(6) \propto 1/6^a$$
$$P_s(7) \propto 1/7^a$$

这里的等价类归一化与系数 c 和前面的序号[62]和[63]中的计算方式是一样的。因而,所有主观序列的等价类概率加和为 1,系数 $c = 2.59$,标度参数 $a = 1$。则序列[68]可以扩展为

[69]
$$P_s(1) = 1/(c \cdot 1^a)$$
$$P_s(2) = 1/(c \cdot 2^a)$$

$$P_s(3) = 1/(c \cdot 3^a)$$
$$P_s(4) = 1/(c \cdot 4^a)$$
$$P_s(5) = 1/(c \cdot 5^a)$$
$$P_s(6) = 1/(c \cdot 6^a)$$
$$P_s(7) = 1/(c \cdot 7^a)$$

这样,我们就将前面的序列[58]中的主观移情序列转化为概率序列,且满足幂律分布:

[**70**] 移情主观序列的概率值

$$1/(c \cdot 1^a) > 1/(c \cdot 2^a) > 1/(c \cdot 3^a) > 1/(c \cdot 4^a)$$
$$> 1/(c \cdot 5^a) > 1/(c \cdot 6^a) > 1/(c \cdot 7^a)$$

通过移情客观序列和主观序列的幂律分布计算,每个等价类实际上获得了两个概率值:客观概率值和主观概率值。更重要的是这些值都是具体的。这样,我们就可以将这两个值合并,再重新排序,从而获得了等价类的最终综合排序。

首先,我们需要合并这两个链序的位置参数 X_i,可采用二元有序偶$\langle x, y \rangle$的方式,表达如下:

[**71**] $X = \{\langle 1, 5 \rangle, \langle 2, 1 \rangle, \langle 3, 3 \rangle, \langle 4, 2 \rangle, \langle 5, 6 \rangle, \langle 6, 4 \rangle, \langle 7, 7 \rangle\}$

序号[71]实际上就是将为求取主观概率而打乱了的等价类序列再次恢复到候选项的客观等价类序列。这样客观序列的每个位置就获得了一个主观加权概率,达到了我们期望的效果。接下来,定义两种移情序列合并的方式,如下:

定义 47:综合移情概率集合$\langle P, K/C_{\text{come}} \rangle$:

设 $P(X_i)$ 为综合移情概率集合$\langle P, K/C_{\text{come}} \rangle$中等价类的概率,$\grave{u}$ 为函数 $\xi(X_i)$ 的值,P_o 为客观概率,P_s 为主观概率,w 为平衡主客观概率的权重,则主客观的综合概率为

$$P(\grave{u}) = w \cdot P_o(\grave{u}) + (1-w) \cdot P_s(\grave{u}) \qquad (4-16)$$

根据定义 47 就可以计算候选项序列中每个等价类的加权概率值了。这里需要提一下权重 w 的分配问题。特殊情境下需要平衡主客观概率权重,这可以通过加大或缩小客观概率的权重来实现。例如,我们可以将客观概率调整为0.4,这样主观判断的比重就加大了。也就是说,我们更注重实时环境对话语的影响。客观概率值越小,话语的主观性比重就越大,对环境的依赖程度就越高。

反过来,话语主观性就越低,对环境的依赖程度就越小。一般情况下,常规的表达大多数都是经验性的,有固定的话语表达模式,因而主客观权重基本均衡,也就是各 0.5。根据序号[71]的匹配规则和定义 47,我们可以将这两个概率链序按照客观序列顺序合并如下:

[**72**] $\langle P, K/C_{\mathrm{come}} \rangle$: $P(X_1) = w \cdot P_{\mathrm{o}}(1) + (1-w) \cdot P_{\mathrm{s}}(5)$

$$P(X_2) = w \cdot P_{\mathrm{o}}(2) + (1-w) \cdot P_{\mathrm{s}}(1)$$

$$P(X_3) = w \cdot P_{\mathrm{o}}(3) + (1-w) \cdot P_{\mathrm{s}}(3)$$

$$P(X_4) = w \cdot P_{\mathrm{o}}(4) + (1-w) \cdot P_{\mathrm{s}}(2)$$

$$P(X_5) = w \cdot P_{\mathrm{o}}(5) + (1-w) \cdot P_{\mathrm{s}}(6)$$

$$P(X_6) = w \cdot P_{\mathrm{o}}(6) + (1-w) \cdot P_{\mathrm{s}}(4)$$

$$P(X_7) = w \cdot P_{\mathrm{o}}(7) + (1-w) \cdot P_{\mathrm{s}}(7)$$

将权重参数 w 替换为常规数值 0.5,将位置参数替换为幂律分布公式 $(c \cdot x)^{-a}$,则:

[**73**] $P(X_1) = 0.5 \cdot P_{\mathrm{o}}(1) + (1-0.5) \cdot P_{\mathrm{s}}(5)$

$$= 0.5 \cdot 1/c \cdot 1^a + (1-0.5) \cdot 1/(c \cdot 5^a)$$

$$P(X_2) = 0.5 \cdot P_{\mathrm{o}}(2) + (1-0.5) \cdot P_{\mathrm{s}}(1)$$

$$= 0.5 \cdot 1/c \cdot 2^a + (1-0.5) \cdot 1/(c \cdot 1^a)$$

$$P(X_3) = 0.5 \cdot P_{\mathrm{o}}(3) + (1-0.5) \cdot P_{\mathrm{s}}(3)$$

$$= 0.5 \cdot 1/c \cdot 3^a + (1-0.5) \cdot 1/(c \cdot 3^a)$$

$$P(X_4) = 0.5 \cdot P_{\mathrm{o}}(4) + (1-0.5) \cdot P_{\mathrm{s}}(2)$$

$$= 0.5 \cdot 1/c \cdot 4^a + (1-0.5) \cdot 1/(c \cdot 2^a)$$

$$P(X_5) = 0.5 \cdot P_{\mathrm{o}}(5) + (1-0.5) \cdot P_{\mathrm{s}}(6)$$

$$= 0.5 \cdot 1/c \cdot 5^a + (1-0.5) \cdot 1/(c \cdot 6^a)$$

$$P(X_6) = 0.5 \cdot P_{\mathrm{o}}(6) + (1-0.5) \cdot P_{\mathrm{s}}(4)$$

$$= 0.5 \cdot 1/c \cdot 6^a + (1-0.5) \cdot 1/(c \cdot 4^a)$$

$$P(X_7) = 0.5 \cdot P_{\mathrm{o}}(7) + (1-0.5) \cdot P_{\mathrm{s}}(7)$$

$$= 0.5 \cdot 1/c \cdot 7^a + (1-0.5) \cdot 1/(c \cdot 7^a)$$

现在,默认标度参数: $a = 1$; $c \approx 2.59$,则

[**74**] 等价类集合 $\langle P, K/C_{\mathrm{come}} \rangle$ 概率值:

$$P(X_1) = 0.5 \cdot 1/c \cdot 1 + (1-0.5) \cdot 1/c \cdot 5 \approx 0.5 \cdot 0.386\,1 + 0.5 \cdot 0.077\,2$$

$$\approx 0.231\,65 \approx 23.17\%$$

$$P(X_2) = 0.5 \cdot 1/c \cdot 2 + (1-0.5) \cdot 1/c \cdot 1 \approx 0.5 \cdot 0.193\,1 + 0.5 \cdot 0.386$$
$$\approx 0.289\,6 \approx 28.96\%$$

$$P(X_3) = 0.5 \cdot 1/c \cdot 3 + (1-0.5) \cdot 1/c \cdot 3 \approx 0.5 \cdot 0.128\,7 + 0.5 \cdot 0.128\,7$$
$$\approx 0.128\,7 \approx 12.87\%$$

$$P(X_4) = 0.5 \cdot 1/c \cdot 4 + (1-0.5) \cdot 1/c \cdot 2 \approx 0.5 \cdot 0.096\,5 + 0.5 \cdot 0.193\,1$$
$$\approx 0.144\,8 \approx 14.48\%$$

$$P(X_5) = 0.5 \cdot 1/c \cdot 5 + (1-0.5) \cdot 1/c \cdot 6 \approx 0.5 \cdot 0.077\,2 + 0.5 \cdot 0.064\,4$$
$$\approx 0.068\,3 \approx 6.83\%$$

$$P(X_6) = 0.5 \cdot 1/c \cdot 6 + (1-0.5) \cdot 1/c \cdot 4 \approx 0.5 \cdot 0.064\,4 + 0.5 \cdot 0.096\,5$$
$$\approx 0.080\,45 \approx 8.045\%$$

$$P(X_7) = 0.5 \cdot 1/c \cdot 7 + (1-0.5) \cdot 1/c \cdot 7 \approx 0.5 \cdot 0.055\,2 + 0.5 \cdot 0.055\,2$$
$$\approx 0.055\,2 \approx 5.52\%$$

集合 $\langle P, K/C_{\text{come}} \rangle$ 中最终得到的概率值就是候选项集合中等价类的综合概率。我们可以看到,尽管它们是按照客观序列排序,但概率值并不是有序排列。主观加权已经改变了每个等价类的概率值。因此,接下来需要将最终的综合概率按照从大到小顺序排列,使之满足定义 48 的条件。

定义 48:移情综合概率链序 $\langle P, K/C_{\text{come}}, \geqslant_{\text{come}} \rangle$:

设 $\langle P, K/C_{\text{come}}, \geqslant_{\text{come}} \rangle$ 为移情综合概率链序,X_i 为等价类,则集合中成员满足:

(1) $P(\dot{u}-1) > P(\dot{u}) > P(\dot{u}+1)$,否则同值等价类需要合并。

(2) 所有的等价类按照概率值降序排列。

定义 48 检查集合 $\langle P, K/C_{\text{come}}, \geqslant_{\text{come}} \rangle$ 中是否有重复值,并且将等价类按照降序排列。为了表达清晰,我们依然采用二元偶方式,如下:

[75] $\langle P, K/C_{\text{come}}, \geqslant_{\text{come}} \rangle = \{\langle P(X_2), 28.96\% \rangle, \langle P(X_1), 23.165\% \rangle, \langle P(X_4), 14.48\% \rangle, \langle P(X_3), 12.87\% \rangle, \langle P(X_6), 8.045\% \rangle, \langle P(X_5), 7.08\% \rangle, \langle P(X_7), 5.52\% \rangle\}$

由定义 44 和例[59]可以看出,候选项等价类 X_i 和位置自然数之间是一一对应关系,且是"满射",这样的函数叫双射函数。双射函数是可逆的,即有逆函数。在这里,恰恰可以通过这种性质将等价类的位置和概率表达转换为原始的候选项表达,即进行获得了候选项等价类的概率值后将之还原的操作。定义如下:

定义 49:ξ 函数的逆函数 ξ^{-1}:

设候选项的移情等级序列集合为 $\langle K/C_r, \geqslant_r \rangle$;$\dot{u}$ 为自然数,X_i 为等价类,

两者满足双射关系,则

$$\langle K/C_r , \geqslant_r \rangle = \{fk_i , ,c = \xi^{-1}(X_i)\}$$

定义 49 将集合 $\langle P , K/C_{\text{come}} , \geqslant_{\text{come}} \rangle$ 再次转化成最终的综合评估链序 $\langle K/C_r , \leqslant_r \rangle$。 由于这个结果是建立在移情制约条件体系下的评估,所以这个逆函数 ξ^{-1} 又可以看成是移情函数 $E(fk_i , ,c)$ 的逆函数 $E^{-1}(X_i)$。下面是几组关系的排列:

[**76**] $\langle K/C_r , \geqslant_r \rangle = fk_2 , ,c = \xi^{-1}(X_2) = E^{-1}(X_2) = \{②③④\}$

$$fk_1 , ,c = \xi^{-1}(X_1) = E^{-1}(X_1) = \{①\}$$

$$fk_4 , ,c = \xi^{-1}(X_4) = E^{-1}(X_4) = \{⑤\}$$

$$fk_3 , ,c = \xi^{-1}(X_3) = E^{-1}(X_3) = \{⑦\}$$

$$fk_6 , ,c = \xi^{-1}(X_6) = E^{-1}(X_6) = \{⑨⑩\}$$

$$fk_5 , ,c = \xi^{-1}(X_5) = E^{-1}(X_5) = \{⑧\}$$

$$fk_7 , ,c = \xi^{-1}(X_7) = E^{-1}(X_7) = \{⑥\}$$

最后,我们将序号[76]中逆函数 ξ^{-1} 的结果单独排列,获得概率优选评估的最终结果。表示如下:

[**77**]　　　　　　　　　　　　$\langle K/C_{\text{car}} , \leqslant_{\text{car}} \rangle$:

☞②③④

①

⑤

⑦

⑨⑩

⑧

⑥

例[77]就是基于主客观移情序列的综合评估结果。这个结果大致符合表 4-3 中的实际情况,且比较符合我们的语感,因而是可信的。

4.4.5.4　相关讨论与佐证

现在,我们将三个概率序列放到一起,比较候选项等价类的变化:

$$\langle P_{\text{o}}, K/C_{\text{come}}, \geqslant_{\text{come}}\rangle\langle P_{\text{s}}, K/C_{\text{come}}, \geqslant_{\text{come}}\rangle \qquad \langle K/C_{\text{car}}, \leqslant_{\text{car}}\rangle$$

①	②③④	☞ ②③④
②③④	⑤	☞ ①
⑦	⑦	☞ ⑤
⑤	⑨⑩	☞ ⑦
⑧	①	☞ ⑨⑩
⑨⑩	⑧	⑧
⑥	⑥	⑥

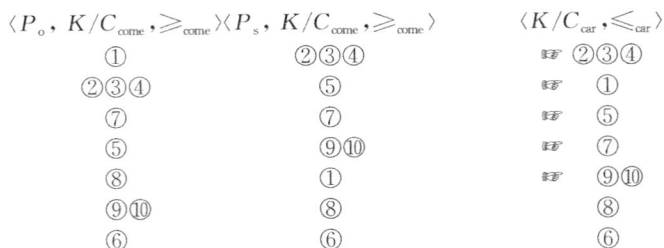

图 4-19 概率序列对比图

图 4-19 第一列为客观移情概率序列,来源于制约条件等级序列 EVAL 的评估。第二列为话语者的主观加权序列,通过话语者心理上三个维度的等级差得出的综合评估。也就是,目的语出现的候选项等级最高,母语出现的次之,剩下的候选项最后。它们内部又按照客观次序排列。这里需要注意的是,不调取和调取之间没有截然界限,也是因人而异的,但大致有个范围。这样看,我们所说的主观加权等级序列实际上也是部分主观,存在着在常规话语中一般不调取的客观部分。最后一列为最终的综合移情优选序列。这个序列是主观序列和客观序列合并后的结果。在这个序列中,处于最高位置的候选项就是该环境出现概率最高的最佳选项。所以,案例[43]中候选项②③④就是最优输出项。由于候选项②③④是等价类,于是形成了一个自由变体集合。

这里我们可以得出以下大致结论:

第一,语言中客观存在的话语移情等级序列具有长尾分布的特点。所以,在实际话语中真正经常需要主观加权被调取并赋予较高等级的选项就是处于高位置的几个常规选项。处于序列后面的候选项基本上很难调取,即越靠近尾部越难调取。

第二,综合序列中靠前的选项在特定语言环境中不一定会出现,只是出现的概率较大。比如候选项①在客观序列中处于最高位置,这对后来的综合排序产生较大影响,使得其排在第二的位置,但由于其在主观加权中实际上处于不被考虑的三等位置,所以尽管最终位置较高也并没有在表 4-3 中出现。这种情况实际上就是跨文化交际障碍的表现。候选项⑤在客观序列中排在候选项①的后面却能够在表 4-3 中出现,是因为在主观排序中位置较高。如果我们在最终排序上需要将候选项⑤调到候选项①的前面,使之适合表 4-3 的实际情况,只需要加大主观权重($1-w$),同时降低 w 的比重就可以了。而没有采用这样的处理方式是因为表 4-3 的采样不够大,还不能够具有广泛的代表性。假如加大采样的范围可能候选项①也就出来了。一个句子在语言中尽管很常见,等级很高,但如果认知主体不能够感知或者感知不充分,也可能出现综合排序靠后而不能够被调取的情况,这里反映了主观加权的重要性。

第三,如果主客观排序都较高的话,最终的综合排序就较高,在语言中出现的概率就比较大,反之就小。例如,候选项②③④因为主客观排序都高,所以最终处于最高位置。候选项①尽管主观加权不高,但因为客观等级最高,所以最终序列还是较高。需要注意的是最终序列也是长尾分布,比重并不均匀,越靠前比重越大,反之越小。也就是说,这种分布越往后,函数的曲线越平缓,越靠前越陡。

图 4-20 的最终评估序列是一个链序。等价类 $fx_i,,c_i$ 之间总有一个概率上最大值的候选项。同时,该序列满足传递性。这确保了每个候选项有并且只有唯一的一个位置,且可以和其他候选项相比较。这能够确保 OT 最终输出的明确性。

序列 $\langle K/C_{car},\leqslant_{car}\rangle$ 反映的是跨文化交际中母语非汉语的人的话语优选输出。这种具体环境下的评估,一般仅仅输出一个值,这个值就是处于最高等级的候选项②③④。但是,表 4-3 是对多人的调查,展示了不同人对相同环境的言语情况。显然,受主观认知的影响,不同的人做出不同的主观加权,从而输出不同的候选项。因此,这里的评估结果可能具体到特定对象,甚至还会有微小的调整。但是,有一点是明确的,就是所有人的选择都是集中在有限的几个高频率选项上。这符合幂律分布的特点,被手指图案标记①。这点既反映了语用优选不同于具有确定性的语音优选,也反映了这种综合移情序列确实可以描写语用优选的实际情况。假如不是这种序列模式,就很难解释后面候选项⑤在表 4-3 中出现的现象。

这种概率移情模式中话语出现的频率序列和综合评价等级序列之间的正比关系应该是可靠的。这既可以解释语言中的自由变体,也可以解释话语输出的理据,也印证了现代逻辑学提出的人类认知上的部分推理。更为重要的是,这种形式化的处理为人机互动提供了探索的路径。

至此,OT 已经达到了两个相符的目标,即话语优选过程要符合语感;优选结果要符合言语实际。从认知上看,语言中出现概率越大的选项,认知调取的时间就越短,反之越长。因而,这种移情综合序列应该和认知调取时间的序列是一致的。为证明这种观点,我们设计了这样的实验:

实验方式:集中这 26 个留学生,告诉他们关于借钱的相关说明,并且将他

---

① 这里的候选项②③④在移情值上相同,相互可以替换,所以把它们看成一个值。

们和实验室隔离。一次实验随机选择一个人进入实验室。实验完后受试直接离开,避免受试之间交流,发生提前预判。

实验过程:在电脑屏幕上同时显示这十个候选项,并且每次随机打乱次序。要求受试快速做出选择,并且将选中的删除,用秒表记录反应的时间。接下来,再次打乱剩下候选项次序,再选择,删除,记录时间,直到最后一个选项。记录的数据就为一次实验数据。然后随机换一个人重复刚才的步骤,直到最后一人。实验结束。

数据分析:我们分两步整合数据。首先,将等价类中的候选项加和求平均,获得一次实验的等价类的时间均值。例如,等价类②③④在一次实验中的反应时间可能是不同的,我们可以将它们相加再平均,就得出了该等价类一次实验的均值。其次,再将每一等价类得出的 26 个受试的数值求平均,获得该等价类的平均值。最后,将结果排序如下[①]:

$$②③④ > ⑤ > ⑦ > ⑨⑩ > ⑧ > ⑥ > ①$$
$$1.3s \quad 1.7s \quad 1.8s \quad 2s \quad 2.3s \quad 3s \quad ?$$

图 4 - 20　移情加权序列的认知调取时间

如果我们排除候选项①,图 4 - 20 中的序列和例[77]大体上一致。这里的候选项①因为主观加权序列等级较低,而客观序列又很高,所以综合排序在前面。但由于言者认知上不熟悉该项,所以没有调取,原因在于该项表达形式太中国化了。句义和表达的话语义之间差异较大,需要在汉文化基础上的多级关联推导。留学生对汉语和汉文化了解有限,因而也就不可能短时间调取。甚至连不合法的候选项⑥凭着直观性理解也排在候选项①的前面。前面已经提到了,这是跨文化障碍的表现。但是,有少数的几个汉文化圈的留学生选择①。出于两个原因并未将之考虑在内:其一是汉文化圈的留学生所熟悉的文化相对来说和中国的文化差异较小,不具有典型性;其二是选择的人数较少,不具有普遍性。正因为如此,最后的候选项①采用了问号表达。这种现象说明了两个问题:

(1)跨文化交际中,目的语中移情值极高的成分可能会导致交际的障碍。原因是这类表达形式和话语义之间直观关联度较小,基本上需要多级关联推导才可以获取准确含义。这种推导对文化和语言均需要深度理解。然而,跨文化的学习者很难达到这种水平。

(2)认知上的感知是前提。尽管我们给每个候选项一个大于 0 的主观概率值,处于候选项序列末端的候选项由于概率值不高,认知上基本上不调取。这种

---

① 这里时间的单位为秒,用"second"的首字母表示。

现象意味着,我们在话语过程中可能没有意识考虑这些候选项。所以,这些候选项的概率值一定程度上是一个虚值。这会造成不管怎么和客观序列合并,最终值处于哪里,都会出现认知无法提取的问题。这同样会造成交际障碍。

这两个方面说明了,处于客观序列顶端的候选项和主观序列末端的候选项在跨文化交际中都存在交际障碍。相对地处于序列中间的部位最容易被调取,这点和母语的话语生成明显不同。原因是话语者对目的语的熟悉程度不同。话语者对目的语越熟悉,这种情况出现的概率越低,反之就高。

4.5　不足之处

OT 移情等级评估模式是传统候选项二级分割优选的发展,主要有两个方面的拓展:输入项由单一来源变为多来源,候选项的单一输出变为序列输出。这两个方面的拓展扩大了 OT 理论对语言现象的描写。然而,移情等级序列仅仅是话语在语言中存在的形式,在特定环境下,OT 还是仅仅优选出一个候选项出来,而不是序列。另外,优选出来的单位未必是处于最高位置的候选项,有时可能仅仅是处于中间的选项。更为严重的是,这并不是个案或少数情况,而是日常话语中的一种常态现象。这种序列模式并不能告诉我们为什么如此。显然,这种矛盾现象实际上已经超出了移情等级序列模式的能力范围。

要解决这个问题必定涉及语境。然而,等级序列模式本质上仍是一种静态理论,无法描写动态化现象。当我们在具体语境下,对一组话语进行具体优选时,实际上是一种实时判断,含有语境加权的因素,而不是纯粹的语言表现上的静态的等级关系。显然,这种静态的等级序列从理论上看,仅仅完成了完整的话语优选的一半任务。也就是,描写了语言中客观存在的移情级差现象。至于这种级差在具体环境中怎么调整,需要结合语境考察。

在这种思路下,本书发展出了概率评估方式来进行综合的计算,最终得出一种具体语境下的综合等级序列,处于最高等级的候选项即为最优输出项。这既坚持了 OT 的单一输出,也为话语的优选输出研究探索新的方法。具体步骤如下:

第一步,阐述语言中句子出现频率的幂律分布现象以及这种现象在等级序列模式上的体现。

第二步,将语言中的客观移情序列通过幂律分布转化为概率的等级,每个候选项等价类都会有一个具体的概率值。

第三步,结合跨文化交际的特点提出了候选项等价类主观概率加权的方法。

然后,采用和客观序列一样的转化方法,将主观序列通过幂律分布转化为概率形式。

第四步,将这两个序列做归一化并合并,获得每个候选项等价类的综合概率。所有等价类概率值的加和为1,再将这种综合序列按降序排序。

第五步,将这种综合的概率等级序列还原为移情等级序列,完成动态的加权评估。

这种基于概率的综合模式具有严格的数学上的严密性。最终的分析结果和语言的实际调查大体一致,且与语言实验数据也基本吻合,说明了这种模式的可靠性和解释力。但是这个模式有几个方面的问题:

第一,考察的范围过小。跨文化交际的优选并不具有普遍性。它和自然语言的优选存在较大的差异,使得这种分析迁移性较差。另外,这种主观加权仅仅从认知的视角给候选项分档,颗粒度过粗,使得结果不够精确,不能够精确反映话语的表达。再有,涉及话语主观加权的因素很多,认知视角仅仅是诸多因素的一个。其他的如环境因素、主体自身的价值观、对目的语文化的态度、交际对象的属性等,都可以影响到话语的选择。所以,真实反映这种优选的概貌需要加大考察范围。然而,随之而来的问题就是每增加一个维度,我们都需要单独处理。最重要的是,有些维度很难形式化。显然,这是一个艰巨的任务。

第二,主观序列的设置需要调整,否则就存在循环论证的问题,即从留学生的优选结果获得主观加权,再通过合并再次回到结果。文中的表述实际上是用例子的结果反向推理出如何构建主观加权。也就是,我们在主观加权时需要考虑三个因素:对方、我方和语言事实。它们的优先顺序是:对方>我方>语言事实。对方和目的语对应,我方和母语对应。通过这种替换,我们就解决了这种循环论证的问题。另外,还有一个问题,处于主观序列中最后面的语言事实选项实际上就是言者没有感知到的选项。因而,这部分选项在跨文化交际评估中是没有用处的。因为,尽管在母语环境下这些选项都可能出现,然而在跨文化交际中受言者自身条件的限制,这些选项是无法出现的。但是,如果换一个中文学得很好的人,可能这些潜在候选项又可以感知到。这说明,这部分的候选项也是动态的,但这些候选项的活跃性很低。

第三,客观移情序列也存在问题。我们这里论述的参考点是汉语,假设言者熟悉汉语的使用情况,在此参照点上进行话语的主观加权并优选。然而,实际情况可能并不如此。我们很难想象一个汉语水平不好的外国人在使用汉语交际时脑子中存在诸多的待选句子。在这样的情况下,言者认知上可能仅仅可以感知到客观序列中处于高位的几个非常有限的候选项。换个思路看,即使是母语话语者,可能大多数的人在说话一瞬间也不能调取很多待选话语。实际上凸显出来的表达形式可能也就常规的高移情值的几个候选项。这样看,不管是跨文化的交际还是母语交际,我们说话时实际上起作用的就是认知上能够感知到的部分。显然,从移情值上来看,从对方语言视角说话的移情值更高。然后,对方语言中存在哪几种常规说法,依次的顺序怎么样。我们这里应该怎么去说,即选择哪个候选项,为什么这么选。这种思考模式是话语的常规模式,这实际上就考虑到了话语双方的语言实际情况。

进一步看,如果言者对目的语还不太熟悉,这时候的表达基本就是母语化的句式。从跨文化交际视角看,这种情况下的移情值就非常低。假如言者的表达形式偏离目的语太多,则交际很大概率会中断。如果表达形式和目的语形式差异不是太大,交际不会中断,但会影响效果,或者出现意义的偏差。这当中还存在一个对方(听者)对言者话语的移情问题。也就是说,他们明显知道话语不合理,甚至在文化上是冲突的,但考虑到跨文化的差异也不会太在意,交际可以继续。

本章只分析了一个例子,但这种数学的模型具有可重复性,在研究对象具备了 OT 的分析条件时,就会得出可预期的分析结果。另外,这种严格的数学模型分析方法具有很强的应用性。比如在自然语言理解的计算机动态处理以及人工智能中人机互动的语言实时理解解决方案等方面,该理论均具有较强的可操作性,因而具有广泛的应用价值。

第5章　移情优选的制约条件

5.1　制约条件的本质属性

优选论本质上是生成性质的,是生成音系学的进一步发展。其出现是为了解决音系学原则系统中的不同原则之间的相互冲突现象。根据 Speas 分析,对于原则与参数理论(principles and parameters theory)中的十二条主要原则,每一个都可以找到反例。然而,有些结构虽然违反了相关的原则,但是又符合人们的语感。因此,生成语法不得不采用增加附加条件来限制解释不同的原则。这样又会引出两方面的问题:

(1)原则系统越来越复杂。这与语法的简洁性原则相冲突。

(2)导致新的矛盾的出现。为解决新矛盾又得设立另外的制约条件,如此形成了一个恶性循环。这种不断的连锁反应,使得原则系统越来越庞大,效率越来越低,进而使该系统走进了死胡同。

OT 的最大优点就是调和了这些原则之间的冲突问题。它采用的是软策略,将制约语言输出的深层原则统统放弃,从语言的表层直接考察制约语言输出的条件。它认为所有的候选项都存在违反制约条件的问题,差别在于程度的轻重。语法的目的就是将违反最轻的候选项找出来,作为语言的表层输出。由此来看,OT 和传统的原则系统的本质差异就在制约条件上。制约条件是 OT 语法的核心。后来该理论发展到词汇、句法、语义和语用等领域,都不同程度地获得发展。

OT 语法主要由功能不同的两个部分组成:生成器和评估器。生成器的作用是生成某种语言中所能够生成的所有结构。如果我们将一种语言中所有的输出看成是一个无限的集合,那么当给定一个特定输入时,则会获得与之相应的局部输出子集。该局部输出子集代表了该特定输入所能够生成的全部形式。目前来说,生成器的生成过程还是未知的,也没有学者对该过程做过数学方面的严格

刻画。我们对之的所有理解和说明都是基于哲学的、感知的和经验的层面。一般认为,生成器在生成候选项时,遵从三个基本的原则:

(1) 自由性原则。模型对给定的输入集合,在生成候选项时不做任何限制,从而保证了所有可能的输出都出现在候选项集合中,避免产生无法生成的结构。

(2) 包含原则。每个输入成分必须在每个候选项中出现,也就是说生成器在生成候选项的过程中要保持信息完整,不能有遗漏现象。

(3) 信息一致原则。生成器在生成过程中不能够改变输入成分的意义和相关信息,也就是必须确保候选项信息的正确。

生成器生成的候选项集用来作为评估器的输入项。当评估器接收到候选项集之后,就会对之评估,输出最佳结果。评估器由两类成分构成:制约条件和评估方法。评估方法一般有两种:并行评估和串行评估。并行评估一般就是 OT 采用的方法,串行评估一般是和谐语法(harmonious grammar)采用的方法。并行评估最大的优势就是将候选项一次性拿出来评估,不存在推导的情况,因而也就不存在中间的状态。这也是 OT 称为表层语法的原因。

有了评估方法还得有评估的依据,OT 的制约条件体系就是评估的依据,或者叫评估标准。和一般评估不同的是,OT 采用的是综合的评估方法,也就是采用多条标准同时进行评估,对候选项做综合的评价,以确定最终的结果。为了使评估在制约条件之间发生冲突时能有序进行,OT 语法提出了"严格统治"的概念。评估器中的制约条件是一个等级序列,一般称为制约条件的"优势层级"。处于高等级的条件对低等级的有严格的支配权。当一个候选项违反了高层的制约条件后,即使它再满足多少的低层条件,也不会作为输出项输出。这种优势层级体系就保证了制约条件之间交互的有序性,使得候选项集合中的任何一个候选项都可以通过制约条件的交互确定它在候选项序列中的位置。

总体看,制约条件系统具有以下一些明显的属性:

1) 制约条件是语言生成的一种约束系统,本质上仍是生成性质的

制约条件并不是 OT 所专享,早在生成音系学中就存在。随着音系学理论的发展,规则系统遇到的问题越来越多,而且无法解决。在此情况下,制约条件的优势变得越来越凸显,作用开始逐渐上升。在这样的背景下,学者们最终放弃了原则系统,转而采用了制约条件系统来分析语音。这样就放弃了对语音或语法的底层和中间层的约束。这是生成音系学的发展过程。由此,我们可以看出,表层制约条件是生成音系学发展到一定阶段的必然产物。

另外,制约条件和原则之间本身也没有清晰的界限。最初,制约条件是辅助原则来描写音系的。后来,人们逐渐发现,原则系统是多余的。我们仅仅通过语

言表层制约条件系统就可以对语言的生成进行描写。这是放弃原则系统的另一个主要内因。这也说明了，制约条件和原则在本质上是一致的，都是对语言生成的一种约束系统。从语法的角度看，原则系统和制约条件系统只是换一种表达方式而已。这得出了两个方面的思考：

（1）制约条件系统是原则系统的自然发展。它是对原则系统的更深层次的归纳，具有更为广泛的适应性。这种思想建立在这样的基础上：OT 认为所有语言的底层输入项集合是一样的，之所以在表层产生了差异是因为在制约条件等级排列中，在忠实性制约条件之前存在若干个促使语言变异的标记性制约条件，从而促使输入形式之间发生中和现象。马秋武认为这种观点实际上表明，不仅仅制约条件具有普遍性，底层的输入集合同样具有普遍性。

（2）制约条件系统具有明显的优势。OT 放弃了线性的串行推导模式（serialism），把音系分析从推导过程和表层制约的双层机制变成了单纯的表层制约，从而使系统变得更为简洁。这种处理彻底解决了原则系统始终无法解决的冲突问题。

2）制约条件具有普遍性

对普遍性的理解，传统的原则系统和 OT 语法是不同的。原则系统认为如果一个原则在所有的语言中都不存在反例，则这个原则具有普遍性，是一个绝对性原则。正是如此严格，基于原则的描写系统才逐渐走进死胡同。OT 语法的视角则不同，它认为制约条件具有普遍性，是所有语言共用的一套系统。但是，在描写具体语言时，这个共同的系统产生了差异。这种差异分几个方面理解：

（1）从理论上看，来源于世界上所有语言的制约条件集合，可以充分地描写所有语言的所有现象。但是，具体到某种语言用到的制约条件又是很有限的。它仅仅是这个普遍语法集合中的一个小小的子集。换句话说，具体语言里，对普遍制约条件的使用存在缺失现象，这并不违反普遍性原则，属于语言差异化表现之一。也就是并不是每个制约条件都适合于所有的语言。不同的语言仅仅取需要的部分。

（2）当一个制约条件在不同的语言中同时存在时，其含义相同，但价值并不一定相等。因为，该制约条件在不同语言中相对于其他制约条件等级上是不同的。由此说明，其重要性存在差异。OT 语法中制约条件的价值大小主要就是通过级差体现的。等级越高说明其在某种语言中作用越大，该语言也越以这些高等级制约条件为特征。这些都是建立在制约条件的等级序列基础之上的。我们可以很合理地推出，由于制约条件具有普遍性，不同语言之间的差异就在于制约条件排列次序的差异上。这是语言差异化的另一种表现。当两种语言制约条件集合交叉越多,等级序列差异越小,说明这两种语言差异越小,亲缘上应该越接近,越属于同一个语言类型。这说明 OT 语法也很适合语言类型学的分析。

制约条件的普遍性是一种倾向性。当我们归纳出某种制约条件时,并不是说语言对该条件一定适用,反而是以可违反性作为基础的。相同的制约条件在不同语言中被违反的概率也不同。这和该制约条件在不同语言中的等级位置有关系,还与语言的使用习惯等有关。

因此,我们在强调制约条件的普遍性时,并没有忽略个性差异。这点类似于生成语法的原则和参数理论。实际上,同一个制约条件在不同的语言中有不同的价值,尽管它反映相同的语言范畴。我们平时所谓的普遍性就是指制约条件存在和反映范畴的普遍性。在实际的言语活动中制约条件的个性才是决定性的属性。我们强调普遍性也仅仅在归纳和构建制约条件体系时起作用,一旦体系建立,更多的是关注于制约条件在不同语言中的表现。这种不同表现的规律能够获得多方面的语言信息,如前面提到的语言类型学的例子,就是通过差异性归纳出来的。

(3) 制约条件在不同语言中的组合方式也是不同的。不同语言,尤其是差异较大的不同类型的语言之间,不仅在制约条件的选择上差异很大,在制约条件的组合方式上也差异较大。在一种语言中两个制约条件可能永远不会组配,但在另一种条件下可能就会组配。这实际上说明了,不同语言之间仅仅使用同一套制约条件,但它们的组合方式不同。条件的具体价值仅仅在语言内部的互相对立中才可以体现。不同语言之间制约条件不具有类比性。这点和语言中的音位系统是相似的。

通过上面的分析可以看出,所谓制约条件的普遍性是就人类语言的整体来看的,它的真正价值是通过对立体现出来的,因而是个性化的、封闭的系统。正确认识制约条件的性质对 OT 语法的分析具有重要的意义。

3) 制约条件具有交互性

王嘉龄认为:"优选论也是与认知科学有关而又在音系学界引起巨大反响的新学科,它仍采纳 SPE 关于音系结构有两个表达平面的思想,即底层表达式与语音表达式,但认为语音表达式不是经过规则的有序应用从底层表达式推导出来的,而是由制约条件的交互作用产生的。优选论用制约条件取代了音系规则,并将其置于理论研究的中心地位,从而使音系学研究又发生了一次重大变化。优选论为普遍语法提供了一个具有高度概括性的合格性制约条件的集合。这些制约条件并不都适用于某一语言的各种语音表达形式。相反这些制约条件对多数表达式的合格性常常提出尖锐对立的要求。各个具体语言为普遍语法中的制约条件排列顺序,形成不同的优势层级,实现参数化,构成各自的语法。"因此,制约条件的交互构成了优选论运行机制的核心。正因为如此,有学者就将之称为制约条件的理论。

普遍性是 OT 语法的前提和基础。只有具有普遍性,OT 才具有广泛的普适性和一致性。交互性是 OT 的核心,它反映了 OT 内部评估的机制。OT 认为,不同语言共享同一套的底层生成方式和制约条件体系,差异就在于制约条件的交互方式不同。对于交互性有以下几个方面的理解:

(1) 制约条件的互交是言语变化的根源。从语言之间的对立来说,互交性是产生诸多语言的内在根源;从语言单位的合法性来说,一组交替单位之间合语法的差异,表现为违反制约条件的高低的差异,违反的制约条件等级越高,其可接受度越差,反之就越高;从语言单位内部生成的角度看,表层输出的合法单位是内部诸多制约条件竞争的产物,不同候选项通过制约条件等级体系过滤时,将违反度最低的成分筛选出来,作为输出。

(2) 制约条件的互交情况不同。主要有三种类型:

a. 忠实性制约条件和标记性制约条件之间的互交;

b. 忠实性制约条件和忠实性制约条件之间的互交;

c. 标记性制约条件和标记性制约条件之间的互交。

但是,在一次评估中,必须同时包含忠实性制约条件和标记性制约条件,以确保一个有效的互交形式。因为,这两种不同的制约条件反映了候选项竞争的两类不同需求。同类型的制约条件之间的互交可以是冲突的,也可以是兼容的,但不同类型之间一定是冲突性的。因为,这两种类型的制约条件是语言中两类不同力量的代表。标记性制约条件主要是促进语言变化,使得语言更符合表达习惯,并弥补和纠正我们发音构造上的天然缺陷;忠实性制约条件主要是确保我们的想法和内在结构尽量完整地投射到语言的表层结构,主张输入输出之间的完整性和对应性。这两者一个尽量求变化,一个尽量保持完整不变。它们之间的对立统一确保了语言有一个良好有序的进化。也就是,语言因求异而不断要求变化,但忠实性条件要求其变化要尽量保持前后信息的完整性。这确保了语言发展的连续性,不至于跨度太大导致不能够交流的现象,也能够解释语言发展变化的内在动因。

(3) 制约条件的互交收敛于等级排列。OT 语法的核心机制就是制约条件的互交,通过互交确定候选项的最终输出。这就存在一个问题,就是一组制约条件之间形成了一个基本的对立统一关系。当然,这种说法是忽略了制约条件之间的兼容情况,也就是同类制约条件之间不形成冲突的情况。从制约条件本身看,这种对立并没有主次之分。然而,当一个候选项同时面对这个对立统一体时,需要解决应该以哪个为主的问题。OT 是通过位置来解决这个问题的。也就是,一组制约条件之间存在着先后的序关系。当它们相互之间存在冲突时,位置在前的具有绝对的优势,称为绝对统治。正因为如此,OT 语法的一个坚定不移的原则就是绝对统治。这是确保制约条件互交收敛的必须坚守的原则。

和谐串行语法(harmonious serial grammar,HS)与 OT 语法不同。除了强调推导过程之外,HS 语法最大的特色就是每个制约条件都有一个重量,而且可以累积。这样,低重量的制约条件通过累积也可以超过高重量的条件。当然,这两种语法的评价机制是不同的,OT 语法通过制约条件从高到低依次筛选确定最佳选项;HS 语法通过计算施加在候选项之上的所有制约条件的重量之和,将最高重量的候选项确定为输出项。由此看出,HS 语法并不在意制约条件的位置,而在意所有制约条件组合的和谐度。这也是一种互交收敛的处理方法。

4) 制约条件互交本质上是原型范畴

语言本身就是一个模糊的系统,不存在范畴之间的绝对边界。交叉现象并不是特殊现象,而是正常现象。正因为如此,大量的反例使得原则系统处理起来越来越困难,也越来越缺乏说服力。如果完全放弃原则系统转而采用制约条件系统,这样的 OT 语法也没有太大的优势。因为,制约条件之间也存在相互冲突问题。当 OT 允许制约条件之间的冲突,并将这种冲突看成是一种交互机制时,OT 就获得了质的飞跃。这标志着语法描写由原则系统真正走向了制约条件系统。这实际上反映的是经典认知范畴的认识观向侧重于模糊性梯度的原型性认知观的转变,这是一种根本性的变化。这种原型性特征是自然界的普遍特征,语言也不例外。显然,这种描写方式更符合语言的实际情况,因而具有强大的生命力。

5) 制约条件是一种语言表层约束条件

从 OT 生成器的自由性生成原则来看,一个底层的语言材料集合会生成该集合所能产生的全部候选项。这种要求实际上是为了保证语言能够生成所有的句子。其生成候选项数量理论上是一个输入单位的阶乘,也就是所有单位的全排列。例如,现在有一个 20 个语言单位的集合,则可能产出的排列数为

$$20 \times 19 \times 18 \times 17 \times \cdots \times 2 \times 1 = 20!$$

这 20! 个候选项都有可能作为输出项。确定在一个环境中到底哪个候选项会胜出,取决于制约条件的交互。这说明 OT 理论的制约条件实际上是直接

制约语言的表层单位。这些表层单位由生成器一次性输出。

　　OT 的这种处理方式的优点就在于放弃了复杂的、抽象的中间推导形式,直接从语言的表层来描写语言的变化规律。由此,就彻底解决了原来串行推导中出现的一系列冲突的问题,以及背离了我们认知直觉的问题。当然,正如上面的等式反映的那样,这种并行的表层处理看似更合理,实际上庞大的计算量依然违背了我们的直觉。试想假如我们每次说话时脑子里都充满着庞大的运算,这显然是不合理的。假设某种语言有 1 000 条具有级差关系的制约条件,则我们大脑一次性需要处理如下次数的运算:

$$20! \times 1\,000$$

　　这显然是一个难以完成的任务。这个问题实际上是由 OT 语法的设计思路产生的天然缺陷。这说明 OT 语法也并不是一个高效优美的语法,还有很大的改进空间。

5.2　制约条件的类别

　　优选论认为语言是由两种彼此冲突的力量交互作用产生的结果。这两种力量由两类制约条件体现,即忠实性制约条件和标记性制约条件。Kager 认为,前者阻止变化,以使语言具有足够多的对立形式;后者触发变化,以使语言更易于表达。马秋武认为忠实性制约条件力求保持语言单位信息的完整、清晰,也就是保持信息不在传递中损耗;标记性制约条件主要反映了人类语言的经济性特征,要求话语尽量简洁,省力。其目标就是使得话语由底层向表层映射时偏离一致性。它的变化形式主要有两方面:

　　(1) 话语形式的简省,越简洁越好,最大限度地减少形式;

　　(2) 改变话语映射的方式,即改变表达的方式,力求使得表达形式符合人的表达习惯。这方面主要是使得表达形式力求符合语音上的发音流畅和文化习俗上的顺应。

　　正因为如此,忠实性制约条件可以称为保守条件,力求语言映射不变;标记性制约条件称为变化条件,力求最大差异化。这是两个相反的互为前提的力量。它反映了语言发展中的两个基本的力,即求变化、创新和保稳定、继承。前者使得语言始终能够适应社会发展,保持活力;后者使得语言在发展中保持稳定,不至于出现断崖式的交际中断。如果语言变化速度太快,可能会导致上下两代人之间交际上的障碍。

5.2.1　忠实性制约条件

忠实性制约条件是和标记性制约条件相对立的条件。两者互为前提,又相互统一,共同制约着语言始终在稳定和变化之间不断寻求平衡,推动着语言健康有序地发展。忠实性制约条件本质上是要求输出项保持其原有输入形式的基本属性,使得输出项与输入项之间尽量一致,达到信息保持的最大完整性。在语言的不同模块和层级上,输入和输出的成分性质是有差异的,如语音、词汇、句式句型以及形义匹配等。

从语音角度看,马秋武和陈冰认为:"在早期的优选论中,忠实性制约条件主要有两类:PARSE 和 FILL。前者要求输入的音段必须在输出项中被音节结构所分析,没有被音节结构分析的输入音段在优选输出项中就不会得到语音体现;后者要求音节结构位置必须有音段填充。显然,上述两类制约条件是基于音节结构提出来的。前者是通过音节结构对输入音段的分析,实现在表层形式中删除输入项中某些音段的目的,后者则是通过满足音节结构的位置要求,实现插入输入项中没有的某些音段的目的。"

根据 McCarthy、Prince 和 McCarthy 的忠实性制约条件的对应理论(correspondence theory),语音处理要求在两个方面保持输入和输出一致,即前后成分数量一致和前后成分内容一致。根据这两个方面的一致要求,产生了与之对应的两类制约条件:数量制约条件和内容制约条件。

数量制约条件主要是 MAX-IO、DEP-IO 条件。也就是,这类条件要求输入和输出音段数量一样。这两个基本制约条件是从两个不同角度来定义的:

MAX-IO 表示的是最大化输入输出。这是一个防删除条件,也就是要求输入项中的每个音段必须在输出项中有相对应的音段,从而阻止了输入项中的音段在输出项中被删除。这个条件从输入视角定义。

DEP-IO 表示的是输入输出中有删除。这是一个防插入条件,即要求输出项中的每个音段必须在输入项中有相对应的音段,以避免在输出项中加入新的音段。这个条件从输出视角定义。

这两个制约条件从输入和输出两个视角要求语音映射在形式上保持一致,或者说尽量少变化。

内容制约条件主要就是 IDENT-IO(F)条件。和前面的两个制约条件不同,该条件从语音的特征上要求输出项中的音段与输入项中相对应的音段保持一致。忠实性制约条件实际上是保守条件,目的是尽量阻止语言发生变化。

后来,语言学家逐渐发现,人类的语音对立对位置很敏感,不同位置上的对立显著性是不同的,表现出位置上的不对称性。这些音段和音系特征对立表现很明显的位置,一般称为显著位置(prominent position),如一个音节的首音、根音等,非显著位置的如音节结尾音、缀音等。这些特征显著的位置上的音段或音系作用是双向的。一方面它们会触发一些音系的同化、异化等音变现象,另一方面这些显著位置的音段或音系构成了一个语音单位的核心,一般不容易受到其他条件的影响而产生变化,这形成了语音的保守特性。因这类属性而形成的语音制约条件称为位置忠实性制约条件。这类条件就是为了反映人类语音中的一系列位置不对称现象。位置忠实性理论认为位置忠实性制约条件的制约性较强,其强度要高于一般性的忠实性制约条件,也就是先于一般性制约条件。从前面的论述也看出,该类制约条件一般也不会受到标记性制约条件的影响,或者说受到的影响较弱,因而其强度一般也大于标记性制约条件。从 OT 制约条件的理论看,标记性制约条件一般先于忠实性制约条件。由此,我们可以得出这种位置忠实性制约条件和其他两类制约条件的一般性关系为

位置忠实性制约条件 ≫ 标记性制约条件 ≫ 一般忠实性制约条件

关于忠实性制约条件,还需要注意以下几点:

(1) 尽管我们讨论制约条件是从输入输出两方面角度考虑的,OT 的实际操作还是更多地着眼于语言的表层输出,底层输入成分对表层输出产生的制约性很小。这是由 OT 生成器对输入项的自由性生成原则以及语言深层结构的不透明性决定的。庞大的底层输入集合使得认知在识别和调取成分时特别困难,人类认知的经济性原则不可能容忍长期的如此费力的语言生成机制,因而把重点转向语言的表层结构就是认知的必然趋势。另外,语言的深层单位和结构在认知上并不明晰,我们很难设想每次话语都会考虑到底层和表层之间的对应性。因此,对应理论以及由此产生的忠实性制约条件尽管看起来很合理,在认知理论和实际操作上却并不完美。因而,优选论主要还是以表层制约为核心的语言学理论。

(2) 除了输入输出之间保持忠实性之外,两个输出项之间也可以保持一致,Benua 最早考察了这种现象,并进行了实例分析。

(3) 两类忠实性制约条件在 OT 制约条件体系中的地位是不同的。位置忠实性制约条件是强制约条件,必须遵守,如果违反了,单位一般就不合法。所以,它一般放在制约条件等级序列的前面,和后面的标记性制约条件和一般忠实性制约条件交互。

5.2.2　标记性制约条件

标记性制约条件和忠实性制约条件是一对的概念。前者主张语言的变化，以适应表层结构更适合人类的表达，是语言的经济性、流畅性等诉求在制约条件上的反映；后者主张语言不变，以保证语言具有延续性、保真性等特性。这两类制约条件尽管是矛盾的，却是语言运行中两种力量的体现。所有的语言表达实际上都是这两种力量妥协平衡的产物。

标记性制约条件也具有普遍性，理论上可以适用于所有的语言。但该类条件不是强制性的，而是倾向性的条件，也就是语言中具有某种倾向。因而，这类条件在不同语言中的作用大小就不同，极端的情况是语言中不需要某个条件，或者某个条件特别重要。从某种意义上讲，这类制约条件更具有个性特点。大致也可以分为两类：一般性标记制约条件和特定标记性制约条件。

一般性标记制约条件就是从人类的语音中归纳、提取出来的一般性制约条件。尽管说起来是一般的，实际上往往倾向于一些具有亲属关系或某种相似性的语言之间的倾向性特征。因而，除了语言使用中具有倾向性，语言之间也具有倾向性。例如在汉语普通话音系中没有圆唇性前中元音，因而一般标记性制约条件 * ≈ 在制约条件等级序列中排列等级就很高，从而避免这一音段的出现：

* ≈：不允许有圆唇性前中元音

特定标记性制约条件是针对某个特定的语音组构现象而提出的具体制约条件，如汉语元音后接鼻辅音时常常会发生鼻化现象。我们可以提出下面一条制约条件：

* V[—鼻音性]N：不允许出现口元音和鼻辅音

这一制约条件阻止口元音与鼻辅音的特定语音组合方式。

标记性制约条件是语言产生变化的内在机制，它力求语言发音和人类的认知和生理构造相契合。表面看，这类条件就是简单的求变化的条件。仔细考察，实际上很复杂，因为语言力求变化的因素很多，涉及声学、生理学和音系学以及认知、心理和文化，甚至一个民族所处的地理环境等，这些都可以影响到语言的表达。因而，标记性制约条件的归纳也是多元的，不能仅仅从语言本身考虑，否则很多现象就无法解释。

一次有效的制约条件的竞争应该是既有忠实性制约条件又有标记性制约条件的交互。仅仅有前者语言不太符合我们的表达习惯和发音的机制，而仅有后者语言，尽管能表达得很好，却不一定是我们真正想要的表达。

5.3　制约条件的设立与等级排列

5.3.1　制约条件的设立与简化

5.3.1.1　制约条件的设立

制约条件及其等级序列是 OT 语法的核心,也可以称为过滤器,所有的候选项都需要经过该过滤器的筛选,最终获得结果。不同的是,经典模式经过自下向上的过滤,最终仅仅一个成分获得通过,成为最终的输出项。这种自下向上的过程一般仅需要几步即可完成,因为它不需要获得所有候选项的信息,仅需要获得重要候选项的重要信息,就可以筛选出最终的结果。ROE 模型正好相反,是一种自上而下的过程,由于这种模型是要获得所有候选项的级差序列,因而需要考察所有候选项的信息。所以,相比较经典模型就要复杂得多,是一个完整的评估过程。从制约条件视角看,经典模型也是部分制约条件参与评估;ROE 模型是涉及的所有制约条件参与评估。

一个 OT 评估模型的好坏主要取决于制约条件体系,因为模型的结构基本上大同小异。McCarthy 提出了设立 OT 的制约条件时需要注意的问题,主要有以下几点:

(1) 尽管制约条件描写的是语言的普遍倾向,但为了便于评估器能够准确地判断出候选项是否违反制约条件,制约条件的表述必须明确清楚,决不可以出现诸如"音节倾向于有首音"之类的模糊表述。

(2) 由于评估器承担了筛选候选项的任务,所以制约条件自身就不应该再含有比较性的语句。因此,诸如"[l]比[n]更适合于作为音节的核心部分"之类的说法,就不可以作为优选论的制约条件。同样,在制约条件的表述中也不适宜使用"应该"或者类似的字眼。

(3) 制约条件的应用是必须的、无条件的。因此,制约条件的表述中不可以出现"只有当……""除……外""否则……"等之类为制约条件设定应用条件的说法。遇到上述情况,可将制约条件进行适当拆分,让评估器来处理例外的情况。

(4) 在提出新的制约条件之后,一定要对其进行检测。变换它与其他已有的制约条件在制约条件等级排列中的相对位置,观察每一次位置的更换是怎样作用于一定数量的输入项以及这些输入项的候选项的。这种检测制约条件的方法可能会产生 3 种不同的结果,即新设定的制约条件有助于引发新的类型变化;

新设定的制约条件导致生成了一种不可能的、也无法补救的类型；为了生成可能的类型，还需要另外设立一个制约条件。

我们可以将制约条件的设立归结为几个原则：清晰性原则、单一性原则、多维性原则和检验性原则。

（1）清晰性原则，就是制约条件的界定必须是清晰的，不能给人产生歧义，而且容易理解，不会出错。从认知角度看，认知上处理这些原则一定是简单、高效的。

（2）单一性原则，就是制约条件的适用对象是唯一的，一个条件只处理一个问题。这个原则实际上是第一个原则的延伸，目的是确保制约条件适用范围清晰。需要注意的是，不能反过来理解，一个问题只用一个条件来评估，恰恰相反，一个问题往往是多个条件同时对之产生作用。

（3）多维性原则，就是指制约条件的归纳不仅仅是句法上的，也可以是认知上的、情感上的、语境上的、文化上的以及社会上的等。只要可以起到表层制约作用，且具有普遍性，与其他的制约条件可以交互，就都可以成为制约条件。这种理解就大大拓宽了 OT 语法制约条件的获取范围。

（4）检验性原则，是指所有归纳出的制约条件必须能够接受实践的检验，具有广泛的适应性，而且可以和其他制约条件互交，并且在互交中确定在等级序列中的位置，融入不同的具体语法中去。这条原则的核心是，所有的制约条件都需要反复地在不同环境中通过实验确认合理性和普遍性。只有获得语法体系检验并确定位置后，才可以成为 OT 的制约条件。

5.3.1.2　制约条件的简化

根据 Smolensky、Crowhurst 和 Hewitt 提出的制约条件的组合方法，如果两个制约条件之间能够形成局部合取关系、局部析取关系和局部蕴含关系，那么就可以依照这些关系对制约条件进行简化。简化后的制约条件分别称作局部合取制约条件、局部析取制约条件和局部蕴含制约条件。其推演公式如下：

a. 局部合取关系：若 $A \wedge B$，则有 $[A \ \& \ B]_\delta$；

b. 局部析取关系：若 $A \vee B$，则有 A_δ；

c. 局部蕴含关系：若 $A > B$，则取 A。

但前提是：一组制约条件应具有同样的句法功能或关涉同一范畴的问题。这里，条件 a 表示的是 A 和 B 子条件的联合运用，这种用法是解决 OT 语法中一些制约条件之间等级不明显或者存在交叉的现象。需要注意的是，这里的逻辑关系的表述和逻辑学里的有点不一样。条件 a 是说候选项只违反了 A 和 B 子条件中的一项并不违反该制约条件,逻辑学里的合取关系意思为只要违反了内部的一项,则违反了整个合取关系;条件 b 表示的是 A 和 B 子条件的析取运用,意思为只要候选项违反了子条件中的一项,则违反整个制约条件,逻辑学里恰恰相反,析取关系只要有一个符合要求即可,也就是违反了当中的一项,不会造成整体的不成立。条件 c 表示的是如果候选项违反了 A,则一定违反 B,反之不成立。这个条件反映了两个子条件之间的阻断关系,也就是违反了 A,则一定违反 B。反过来看,如果一个候选项不违反 A,则不一定不违反 B。

我们在谈到 OT 制约条件的简化时,实际上主要就是通过上面的合取、析取和蕴含三种逻辑关系,进行制约条件的归并。这种归并不仅仅是精简制约条件的数量,也使得制约条件等级系列更为明晰、紧凑,具有更强的概括力,使 OT 语法变得更简约、高效。

5.3.2 制约条件的等级排列

制约条件的等级排列是 OT 语法中反映不同语言特征的关键。排列的不同说明不同语言表层结构的不同选择。语言的多样性正是通过这种方式产生的。我们在这样表述时,实际上有个前提,就是制约条件之间必须发生有效冲突。换句话说,就是一次有效的评估一定是制约条件之间交互的结果。原因非常简单,如果制约条件之间不构成竞争,则无法做出差异性的比较,也就无法分出候选项的等级(见表 5 - 1 至表 5 - 3)。

表 5 - 1   不构成竞争制约条件的评估一

	C_1	C_2
K_1	*	*
K_2	*	*

表 5 - 2   不构成竞争制约条件的评估二

	C_1	C_2
K_1	*	*
K_2		

表 5 - 3　不构成竞争制约条件的评估三

	C_1	C_2
K_1		
K_2	*	*

在表 5 - 1 至表 5 - 3 中，由于 C_1 和 C_2 不构成竞争，也就意味着两者是兼容的，则两者的违反情况是一致的。主要的类型反映为三种情况。表 5 - 1 无法区别候选项，即无法完成评估；表 5 - 2 和表 5 - 3 可以区别候选项，但是这种区别是两个制约条件共同完成的，两者并不体现优先顺序关系，所以他们之间没有画线。正常情况下，这两个制约条件是冗余的，只需要一个就行了。但是，前面的论述告诉我们，情况不是这么简单，如果两个条件只存在部分的交叉关系，那么它们又各自存在特殊的适用范围。这时候，前面提到的制约条件简化中的三种归并模式就适用于这里的情况，如表 5 - 4 至表 5 - 6 所示。

表 5 - 4　制约条件的合取模式

	C_1	$\wedge$	C_2
K_1			
K_2	*		*

表 5 - 5　制约条件的析取模式

	C_1	$\vee$	C_2
K_1			
K_2	*		*

表 5 - 6　制约条件的蕴含模式

	C_1	$>$	C_2
K_1			
K_2	*		*

我们说一次有效的评估一定是制约条件交互的结果。制约条件的交互（即冲突）表现为两种方式：质的冲突和量的冲突。

质的冲突就是候选项对两个制约条件仅仅违反一个，或者说满足一个就会违反一个,这种对立的结果是确保候选项之间永远是不等式,而不会出现像表 5 - 1 中无法区别候选项的情况。

量的冲突就是制约条件两个都可以违反,但是违反的程度始终是不同的(见表 5 - 7)。

表 5 - 7   制约条件量的冲突的评估

	C_1	C_2
K_1		
K_2	*	***

表 5 - 7 中,尽管 K_2 同时违反了两个制约条件,但是违反的程度是不同的,C_2 显然更为严重一点。如果 $C_1 \ll C_2$ 的排序,候选项 K_2 是合格的,我们就得出这个排序在语言中是合适的。然后我们再在其他环境下检验这种排序,如果各个环境中这种排序都是成立的,我们就可以确立这样的一个制约条件的等级 $C_1 \ll C_2$。质的冲突也是采用一样的方法来归纳制约条件的等级。

可以看出,这种比较是二元对立的,不像具体评估那样可以是很多候选项同时进行。这种方法后来被 Prince 发展成可以直观看到的、和优选竞赛表相对应的比较竞赛表(comparative tableau)。比较竞赛表除了仅仅用两个制约条件比较两个候选项之外,其在运行逻辑方向上和评估竞赛表也是反的。评估竞赛表是通过制约条件的等级关系确定候选项的等级关系,比较竞赛表恰恰相反,是用已经知道的两个候选项的等级来反推以确定制约条件的先后顺序。例如,两个候选项 K_1 和 K_2 具有对立关系,即一个合语法,一个不合语法,制约条件 C_1 和 C_2 存在两种排列: $C_1 \ll C_2$ 和 $C_2 \ll C_1$。理论上存在着 $2 \times 2 = 4$ 种的可能组配方式,但是,我们根据经验已经知道了两个候选项的顺序: $K_1 \ll K_2$。 由此面对这两个候选项,能够使它们的等级正确的也就只有两种可能了,即 $C_1 \ll C_2$ 和 $C_2 \ll C_1$。如果 $C_1 \ll C_2$ 可以获得正确排列 $K_1 \ll K_2$,则这个序列就是 OT 语法中的制约条件的等级序列,否则就不是。OT 语法主要就是通过这种方法确定制约条件的等级关系。当然,当我们在一个环境中确定了制约条件的等级之后,还需要在别的环境中进一步验证,理论上验证的次数越多,可靠性越高,反之就低。一般来说,只要两个制约条件具有不等关系,基本上就可以用这种方法确定顺序。

用比较竞赛表确定制约条件等级看起来完美、有效,实际上也存在一些缺陷。比如,优选项必须事先知道顺序,否则无法确立制约条件。问题是在很多情况下候选项仅凭经验也很难准确判断,从而比较就无法完成。另外,这种方法是一种二元对立判断法,当有大量的制约条件需要判断时,其工作量是呈几何上升的。例如,存在 4 个制约条件:$ABCD$,则它们的排列为

$$\frac{4 \times 3 \times 2 \times 1}{2} = \frac{4!}{2} = 12$$

也就是说,存在 12 种组合的可能性,每种排列在每个环境下都需要我们验证一下。假设有 N 个环境,则为 $12N$ 次的比较运算。实际语言中,存在的制约条件远远大于 4 个,假设有 M 个制约条件,则实际我们需要计算的次数 T 为

$$T = M! \cdot N \tag{5-1}$$

我们可以看到,从语法可学性角度看,这是违反认知常识的。我们很难想象儿童学习语言过程中存在如此多的计算过程。目前来看,也没有更好的归纳制约条件序列的方法。已知的序列基本上都是通过这种方法,再辅助上面提到的三种制约条件简化的方法,从而获得语言的制约条件系统。

这里,我们需要注意的是,如果有两个以上的制约条件同时影响我们输入的候选项,则很难确定某两个条件能够确定候选项的等级以及输出项,也很难确定两个制约条件之间是否有冲突。在这种情况下,所有的比较以及由此指定的等级都是无效的。出现这种情况,我们可以采用更换候选项对的方法解决问题。往往制约条件在一个环境下混同,不代表在任何条件下它们都是混同的。假如,在不同环境下几个条件均出现共同影响候选项的情况,则可以考虑采用前面提到的制约条件简化归并的策略。

目前来说,OT 理论尽管很火热,但进展并不快,掌握的人也并不多。其主要原因是,理论本身简约,但构建复杂,可学性较差。我们所看到的文献一般也是就具体问题提出有限的几种条件,去解决问题。这离建立制约条件的系统化还有很大的距离。我们可以设想,只要有一种语言在这方面获得突破,就可以很快地推演到不同的语言中。而瓶颈恰恰就在这里。

制约条件的等级序列构拟,除了上面谈到的归纳方法之外,还应该有一些辅助条件构拟的普遍性原则,这些原则来源于我们的经验、认知以及客观的现实。例如,标记性条件大多数在一般忠实性条件之前[①],韵律条件在题元条件之前,句法上的条件在词法上的条件之前以及违反概率小的条件在大概率的之前,等

① 忠实性制约条件分两种:一般性条件和位置性条件,后者一般排在标记性条件的前面,制约性很强,这里所指的是前者,这类忠实性条件仅仅起到一般性的制约变化作用。

等。王家年认为,这些一般性的原则是指导制约条件排序的认知导向,在很大概率上是正确的。也就是说,即使我们根据这些原则确定了条件的梯度,还需要在大量环境中检验,以确保这种经验排序的可靠性。

5.4　移情制约条件的归纳

5.4.1　移情制约条件归纳的普遍性基础

　　语言中的移情现象能够被 OT 语法描写,主要与移情本身的属性有关系。移情是人类交际中采用的一种普遍策略,也是人类重要的一种社会心理。其基本的动因是提高人际交往的效率。可以这么理解,只要存在交际现象就会有移情发生。移情使用的心理机制就是情感的交流。从对象和目的视角看,就是拉近话语交流对象之间的心理距离。为了达到这种目的,言语交际中可以说调动了一切可以调动的手段,包括一些非语言的交流要素,例如手势、身体、眼神等。各民族语言不同,交际策略不同,采用的技巧不同,但是移情心理是一样的。这是移情普遍性的最深层的基础。

　　移情制约条件就是指从言语移情视角归纳出的制约言语生成的制约条件,其目的是通过话语参与者之间心理距离的控制,来提高话语表达效果,实现话语表达目的或言语行为。所以,移情制约条件的核心不是话语说得对不对,而是怎么说让言者收益最大化。当然,实现话语收益最大化,也就必须以话语正确为前提。很难设想一个表达错误的句子能够被正确理解,并获得效果最大化。从这个角度讲,尽管移情制约条件的核心不是规范语言的语法,但在实现自身目的的过程中,也起到了解释和规范语言的效果。因而,移情制约条件和 OT 语法制约条件之间不是对立的关系,而是兼容的关系,有部分制约条件可能是重叠的,另外一部分的制约条件可能是互补的。

　　从等级上看,移情制约条件的等级应该高于语法的制约条件。因为我们可以有这样的推论:如果一个语言单位移情值高,则它一定是合语法的,且表达自然合理,反之则不成立,即一个语言单位合语法不代表其移情值一定高,可以高也可以低。由此看出,合语法性是语言的最低要求,也就是基础要求,而合移情性是在满足了合语法性的基础之上的进一步要求。我们可以将移情制约条件的这种特性称为语言的"高等级制约条件"。高等级制约条件以低等级制约条件为基础,而不是替代低等级制约条件。因为,从前面的表述可以看出,高等级制约条件是对语言的进一步约束,一些语言基础性的约束并不在其约束范围之内。

如果没有这些基础性约束条件对语言的基础性规范,这些高等级的约束就失去了约束的基础,也是不可能实现的。正如前面所述,高等级和低等级的制约条件所要实现的目标是不同的。

尽管等级不同,实现的目标也不同,但是移情制约条件和语法制约条件的属性是一样的,都具有普遍性。这大致由两个方面决定:所有语言本身具有的共同客观基础与移情是人类的一种共同情感策略心理。尽管各民族表达移情的方式不同,但这种心理是一致的,这种一致性就是普遍制约条件的基础。至于不同民族的差异,体现为移情制约条件排列次序的差异。移情制约条件普遍性可以从两个方面来理解:

1) 制约条件本身是普遍的

移情现象是所有民族共有的心理,因而制约这种心理的约束条件一定具有普遍性。这里的普遍性有两个方面的理解。

(1) 所谓的普遍性是言语移情的一种普遍倾向性,并不是强制性。就某种语言的某个条件来说,违反它不一定使话语有问题,但肯定不是最合适的。但是,换句话说,合适不合适也会因人而异。相同一句话在同一个环境中,有人认为合适,有人可能就认为不合适,这就给话语选择提供了一定的弹性。所以,制约条件普遍性的倾向是适应语言灵活性的必然要求,也是不同语言之间共性的必然体现。

(2) 移情制约条件适用于所有的语言。这点和 OT 语法中的理论是一致的。区别在于,不同语言在移情制约条件的选用力度上的差异。这种差异表现为制约条件等级序列的不同,即不同语言对相同的一组制约条件在排列顺序上是有差异的。最极端的情况是一个制约条件在一种语言中起作用,而在另一种语言中不起作用,也就是不需要这个条件。这种情况并不违反普遍性,只是普遍性的极端反映。

2) 移情制约条件的一些经验性的原则具有普遍性

和 OT 语法中的制约条件原则类似,移情制约条件的归纳也会有一些普遍性的原则,作为对具体的条件体系的补充。例如前面提到的制约条件设立的几个原则:清晰性原则、单一性原则、多维性原则和检验性原则;还有在韵律、句法、词法、语境、认知等维度都存在制约语言生成的约束条件,而这些不同领域的条件在重要性上是不同的。例如,韵律方面的条件在任何语言中都是很重要的制约条件,都很强势。一个合语法的句子或者词的序列,如果不合韵律,读起来拗口,或者不符合人的发音习惯,即使再好,也会最终被淘汰。这是由人类的省力原则决定的。

5.4.2　移情制约条件归纳的困难

移情制约条件归纳的困难可以从两个方面来看。

1）移情制约条件和语法制约条件之间关系的处理

前面我们提到过两者是兼容的关系,而且前者是高等级制约条件,后者是低等级的,前者必须以后者为基础。这样表述实际上还是存在问题。到底这两类制约条件是相互独立的,还是相互交融的。也就是,我们在给候选项进行评估时,是分两个先后的过程,还是将这两类的制约条件体系合并在一起,一次性评估。如果是分为两个独立的先后过程,这两类制约条件体系的成分有很多是重合的,这样的评估过程肯定谈不上简约,不太符合 OT 语法的基本精神。如果将两类条件放到一起一次性评估问题更大,如:

(1) 这两类条件怎么组合的问题;

(2) 当同一个条件多次使用又在不同位置时怎么处理;

(3) 不同条件在两套系统中同时出现,而等级序列上又不同,产生了冲突怎么解决。

类似这样的问题很多,很难一次性将之说清楚。我们在论述移情优选时,直接建立了一套移情制约条件体系,所用到的候选项就是语言生成器生成的候选项。这样的一种处理实际上是淡化了语法体系和移情体系之间的界限,将两者并为一个过程,用更高级的移情制约条件直接替代了语法制约条件。其建立的理据就是高移情值的候选项一定是合语法的单位,移情值越低,合语法性也就越低,到了一定程度候选项可接受度就不高了。这种表述实际上说的是语法优选和移情优选之间存在一定的稳定的对应关系。但是,这两者还不是一回事,当我们全面建立移情制约条件体系时,句法条件是撇不开的领域。然而,一旦引入了句法因素,前面提到的冲突就会出现。这方面的问题目前没有文献讨论。

2）移情制约条件自身归纳的困难

移情本身是一种心理现象,其外在表现是通过语言、体态语或其他相关的外物实现的。所以,我们讨论的言语移情是指语言运用中的移情,并不是移情的全部。实际情况是,在言语交际中为了实现最好的移情效果,可能除了话语外还会伴随有其他的体态活动。无论是话语还是体态活动,都是移情的表现形式。

和语法相比,移情表现出更多的交互性。因为,句子的语法性判断并不需要其他人参与,仅仅依靠话语者自身的语言知识就可以完成。移情值的判断仅仅依靠言者自己是不够的,一句话效果的好坏更多是通过话语对象的反馈获得的。因此,在移情制约条件的归纳上,可能句法之外的情境和认知等因素更为重要。

相应地,情境和认知等领域的制约条件相比较句法领域在理论上就更靠前。在第 3 章的移情级差分析中已经证实了这个判断。

然而,情境和认知等领域涉及的因素很广,很多都是一些反映心理情状性的成分,主观因素较多,仁者见仁、智者见智,不同的人可能会有不同的理解和判断,因而在标准上也很难取得一致。所以,在制约条件的归纳上如何求得主观和客观的统一也是一个很难把握的事情。例如,前面提到的语境依赖度条件,一个句子语境依赖度越高,其移情值越低,反之就越高。但是,在制约条件的归纳上,我们不能这样表述。这种表述尽管是对的,但是太主观了,无法在环境中做出准确的判断。因而,我们将之变为"句子不能依赖语境",以求得主客观的相对妥协。这样,如果一个句子具有语境依赖性就违反了该条件,不依赖就不违反。显然,这种表述和切割也不能完整反映语境的实际情况,但换取了技术上的可操作性。

其他类似领域的制约条件归纳也差不多是这种情况。可以看出,这种处理方式实际上是对状态进行切割,都是以牺牲信息为代价的。好在制约条件的归纳并不像传统语法的规则那样,精确性要求较高。它是通过不同维度的条件之间的交互达到描写语言输出的目的。一个现象的描写无论是正面的合条件还是反面的违背条件,都是对候选项的共同制约,而且起到互相补充的目的。显然,这种归纳制约条件的方式是粗犷的,其必然的补救除了条件的交互之外,就是增加制约条件的数量,提高条件的密度,但这又以损害 OT 的简约性为代价。

所以,如何在精确性和模糊性、简约性和复杂性、交叉性和分离性、多维分散性和主体集中性等方面求取一个最大公约数,是移情制约条件归纳面临的现实问题。目前,由于这方面的研究还刚刚起步,有很多方面都需要去探索。

5.5　移情制约条件的特点与归纳原则

移情制约条件和语法制约条件不同。语法制约条件相对单纯一点,主要是句法结构的合法性制约,基本上限定在形式领域。移情制约条件本质上属于语用领域,牵涉到的因素很多,既有语言本身形式上的因素,又有语言外的相关联因素。而且,从语言使用的实际情况来看,语言外因素的影响要远远大于语言内的因素。因而,其制约条件的归纳应该是从更广的范围中获取。这是移情制约条件不同于语法制约条件的主要方面。具体来说,主要有以下几个方面特点:

1) 移情制约条件要素的广泛性

如上所述,移情制约条件的范围涉及语言牵涉到的一切层面,只要是与语言有关联的领域基本上都会影响语言的输出和效果,因而都是制约条件的归纳来源。所以,制约条件的成分非常广泛,性质也不统一,数量也不确定。

2)移情制约条件要素之间关联的复杂性

不像语法本体的制约条件,基本上是形式上的制约,移情制约条件是不同维度之间的交互,其复杂性要远远大于语法上的交互。根源在于不同维度之间逻辑上本身不构成对立关系,类似于"红米、白米"和"中国大米、泰国大米"之间的关系,红米可以是中国的,也可以是泰国的,泰国可以有红米,也可以有白米。这种逻辑上的互交性,从分类角度讲是不成立的,但是在描述对象的属性上因其展现不同的侧面,而具有一定的互补性。移情制约条件之间恰恰是这种属性。带来的问题是,大量不同维度的制约条件之间位置不清晰。换句话说,制约条件的归纳不是问题,问题是这些制约条件之间的关系不好确定,因为很多关系是交叉的,如果交叉达到一定的比例,就失去了存在的必要,也就是出现冗余现象。不同的制约条件不需要逻辑学上的对立,但需要充分的差异性。然而,因为维度不同,缺乏必要的区分标准,差异性也就不好确认。

还有一个问题就是,移情制约条件等级的排序相比较 OT 语法的排序要困难得多。主要的矛盾在于不同维度之间的反复交叉跳跃,造成了制约条件之间在等级上的冲突,使得制约条件形成的不是一条线,而是一个平面,或者说有向图构成了一个回路(见图 5 - 1)。这显然是 OT 语法不允许的。

类型①:线型有向模式

$$A \to B \to C \to D \to \cdots \to \infty$$

类型②:线型有向冗余模式

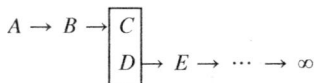

$$A \to B \to \boxed{\begin{matrix} C \\ D \end{matrix}} \to E \to \cdots \to \infty$$

类型③a:有向单回路模式

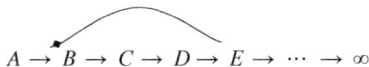

$$A \to B \to C \to D \to E \to \cdots \to \infty$$

类型③b:有向多回路模式

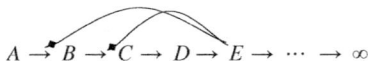

$$A \to B \to C \to D \to E \to \cdots \to \infty$$

图 5 - 1   4 种类型的模式图

类型①是 OT 模型的常规形式。每一个制约条件都有一个唯一的位置。不同制约条件之间形成了级差关系。这可以确保优选评估过程收敛。

类型②表示在两个级差序列之间形成了重叠。重叠数可以是一个位置，也可以是若干个位置。复杂的情况也可以是超过两个制约条件序列之间连接上的重叠。这种类型一般不影响评估，但是会影响到模型的效率。

有向回路模式分为两种情况：单指向回路③a型和多指向回路③b型。③a型在条件 A 和条件 E 之间构成了回路，说明制约条件 E 可能同时在条件 D 后面和条件 B 的前面。③b型中条件 E 同时占据三个位置，可能同时在条件 D 后面与条件 C 和 B 的前面。这两类都构成了冲突。在复杂的情况下一个序列可以存在多个③a型回路，或者一个条件指向多个位置。

这种复杂的现象，在传统的 OT 语法中是不会出现的。但是，不同维度移情制约条件的组合就会容易出现这样的情况。

3）移情制约条件限制的概略性

移情制约条件取自不同的维度，很多维度本身就是性状性质的，制约条件在归纳时无法做到精确的划分，而强制性地将性状分为两个部分本身就是问题。这也是传统的基于规则的语法的主要问题。从实际的情况看，语言更多表现为原型范畴，并没有清晰的界限，我们看到的所谓的界限，是划分出来的，并不太符合语言的实际情况，因而，传统语法才会出现许多的例外现象。这实际上是范畴之间交叉的产物。最理想的情况就是描写语言时也从原型角度出发。可是有时候这种思路在技术上无法操作，比如这里的移情制约条件，在归纳上是以信息的丢失为代价的。但是，制约条件对候选项的控制是一种多元合力的结果，并不单纯依靠某一两个条件，即使信息不全，也会有其他条件部分补足。另外，如果需要还可以增加制约条件的数量，通过提高制约条件的密度弥补制约条件自身的不足。

移情制约条件归纳的原则主体上和 OT 语法的原则一致。由于属性的不同，二者也有一些差异，主要表现如下：

1）宜多不宜少

前面已经提到了，移情制约条件存在天然的缺陷，我们通过提高制约条件的密度来弥补制约条件自身的不足。也就是说，如果可能，在不影响表达的情况下，制约条件越多，描写越精确。当然，一个前提就是条件相互之间不能是冗余，而应该是冲突的，在冲突下提高数量。

2）宜松不宜紧

由于很多维度属于性状性的，制约条件的归纳很困难，人为做出范畴分割并不太符合范畴的实际情况，通常都是以损失信息为代价的。这时，在确保有效的前提下，制约条件应尽量宽泛，涵盖更大的范围。

3) 多向变通

在制约条件等级遇到互相冲突时,需要采用尽可能多的方法,化解冲突。理论上讲,并不存在一两条标准或方法可以处理所有的问题。这就要求我们采取开放态度看待和解决问题。

5.6　汉语移情制约条件的部分构拟与相关讨论

OT 语法是一种严格的形式化演算系统。一整套的运算过程都需要严格的数学上的推演过程。所以,在 OT 模型中,总会有一些涉及模型运算的公理系统,有纯数学的,也有其他相关的公理,还有一整套涉及计算的,数据处理的定义体系,以便模型可以做出我们设计的推演过程和期望的结果。这些方面本身和制约条件体系有间接的关系。因为这些定义是模型设计的重要组成部分。模型的不同会影响到制约条件处理的方式、效率和结果。反过来,制约条件的构拟也要适合模型的特征和要求,这样才可以将模型和制约条件完美结合在一起。

这里,我们将制约条件和 OT 模型看成两个不同的部分,也有将这两个部分合在一起,统称为模型的。我们将它们合在一起称为 OT 语法,而将它们分开理解的理由就是可移植性。OT 模型实际上是一套算法,也可以称为一套运算架构,具有可移植性。当我们设计出这种算法之后就可以将之用于任意的语言中,不管语言本身怎么样,只要设计合理,这种运算的方法是没问题的。但是,移情制约条件就不同,尽管条件本身具有普遍性,也就是说,每个条件可以用到不同的语言中去,但是它们在不同语言中的价值是不同的。这种价值来自不同语言中的排列。当同一个条件在不同语言中处于不同的位置时,它们价值就是不同的。因而,理论上,在不同制约条件系统中的制约条件之间不具有可比性。这点,和音位的归纳非常像,国际音标是普遍的,是所有语言公用的一套语音系统,但是每个音在不同语音系统中的位置、价值是不同的。因而,我们也不可以将来自两个不同音位系统中的音位或语音混合分析。

OT 语法制约条件的构拟是核心,也是难点。所有的制约条件都需要经过大量的实践检验,不断调整,才可以并入制约条件体系中。具体的操作方法在前面的章节中已经讨论了。移情制约条件和语法制约条件不同的是取材范围广泛,一切可用的语言的或非语言的因素都可以纳入条件体系,所以数量庞大,属性很杂。制约条件的归纳容易实现,但极难提炼出核心的高效的条件。有些条件有用但概括度不够,有的概括度够了又存在和其他条件的兼容问题,等等。所以,相对而言,表面看移情制约条件在归纳上很容易,实际上难度要超过语法制约条件的归纳。

　　由于制约条件是供 OT 模型使用的，而 OT 模型是一套数学运算，所以，制约条件就需要形式化的表述，且不能存在模糊不清的表述，否则就无法计算。通过对语境、认知、句法、生命、物种等不同领域的考察，我们可以初步归纳出如下一些移情制约条件。当然，这仅仅是移情制约条件的冰山一角。我们的目的不是构建完整的移情制约条件体系，而是通过这些制约条件的表述，给未来进一步归纳和深化研究提供初步的引导。我们也是第一次讨论，可能归纳得并不完善，表述上也许还可以再推敲。重要的是归纳思路。具体的一些移情制约条件表述如下[①]：

　　条件(1)：命题态度移情（prepositional attitude，PrepaC）

　　设 O_s 为句中对象集合，＋为积极肯定的态度，并且 $(o_i\ o_j) \in O_s \land o_i \neq o_j$，则：

　　$E(+o_i) > E(o_j)$。

　　条件（2）：实体指称移情序列（entity reference empathy sequence，EresC）[②]

　　设说话者为 S，听者为 H，人为 M，动物为 A，物体为 T，抽象个体为 A_1，则存在着序集 EresC $= \langle S,\ H,\ M,\ A,\ T,\ A \rangle$，使得

　　$s \in S \land h \in H \land m \in M \land a \in A \land t \in T \land a_i \in A_1 \rightarrow E(s) > E(h) > E(m) > E(a) > E(t) > E(a_i)$。

　　条件(3)：生命度移情序列（animacy，AniC）

　　设人类为 M，其他生命体为 A，非生命体为 T，则存在着序集 AniC $= \langle M,\ A,\ T \rangle$，使得

　　$m \in M \land a \in A \land t \in T \rightarrow E(m) > E(a) > E(t)$。

　　条件(4)：人称移情序列（person，PerC）

　　设第一人称为 F_p，第二人称为 S_p，第三人称为 T_p，存在着序集 PerC $= \langle F_p, S_p, T_p \rangle$，使得

　　① $\langle x,\ y \rangle \subset$ PerC $\rightarrow E(x) > E(y)$。

　　② $f_p \in F_p \land s_p \in S_p \land t_p \in T_p \rightarrow E(f_p) > E(s_p) > E(t_p)$。

　　条件（5）：表层结构移情序列（surface structure empathy hierarchy，SsehC）

---

　　①　这里所列的制约条件也仅仅是初步的构拟，并不全面，涉及的语用现象统一地放到制约条件体系中处理。

　　②　这里采用的是 W.R.Langaker(1991)从人类语言和认知的总体趋势出发，提出的移情等级序列。

设一个句子含有对象的序集 $O = \{o_1, o_2, \cdots, o_n\}$，那么，$E(o_1) >$
$E(o_2) > \cdots > E(o_n)$。

条件（6）：移情标记（empathy sign，EsignC）

设移情点为 E_p，句中对象集 O_s，则 $E_p > E(o_i)$，并且 E_p 位于句首自然移
情位。

条件（7）：主题关联移情（theme-relevance，ThrelC）

设一个句子含有对象的序集 $O = \{o_1, o_2, \cdots, o_n\}$，主题对象 T_h，$\sharp$ 为关联
符，使得

$$\exists o_i(T_h \sharp o_i \in O \wedge \forall o_j((o_i \neq o_j \in O) \rightarrow E(o_j) < E(o_i)))。$$

条件（8）：礼貌条件（politeness，PoliC）

设第一人称为 F_p，第二人称为 S_p，S_{po} 是礼貌句，那么

$$(f_p \in Fp, s_p \in Sp) \in S_{po} \rightarrow E(s_p) > E(f_p)。$$

条件（9）：复杂度条件（complexity，CompC）

设一个句子含有对象的序集 $O = \{o_1, o_2, \cdots, o_n\}$ 和对应的形式序集 $F = \{f_1, f_2, \cdots, f_n\}$，$\sharp$ 为对象和形式之间的关联，L 为单位形式的长度函数，使
得 $L(f) = \grave{u}$，则

$$(f_i, f_j) \sharp o_i \wedge (L(f_i) > L(f_j)) \rightarrow E(f_i) > E(f_j)。$$

条件（10）：禁止对象提升（ban object up，$*$ObjupC）

设一个句子含有对象的序集 $O = \{o_1, o_2, \cdots, o_n\}$，对象 o_i 句位不能提升。

条件（11）：非语境依赖（not Context independent，$*$S$\sharp$Context）

句子 S 解读不依赖语境。

条件（12）：$*$span：移位不跨节点

句中成分位移时不能够越过节点。

条件（13）：$*$Obmovement：宾语不能移位

句中宾语位置的对象不能离开宾语位置。

McCarthy 强调："不要轻易地设置新的制约条件。OT 语法中的制约条件
不仅是为了解决特定语言的问题，而且具有丰富的类型学意义的普遍语法的特
征。另外，新制约条件设立必须有把握。"移情制约条件也具有这样的特征。

这里有一些问题需要稍微讨论一下：

其一，移情制约条件是一个等级体系，就如一般的 OT 语法的制约条件等级
体系一样。我们目前并不清楚所有的制约条件是一根线的序列还是多根线的平
行并列，或者交叉。原因是，不管是什么 OT 语法，目前都没有建立起完整的制
约条件体系，包括最成熟的语音领域的制约条件体系，甚至连基本的体系都没

有。在 OT 语法的讨论中,大多数还是理论多过实践。这既由于理论本身的问题多,也因为实践操作的难度很大。

其二,我们在进行 OT 评估时,是完整地调取制约条件系统,还是部分地调取,这个也不清楚。如果制约条件系统是一根线的结构,则存在完整调取的可能性,如果是多条线的平行或交叉,很难设想同时调取多根线的理由。还有,假设是多根线的,存不存在一次性评估跨线的问题,即一次性涉及两根线的连接问题,如果涉及,其连接机制是什么。

其三,制约条件体系自我净化、自我调节的机制是什么,也不清楚。任何系统都是一个平衡,既满足需要,也追求简约。移情制约条件系统的吸收和排除机制是什么,目前也不清楚。

针对上面的问题,我们认为,移情制约条件应该是多线平衡的结构,从认知的实践看,我们平时说话一次性在极短时间调取所有制约条件的可能性基本不存在。那也就意味着,制约条件的调取是部分调取、激活的过程。当面对一个具体的评估时,评估对象的特征和认知语境共同作用制约条件系统,进而激活相关联的部分制约条件,再通过制约条件系统的偏序集运算,将激活的制约条件再次临时整合,完成特定评估。当评估结束后,制约条件的临时集合就解散,下次再使用时,再临时性整合评估。如此循环往复完成话语的规范和制约。这种思路是符合我们的认知直觉的,也和语法的灵活性、即时性、多变性、递归性等属性一致。至于如何建立敏感关联是一个认知连接的具体技术操作细节问题。

第6章　移情优选与自然语言处理

6.1　自然语言处理中的移情优选

自然语言是指人们日常使用的被儿童作为母语习得的自然形成的语言,如汉语、英语、日语、法语和意大利语等,是人类相互交流和思考的工具。自然语言处理,是计算机科学与人工智能领域中的一个重要方向,指用计算机对自然语言进行分析和模拟的一种理论和技术。自然语言处理是一门以语言学、计算机科学和数学为核心的并融入人类学、社会学、脑科学以及民族学和民俗学等学科的综合性科学。之所以如此复杂,与语言本身的复杂性有一定的关系,可以说语言和大多数的学科有交叉,也是文理工科联系的桥梁。

在自然语言处理中,我们并不是着眼于语言本身的分析,而是以人机互交、机器互交为目的,最终实现人与机器以及机器与机器之间的自然交流。为了实现这个目的,需要涉及语言本身的计算机分析,从而出现了诸多的语言分析模型。随着人工智能和 5G 网络的发展,在物联网互联互通的实现中,作为信息传递主体的语言是所有信息技术实现的基础,也是目前科技领域的瓶颈。据统计,就计算机的应用而言,用于数学计算的仅占 10%,用于过程控制的不到 5%,其余 85% 左右都是用于语言文字的信息处理。曹佩认为,自然语言处理是计算机科学的核心和主体,也是未来人工智能领域能否发展的关键。目前来讲,计算机科学软硬件发展严重不平衡,硬件远远走在软件的前面。软件之所以发展跟不上,归根结底还是语言学这块没跟上。由于语言自身研究没有突破,计算机语言处理也就无法突破。如果研究对象属性、规律都没有搞清楚,那我们如何识别、模拟它? 可以预想,在未来科技发展中,很长一段时间仍然是以信息科技为主,而核心就是语言学以及语言处理的研究。

自然语言处理最早于 20 世纪 40 年代发端于机器翻译领域,由英国的工程师布斯(Booth)和美国工程师韦弗(Weaver)最早提出。当时主要的思路是关键词匹配方法,人们相信好的译文可以通过分别处理查词典和重新排列词序两步操作来得到。于是那时的学者们普遍认为机器翻译包括两个基本过程,即查词典和语法分析。即首先通过查词典,将源语文章的每个词的对应的目标词查找出来,然后再进行第二步,即语法分析——调整词序、词尾和形式等等。到了20世纪60年代中期,机器翻译研究陷入了困境,侯志霞和曹军认为,人们开始由“词对词”翻译方式逐步转入对自然语言的语法、语义和语用等基本问题的研究,并尝试着让计算机来理解自然语言。许多学者认为,断定计算机是否理解了自然语言的最直观的方法,就是让人们同计算机对话,如果计算机对人用自然语言提出的问题能做出回答,就证明计算机已经理解了自然语言,这样,就出现了'人机对话'系统(或“自然语言理解”系统)的研究。

自然语言理解的研究是自然语言处理研究的热点,尽管已经发展了几十年,目前还是问题最多,突破最少,投入最大的领域。自然语言处理的第二个阶段以自然语言理解领域的研究为特点。主要发展也经历了两个阶段:规则阶段和统计阶段。规则阶段主要通过建立一系列规则推导来识别和生成语言,典型形式就是专家系统;统计阶段则通过统计大规模语料,总结归纳语言的数字特征和规律,将之用到语言的理解和生成上。这方面的典型例子就是传统的管道模型和后来的神经网络模型。后来,自然语言处理又发展到第三个阶段,即基于大规模语料库的统计学习。这个阶段以神经网络模型和深度学习为主要特征,大概从20世纪的90年代开始。这个阶段语言处理可以说全面繁荣,围绕人工智能产生了一系列的分支研究领域,如信息提取、实体识别、问答系统、句法分析、个性化推荐、文章聚合、文本内容分析、搜索引擎、语音识别、文字识别、内容审查、自动检查、获取摘要、自动写作、语音播报、情感分析、舆情监控、文本分类、文字校对等。

6.1.1　自然语言处理中的难点

目前,自然语言处理领域存在的主要困难大致有以下几个方面:

1) 单词的边界界定

汉语不同于英语,从口语上来讲,相对分词难度小点,因为词与词之间在语流中一般都会有极小时间的停顿,这是可以听出来的。这一个个的停顿就是词的边界。口语上的难度就是大量的同音词,这对于机器理解来说是个一对多的问题。一对多本身不复杂,复杂在于当语音成分多义时,句子组合上的歧义的准确确定是难点,例如,有一个句子有5个词,语音上的意义数量分别为1、2、3、4、4。那么,该句子可能的意义有:$1×2×3×4×4=96$(种)。 计算机要在这96

种的意义中准确确定该句子在一个环境中的准确意义。实际情况可能比这要糟糕。因为一般的句子长度都在 10 个词左右,并且有的词意义会多达几十个,这样计算出来的组合意义数量是相当惊人的。计算机需要准确确定意义,这确实不容易。为了简化计算难度,提高效率,现在一般采用的是 N 元语法(N-gram grammar)的方法,正反向扫描句子,确定句子的最佳组合。这种方法是基于统计的,是一种经验方法,因而是概率性的。

2) 词义的消歧

这是指将句子中的多义词的意义单一化,找出最符合当前序列的意义。这和前面的边界界定在处理上是差不多的,也是基于统计的方法,正反向扫描句子,确定在特定上下文中,出现概率最高的意义。

3) 句法的模糊性

这是有特定理解的概念,指一个表层形式的几个组合方式的消解,即一个词语序列含有多个分析树(parse tree),找到在一个特定环境中最合适的那棵树。

4) 不规范话语的识别

不管是口语还是书面语,都存在大量错误和不规范的结构,甚至是不合语法的结构。人在一定环境中识别并不难,但是对于机器来说很困难,因为很多的结构都是无法分析的。传统的机器处理方式是先确定规范的标准结构,然后再通过输入结构和规范结构的比对,理解话语。这种处理局限性非常明显,因为实际话语中很多的话外之意,或者叫会话含义单从一句话的形式上是很难推导出准确意义的,况且机器的推导本身就是个难点。现在,一般采用神经网络模型通过大规模语料识别匹配,理解话语。这同样存在一些无法解决的问题。

5) 语言行为规划

也就是用模型找出在一个环境中最适合的表达形式。真实的话语中存在大量的话外之意,有时表达的句子和真正要表达的意义从表面上看一点关联都没有。在这种情况下,机器如果仅仅通过句子成分或结构找意义,永远找不到。反过来,说话时,有时也会根据实际情况选出最合适的表达,而这种表达往往与前面的语境中的话语在字面上是没有关联的,只存在意义上的推导关系。这种情况下,机器如何做到?这也是难点。

当然,自然语言处理领域的困难远比这里罗列的情况要多,要复杂。这也是始终难以突破的主要原因。所有的这一切与自然语言的复杂性有关系,无论哪种理论要完美统一自然语言都是困难的。

6.1.2 移情优选对自然语言处理的统一解释

6.1.2.1 从机器学习角度看移情优选

我国清末新兴启蒙思想家严复在天演论(1897)中提出了译事三难：信、达、雅。求其信，已大难矣！顾信矣，不达，虽译，犹不译也，则达尚焉。"信、达、雅"刚开始提出是对翻译的要求，后来发现在一切的语言转换中都可以以这三条作为标准。"信"指忠实性，翻译应尽可能准确无误地还原原文的意思，既不增加，也不删除。"达"指的是平滑流畅，是基于"信"的进一步提升，使得转换出来的语言做到平滑顺畅，语法正确，符合本民族的使用习惯，以自然方式表达出来。"雅"指的是优雅，在语言转换中，我们除了做到语言基本正确，信息基本准确之外，最高的境界是要把原文中的话外之意、情感偏向、作者的潜在意图等隐含信息也转换出来，同时在表达形式上还得符合母语的表达习惯，自然流畅。"雅"是一个非常高的"译境"，是一种无缝转换的境界。这三个标准是一个递升的状态。

理论上讲，如果我们将话语合格性看作是一条表示状态的线，则这三类标准的提法并不精确，它们仅仅反映了话语状态线上的三个点而已。状态本身并没有界限。换句话说，话语的合格性实际上是一个无法切割的梯度状态，呈现为由完全不合格到完全符合某个民族的表达习惯。我们的翻译实际上就是要追求这个线的处于正极的端点，即为"雅"点；我们正是经常做不到这点，所以退而求其次，寻找处于线的中间的点，这就是"达"点；有时候"达"点也达不到，就需要确立一个基本点"信"，以求交际的基本达成。低于"信"这个点，基本上就处于不合语法的区间范围了。

前面所列举的自然语言处理中的问题，包括其他没有列举的方面，根源在于对句子分析和理解中产生的问题。这种方法都是基于规则和推导的分析流程。从语言本体的研究来看，出现问题是非常正常的，甚至认为不出现问题才是不正常的。因为，目前语言学构建起来的所有基于规则的本体理论，对语言中的一些特殊情况，都没有一个很好的处理方法。这是语言学研究处于困境的很重要的根源。机器话语分析和语言学对语言的研究和处理的思路很不同。因为机器处理要使得语言的分析方法适应机器算法的逻辑需要。但是，从核心上讲，还是需要借鉴语言学研究的成果。从某种程度看，语言学中的难点，肯定是机器处理的难点。也就是说，机器处理上的困难要远远大于语言学本身理论分析上的困难。这是由机器算法本身的特点决定的。

我们论述"信、达、雅"是想阐述语言表达的目标，尽管这个概念本身是从翻译学中提出来的。我们论述机器自然语言处理问题是想说明,如果继续沿着目前科学界共识性的思路来研究、处理、应用和开发语言,面对的困难太多,所要解决的问题也太多了。而且,这种问题由来已久。这使得我们不得不思考,这种探索语言的思路是不是正确,尽管这种思路有着深厚的历史继承。

从最近十多年的信息处理领域的发展来看,深度学习的神经网络模型以及以此为基础发展出来的诸多变体和加强版模型,都是一种转换思路的体现。如果一个对象内部太复杂,我们可以通过某个机制,让模型内部自己组织,并仅仅通过输入和输出的控制,或者在模型运算中加入一些附加条件,以获得我们想要的结果。所有的这一切在深度学习中获得了令人鼓舞的成绩。本质上,深度学习可以看成是一个函数的模拟,给定一个输入,函数会给出最佳的输出。函数本身是通过大量的数据学习获得的。函数处理数据的精度取决于两个方面:模型的设计和学习数据的构建。

这种将一个复杂结构体看作一个整体,并通过一些超参数控制结构体运行的思路,可能是目前在语言本体没有突破的情况下,处理语言问题的最佳方法。典型的神经网络模型是一个分类和预测的模型。这两类分析模型运用到语言分析上,都需要改进,以适应语言的特点。从目前的神经网络的语言处理模型实践看,基本上所有的模型都是解决特定的问题,还没有一个统一的架构统摄整个语言,以获得整体的理论。因此在模型可以构建的情况下,有多少的问题,就会有多少的模型。

从理论上看,优选论本身也是一种模型,当我们构建了模型之后,给定一个特定的输入,就会得出确定的输出。整个模型可以看成是一个复合函数运算。模型的内部由生成器和评估器两个子模型构成。本质上,优选论和神经网络模型是一样的,都是基于大规模数据的函数模拟,都是概率性质的。我们可以不考虑语言的内部情况,将内部问题交给生成器处理就行了。因为生成器一次性会生成输入单位的所有结构体,至于合格与否交给评估器去完成。评估器也不需要再考虑结构体内部的结构,仅仅从它们的表现形式上凭经验给它们排序,找出概率最高的候选项作为输出。而所有的经验都来自制约条件。我们给优选论构建制约条件的过程就是学习经验的过程。

因此,优选论的模型可以看成是半监督的学习模型。因为,学习的过程就是人工从大量材料中归纳出制约条件的过程。我们完全可以将优选论的模型和现在的比较成熟的神经网络模型结合起来,构建优选论的神经网络模型,用来统一处理诸多的语言问题。理论上这是可行的。

传统的 OT 语法主要研究句法上的生成关系,即给定一个词汇或语言单位的集合,由生成器生成候选项,由评估器筛选出一种语言中合语法的结构体,并对歧义结构体做技术处理和解释。双向优选主要是话语优选,言谈者双方共同思考,构建在一个环境中合适的话语,也就是说话者说话时要考虑到听者的可能反映;听者听到话语时,要揣测言者的说话意图。这种构建思路看起来很好,实际上遇到的问题特别多,所以自从布雷特兰(R.Blutner,2000)提出之后,并没有获得很大的发展。

Coetzee 提出了 ROE 模型,用来分析语音中变异现象以及判断词语凝固性,获得了很好的成绩。ROE 模型实际上就是对语言中梯级现象的分析。前面已经提到的"信、达、雅"问题就是一个梯级问题。当有一个深层的话语意图需要表达时,我们获得了一系列可能的目的输出。这些输出在合语法性和可接受性上都是有差异的。这就表现为一个涵盖"信、达、雅"的梯度。从优选论视角看,语法的目的就是通过优选模型获得这个输出集合的序列,并把最佳句子作为话语输出。这个最佳的句子就是处于序列顶端的句子。当然,问题比这要复杂得多,有时候非最优句子也可以作为输出。这又牵涉诸多的相关理论和分析。

"信、达、雅"是从语言表达的合适性角度对话语目标的追求。这种合适性可以和语境或言语对象关联,也可以不关联。言者仅仅凭经验和语感,判断一个句子在某种语言中的合适性程度。这种单向考虑是不完美的,并不是在任何时候都合适。有时一句话在一个环境中是不合适的,在另一个环境中就是合适的,甚至一个不合语法的句子在特定环境下也可以作为合适的选项被输出。所有这种选择的不同都是语境的压制结果,而语境中影响话语表达的非常重要的因素就是话语对象的属性。这种复杂性是"信、达、雅"无法完全涵盖的。

如果我们采用言语参与者互动的模式,就会改善"信、达、雅"单向性的不足。语用移情理论认为,说话者从听者的角度出发,来组织话语,听话者从说话者角度体会说话者的言语意图,二者心灵相通,达到交际效果的最大化。这是一种交际上话语参与者之间的心理上的互动,使得话语趋向于良性化。这种阐述实际上和双向优选的理念有相似之处。

日本语言学家库诺从功能句法学角度解释了移情,认为移情就是言者说话时将自己处于听者的位置上组织话语。这两种视角的移情定义有一个共同特征,即移情就是一种说话时拉近双方的心理距离以提高交际效果的一种心理活动。功能句法学和语用上的移情区别就在于前者更侧重于句法本身的变化对句子移情值的影响;后者侧重于环境因素对话语移情值的影响。二者表述不同,它们之间是一种互补关系,因而是可以结合在一起统一考虑的。如果我们从移情的角度,用优选论的方法,直接从语言的表层处理话语,不考虑语言内部复杂的规则和原则以及串行的推导关系,则前面谈论到的诸多无法解决的问题大多数就不需要处理了。这显然可以简化机器处理语言的难度。

6.1.2.2　移情优选对经典优选论的扩展

1. 移情优选在生成器上的扩展

典型 OT 语法的生成器是根据输入的词汇集合组配出所有的组合,形成一个完整的候选项集合。例如,现在输入一个 10 个词的集合,则生成器生成了如下数量的组合:

$$10 \times 9 \times 8 \times 7 \times 6 \times 5 \times 4 \times 3 \times 2 \times 1 = 10!$$

这种生成方式具有两个方面的特点:完全性和封闭性。

完全性是指生成器会生成输入集合的所有组配形式,没有例外。这种特征叫做"基础丰富性"原则,其目的是确保语言中的所有可用的结构都可以在生成器中生产出来,防止不能生成的情况。这个原则问题也很明显,就是生成器生产能力过于强大,每次生成的候选项都是个令人生畏的数量。更糟糕的是,这么多的候选项真正用到的只是里面极少一部分,甚至仅仅就是几个而已。然而,OT语法在处理的时候却要将这些候选项一道处理,这显然违背了省力原则。另外,这种生成方式也不太符合人的认知直觉,我们很难想象每次说话都有一个庞大的计算过程。

实际情况可能是,我们很多的话语都是默认的自动化过程,根本不需要过多的认知操作。这种默认的操作是怎么形成的,有何条件就可以形成。还有有的话语我们需要简单思考,而有的需要仔细盘算。从完全默认到生成困难,这似乎形成了一个级差状态。这种级差状态是怎么样的情况,不同人有没有共性,我们如何学习获得,优选论对这个情况应该怎么处理。这些问题实际上都应该是生成器考虑的范围。遗憾的是,目前关于生成器的运行机制研究很少,一般认为这是一个黑箱子。因为,生成所有的结构,就是一个统计学上的组合排列问题。显然,如此理解看似清晰,也很完美,实际上掩盖了语言组合上的认知复杂性。人脑在说话时兼顾到形式和运行的简约与表达的丰富性。问题恰恰是这种平衡机制与一般性规律和方式被我们忽略了。OT 语法的基础丰富性假设考虑到了表达丰富性,却忽略了形式上的简约。这显然是有缺陷的。另外,一些非基础输入的表层输出也没法生成。因为这种形式的组合成分根本就不在输入集合中。

封闭性是指候选项集合是封闭的,内部的成员数是可数的。当我们给定确定的输入后,就可以产生确定数量的候选项,既不多也不少。这点,也是由前面谈到的基础丰富性假设决定的。封闭性假设纯粹从句法角度设计生成方法,可以生成输入集合所能产生的全部组合。问题是,正如前面所述,自然语言的表层结构成分有时候可能和深层的命题成分并不同集,甚至连一点交集都没有,也就是表层表达完全偏离了深层的结构。直观上看,这两个结构之间找不到任何联系。然而,它们之间的确是一种生成关系。例如,小王今天忘记带英语词典了,他正在看英语,需要查单词,这时他对他的身边同学小张说"请把你的词典借给我用一下,好吗?"小张也在复习英语,而且明天就要考试了,他也正需要词典,他说:"明天我要考英语!"正规的回答应该是:"我不能借,我自己要用!"可以看出这两句话之间在结构上并没有关联,然而却是自然的一种答复。究其原因,小张虽然没有直接回答小王的问题"拒绝借词典",但是他说出了拒绝借的原因"明天考英语,自己要用"。这说明,我们在说话时经常会有认知推导的过程。围绕一轮话语我们可以直接回应,也可以根据情况,选择和直接话语相关的话语回应。这种方式类似于隐喻或转喻,其目的是用最简省的形式传递较丰富的意义。这种间接的回应一般和所要表达的意图之间都存在逻辑上的推导关系。显然,这类谈话的方式,生成器是无法生成的,因为输入和输出之间在形式上找不到对应。要想解决这样的问题就需要突破传统生成器的生成限制,将认知推理纳入生成器的生成机制中。

移情优选中的生成器和传统 OT 生成器在理解上有所不同,是对它的进一步扩展,将纯句法领域的生成器扩展到语用领域。其基本原理如下:当认知上产生了特定的话语意图之后,根据这个意图构建基本的命题结构,再通过生成器分解命题结构,获得结构本身的变化形式,接着构建一个基于互联网的开放知识库,搜索该命题结构的推导形式和变异形式,获得一个以基本命题为核心的范围广泛的候选项集。所有这些扩展都是作为输入,引入生成器中。主要有以下几个方面的扩展:

1) 引入一些环境因素

经典 OT 中是不涉及环境因素的,是一种纯形式的演绎。移情优选因为是语用优选,所以必须要有环境因素。环境是影响话语输出的重要因素。一般的处理是将环境因素放到评估环节中处理,生成器仅仅生成形式组合。这种思路是经典 OT 忽略生成器机制研究的主要原因。但是,移情优选的生成器必须和环境因素相关联,主要是因为生成器在生成候选项过程中需要一定的推导,需要环境参与。因为,不同的环境面对相同的语言对象时可能有不同的解释,从而产生不同的形式。

2）将常规的认知推导机制纳入生成器中

语言是个非常复杂的体系，认知上在处理话语输出时，一般都是经过推导来增加或者减少信息，以便和环境有最佳匹配，很少有直接从底层向表层投射的。话语的推导机制因而可以看成是话语信息量的调节机制。语言中的推导既有归纳，也有演绎。尤其是缺省推理用得特别多，而且特别高效。然而，缺省推理却是不完全归纳的推理，本身并不可靠。还有语言中的推理大多是连锁式推理，建立在认知关联的基础上。在大多数环境下，我们可以做到恰到好处的停止，这可能是推理和认知环境互交计算的结果。目前为止，还没有看到关于这方面的文献。移情优选生成器中引入推理主要是为了生成和底层结构没有直接关联的候选项。

3）引入历史经验因素

这方面主要是大数据的利用。很多时候，我们说话都来自经验，而经验就是历史。我们可以建立或者链接已有的语料库，然后通过在线搜索的方式，尽量匹配话语意图的底层结构以及与之对应的话语表层输出。这种方法会占用一定的资源，增加模型的复杂度，但是会提高模型话语输出的精度，尽量生成一种原汁原味的话语。这种方法在计算机领域已经很容易实现。可以利用现有的各种成熟的语料库，只要语料库是以句子为单位的，均可以利用，还有一些网络在线资源也能利用。可以把多种语料库和在线网站同时并行关联到生成器中。在生成器中构造一个搜索和排序的引擎，如果一次搜索的结果数量太大，则根据我们精度的需要，按排序截取高概率的部分作为候选项，这可称为 TOP－K 方法。引入历史因素，除了提高话语精度之外，还有一个重要的功能，就是识别和区分歧义句。这点在排序和推荐系统中用得特别多，也特别重要和有效。

4）候选项第一道筛选机制

语言中的所有成分都遵守长尾分布，有时也称为 Zipf 定律。也就是说，在一组相关候选项中，真正高频使用的就是大约前面的 20%。实际的语言处理远远达不到 20%，也就是前面的几个候选项。后面的成分基本上在语言中是不出现的，尽管它们也有出现的资格，但是概率无限接近于零。这种规律为移情优选模型瘦身提供了可能。在生成器生成大规模的排列组合时，可以将这些排列和语料库匹配，如果找到了匹配，就留下来，找不到匹配对象，就将之删去，这样基于大规模语料的经验，可以将出现概率较低的候选项在评估之前就排除出去，从而减小候选项集的规模，提高后期评估的效率。不管是理论还是实践上，这种思路都是可行的，而且是有效的。这种处理一定程度上也改善了前面提到的基础丰富性假设带来的副作用。因为从常规的话语来讲，我们反复使用的话语尽管变化不定,但肯定是有个范围的,有些结构大家都喜欢说,而有的就不太喜欢说,甚至不愿意说。那么,基于这种大规模的语料,肯定可以统计出一个大概的区域。即使例外存在,也应该是很小的概率。

5) 候选项第二道筛选机制

建立语言的基本语法规则体系并将之作为一个模块引入生成器中。生成器将候选项集合中的每个候选项内部成分进行词性标注,再用语法模块检测候选项的合语法性。如果符合模块中的某个规则,则通过,否则就不通过。这样就将候选项分为两个集合:合语法集合和不合语法集合。生成器删除不合语法集合。这样就将第一道筛选中漏掉的不需要的候选项再次清除,保留下少量的语言中出现概率较大的成分。

现在的问题是,机器学习中如何将上面论述的生成器中引入的成分和话语意图的基础命题生成的排列形式有效地整合。这里不仅仅是形式的问题,还涉及语义的理解,也就是底层命题结构的理解。在理解的基础上,以基本意义为核心做出两个方向的类别拓展:句法结构的变化形式和基本意义的认知推导形式。前者主要产生和基本命题形式相关的句法表层结构,后者主要产生由基本命题投射出来的和基本命题形式不同的认知推导形式,这种形式单纯从句法角度看不出和基本命题之间的关联,需要结合语境和推导才可以建立认知关联,是特殊环境下话语意图的特殊表达形式。

目前来看,机器语义理解这部分研究并不成熟,还处于探索阶段,尽管已经有很多这方面的研究,但基本上还是以个案的局部分析为多,要想构建一个统一的分析模型还有很长的路要走。话语推导基本上是建立在逻辑和数学计算的基础上,只要基础的话语理解部分能够解决,这部分问题不大。问题是基础部分现在无法解决,所以,这部分也存在问题。目前,话语推导可以实质上操作的内容分为两个方面:一个是基本命题形式的变化,就是在基本命题基础上的一些句法的变化,从而使得话语意图可以适应不同的语境需要。另一个是开放搜索,根据基本的命题义和与之相关的语境情况,先通过语料库或开放网站、论坛等途径搜索一些对应形式;再通过余弦夹角或者欧式距离计算这些形式和基本命题之间的距离,给出初步的排序;最后将之送入评估器进行评估。

2. 移情优选在评估器上的扩展

移情的本质属性是性状,典型特点就是没有绝对的分界线,因而移情值的大小也是一个模糊的数值,没有精确值。语言上所谓的移情梯度仅仅是表现出来的不同单位之间的相互偏序关系,并不是由具体数值比较出来的。所以,我们在谈论移情值时,一般要将之放入移情序列中考察其在序列中的位置,从而决定其相对值的大小。单个成分无所谓移情值大小,之所以有时觉得有移情值是认知上的环境在起作用。这种特点还决定了语言中单位移情值的高低也并不确定,一个成分 A 相对于另一个成分 B 是高的,但相对于成分 C 可能就是低的。所以,我们在说某个单位移情值较高时一定是带环境的,也就是在特定情况下是高的,换个环境就不一定了。这些特点可以通过移情梯度做统一的解释。传统的 OT 模型不适合这里的移情描写和解释。Coetzee 提出的 ROE 模型和移情梯度之间具有天然的匹配性,可以解释这种级差关系。ROE 模型是一种自上而下的运算模式,而传统 OT 是一种自下而上的模式,尽管 ROE 是经典 OT 的扩展,然而在方向上却是相反的。

移情优选和经典模式的区别不仅仅是模式上的方向不同,两者在本质上也不同。经典模式是一种语音和句法的模型,主要是语音模型。这种模型最大的特点就是纯形式的计算和描写,不涉及语义、语用以及其他相关的方面。然而,移情优选不同,属于语用模型,包含了涉及语言的一切要素,是一种形式和经验相结合的复杂模型。这个模型复杂性主要表现为两点:

1) 输入项集的复杂性

和典型 OT 不同,移情评估器的候选项集合中的候选项成分是多样的、性质是复杂的、表达是自由的且和语境等信息是关联的,也就是具有语境依赖性。这些属性的根源是生成器的输入源是多途径的,以确保可以生成适应某种语言的具有民族特点的特殊表达形式,以及一些与语境高度相关的变异形式。这种复杂的候选项集合,显著地增强了评估器的评估难度。

2) 制约条件的复杂性

主要表现在两个方面:

(1) 制约条件归纳的复杂性。在经典 OT 中,制约条件主要是句法上的。这些条件大多数在生成语法中都有表述和运用,只不过到了 OT 中做了进一步归纳、解释和界定。因而,相对而言这些制约条件具有形式化程度高、归纳范围清晰、范畴单一等特点。移情制约条件所要制约的不仅仅是句法。句法仅仅是它功能的一个部分而已,更多的是语义、语用以及和语言表达相关的外部制约。一般来说,制约语言表达的环境因素分为两种:一种是稳定的可以和表达建立联系的环境因素,另一种是实时环境因素,这类因素是不确定的、随机的,但确实影响语言表达。从形式化的角度讲,前面的稳定因素相对容易归纳出制约条件,后面的随机现象就不太好归纳,但也不是完全不能归纳。我们可以采用概率的形式描写,还可以根据现象出现的特点归类,再以类作为制约对象提取制约条件。

　　语用移情的优选模式是个庞杂的体系。因为它像计算机程序的代码一样需要形式化，并建立推理和流程关系。之所以到现在为止还没有较大突破，与这类模型的性质有关系，也和研究者的属性有关系。因为，语言学研究队伍中大多数都是文科出身，数理基础不强，无法处理如此复杂的任务。换个角度看，信息领域也有一些学者关注这个问题，但是缺乏语言学背景也很难深入讨论该领域的理论问题。综合来看，语言学领域的学者研究更多偏向于理论方面，信息领域的学者偏向于技术处理，而二者基本上各自研究，缺乏交叉和整合。

　　（2）制约条件排序的复杂性。在前面的章节中我们已经讨论了移情制约条件的复杂性和排序的问题。这里再作一点补充。移情制约条件之所以存在排序困难主要是不符合逻辑上的同一律。我们在给事物归类或者分析时，要在一个维度进行下去，不能够跨维度，否则就会出现交叉现象，失去了对立的性质，而对立性标准是分析必须遵守的原则。移情制约条件涉及很多维度，制约条件的归纳也是在不同维度进行的。如果一次评估仅在一个维度进行，这也不会有问题。恰恰是我们评估时将多个维度的制约条件混合在一起，而形成了不同维度制约条件之间的互交。

　　根据 OT 制约条件的交互规则，制约条件相互之间本身是可以重叠的，也可以对立。如此一看，似乎将这些不同属性的制约条件放到一起也没问题。其实不是这样的，如果不排序，这种交互是没问题的，一排序就有问题。因为在一个线性序列上，一个制约条件假如同时跨了两个以上维度的处于不同线性位置的制约条件，显然就会造成等级的混乱，使得制约条件不再是线性关系了，而是由一维变成了二维，显然这是 OT 模型所不允许的。如何解决这种逻辑问题，目前是个难点。制约条件本身基本上不好处理，我们也不能降维处理，因为不符合语言生成的实际情况。唯一可以操作的就是在评估模型上，安排好这些制约条件，并且使得这些制约条件可以和候选项交互并且运算，而且制约条件序列对候选项的评估可以在任何情况下收敛，且要照顾到模型的简洁高效性。

　　由此看来，移情优选可以将话语输出的描写和解释直接放在表层处理，放弃了语言内部复杂的生成机制和推导关系，将模型看作是一个函数。但是，在构建该函数时内部的移情制约条件归纳又不得不涉及部分的推导。模型只是将原来的一套推导机制，有选择地放到语言的表层来处理而已。因而，不管是传统的基于规则的语法体系，还是这里的移情优选体系，完全放弃语言内部情况的考察，仅仅通过纯粹的表层制约来解读语言的复杂机制是不现实的。但是，总体来说，移情优选可以借用大规模的语料和历史知识以及统计学的知识，弥补在纯制约条件下的部分不足。相比较传统的语法，该模型还是具有简洁性和高效性。尤其是,传统的原则体系很难和计算机模型结合,适用于自然语言处理。几十年的实践已经证明了这种体系的问题。OT 模型则不同,其本身就是一套形式化演绎系统,很容易移植到计算机的模型上。这对于将来的人工智能发展具有无可比拟的优势。语言研究本身不是目的,将研究成果应用于实践才是终极的目标。从这个角度讲,OT 模型显然代表了未来的方向。

6.2   自然语言处理中移情优选的设计思路

6.2.1   话语移情的运转机制

移情的本质是交际中的心理互动,因而移情优选属于交际范畴。人类语言交际上最小的表达单位就是句子,即单句。因而,我们在讨论移情优选现象时,总是在句子范畴内进行。有时候我们不说句子,而用话语替代,则是强调交际的属性。在传统语法中,句子界定具有双重性,并不清晰,属于最大的语法单位和最小的表述单位。所以,有时句子被看成是静态单位,而这并不符合移情优选的思想。

然而,语言中的移情现象并不都是在句子层面的,语音、形态、词汇、短语和句子各层级中都有移情表达手段。这说明语言中移情手段的丰富性,可以说是全方位覆盖。例如,"来"和"去"是一对反义的动词,有时候可以表达相同意思,如:

A. 我明天来你家做客。

B. 我明天去你家做客。

这两个句子基本意思一样,都是"去你家"做客。但是,从移情角度讲,两者效果是不同的,我们说话时更倾向于例 A。原因是例 A 是站在"你"的角度说话,"我"和"你"的立场一致,心理距离较近。相反,例 B 中言听者的心理就是分离的,因而距离较远,我们一般不倾向于说。这里有几点是我们需要注意的:

(1)"来"和"去"都是词。这两个句子移情值的差异是因这两个动词的对立而产生的,结构本身并不起作用;

(2)"来"和"去"本身并不含有移情的意义。原因很简单,在很多环境下它们的使用并不会带来移情效果。这说明它们本身并没有固化出移情的意义,但是放到一定的句法环境中就产生了移情的效果。显然,句法环境起到了一定的移情激发作用。换句话说,这对词只是在特定句法结构中才会显示移情意义,是句法和词语交互的结果。

当然，类似"来"和"去"这样的词和一般的动词还是有区别的，有的词在任何情况下都不会作为移情因子出现。从这个角度讲，我们把词语划分为可以作为移情因子出现的和不可以作为因子出现的两类。还有，移情因子并不是仅仅只有动词类，也可以是其他词类。实词类中的大多数都存在移情因子，虚词基本上没有，除了有争议的副词类（类别有争议，有的认为是实词，有的认为是虚词，如果归入虚词，则虚词也部分存在移情现象）。

（3）所有的移情效果都是体现在句子功能上，词语本身并不体现这种移情功能。词语将移情投射到句子上，从而提高或者降低句子的移情值。这说明，移情在词语层面的表现，最终都需要在句子范畴上寻找答案，移情功能最终都归结到句子上。词语移情功能的识别是从句子返溯获得的。这点不仅体现在词语上，句子以下所有层面的移情特征都具有这个属性。这构成了一个扇面结构。

（4）所有句子之间移情值的差异是通过比较获得的。我们可以将之看成是一组句子之间的一种纵向的交替关系。而这组句子之间的差别表现为句法上的组合不同。由此，语言的移情特征可以看成是各个层面上的一种聚合和组合的交叉关系（见图 6-1）：

这说明，移情机制和语言的运行机制是一致的，是聚合和组合协作的结果。聚

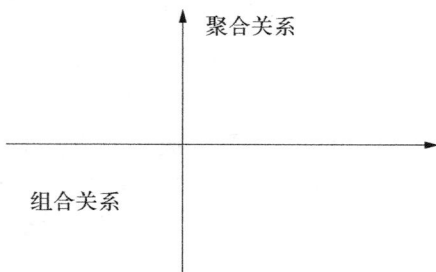

图 6-1　聚合和组合的交叉关系

合中的变化是通过组合实现的，而聚合本身并没有界限，可以无限细分扩展，只要语言表达需要。这反映了语言表达上的弹性。这种特点决定了移情值的相对性和模糊性。没有句子的移情值是精确的。还有，我们在分析词语等句内成分的移情值时，如果不关联句子，是不正确的。因为，这些单位对移情起到激发作用，至于激发效果的大小还得在句子层面考察。这是移情现象和其他语言现象分析非常不同的地方，也就是现象的分析和分析的标准不在同一个层面上。

6.2.2　话语移情的机器处理思路

语言中移情的特征决定了机器处理需在句子层面进行。但是生成器的构建和移情制约条件的归纳需要在语言各个层面进行。因为，只有这样才可以约束到不同层面的移情因素。在模型的构建时，要考虑到制约条件的特殊性，做相应的处理。

因此,关于移情优选的机器处理,我们有两种思路:移情优选的机器模型和神经网络模型。

6.2.2.1　话语移情优选的机器模型

移情优选的机器模型,是指通过建模直接构建移情优选的分析系统。这种模型本身就是以优选论模型为框架的,采用一套严格的推演系统,通过技术细化,构建话语的分析模型。换句话说,就是将我们分析语言的优选论方法移植到机器处理程序中去,实现在机器上的自动分析。从表面上看,这种模型可以和优选论模型深度整合,完整体现优选论的精神,实际上在实施时,会遇到很多的技术性困难。例如,生成器子模型的构建,移情优选中的生成器生产能力非常强大,因为其需要适应语境变化下的话语输出。很多的输出都是非常规的,甚至是异常的,但都适合环境。传统的基于语言单位输入的全排列模式,仅仅可以生成深层命题形式的变化输出。语言的实际表现很多并不和深层结构直接关联,仅仅具有推理上的关系。这种情况下,传统生成器的生成方式就无法完成任务了。

从机器处理角度讲,传统的基于全排列的生成方式是非常好实现的,困难就在于认知上的推导生成。人类思维的推导宏观上可以分为两个大类:常规推导和非常规推导。常规推导就是符合逻辑规律的推导,如演绎、归纳、蕴含等;非常规推导属于不合理推导,也就是说前提和结果之间并没有必然的关系,然而在一定条件下却是合理的关系,推理的过程也不一定遵守逻辑的规则,但可以获得期望的结果。人类话语的很多生成都是基于这种经验的非常规推理,不合理但高效、省力。

常规推导理论上可以构建规则以在机器上实现,但实际上也不容易。逻辑规则体系庞大,本身就很复杂,再加上生成器在处理语言输入时需要庞大的调用规则,才能实现精准调用。即使做到了这些,模型也因为巨大的运算负担而导致运行效率指数衰减。再加上其他与之并行的子模块的并行操作,其他不谈,仅仅生成器就很难实现流畅运行。显然,这和我们对语言使用的感知相差甚远。

不合理推导这部分在机器处理领域目前未见尝试,但在逻辑学上是个热门的讨论领域。目前,这部分也没有建立起可以窥见基本规律的方法。所以,机器处理领域基本上放弃了这块的设计。放弃了不代表不存在,这部分的问题基本上决定了生成器有部分的话语无法生成。逻辑上无法归纳认知规律,导致机器学习就无法构建处理模型。因此,整体上,在逻辑这块,机器处理就会遇到很大麻烦。如果不能够很好解决认知上的关联推导,话语的机器处理就很难全面实现,进而导致大量的句子无法生成。

　　以上的逻辑处理分析,仅仅是举个例子,其他的问题还很多,前面的章节中也有表述。例如环境因素对话语生成的影响、权重、候选项的筛选方法、语言材料的来源、语料库的来源和风格、多个语料库连接的方式、优先的次序、冲突的处理等等。作为程序处理来说,每一个方面都存在很多的技术细节,也都有一些问题。更大的问题是,若要将这些方面相互连接,整合为一个信息流畅的高效互动整体,除了技术问题之外,模型的整体结构算法也是个不小的挑战。

　　从输入候选项集合看,由于候选项来源复杂,造成的直接结果就是表层结构形式的多样化。有的候选项之间甚至找不到交集,字面意义和要表达的意义之间也没有任何关联。但是,所有候选项具有相同的基本命题意义,差别只是语用效果和表达精确度而已。可见,基于候选项的这些特点,就不太适合采用机器处理。因为机器最适合的是处理形式上的东西。一个东西形式化程度越高,越好处理,反之就难。显然,这里主要涉及话语意义的理解和形式化等方面的问题。

　　从认知理解和逻辑的推理看,不同形式的候选项到达话语意义的途径和长度是不同的,都具有个性,也需要认知单独处理(见图 6 - 2)。

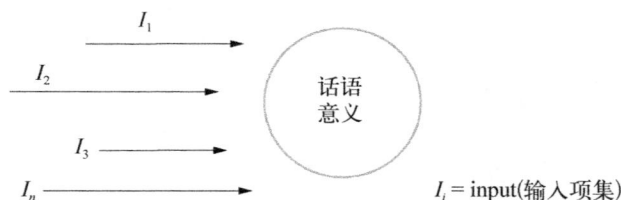

图 6 - 2　不同形式的候选项到达话语意义的途径和长度

　　图 6 - 2 的这种情况肯定不是形式可以解决的。这里涉及话语意义的理解问题。而理解涉及认知推导,而且每个候选项都需要一条推导线。这显然是很麻烦的事,姑且不说能不能构建模型的问题。移情优选制约条件以及模型的构建实际上更多的是偏向于意义的处理。模型在理解的基础上评估,对于机器处理来说,是很麻烦的问题。

　　前面已经详细讨论了移情制约条件构建的问题。机器学习领域,制约条件之间的互交体系构建不是问题。问题是每个制约条件对每个候选项的过滤,以及各自结果的整合。形式上的条件容易处理,直接做形式匹配就行了。主要是意义上的条件处理很麻烦,无法直接通过形式做出判断,需要在意义层面上的互交。这个不但要识别每个候选项的意义,还得有和制约条件之间的判断标准。这两点,机器做起来都很复杂。从这些困难来看,OT 理论如果和机器结合,还是甩不掉语义理解的问题,尽管从 OT 理论本身的模型构建上是可以操作的,模型看起来也很优美、简洁，但是技术细节处理远远大于模型本身的复杂性，更大的问题是有些涉及语义的细节还不太好处理。这些问题实际上也是现在自然语言处理要面对的主要问题。OT 模型仅仅转移了这些问题，并没有简化语言的处理过程。因而，直接构建移情优选模型的思路，理论上可行，实际上很难实现。局部实现是可以的，但解决不了理论问题，可移植性也较差。

6.2.2.2　话语移情优选的神经网络模型

1. 神经网络模型概述

前面已经讨论了，单纯以 OT 模型为起点，直接构建移情优选模型的思路会遇到各种的问题。这恐怕也是目前为止没有人尝试直接从优选论思想构建语言处理模型的原因。神经网络模型的效果已经获得了科学界的一致认同，是未来人工智能计算发展的一个主流方向。

从 20 世纪 80 年代中期以来，神经网络重新引起了许多科技工作者的兴趣，形成近代非线性科学和计算智能研究的主要内容之一。特别是神经网络经历了近 20 年的迅速发展，它所具备的独特知识表示结构和信息处理的原则，使其在许多应用领域取得了显著的进展，能够为解决一些传统计算机极难求解的问题提供满意解或者为寻求满意解提供全新的思路。

神经网络由于其信息处理机制和成功应用，实际上已成为智能信息处理的主要技术之一。世界上许多知名大学开设了神经网络的研究生专门课程。在中国，多年以来神经网络也被纳入许多著名大学的研究生课程，使得神经网络这个信息处理工具逐渐为许多智能信息处理工作者所掌握。

神经网络，或者更精确地说人工神经网络，是一种植根于许多学科的技术，其中涉及神经科学、数学、统计学、物理学、计算机科学和工程学。神经网络具有的一个重要性质，即在有教师或无教师的情况下能够从输入数据中进行学习的能力，这使得它在不同领域中得到应用，如建模、时间序列分析、模式识别、信号处理和控制等。

神经网络研究始于 19 世纪末和 20 世纪初，是一种跨学科的研究，早期的研究还没有提到神经元的数学工作模型。真正意义上的研究始于 20 世纪 40 年代 Warren McCulloch 和 Walter Pitts 的工作。他们从原理上证明了该网络可以用于计算任何的数学和逻辑函数。这是神经网络领域研究的真正开始。到 20 世纪 50 年代后期，出现了第一个实际的应用，即 Frank Rosenblatt 的感知机网络和联想学习规则，从而引起了人们对神经网络的兴趣。但是，由于处理任务的能力非常有限，感知机影响并不大。到了 20 世纪 70 年代，出现了自组织网络，但影响也不大。到了 80 年代,出现了两个非常有影响的网络导致神经网络研究再次热起来,即 Hopfield 网络和反向传播算法。尤其是反向传播算法使得神经网络模型可以模拟任意的函数,而且可以接近任意的精度。真正使得神经网络模型大火的是 2006 年深度学习的兴起,随后出现的卷积神经网络、循环神经网络、递归神经网络以及后来的 GEN 对抗网络等等,将神经网络研究推向了高峰。

神经网络具有以下两个方面的基本特征:

1) 结构特征：并行处理、分布式存储和容错性

神经网络的信息是分开存储在一个个基本单元之间的权值中,在受到刺激后,信息的处理同时并行进行,每个神经元都可以根据接收到的信息独立运算和处理,然后输出去,再由后面的层级做信息的整合。由于信息的分布储存,当网络局部受损之后可以自组织愈合,恢复信息。

2) 能力特征：自学习、自组织与自适应

自学习是指当外部环境变化时,网络通过训练和感知,自动调整网络中的参数,使得网络可以达到我们想要的精度,并模拟特定的函数。自组织是指网络本身可以调整神经元之间连接的结构,达到适应新环境的重构。自适应是指网络可以自动感知外部环境的变化,然后根据情况调整网络的内部结构。

根据前面的特点,神经网络具有以下两个方面的基本功能:

1) 分类和模式识别

分类功能是神经网络的主要功能之一。人工神经网络的最大特点是通过观测到的数据"学习",能够逼近任意精度的函数,而不需要搞清函数内部的复杂算法。这种网络模型通过数据学习后,可以任意作用于与之相关的计算,而且当环境产生变化时,网络可以自动调整适应环境,达到一个新的平衡和精度。尤其在一些非典型的、类似函数映射的、不容易搞清楚内部机制的计算中,神经网络模型具有非常大的优势。

2) 趋势预测

这也是神经网络模型中常用的领域之一,可以通过过去的多方面的历史信息,预测事物发展的某种趋势。这种预测在科学上有广泛的运用。只要因素设置合理,模型可以通过已有数据学习到非常准确的趋势图。

这两种功能在语言处理上都有运用。分类功能在语言的生成和理解上运用频繁;预测功能在翻译上和语音识别上用得非常多。

神经网络也存在很多的问题,主要有如下几方面:

1) 整个网络是个黑匣子

没人能搞清楚神经网络内部机制,到底是怎么组织数据,如何推导的。一切

运行过程和涉及的数据都是未知的。这种特点导致的最大问题是一旦数据出现了偏差,根本就不知道问题出在哪里,只能在整个网络上进行调试。如果网络不复杂还好,要是复杂了,调试工作就是一个难以完成的任务。传统模块式的结构算法,没有神经网络模型那么强大,但内部的运算机制是清晰的,调试很容易。另外,这种黑匣子对模型的优化也带来了困扰,我们不知道到底怎么处理模型才会更好,也无法进行局部优化。目前所有神经网络模型的改进优化都是在假设中试错前进,以寻找合适的改进方法。这种改进由于不确定,可能在一个环境下高效,在另一个环境下就能力不足。包括目前比较流行的深度学习算法也是一样的。

2)缺乏互交性

我们在运用神经网络时,都是一次性运行完毕,输出数据;然后,才可以根据结果确定计算的好坏。而不能一步一步地采用人机互交式的运算和调试,通过提出必要的询问,改进或者选择合适的选项,引导网络进一步运算。

3)计算的单一性

神经网络只认数字,其他都不认。因而,我们需要把一切的问题和特征都转化为数字,才可以在网络中计算。因而,一切推理都变为数值计算,其结果势必是丢失部分信息。因为,很多信息是无法或者很难单纯地用数字表示的。例如自然语言处理中,所有的语言信息都需要转化为数值向量,通过向量的计算获得结果。显然,效果的好坏就取决于向量的转换。目前最流行的方法是谷歌的word2vec,但是在语言的处理上有时候并不令人满意。所以,就出现了很多将多种转换方法结合起来的复合方法,以期改进转换效果。这种复合方法带来的一个问题是拉慢模型的运行速度。当模型足够庞大时,这种复合方法会严重影响效率。另外,对机器的硬件也有很高的要求,增加了使用成本和普及率。除了这种信息的损耗之外,另一个问题就是信息的不足。当收集到的用来训练模型的数据不充分,不典型,或者有偏差时,模型训练的效果就不好。严重的情况就是无法达到我们期望的结果。

4)理论和学习算法还有待进一步完善和提高

目前,市面上以及科学研究上使用的比较多的、相对成熟的模型实际上就是深度学习中的卷积网络和循环网络中的LSTM模型以及它们的各种改进和混合模型。但是,熟悉这两种网络模型的研究人员都知道,它们解决问题的广度和深度尽管令人鼓舞,但远没有达到我们想要的程度。由此,关于模型算法的发展还是处于漫漫长路中。

2. 移情神经网络模型的构建思路

移情优选就是从话语移情的角度构建移情制约条件,通过优选论模型,将一组相关话语中移情值最高的成分筛选出来,或者给这一组相关话语按照移情值大小,由高到低排序,用来描写语言中话语表达的优先次序、语言中成分出现频率的解释、形式有无之间的对立、话语调取时间和难易度的差异以及一些看似不合理但在一定环境下又是合理的话语的解释等现象。

移情优选和语法上的优选核心思想一致,但是在生成器和评估器上均有特殊性。生成器上,主要是输入成分性质复杂、生成机制存在不同维度之间的互交,而不仅仅是经典 OT 中的输入成分的全排列;评估器的特殊性在于制约条件属性和组合的差别,由于是语用评估,制约条件属性复杂,来自不同的维度。可以说只要能够起到制约话语输出的作用,都可以用来作为移情制约条件。还有,组合上这些制约条件之间存在交叉现象,不符合逻辑学上的对立原则。

根据优选论的 ROE 模型,移情优选输出中候选项之间的由高到低的级差关系,实际上就是按照移情值大小给候选项集合中的成分按照降序排序。这样看,机器学习理论中的一些成熟的推荐和排序方法都可以借鉴来处理移情优选的问题。从而,我们可以将优选论的 ROE 模型直接转化为机器学习的排序问题。

机器学习的排序工作方式一般是这样的,假设现在有一个文档集合 D,如果需要从中检索特定的文档,我们只要给定一个查询 Q,然后搜索引擎会返回一个与之相关的文档集合 $D' \subseteq D$,模型通过评分函数给每一个返回的文档打分,并将结果按降序排列。函数的得分代表了该文档与这个查询的相关程度。计算相关程度有多种方法,最常用的是欧氏距离法和余弦夹角法。机器学习的目的就是学习评分函数,一旦获得了满意的精度,就可以用这个函数精确地预测文档集中每个文档的得分。

按照训练模型输入数据样例的结构差异,一般将学习方法分为三类,即 pointwise(点对点)、pairwise(序对)和 listwise(序表)。pointwise 方法是将训练集中的每一个查询下的每一个文档看成一个训练样例,将文档和查询建立点对点关联,通过反复输入单个文档,获得文档和查询之间的精确匹配,从而实现查询目的。点对点的方法和排序关系不大。

pairwise 方法是将训练集中的每个查询获得的文档集合中的任意两个具有偏序关系的文档对作为训练样本,输入模型,进行训练。因为每次输入两个样本,所以叫做文档对方法。通过建立任意两个文档之间的偏序关系,再通过偏序计算,就可以获得一个查询下的所有文档的偏序关系,也就是一个降序的等级序列。例如:

假设存在:$A > B$,$B > C$,$C > D$,则

$$A > B > C > D$$

序对的方法,是由部分到整体的计算过程,先获得最小单元的偏序关系,再整合为一个整体的偏序链。显然,这种方法能够获得我们想要的结果,也就是一个候选项集合的整体偏序关系。

listwise 方法和前面的两种都不同,最大的不同是不再分解候选项,而是将一个查询下的所有文档作为一个整体处理。模型将整个文档集合作为一个输入样本,然后将这些文档排序,根据打分函数计算不同排序的得分,再将得分按照降序方式排序,获得文档集合的排序,即得分最高的排序就是文档的最终排序。排序学习就是先确定训练文档在不同排序下的得分,以及它们的整体排列。然后,将样本整体输入模型,模型输出序列得分,再比对误差,调整参数,通过梯度下降,最终减小误差,获得期望的精度,最终完成模型学习,这用于实例评估。

不管是文档对的方法还是列表方法,都存在损失函数构建困难的问题。理论上看,列表方法效果最好,最具有吸引力,学者们关注最多。但是,目前来看,研究依然没有突破性进展。问题主要出在训练数据构建困难,计算复杂,工作量大,对参与人员的要求高。因而,虽然说,模型本身高效、简洁、合理,但前期的复杂性使得这种模型的适用范围并不很广泛。比较而言,最合理的是序对方法,复杂性可以控制,样本构建简单,尽管模型稍微复杂,但可以通过优化获得不错的效果。这也是这种模型使用最多的原因。

正因为如此,构建移情神经网络模型就可以采用 pairwise 方法,处理思路大致如下:

1)构建移情优选的生成器

和 OT 语法以及前面论述到的处理方法不同的是,这里的模型是在机器上运行的,因而需要适应机器的特点,构建如下:

首先需要建立一个普遍性的或者用于特殊目的的词典,并将词语用 one-hot 形式编码;然后,训练词向量,可以采用现在比较流行的谷歌 word2vec 程序训练,也可以采用其他的或者结合其他的程序共同训练出词典中词语的词向量;接着,建立逻辑触发推导机制,为话语生成建立认知关联模块;最后,构建常规的话语意图的命题输入和相关影响因素的输入,并赋予初始的权重。激活函数采用 S 型 Sigmoid 函数。

GEN 子模型的运行原理为:

接收到输入命题之后,GEN 做以下几步的运算:

首先,设立一个小型的语法规则库,将命题形式通过语法转换规则,生成所有的可变化形式,如主被动变化、倒装变化、省略成分等。这里不采用全排列规则,因为一个命题形式的内部成分的全排列,大多数是没用的,反而给模型增加了较大的冗余性,相对地,建立几条转换规则要高效得多。缺点就是可能存在非常规形式的遗漏。

接下来,设立认知关联推导规则库。这些经过语法形式扩展的集合中的每个成分接受所有认知关联推导规则的检测,符合规则的就做相应的推导,反之就不响应。所有的认知规则检测完集合中的所有成分,就会获得一个被认知规则扩展的集合。将这个扩展集合加入基础候选项集合,并再一次进行认知关联规则检测,如此循环直到规则不再响应为止。这样就获得了一个加强的候选项集合。该集合是语法规则和认知规则扩展的结果。这里需要注意两个问题:

(1) 认知规则和语境因素相结合,建立语境和句法转换规则之间的认知关联。当检测到某个语境因素时,认知上就会做出相应的推导。

(2) 认知推导的收敛问题,在制定逻辑推导规则时,要考虑到收敛,不能形成死循环。

这里,实时语境的问题比较麻烦,但也不是一点办法没有。可以从两个方面做感知系统:语言本身和外部感知。语言本身主要就是设计命题分析程序,提取实体成分,分析命题本身以及和前面话语中出现的名词之间的关系,建立语流的记忆分析系统,从而为话语的生成提供部分的照应语境。对于实时语境,语言分析程序本身是无法实现的,但是在人机交互的机器人上可以实现环境感知。这主要是采用不同功能的信息采集器,采集数据,并将之转化为统一信号并入基础生成集合,然后和基本命题之间信息融合,生成新信息形式,从而生成有环境因素的候选项。目前,这种信息融合涉及话语理解的问题,比较复杂,可以采用特征向量方式融合,操作如下:

(1) 将前面扩大了的候选项集合中的所有候选项通过词嵌入(word Embedding)转换为句向量形式。

(2) 将环境因素采用感知机转换为数据,添加到候选项集合中的所有句向量中,由于环境不同得出的数据不同,因而句向量也就有差异。

这样就获得了生成器产生的带环境因素的候选项向量集合。此向量集合就是生成器的输出,也是后面评估器的输入。

2) 构建移情优选的评估器

相比较前面的生成器,评估器要简单一点。主要就是构建一个排序神经网络模型,在模型中加入环境的因素。根据前面的论述,我们可以采用最成熟的pairwise方法构建网络。需要处理的技术性环节主要是两个:一是环境因素怎么介入,二是查询 Q 和候选项之间关系的定性。环境因素有多种介入方式,常规的是加和和附接两种。因为模型的输入已经带有环境因素了，所以这个部分的环境可以排除不用，或者介入模型后期的全连接层。具体的效果需要在实例中检验。其操作流程如下：

（1）确定环境因素，初始值可以随机确定为一个较小的标准差分布的值。

（2）将环境因素并入模型中。

（3）采用 RankNet 模型进行学习，模型收敛后可以用于对相关话语集合的排序。

还有一个重要的问题就是构建训练数据，我们可以采用 OT 语法的 ROE 模型获得，采样上兼顾到广泛性，还有人工生成的话语集合尽量多样化，差异明显，这样便于机器学习时能够提取到更典型的特征。

可以看到，移情优选神经网络模型中，环境因素贯穿于算法的始终，处理好环境因素，会极大提高算法的准确性。在实际的构建中还可以根据实际情况调整，实现多网络的混合，提升优选的效果。

6.3　移情和情感的交叉与机器的处理方式

6.3.1　移情和情感的交叉

6.3.1.1　"移情"和"同情"的交叉

在立普斯以前，西方的哲学家们在讨论自我和对象之间的关系时，主要使用的是"同情"（compassion/pity/sympathy），立普斯推动并完善了移情说之后，"移情"就代替了"同情"，成为心理学、美学、伦理学、社会学乃至哲学讨论的热点。国内学者们对两者的区分也不是很严格，经常将"empathy"和"sympathy"统统翻译为"同情"，比如顾忠华。但是，从构词和词源角度来看，无论是德语还是英语，两者均是有差异的，可以表示为如图 6-3 所示。

	前缀	后缀
1. Empathy	En（进入）	pathy（情感）
2. Sympathy	Syn（共同）	pathy（情感）
3. Einfuhlung	Ein（进入）	fuhlung（情感）
4. Mitgefule	Mit（共同）	gefule（情感）

图 6-3　英语构词和德语构词的差异

前面两例为英语构词,后面两例为德语构词,它们和拉丁语中的"empathia"和希腊语中的"empatheia"相对应。由此说明,这两者无论语义结构还是来源均不同。所以,理论上看,两者的意义也不应该相同。《现代汉语词典》(第 6 版)中对两者的解释也不同:

移情:动词——① 改变情趣,转移情感;② 把对某人的态度情趣转移到另一个人身上,或把自己的主观情感移到客观对象上。

同情:动词——① 对于别人的遭遇在感情上发生共鸣;② 对于别人的行动表示赞成。

由此说明,移情侧重于情感的转移,强调的是过程,更具有动态性;同情侧重于情感的共鸣,强调的是状态,更强调静态性。前者是单项的,后者是双向的,如图 6-4 所示。

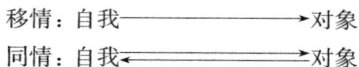

移情:自我————————→对象
同情:自我←————————→对象

图 6-4　移情和同情的区别

但是,移情和同情之间又有着千丝万缕的关系。因而,研究移情又必须涉及同情。甚至在某些心理过程中,同情就是移情过程的一个阶段,或者说是导致移情的重要因素之一。

6.3.1.2　"移情"和"感情"的交叉

移情说是西方的思想理论。一般认为,"情"是主体自身自足的内在力量,世间万物则需要人为之"移情"。中国的传统思想认为,"情"为万物和人固有的存在方式,人与万物相"感"而人情、物情具起。人情产生的前提是对他者的应会,乃至"师法"。物情不是人移过去的,但物情亦通过与人情的相感而兴起。这里可以看出中西方对于感情和移情在理解上的差异。西方认为外物的情感是人的情感转移过去的,这种情感就叫"移情";中国认为人情和物情是"共生"的,物情不是人的情感的移植,而是人情与物情交融的产物。所以,按照中国人的思想观念,是不存在移情一说的。

贡华南提出:"柏拉图认为'相'(idea)的世界为最真实、最完善的世界,现实世界万物的真实性低于'相'的世界,而且世间万物的真实性源于'相'。宇宙的灵魂是造物者安置过来的,被安置进来的灵魂是宇宙间'身体'的主人和统治者。"柏拉图认为情感是属于灵魂的一部分。亚里士多德同样把情感规定为灵魂的三要素之一。他说:"在灵魂中有三种东西生成,这就是感受、潜能和品质……

所谓感受,我说的是欲望、愤怒、恐惧、自信、嫉妒、喜悦、宽爱、憎恨、期望、骄傲、怜悯等,总之它们与快乐和痛苦相伴随。"这里的"感受"(pathee)通常译为"情感"或"感情"。古希腊的观念中,感受出于受难,他们把喜怒哀乐都看成是种受难。情感不是人的自足的内在意识,更不是主体随意强加给对象的尺度。情感是"受动"的结果。按照亚里士多德的话说就是"在感受方面,我们说是被运动"。"被运动"的情感是他者对自身作用之反应,对于追求灵魂之纯净与宁静的人来说,情感确实不是人的"德性",而只是"受难"。柏拉图、亚里士多德虽然在情感与灵魂关系上对情感采取消极态度,但他们在情感与外物关系上却也为希腊及以后的西方思想世界创建了一套独特的思维模式。但是,到了近代,柏拉图和亚里士多德的这种主体情感的被动性质的观点,逐渐被"为自然立法"的观点取代。主体逐渐获得了柏拉图学说中的"相"的位置。情感也就成为影响自然、定义自然的一部分,获得了主体的能动地位。这为后来的移情说奠定了坚实的思想基础。

根据论述我们可以看到,人们对情感认识的发展轨迹,由认为情感是被动的感受外物获得的主体体验,转变为认为人的主体意识和理性状态可以影响决定外物的情感。正是有这种转变,移情思想才会在 19 世纪进入繁荣期。换一个角度看,不管是哲学还是美学,都将情感和移情看成是对立的。情感关注自身,移情是情感的转移或者和外物的交融。心理学上大多数都是将移情看成是情感的移入或者情感的应答等。

由此说明,情感和移情有着明显的差异,情感更侧重于主体自身的因外物刺激而产生的诸多心理感觉,心理视角在主体自身。移情不同,是情感的转移或认知视角的变化,认知主体心理和外物进行情感的交融,产生了共鸣,分不清谁是外物,谁是自己,使得自己融入对方之中,从而在主体心理产生了对方也有感情、有灵性之类的感觉。由此看出,移情更多侧重于认知的对象,是一种自我情感的转移或交融现象。

更宏观看,移情和情感应该是包含关系,移情属于感情的一种。西方学者在分析两者关系时,更多地是看到了它们的对立,而忽略了它们本质上的共性。在现在的学术研究中,我们更多地是侧重于移情的情感转移属性。因为,这种属性是移情有别于情感的核心,也是其产生话语表达变化和诸多交际心理效应的来源。

6.3.2　机器学习中情感和移情的不同处理

6.3.2.1　机器学习中情感的处理方式

机器学习中的情感分析(sentiment analysis)是近年来国内外研究的热点,

侧重于应用。情感分析一般目标都很明确,主要指对带有情感色彩的主观性文本进行分析、归纳和推理,从而获得文本的情感偏向,为某种特定的目标服务。例如,我们可以通过分析一种商品的价格、材质、便携性、适用人群、功能、返修率等用户评价因素,来获得市场上对这种产品的整体评价,从而为购买决定提供决策依据。情感分析有多种名称,如倾向性分析(tendency analysis)、意见抽取(opinion extraction)、意见挖掘(opinion mining)、情感挖掘(sentiment mining)、主观分析(subjectivity analysis)等。它是 NLP 领域一个比较重要的研究课题,具有较强的实用价值,尤其是商业价值。现在的电商和实体企业在做市场调查时基本上都需要获取市场上对产品的反馈信息,而产品的正负评价是一种产品是否被市场接受的重要依据。一般来说,情感分析可以运用于以下几个方面:

1) 商品评价

这种评价是多方面的,可以是价格方面的,侧重于性价比,也可以是性能方面的,还可以是多项的综合,是某种商品的大致市场反馈的分析。这些单项或综合分析具有较大的商业价值,是目前文本情感分析研究和使用的重要领域。

2) 网络舆情动向

随着网络发展的深入,移动网的普及,绝大多数的人都会接触到网络。网络互动或参与度也有了大幅度提高,尤其是像现在的抖音和今日头条这样的手机App 越来越流行。一些社会热点问题,传播速度极快,很多人接触到这些新闻后都会发表自己的看法。这些看法,本身就是评价性质的,带有发言者自己的观点和情感偏向。通过大量的这种发言的情感偏向分析,我们可以看到社会事件的发酵、发展,民众的主流观点等信息。比较具有宏观价值的是国家政策、法规等颁布前的民意测评,可以先期将这种信息放到网上,看看民众的评论,再通过情感偏向分析社会的支持度。网络舆情分析是现代社会网络生活中规范、净化网络,探测社会心理、社会需求发展变化的重要领域,是社会健康监测的晴雨表。

3) 股市、金融趋势和其他方面

通过网民对某股的关注和评价,以及对金融趋势的分析等可以看到社会的关注点,这对投资分析具有一定的参考价值。

由此看出,情感分类适用领域非常广泛,无论是对国家政府层面,还是对个人和企业层面,都具有较高的实用价值。随着分析技术的发展,数据的精度越来越高,预测也越来越准确,可以想见,在未来人工智能领域的地位也会越来越重要。

实现情感分析的方法有很多种,从大的方面看,可分为以下三类:

1) 基于情感词典的方法

基于词典的方法主要通过制订一系列的情感词典和计算规则,对文本结构和语义依存以及分词词性等进行分析,获取文本中不同位置上词语的准确词性和语义以及和其他相关词语的依存,从而准确地和构建的情感词典匹配,计算文本的情感值,最后将情感值作为文本情感倾向判断的依据。

这种方法是比较简单高效的,最重要的是情感词典的构建。构建越合理,后期的文本计算就会越准确。后期的评估计算实际上就是情感极性词的加和和比较。例如,一段文本中含有 3 个负极性词,5 个正极性词,每出现一个词加 1 分,最终的计算就是:

$$-3+5=2$$

由于最终的结果为 2,是正数,则该文本是积极的正面评价。假如计算得出的分数是负数,则说明文本评价是消极的,如果是 0,则评价是中性的。在很多时候,等级比这里的要复杂,有五到七个等级,计算的方式也不是这种简单的累加,而是有一套算法。

2)基于机器学习的方法

前面的基于情感词典的分析虽然高效,易于操作,但缺点也很明显。词典不容易把握,情感偏向的准确性也不足。还有重要的一点就是,词典不能够实时更新。在这种情况下,基于机器学习的情感分析方法就被提出来了。这种方法又有不同的处理模型,如朴素贝叶斯模型、逻辑回归模型、支持向量机和神经网络模型等等。

在这些的算法中,最流行也最重要的就是基于深度学习的神经网络模型。这种模型很高效,相对来说也较成熟。一般是通过 CNN、RNN 或者 GEN 等模型提取文本的高度抽象的特征,表示为特征向量,再通过深度学习的模型做回归或分类分析,得出文本的情感极性特征。

3)混合方法

这种方法就是将多种模型组合起来,构成一个复杂的算法,给文本做情感极性判断。

6.3.2.2　机器学习中移情和情感处理方式的差异

移情优选和自然语言的情感处理尽管都涉及情感,但区别还是很大。在机器学习领域,它们的关注点并不与前面美学和哲学中提到的一致。两者在机器学习上有各自不同的研究领域,表现为以下几个方面:

1)研究的目标不同

文本中的情感研究主要是分析文本话语的情感偏向,很多时候仅仅通过回归分析就可以实现。这种情况下,构建的模型并不需要精细分析,只要可以获得文本极性特征,能够判断文本极性就相当于完成了任务。移情分析目标是判断话语在一种语言中出现的概率,移情值越大,概率越高;刻画话语输出中的优选输出及其理据;解释语言中的多输出现象;等等。一个是语言在相关领域的应用分析,一个是语言使用的分析。

2)研究的性质不同

文本的情感分析是典型的回归和分类分析。分类问题是机器学习的主要应用领域之一。理论相对成熟,分析手段较多,效果也很好。当我们将文本情感划分为几个等级时,实际上就可以看成是划分了几个类别,模型的任务是学习并准确判断新文本的类别。这方面的研究,神经网络模型具有较大的优势,特别是深度神经网络有很强的实用性和精确度。

移情分析是话语排序分析,可以归类到机器学习的排序和推荐系统中。它主要是研究语言的生成问题,和生成语法的目标本质上一致,而情感分析研究的是语言的属性。目前,排序和推荐系统也侧重于实际的应用,如商品推荐排序、电影推荐排序以及人群推荐等等。还很少看到有文献直接将这个理论运用于语言运用本身的排序。然而,在实际语境中,任何的一句话从心理上讲都是一个移情评估和排序的过程及其结果。只是,情况比商品推荐排序要复杂一点。主要是语言中的移情排序既有约定俗成的固化部分,也有应语境需要而临时组合的部分。固化部分相对好处理,而语境的部分则非常麻烦。任何一个话语评估输出都是诸多条件合力的结果。排序分析也有很多模型可以采用,目前用得比较多的还是神经网络模型,这种模型在分析语言的评估输出时还是显得比较简单,考虑到的因素太少,不够成熟。

3)运用的理论不同

自然语言情感的机器处理是分类问题,移情优选是排序问题,两者是自然语言处理研究领域中的两个不同方面。在算法、模型构建、目标、适用场景以及发展过程上都存在差异。

4)范畴不同

自然语言情感的机器处理主要是通过语言情感分析获得商品等的社会反馈,带有市场和社会的调查性质,具有很强的目的性。移情优选则不同,主要还是针对话语本身的研究,通过考察优选的制约条件、机制等,搞清语言的内在运行机制,这属于语法语用范畴。

第 7 章　神经网络在汉语移情优选上的应用

7.1　机器学习排序模型概述

本研究的移情优选就是找出一组句子或话语移情值的梯度，以供言者在特定环境下的选择和参考。因而，移情优选本质上可以看成是一种排序。本研究主要是构建移情排序的模型，即在给定几个意义相似或高度相关的句子或语段后，模型通过学习可以将它们按照移情值的高低排序。由于语料处理的复杂性，本章重点分析 Pairwise 模型，即序对模型。

排序模型是信息研究领域的核心问题之一，最初是因信息检索和推荐的需要而发展起来的。现代的网络活动基本上离不开信息排序技术。优秀的排序技术可以显著提高工作和学习的效率。传统的信息检索排序模型主要有两类：相关性排序和重要性排序。前者如布尔排序、向量空间排序和概率排序等，后者如 PageRank 算法、HIST 算法、TrustRank 算法、BrowseRank 算法等网页排名算法。这些传统的排序模型主要是通过人工设置参数来构建，基本上是因特定问题而量身定做的，因而容易产生过拟合现象，尤其在模型可移植性、兼容性和发展性等方面表现都较差。后来，学者们逐渐发展出了基于大规模语料的机器学习排序模型。相对于传统的模型，基于机器学习的模型人工干预度较低。它可以自主发现特征、自动调整参数优化模型，还可以自动适应不同的语料特征，找到最佳的参数。因而，这种模型具有较强的优势。

按照模型训练输入数据样例的多少，我们一般将排序模型分为三类：点对点（pointwise）、序对（pairwise）和序表（listwise）。前面已经做了简单的说明，这里再对它们的算法作稍微详细一点的介绍。

7.1.1　点对点排序模型

点对点是最简单，也是应用最广泛的一种排序模型，是传统排序方法的延伸。这种模型把排序问题转换成等价的分类问题、回归问题或序数回归问题以求解。该模型数据集构建方法是这样的：给一个有 m 个查询的训练集,表示为 $Q=\{q_1, q_2, \cdots, q_{m-1}, q_m\}$。对任意的查询 q_i,都对应一个候选文档集合 X_i,集合 X_i 含有 n 个候选排序的文档 d_n,对于当中的任意第 d_j 个文档,用向量 x_j^i 表示, $x_j^i \in R^d$。集合 X_i 中的每个候选文档 x_j^i 根据其和查询 q_i 的相关性,给予一个"排序等级" y_j^i, $y_j^i = Y$, $Y = \{1, 2, \cdots, Y\}$。集合 Y 中的元素存在由小到大的偏序关系,代表由小到大的相关性。有了这个数据集之后就可以建立排序模型,训练数据。例如,假如有样例值对 $\langle \boldsymbol{X} = \{x_1, x_2, \cdots, x_{n-1}, x_n\}, y \in Y\rangle$,我们可以使用线性回归模型拟合打分函数：

$$f(x) = \sum_{i=1}^{n} w_i x_i \tag{7-1}$$

用损失函数训练式(7-1),使得损失误差最小化,可以采用均方误差(MSE)函数：

$$E = \frac{1}{m} \sum_{j=1}^{m} (y_i - f(x_j))^2 \tag{7-2}$$

点对点方法效率很高,对各候选项的打分可以并行计算,不足之处则在于独立地对每一个候选项进行处理,而没有考虑待排序项之间的关联性。

7.1.2　序对排序模型

相对于点到点模型主要考察查询和值之间的关系,序对模型侧重于查询对应的值之间的相对顺序关系,也就是将训练集中的每一个查询下的任意两个具有偏序关系的文档对作为一个训练样例,输入模型中。序对模型实际上是一个二分类问题。例如,假设有样例对 $\langle Q, \langle a_i, a_j\rangle$,样例 $\langle a_i, a_j\rangle$ 对应的特征向量 $\langle x_i, x_j\rangle$。这里 Q 为查询, $\langle x_i, x_j\rangle$ 为查询对应值的向量表示。序对模型的处理方式如图 7-1 所示。

在图 7-1 中,查询 Q 发出指令,获得对应值集合 T 中的 $\langle a_i, a_j\rangle$ 和对应的特征向量 $\langle x_i, x_j\rangle$,其中 $i \neq j$。存在一个打分函数 g,用来计算 $\langle x_i, x_j\rangle$ 和查询 Q 之间的相关度,一般用余弦相似度公式：

$$G(\boldsymbol{x}_k, \boldsymbol{Q}) = \frac{\boldsymbol{x}_k^{\mathrm{T}} \boldsymbol{Q}}{\|\boldsymbol{x}_k\| \|\boldsymbol{Q}\|} \tag{7-3}$$

这里的 $\boldsymbol{x}_k$ 为对应值集合中的任意一个向量。式(7-3)反映了 $\boldsymbol{x}_k$ 和 $\boldsymbol{Q}$ 这两

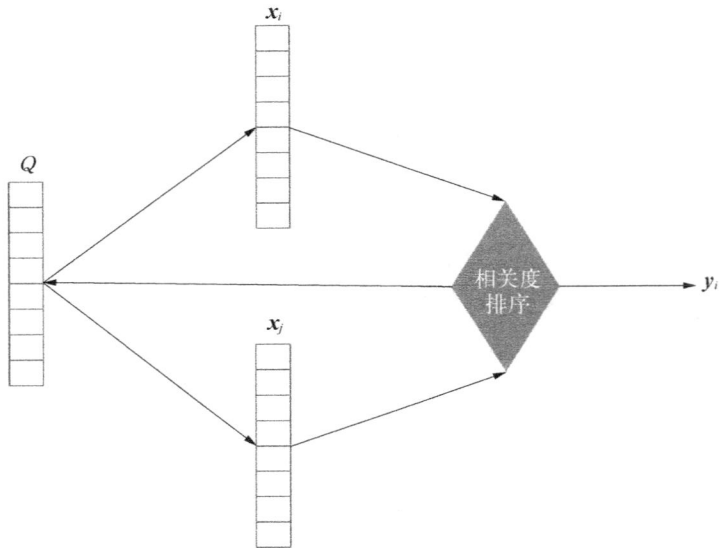

图 7 - 1　序对排序模型

个向量之间的相关度。有了这个分数就可以判断⟨x_i，x_j⟩的值。如果⟨$x_i >$
x_j⟩，则输出为+1，否则就为−1。这种模型也存在很多问题，主要有：

（1）仅仅考察一个候选项集合中的两个选项之间的偏序关系，并不能反映
整个集合的偏序关系。

（2）模型计算过于复杂，对一个有 N 个候选项的集合，其序对有 $N(N-1)/2$ 个，也就是需要 $N(N-1)/2$ 次的计算。

（3）当一个序对的两个候选项获得相同的分值时，还需要增加另外的规则
来确定最终的排序。

（4）对待排序候选项的数量敏感，不同的数量会导致评价函数产生波动，影
响模型的训练，模型的泛化性较差。

7.1.3　序表排序模型

相对于序对，序表就是将关联于同一个查询的两个以上的候选项（不含两
项）整体作为一个样例输入模型。模型通过计算直接输出最优排序结果。序表
排序方法又有两种类别。第一种，延续了点到点方法和序对方法的研究思路，通
过定义列表级的损失函数（loss function）并用最小化损失函数来构造排序模型，
如 ListNet 模型；第二种是通过直接优化评价函数，来优化确定排序模型，如
AdaRank 模型。第一类是在模型输出阶段通过候选项排序概率分布实现优化；

第二类是在模型的评价阶段将排序模型与信息检索中的评价指标建立起关联，从而获得最优评价值的排序模型。这里主要介绍一下第一种排序方法。

Tao Qin 提出了一种很简洁的利用余弦相似度构建排序的方法，称为 RankCosine 方法。这种方法就是将查询对应的文档列表表示成文档向量列表，然后用排序函数给每一个向量打分，形成一个打分（相关度）向量，再计算这个向量和标签向量之间的余弦相似度，取相似度最大的向量作为最终的文档排序。然而，在实际应用中，这种方法效果并不好，于是后来提出了很多基于 Luce 模型的改进型模型。

Luce 模型设计思路其实很简单，就是一种高效率的给序列打分的算法，即确定一个序列的整体概率值。由于这种算法和语言的序列性相匹配，所以在很多涉及语言的概率计算中都运用到这种算法。假设现在有一个对象序列 $\pi \in \Omega_n$，Ω_n 为 π 集合，存在一个排序函数 $\Phi(s_{\pi(j)})$ 给 π 中的每个元素赋值，一般采用指数函数形式，则可以得到一个和 π 对应的分数序列 $s = \{s_1, s_2, \cdots, s_{n-1}, s_n\}$。 在序列 π 中，任何元素 s_j 的概率值可以用下面的公式计算：

$$P(s_j) = \frac{\Phi(s_{\pi(j)})}{\sum_{k=j}^{n} \Phi(s_{\pi(k)})} \tag{7-4}$$

而整个序列 π 的概率值就是序列 s 的联合概率，即

$$P(\pi) = \prod_{j=1}^{n} \frac{\Phi(s_{\pi(j)})}{\sum_{k=j}^{n} \Phi(s_{\pi(k)})} \tag{7-5}$$

相对于任何查询下的一个文档集合来说，如果有 N 个文档，则有 $N!$ 种排列。这样就有 $N!$ 个 π 序列，表示为 $\pi_{n!}$。每个 π 可以得到一个概率值，则可以获得一个维度为 $\pi_{n!}$ 的向量值。例如，假设现在有三个对象，$S = \{s_1, s_2, s_3\}$，我们有两种排序方式，即 $\pi_1 = \langle s_1, s_2, s_3 \rangle$，$\pi_2 = \langle s_3, s_2, s_1 \rangle$。 这里每个 s_i 的值通过式(7-4)获得，而 π_i 的值则是通过式(7-5)获得，计算如下：

$$\text{A. } P_s(\pi_1) = \frac{\Phi(s_1)}{\Phi(s_1) + \Phi(s_2) + \Phi(s_3)} \frac{\Phi(s_2)}{\Phi(s_2) + \Phi(s_3)} \frac{\Phi(s_3)}{\Phi(s_3)}$$

$$\text{B. } P_s(\pi_2) = \frac{\Phi(s_3)}{\Phi(s_3) + \Phi(s_2) + \Phi(s_1)} \frac{\Phi(s_2)}{\Phi(s_2) + \Phi(s_1)} \frac{\Phi(s_1)}{\Phi(s_1)} \tag{7-6}$$

通过 Luce 算法，我们就将复杂的向量空间，转化成了一个单一的概率向量

$P_s(\pi_i)$,为序列之间的比较提供了基础。相较于其他算法,Luce 算法的优势非常明显,除了简化算法之外,其还具有以下几个方面的显著优点:

(1) 所有可能的排序方式概率值的和等于 1。这是不同排序相互比较的基础。

(2) 对特定的排序函数,如果把某个排序中概率值较高的对象和较低的互换,则它的概率值也会反转,即由较高的分值变为较低的分值。

(3) 对特定的排序函数,如果把概率值最高的排列序列颠倒,则获得最低的概率值。

这些属性非常适合于语言模型的概率计算。因而,在序对和序表模型的构建中,很多的计算都是基于 Luce 算法。

7.1.4　listNet 排序模型

尽管本节研究不涉及序表的排序,但是序表模型的构建理论对序对模型的构建有很多的启发和借鉴意义。因而,这里先介绍一下排序中大名鼎鼎的 listNet 排序模型。ListNet 模型实际上是用概率来构造损失函数的排序模型。它开创了序表排序学习的先河。其基本原理和序对模型一样,也是通过学习拟合一个排序打分函数。排序打分函数对每一个候选项打分,然后利用 Plackett-Luce 模型计算候选项集每种排列的概率值,之后再利用余弦相似度或者 KL 距离等方法作为损失函数,来衡量模型输出序列的概率分布与真实序列的概率分布之间的差距。如果我们用 Q 表示一个训练集合中包含的所有查询,Ω 为查询 Q 所对应的所有排列方式,即 π 的全集,y 表示真实的排序(标准概率分布,或者叫相关性判断条件),z 表示某种排序打分函数,$\pi(i)$ 表示 π 序列中位置 i 的元素,则损失函数可以采用交叉熵公式:

$$L(y^q, z^q) = -\sum_{q \in Q} \sum_{\pi \in \Omega} \left[\prod_{i=1}^{n} \frac{\Phi(y_{\pi(t)})}{\sum\limits_{u=i}^{n} \Phi(y_{\pi(u)})} \right] \cdot \log \left[\prod_{i=1}^{n} \frac{\Phi(z_{\pi(t)})}{\sum\limits_{u=i}^{n} \Phi(z_{\pi(u)})} \right]$$

$$(7-7)$$

式(7-7)是计算一个训练集整体的误差(损失),值范围在 0~1 之间。从公式的复杂性就可以看出计算量的大小。在实际操作中,除了一般采用批处理方式,降低一次的计算容量外,还可以采用一些简化计算的算法,最常用的就是 Top-K 方法。如果把式(7-7)看成是全计算,则 Top-K 为部分的近似计算,是对式(7-7)的简化,即删去序列 K 位置后面的项。实际使用中,根据任务精度

的大小可以为 K 设置一个数,以最小为原则,求得一个性能和最简之间的平衡。

序表模型直接以候选项的序列作为模型的输出,把序列看成一个整体单位,计算每个序列的概率得分,然后再将所有得分组成向量,再和真实的向量之间进行比较,得出损失值,进而利用反向传播算法训练优化模型。这种序表算法看似很好,但是,其最大问题就是构造训练集困难,计算量也特别大,对硬件的要求比较高。

7.1.5　移情优选序对模型的处理思路

为了提高模型的排序效果,话语移情优选模型可以植入带有靶向效果的注意力机制和专注于特征提取的卷积神经网络(CNN)。也就是说,在特征提取上模型可同时采用多种方法。当有两个具有交替关系的来自同一个深层语义的表层话语表达式时,认知上一般会自动地选择能够拉近双方距离的移情值高的候选项作为默认的输出项。这其实很好理解,本质上是语用合作原则的体现。双方只有互相迎合靠拢,才可以有一个良好的谈话氛围。这说明移情在话语理解和生成中起到重要的作用。很多时候,话语移情值的高低不一定影响话语的理解,但会影响到交际的成功。

移情优选实际上就是从移情的角度考察一组话语优选的规律。这种规律在机器话语的生成和理解中也有重要的价值。一组意思相同但移情值不同的句子带来的交际效果是不同的。显然,如果我们用机器模型模拟这种优选机制,将之嵌入机器话语生成和理解的模型中,得到的人机互交的体验感以及交际的效果是很不一样的。机器模型对这种移情优选的拟合由两个重要步骤组成:话语特征的提取和给候选项排序,确定话语集合的优先等级。在前面的论述中,我们可以采用卷积网络加注意力机制对话语进行特征的提取,形成特征向量。接下来我们阐述排序的方法。

前面的图(7-1)反映了典型的序对排序模型。模型的构建基于查询和对应值集合,然后计算集合中所有元素之间的两两偏序关系。移情值是均值的价值系统,与表现形式本身无关。所以,尽管表现形式千差万别,但从移情角度看是统一的。如果我们进一步用排序算法的话,就可以把这局部的偏序关系排成一个序表。例如:

$A > B$, $B > C$, $C > D$, 则

$$A > B > C > D$$

因此,序对模型是排序模型的基础。从图 7-1 可以看出,所有的候选项打

分建立在一个基准（查询 Q）的基础上。通过计算候选项和基准 Q 之间的余弦值，获得每一个候选项的得分。然后通过得分大小就可以得到候选项之间的偏序关系。如果候选项只有两个项，则就是比较这两个候选项值的大小，从而确定排序（见图 7-2）。

由图 7-2 可以计算出 a_i 和 a_j 的余弦值，然后可以确定输出：

如果 $a_i > a_j$，则 Out $=1$，否则

$$\text{Out} = -1$$

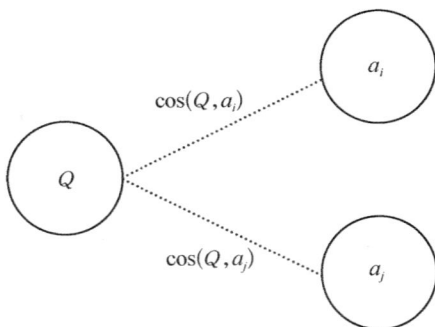

图 7-2　候选项余弦计算

从移情优选的角度看，其任务是比较一组句子之间移情值的大小，并将之按照降序排序。该模型和现有的基于搜索和推荐的排序模型之间的主要差异就是没有明确的查询项 Q。查询项 Q 既是搜索和推荐的任务，又是计算的基准。为此，我们必须找出一个可以起 Q 作用的比较基准项。找到了这个就可以用已有的排序模型来匹配句子的移情排序。从话语的生成和理解角度看，一组相关的具有替换关系的句子，它们的语义核是一样的，而表层形式的差异反映的是语义核对不同环境的适应。这种适应本身就含有移情的因素。因此，我们可以将语义核作为查询项，然后考察不同的表层形式和其之间的余弦值。

语义核可以通过候选项提取。我们可以将不同的候选项连接，进行卷积操作，整体提取候选项中共有的特征，作为不同候选项计算余弦值的基准。通过不同候选项和语义核之间的余弦差异度比较可以获得候选项的得分。这里实际上有三个特征向量：一个基准向量，两个比较向量。每一次的操作就会获得两个输入项之间的偏序关系。再将这个偏序对和标签比较，如果一致就是（+1）；不一致就是（-1）；两者等值就是（0）。当出现（0）时，将之归入（-1）或者另外加规则处理，使之不对等。但是，RankNet 模型通过在特征提取网络最后一层设置 S 型激活函数，将值转化为概率值，从而使得结果不为零。最后，再计算误差，反向传播修改参数。模型通过这种方式学习，使得代价函数最小化，最终完成训练。

这里的思路仅仅是一种排序处理方案。我们还可以不涉及向量之间的比较，而是直接通过神经网络模型获得向量的分数，然后通过序对差值计算获得代价分值，再通过反向传播修改权重训练模型。这种处理方法一般称为 RankNet方法。而在基准向量的设置上，有多种的方法。前面讲到的附接几个向量再抽

取，仅仅是当中的一种。我们还可以进行附接向量的混合抽取。例如，平行使用 CNN 和 LSTM 方法对同一个附接向量进行抽取，然后再融合这两个向量。融合的方法又有多种，例如向量之间相加，再平均，获得基准向量；向量二次附接再抽取；等等。由于这里可以采用的思路非常多，目前，受时间限制，我们仅仅尝试性地采用 RankNet 模型，建立自己的语料库，观察实验的效果。这里的研究仅仅是初步尝试。很多的方法以及方法的组合运用都需要时间慢慢调试。但可以肯定的是，这是个有用且有趣的领域。

7.2　基于 RankNet 的移情优选排序模型

7.2.1　关于移情优选机器排序

语法上的移情优选实际上就是从移情角度考察一组句子或话语之间的排序问题。总体看，语言的排序分为两种：静态排序和动态排序。传统的狭义语法只考察语言中固化的现象，也就是静态的语言规律，不涉及动态变化；广义的语法大体上从句法、语义和语用三个方面来考察、解释语言现象。也就是说，语言形式上的变化和表现与该形式的内在语义和语用都是相关的。总体上，影响说话的两个最大的心理因素是认知和移情。认知和语言之间是投射关系，心理认知图式会直接影响到话语表达的方式；移情更多表现为话语的策略，是倾向性的，目的是将话语效果最大化。在长期的语言使用中，有的带有明显移情策略的表达方式已经为社会所认同和遵循，从而转化为语言中带有特定移情效果的固定表达形式。

移情是一种心理，属于性状范畴，我们并不能够在移情和非移情之间找到可以切分的分界线，因而，也就找不到一个可以精确量化的移情值。但是，我们可以通过具有不同移情值的候选项之间的对立关系，找到一个相对的移情梯度。这种梯度就是语言表达上的具有倾向性的语言选择的优先级顺序。很多时候，移情和认知的最大区别是认知会决定话语的表达，而移情是影响话语表达。前者大多数情况下是强制性的，后者是倾向性的。移情的这种属性有点类似于修辞。然而，修辞范畴比移情要宽泛得多。

移情的本质是交际时心理状态的交互，功能是迎合对方，取得最大的交际效果。为了实现目标，言者在交际时总是不断从话语交替集合中优选出移情值最高的话语，作为输出。所以，移情心理的实现本质上就是一种话语优选策略。但是，移情是一种语用现象，涉及的制约因素不仅仅是句法上的，还包括语义和语用,甚至是句外因素。这些不同层面的制约条件有时候会发生无法调节的冲突,从而对构建完整的移情优选论理论体系造成障碍。另外,话语的移情制约因素到底有多少,目前也是不清楚的。这是 OT 理论的通病。我们一般就特定的问题寻找几条制约条件,并将之排序来解决问题。但是,如果将这个条件序列放到更大的系统中,可能就会不成立。这对于优选论理论是致命的。因此,目前来看,构建完善的移情优选制约条件并不容易。

然而,机器学习运行原理不同,基本上不采用这种方法,即不涉及制约条件的问题。它主要采用经验的策略,利用大数据,从概率角度来学习并分析移情梯度,可能相比较移情优选语法本身要更为适合。其最大优势是我们可以充分利用语感、直觉、经验和专家知识,整合语言中复杂的语言现象,制作实用的标签,将之统一交给神经网络模型。网络模型通过训练,获得一组话语确定的移情梯度。我们可以将模型设置为在线学习模式,不断地添加语料,不断优化模型,最终达到我们想要的精度。

机器学习模型处理移情优选现象也存在缺点,主要表现在如下几方面:

(1)虽然说机器模型可以对一组话语进行移情排序,但是模型本身并不能告诉我们排序的内部机制。也就是说,我们得到了结果,却完全不知道为什么会是这个结果。因为,神经网络模型把整个的移情优选看成是一种函数,并通过经验学习拟合该函数,从而实现话语的移情排序。

(2)机器学习是对经验的学习和预测,也存在一定的错误率,当达到一定精度后提升就非常困难。影响因素除了语料本身之外,还涉及模型算法的问题。

(3)相对于优选论模型,机器排序的学习质量的好坏除了取决于模型的设计之外,还涉及数据的收集和标签制作的精度。实际上,移情标签的制作很多时候是基于我们的经验和对语感的判断,因而相同的一组句子可能就有不同的排列。这种现象会明显干扰机器学习的效率和准确性。如何解决这个问题也是需要深入研究的领域。

移情优选的问题本质就是话语排序的问题。移情梯度就是话语排序结果的倒序排列,即将一组单位按照移情值由高到低排列。接下来,我们通过构建 RankNet 模型,尝试着实现前面讨论的思路。

7.2.2 RankNet 排序模型原理

RankNet 属于序对方法,由微软研究院的 Chris Burges 等提出。它被应用于微软的搜索引擎 Bing 当中,是非常经典的序对算法。后来,LambdaRank 和 LambdaMART 算法是对它的改进。这三种算法是目前非常重要的算法。

RankNet 是最先的也是最基础的算法。这种序对算法存在很多问题。然而，Joachims 认为它也具有很多优势。首先，在分类算法中很多成型的方法可以直接应用于排序中。其次，在特定情况下可以非常容易地获取到文档对。另外，换个角度理解，也不存在一种完美的模型。所有的模型都存在优缺点，取舍取决于处理的具体问题。我们在设计上要尽量发挥模型的优势，弱化缺点。

RankNet 属于神经网络模型，目的就是要训练参数 w，然后通过最小化损失函数训练模型，达到可以排序的目的。模型的步骤主要有以下几个方面：

1）数据的处理

这部分主要是前期的数据规范化，调整为 RankNet 模型可以识别的格式。一般一行为一个文档数据信息，第一项是查询 q_i，第二项是文档的特征，为一个向量 $x_i \in R^n$。模型前期将所有的文档通过特征提取，转化为等长的向量，提供给排序模型，可以采用 CNN 或 LSTM 方式提取。第三项是序对标签，是一个数值向量。我们也可以将标签放到第一列。

2）构建打分函数

RankNet 模型是一个序对模型，也就是将一个查询下的所有文档构成序对的形式，然后对序对打分。模型中存在两类打分函数：排序函数和目标函数。

排序函数就是模型对文档的打分，是通过感知机从对应的文档中获得的。如果我们将每个序对的两个文档抽象为 u_i 和 u_j，其对应的特征向量为 x_i 和 x_j，则感知机的作用是将向量 x_i 和 x_j 映射为 $f(x_i) = o_i$ 和 $f(x_j) = o_j$，$o_i \in R$ 和 $o_j \in R$ 为文档的得分，并且 $o_{ij} = f(x_i) - f(x_j)$。如果 $f(x_i) > f(x_j)$，则 $x_i \triangleright x_j$。RankNet 模型是基于概率的模型。这个得分需要转化成概率形式。我们可以将 $P(x_i \triangleright x_j)$ 表示为 P_{ij}，P 表示目标函数的概率，则由输出分差到概率值的函数为逻辑函数。前者的概率计算为

$$P_{ij} = \frac{1}{1 + e^{-\sigma(o_{ij})}} \tag{7-8}$$

式（7-8）的概率实际上就是深度学习中经常使用的 Sigmoid 函数，能够很好反映序对的关系。当 $o_{ij} = 0$ 时，$P_{ij} = 0.5$，表示文档 i 和 j 与查询相关性一致；当 $o_{ij} > 0$ 时，$P_{ij} = 1$，表示文档 i 比文档 j 更相关；当 $o_{ij} < 0$ 时，$P_{ij} = -1$，表示文档 j 比文档 i 更相关。

目标函数是用来计算文档标签的，表示为 $\bar{P}$。我们在给文档序对判定分数时只涉及正确（+1）、错误（-1）和不确定（0）三种。也就是说，我们在前面提到的文档序对的标签都是一个数值，也不是概率的形式，因而也需要将之转化为概

率形式，以便和后验概率之间相比较，计算误差。我们可以将 $\overline{P}(x_i \triangleright x_j)$ 表示为 $\overline{P}_{ij}$，概率计算公式为

$$\overline{P}_{ij} = \frac{1}{2}(1 + \overline{o}_{ij}) \qquad (7-9)$$

式(7-9)是将标签数值转换成概率形式，这个公式可以很好反映得分和概率值之间的对应关系。当 $\overline{o}_{ij} = 1$ 时，$\overline{P}_{ij} = 1$；当 $\overline{o}_{ij} = 0$ 时，$\overline{P}_{ij} = 0.5$；当 $\overline{o}_{ij} = -1$ 时，$\overline{P}_{ij} = 0$。这里，$\overline{o}_{ij} \in \{0, \pm 1\}$，为文档对的标签的得分。

3) 确定损失函数和反向传播

RankNet 模型一般采用的是交叉熵损失函数，学习目的就是将损失最小化。其原理就是模型排序的错误率越低，效果越好。因此，损失函数的优化目标就是将逆序 $P(x_j \triangleright x_i)$ 的个数减少到最低。其公式为

$$C_{ij} = C(o_{ij}) = -\overline{P}_{ij} \log P_{ij} - (1 - \overline{P}_{ij})\log(1 - P_{ij}) \qquad (7-10)$$

将式(7-10)化简，则得到

$$C_{ij} = C(o_{ij}) = \frac{1}{2}(1 - \overline{o}_{ij})\sigma(o_{ij}) + \log(1 + e^{-\sigma(o_{ij})}) \qquad (7-11)$$

这个公式反映了当标签 $\overline{o}_{ij} = 1$ 时，模型预测的序对差值 o_{ij} 较大，则代价函数 C 的值较小；当标签 $\overline{o}_{ij} = 0$ 时，则代价函数 C 在模型预测的序对差值 o_{ij} 为 0 时的点值最小，差值为负数时，数字越小，代价越大，差值为正值时，数字越大，代价越大；当标签 $\overline{o}_{ij} = -1$ 时，模型预测的序对差值 o_{ij} 较大，则代价函数 C 的值较大。我们可以将标签带入交叉熵公式，看看公式的变化：

当 $\overline{o}_{ij} = 1$ 时，$\overline{P}_{ij} = 1$，交叉熵为

$$C_{ij} = C(o_{ij}) = -1 \times \log P_{ij} - (1 - 1) \times \log(1 - P_{ij})$$
$$= -\log P_{ij} = \log\left(1 + \frac{1}{e^{o_{ij}}}\right) \qquad (7-12)$$

在式(7-12)中，当 o_{ij} 越大，则损失越小。当 $\overline{o}_{ij} = 0$ 时，$\overline{P}_{ij} = 0.5$，交叉熵为

$$C_{ij} = C(o_{ij}) = -0.5 \times \log P_{ij} - (1 - 0.5) \times \log(1 - P_{ij})$$
$$= 0.5 \times \log\left(\frac{1}{e^{o_{ij}} + \frac{1}{e^{o_{ij}}}}\right) \qquad (7-13)$$

在式(7-13)中，当 o_{ij} 处于正数区间时，数字越大，损失越大；而处于负区间时，数字越小，则损失越大。当 $\overline{o}_{ij} = -1$ 时，$\overline{P}_{ij} = 0$，交叉熵为

$$C_{ij} = C(o_{ij}) = -\log(1 - P_{ij}) = -\log\left[\frac{1}{1 + e^{o_{ij}}}\right] = \log(1 + e^{o_{ij}}) \qquad (7-14)$$

在式(7-14)中,当 o_{ij} 越大时,则损失越大。标签的三种情况和损失函数的关系可以用图 7-3 表示:

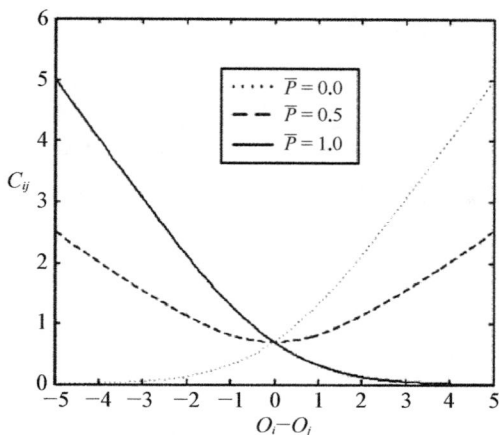

图 7-3　得分差值和损失函数变化关系①

从图 7-3 可以看出,损失函数和打分函数之间的共变完全符合序对模型排序的要求。该代价函数有以下几个显著的优势:

(1)合理性。当构成序对的两个文档获得了相同的分数时,概率值仍不为 0,而是 0.5,因而损失函数的值依然大于 0,从而会将这个样本迭代优化,最终获得满意的排序。

(2)鲁棒性。损失函数是一个类线性函数,可以有效减少异常样本数据对模型的影响,因此具有鲁棒性。

(3)简洁性。这种算法可以极大地优化复杂度,精简计算。对于任何一个长度为 n 的排列,我们只需要计算 $n-1$ 个相邻项之间的概率 $\bar{P}_{i,i+1}$,就可以获得排列中任何两个项的排序得分。例如,如果 $\bar{P}_i > \bar{P}_j$,$\bar{P}_j > \bar{P}_k$,就可以得到 $\bar{P}_i > \bar{P}_k$。通过这种处理,RankNet 将 $O(C_n^2)$ 的复杂度降为 $O(n)$。

4) 更新规则

RankNet 采用的是反向传播算法,通过损失函数对模型参数 w 求导,然后迭代更新参数 w,并将损失最小化。训练时可以采用两种方法:逐个训练方法

---

① 图片来自 CSDN 网站."排序学习——RankNet 方法"的博客。

和批量训练方法。

(1) 逐个方法就是一个个样本训练,每个样本更新一次。公式为

$$w_k \leftarrow w_k - \eta \frac{\partial C}{\partial w_k} = w_k - \eta \left(\frac{\partial C}{\partial o_i} \frac{\partial o_i}{\partial w_k} + \frac{\partial C}{\partial o_j} \frac{\partial o_j}{\partial w_k} \right) \qquad (7-15)$$

这里的更新梯度为文档 i 和 j 两次计算的加和。这种方法看起来很简洁,但收敛速度慢。

(2) 批量训练方法。也就是将一次查询下所有的文档对作为一个批次,全部带入神经网络进行前向传播,然后计算总的差分,再将差分反向传播,这样就减少了反向传播的次数,提高了效率。基本原理是一样的,区别在于将多次前向传播合并为一次反向传播。具体步骤为:先将求偏导公式分解再重新组合,加快计算效率。求导公式为

$$\frac{\partial C}{\partial w_k} = \frac{\partial C}{\partial o_i} \frac{\partial o_i}{\partial w_k} + \frac{\partial C}{\partial o_j} \frac{\partial o_j}{\partial w_k} = \sigma \left(\frac{1}{2}(1-\bar{o}_{ij}) - \frac{1}{1+e^{\sigma(o_{ij})}} \right) \left(\frac{\partial o_i}{\partial w_k} - \frac{\partial o_j}{\partial w_k} \right)$$
$$= \lambda_{ij} \left(\frac{\partial o_i}{\partial w_k} - \frac{\partial o_j}{\partial w_k} \right) \qquad (7-16)$$

这里可以看出,最后公式的前项是中间公式的代表,即

$$\lambda_{ij} = \sigma \left(\frac{1}{2}(1-\bar{o}_{ij}) - \frac{1}{1+e^{\sigma(o_{ij})}} \right) = \frac{\partial C(o_{ij})}{\partial o_i} \qquad (7-17)$$

λ_{ij} 实际上就是类似于反向传播中的最后一层的误差 δ。有了梯度计算公式,我们就可以计算一次查询下所有文档对的累加权重 w_k 的更新梯度:

$$\delta w_k = -\eta \sum_{i,j \in I} \left(\lambda_{ij} \frac{\partial o_i}{\partial w_k} - \lambda_{ij} \frac{\partial o_j}{\partial w_k} \right) = -\eta \sum_i \lambda_i \frac{\partial o_i}{\partial w_k} \qquad (7-18)$$

这里的 λ_i 为

$$\lambda_i = \sum_{(i,j) \in I} \lambda_{ij} - \sum_{(j,i) \in I} \lambda_{ij} \qquad (7-19)$$

式(7-19)表示的是一次查询下所有文档对集合 I 中,排序为 $\{i,j\}$ 的 λ_{ij} 和排序为 $\{j,i\}$ 的 λ_{ij} 的总和之差。λ_i 参数决定着查询集合中的第 i 个候选项在迭代中的方向和幅度。很多文献中将 λ_i 参数看成是作用于排序文档上的力,具体一点,也可以看成是作用于权重 w_i 偏导数上的力,正负号表示力的方向,数值大

小表示力的大小。将一次查询 Q 下的所有文档通过求偏导数的算法分解再组合,获得力 λ_i 参数,然后再作用于偏导公式上,通过加和后再作用于学习率 η,获得一次更新的累加梯度 δw_k。这种通过分解再合并的方法就是一种小批量学习方法,可以显著地加快迭代速度。

有了更新梯度 δw_k,就可以更新网络的参数 w_k 了。公式为

$$w_k = w_k + \delta w_k \tag{7-20}$$

通过多次迭代之后,神经网络模型就可以很好地拟合标记的标签。

7.2.3 移情优选 RankNet 排序模型设计及评估

目前,研究用优选论的理论讨论移情问题,并构建移情优选模型的文献非常少。而且,构建机器学习的移情优选模型目前尚没有人做过。正因为如此,本研究具有较高的价值。这里,我们以 RankNet 模型为基础,采用分层架构构建模型,分为三个子模块:话语输入层、特征提取层和排序层,如图 7-4 所示。

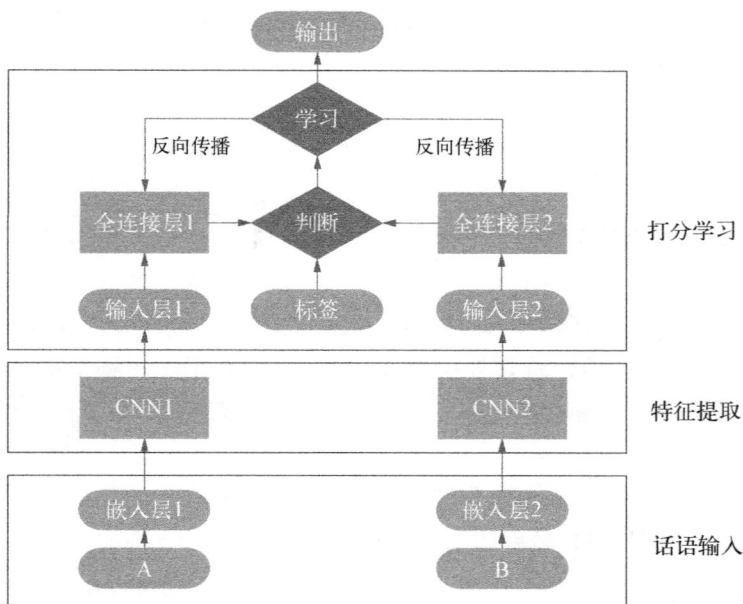

图 7-4 RankNet 移情优选机器学习排序模型

接下来,介绍该学习排序模型的构建方法,分为四块:语料构建、语料转换和特征提取、排序学习以及评价方式。

7.2.3.1　语料构建

汉语口语的梯级语料目前还没有人构建过,更不要说移情梯度了。主要原因还是构建的难度太大,存在两个方面的大问题:

1) 话语的开放性

我们平时说话五花八门,而且很多话语都是不规范的,机器处理很困难。另外,无论我们怎么构建语料库,都不可能做到全覆盖,实际使用时都会存在盲区。这为机器学习带来很大的问题。我们的目标是,通过一个有限的语料库,供模型训练,使得模型通过训练可以处理陌生的语料。换句话说,就是机器学习的函数具有广泛的适应性,能够拟合大多数的话语。但是,做到这点非常难。因为,除了需要语料具有较高的代表性之外,也需要模型能够有效提取话语中的共性特征。这方面也是目前人工智能领域亟待解决的问题之一。

2) 梯级的主观性

除了一些具有明显移情差异的话语之外,很多话语的移情差异值并不非常明显。如果我们仅仅凭主观去判断,则可能不同人对同一组句子的判断结果并不一致,甚至是冲突的。如果主观性强了,机器在提取特征时就无法获得有效特征,代价函数很难收敛。其结果要么模型训练无效,要么训练过拟合。

另外,互联网上也找不到相似的语料库。所以,我们首先需要做的就是构建语料库。为了使训练高效,使得语料库符合序对模型的特点,构建语料库时,我们将每个查询下的对应话语集合设定为 5 个。这样就可以避免语料不均衡给模型训练带来的麻烦。这样设定还有另外一个原因,就是使模型训练的效率与效果保持均衡。因为,根据 Zipf 定律,在一组待选话语中,真正为我们认知所关注的,且使用频率较高的也就是处于前面的几个,占到了使用频率的 80% 以上。从经验上看,也就 5 个待选项左右。这样,每次查询需要计算的序对为 $5 \times 4/2 = 10$ 个。

语料构建的另一项重要工作就是对 5 个待选项和查询的相关度打分。打分等级分为 5 级,即好(1)、较好(2)、中(3)、差(4)、较差(5)。每个查询最理想的得分分布为 1、2、3、4、5 级。分数可以重叠,比如一个查询可以是 1、2、2、3、5,这意味着候选项中有两项得分一致,表示在移情值上没有差别。有了这个相关度的等级分数,就可以构建序对的得分。如果序对 $\langle x, y \rangle$ 中前面的得分高于后者,则序对得分为 +1,反过来则为 -1,相一致则为 0 分。打分标准主要采用以下 3 个原则:

（1）优选论模型的计算。我们可以运用前面第三章中构建的移情优选级差模型获得部分候选项的排序，这种排序可以直接做打分标签。移情优选级差模型可以看成是机器学习模型中标签的算法。

（2）语感原则。由于移情优选级差模型还没有完全构建，还有相当部分的语料模型不能够处理，因此我们就采用语感的原则，以典型的汉语母语者鉴别几个句子在心理距离上的远近。具体操作为：同时选三个测试者对同一组句子进行判断，然后再求平均，并结合相关知识综合考虑后做出排序。

（3）专家资料。目前已经有部分文献，涉及一些汉语中典型的具有移情特征的例句，或者具有移情特征的句子格式，可以将之比对到我们的语料中，作为给候选项定等级的依据。

本语料库总共有 240 个查询，每个查询 5 条语料，共 1 200 条语料，主要来源为现当代的话剧和小说中的口语对话部分。尽管训练集合不大，但是，每条语料都是人工挑选出来的，兼顾到分布类型的广泛性和代表性，冗余语料很少。因而，训练出的模型可以拟合汉语中大部分的真实环境。

7.2.3.2　语料转换和特征提取

构建了语料库之后就需要将语料转换成机器可以识别的向量形式。首先，去掉标点符号和非汉字，用结巴分词工具对语料库中话语分词，构建词典，然后用 gensim 工具的 word2vec 模型训练词向量。词向量维度为 100 维。训练词向量分两个部分，先用大规模通用语料做基础训练，之后再用构建的语料做进一步增量训练，获得最终词向量。接下来，将文本转化成稠密词向量（word embedding）形式，文本以 100 个词作为上限，这样就形成了一个大小为 100×100 的文本矩阵。

接下来，模型将这个文本矩阵输入 CNN 模型，做卷积处理。卷积作用是提取文本的特征和将文本规范为等长的特征向量。模型的输入为 100×100 的文本矩阵，卷积步长为 2、3、4、5 几种，总共有 100 个卷积核，然后采用最大池化，获得 100 维输出向量。

7.2.3.3　排序学习

模型将卷积神经网络（CNN）的输出层作为输入层的特征部分，一个数字就是一个特征值，和前面的索引构成一个键值对，如⟨feature⟩:⟨value⟩的形式。然后加入标签⟨target⟩和查询索引 qid:⟨qid⟩，也就是一次排序的标识符。这样，每一行就由三部分构成：标签、查询索引和特征值，如图 7-5 所示。

5 qid：1 1：1 2：1 3：0 4：0.2 5：0… ♯ 1A
4 qid：1 1：0 2：0 3：1 4：0.1 5：1… ♯ 1B
3 qid：1 1：0 2：1 3：0 4：0.4 5：0… ♯ 1C
2 qid：1 1：0 2：0 3：1 4：0.3 5：0… ♯ 1D
1 qid：1 1：0 2：0 3：1 4：0.2 5：0… ♯ 1E

图 7-5   一次查询下的语料表示

模型将这 5 个候选项组成序对形式，数量为 $5 \times 4/2 = 10$ 个，分别带入模型打分。首先，模型随机取出一组数据，将之带入模型。打分是通过一个带有隐藏层的三层感知机实现的，其输入为 100 个向量，为 CNN 层的输出层。中间层采用 64 个神经元，然后输出层为一个标量，表示模型对输入向量的打分结果。模型分别对 A 和 B 两个候选项进行特征提取和打分。在打分阶段这两部分权值是共享的(也就是镜像单元)。模型先对 A 打分，之后再对 B 打分，然后再计算它们之间的差值，即误差，并运用反向传播方式修改权重 w，从而训练模型。由于语料库的数量不大，模型可以采用式(7-15)的方式逐个样本反传计算更新。

语料库共有 1 300 条语料，都已经做了预处理。我们可以将语料分为 5 个集合(S_i)，实行五折交叉验证。每折有 260 条语料，共 52 个查询。分配形式如表 7-1 所示。

表 7-1   五折交叉验证表

分区	训练集	验证集	测试集
Fold1	S_1，S_2，S_3	S_4	S_5
Fold2	S_2，S_3，S_4	S_5	S_1
Fold3	S_3，S_4，S_5	S_1	S_2
Fold4	S_4，S_5，S_1	S_2	S_3
Fold5	S_5，S_1，S_2	S_3	S_4

采用交叉验证的方式训练语料是为了减少模型的过拟合现象，使模型训练精度和泛化性获得很好的平衡。除此之外，也采用了 70% 和 30% 的语料分割，前者为训练集，后者为测试集。后期，我们还可以扩大语料，用 60% 训练集、20% 验证集、30% 测试集的比例分割。这种处理的目的是更好地调试模型参数。

7.2.3.4   评价方式

机器学习排序通用的模型评价主要有以下几种：

1) 平均精度均值(MAP)

这是一个常规的用于检索模型的评价指标,是反映系统在全部相关文档上性能的单值指标,体现的是召回的相关文档和整个检索结果之间的关系。MAP主要考察两项指标:一次查询召回的相关文档数和相关文档在查询结果中的排位数。相关文档越靠前(排位越高),MAP 的值就越高。如果系统没有返回相关文档,则 MAP 的值为 0。移情优选排序中用来训练的候选项并不来自海量资料的检索,而是在排序之前就已经确定了候选项及数目,且基本上每个候选项都是相关的。所以,MAP 并不适合这里的评价。当然,我们这里是人为设置的语料属性,模型如果进一步放开,语料成分复杂了,这个评价指标也有一定的价值。

2) 平均倒数排名(MRR)

这是一个国际上通用的对搜索算法进行评价的方法。这种方法主要是取标签位置等级的倒数,然后把所有查询整体求和,再求平均,来评价系统的准确度。位置越靠前,倒数越大,最终结果值越高。例如现在有三个查询,如表 7 - 2 所示。

表 7 - 2 平均倒数排名评价表

查询	返回项	标签	等级	倒数等级
qid: 1	A, B, C	C	3	1/3
qid: 2	A, B, C	B	2	1/2
qid: 3	A, B, C	A	1	1

那么,这个系统的 MRR 值为 $(1/3+1/2+1)/3=11/18=0.61$。一般来说,当标签在返回的列表中越靠近前面,倒数值就越大,则 MRR 值也就越大,说明被评价的系统就越好。

3) 归一化折扣累积增益(NDCG)

这是目前最流行的评价信息检索质量的方法。这个名称的每个单词表示一个操作,可以看成是由后向前的扩展过程。我们可以观察内部不同部分和移情优选评价的关系。

累积增益 CG(cumulative gain)一般用于评价基于打分的个性推荐系统以及任何的排序环境。如推荐 k 个物品,我们可以通过式(7-21)获得这个推荐列表的 CG_k:

$$CG_k = \sum_{i=1}^{k} Rel_i \qquad (7-21)$$

Rel_i 表示第 i 个物品的相关性打分。例如一个查询下有 5 篇文章,它们的相关度 Rel_i 分值为 5、3、2、1、2,则系统可以得出这个列表的 CG_5:

$$\mathrm{CG}_5 = 5 + 3 + 2 + 1 + 2 = 13 \tag{7-22}$$

CG 方法不反映搜索结果的序列信息,主要通过对候选项得分情况的考察,得出某个搜索结果的整体质量。例如上面例子,如果我们调换不同数字的位置,并不影响总体的得分。显然,这种性质在移情优选上可以反映一组或者若干组候选项移情值的整体情况。对移情优选候选项的选择起到一定的评价作用。

折扣累积增益(discounted CG,DCG),就是根据候选项位置的不同而给予相应的得分折扣,越是靠前的候选项,位置等级数越小,折扣率就越小,相同打分下得分就高;越是靠后,位置等级数越大,折扣就越大,相同打分下得分就低。DCG 综合考虑了排序中最重要的两项:打分信息和位置信息。假如一个排序在候选项打分相同的条件下,DCG 得分越高说明排序越合理。其算式为

$$\mathrm{DCG}_k = \sum_{i=1}^{k} \frac{2^{\mathrm{Rel}_i} - 1}{\log_2(i+1)} \tag{7-23}$$

和式(7-21)相比,式(7-23)多了一个表示位置的分母。反映的是打分情况,打分越高,分子越大,总得分也会越高;分母反映的是位置信息,当位置越后,数字越大,总得分就会越低,反之就高。公式完美地将这两个因素统一了起来。例如还用上面例子里的 5 篇文章,将之带入式(7-23),得出了以下的计算结果:

$$\mathrm{DCG}_5 = \frac{2^5 - 1}{\log_2(1+1)} + \frac{2^3 - 1}{\log_2(2+1)} + \frac{2^2 - 1}{\log_2(3+1)} + \frac{2^1 - 1}{\log_2(4+1)} + \frac{2^2 - 1}{\log_2(5+1)}$$
$$= 31 + 4.4 + 1.5 + 0.4 + 1.2 = 38.5 \tag{7-24}$$

显然,从移情优选角度看,DCG 可以考察一组候选项之间排序的优化情况,排序越好,则 DCG 得分越高;一组候选项整体的移情程度高,得分也会变高。因而,DCG 可以衡量移情优选排序模型的质量高低。在我们建立的语料库中,查询的候选项数量是相等的,不存在不同查询之间候选项数量不相同的情况。但是,在实际的模型使用中会存在查询数量不相等的情况。在测试不同模型的效果时,由于查询数量之间的差异,相互之间也不具有比较性。为了统一这种差异,我们仍然采用通用的方式,将式(7-23)归一化。这样,就可以将不同的模型放到一起比较效果的差异了。这就是归一化折扣累积增益(normalized discounted cumulative gain,NDCG)方法。

NDCG 方法可以用来比较不同情况下的模型效果。其原理是在各自模型中的每个查询下创建一个可以用来比照的标准的折扣累积增益，或者叫理想的折扣累积增益（IDCG）。然后，用计算出来的折扣累积增益和理想的折扣累积增益之比来反映排序的质量。这样就避免了不同模型之间数据差异造成的影响。其一次查询的算式为

$$\mathrm{NDCG}_k = \frac{\mathrm{DCG}_k}{\mathrm{IDCG}_k} \qquad (7-25)$$

这里的 IDCG_k 是通过下式计算的：

$$\mathrm{IDCG}_k = \sum_{i=1}^{|REL|} \frac{2^{\mathrm{Rel}_i} - 1}{\log_2(i+1)} \qquad (7-26)$$

|REL| 表示取前 k 个文档按照相关性分数从大到小的顺序排序并计算总和。由此得出的 NDCG 分数是最高的，也就是理想的得分。

例如，现在一个查询下有 7 篇文章，它们的相关度 Rel_i 分值为 5、3、2、1、2、4、0。如果该系统只需要前面的 5 个选项，其计算值如式（7-24）的 38.5。但是，理想的折扣累积增益值是先将所有的候选项按降序排序，之后取前面值较大的 5 个作为参考计算值。计算式和式（7-22）一样。由于排序不同，其内部的 5 个候选项就不一样了，为 5、4、3、2、2。这样，其计算为

$$\mathrm{IDCG}_5 = \frac{2^5-1}{\log_2(1+1)} + \frac{2^4-1}{\log_2(2+1)} + \frac{2^3-1}{\log_2(3+1)} + \frac{2^2-1}{\log_2(4+1)} + \frac{2^2-1}{\log_2(5+1)}$$
$$= 31 + 9.5 + 3.5 + 1.3 + 1.2 = 46.5 \qquad (7-27)$$

然后，分别将这两个数值代入式（7-25）：

$$\mathrm{NDCG}_k = \frac{38.5}{46.5} = 0.827 \qquad (7-28)$$

这个得分就是对模型一次查询下的 NDCG 排序质量的测评。得分越高说明模型排序越好。最后，模型将若干次的查询得分相加再求平均，就得到了模型的整体 NDCG 得分，公式为

$$\mathrm{NDCG}(Q, k) = \frac{1}{|Q|} \sum_{j=1}^{Q} Z_{j,k} \sum_{i=1}^{k} \frac{2^{\mathrm{Rel}_i} - 1}{\log_2(i+1)} \qquad (7-29)$$

其中 Q 为所有查询的集合，k 为一次查询的数量，j 为单次查询，i 为查询返回文档的位置，$Z_{j,k}$ 为 DCG 的归一化因子，用于保证查询 j 最完美系统的

NDCG_k 得分是 1。$Z_{j,k}$ 可以改写为

$$Z_{j,k} = \frac{1}{\text{IDCG}_k} \qquad (7-30)$$

这里的 k 可以有两种理解：top-k 和 k。一般是作前面的理解，也就是在返回的候选项中，取前面的 k 个作为评价的参数。这是因为我们一般只关心返回值的前面几个，而很少关心处于列表后面的成分。当查询返回候选项的数量 $k' < k$ 时，以 k' 为准。

移情优选语料中，我们已经确定了每个查询下的候选项的数目，所以不需要采用 top-k 方式。理想的 IDCG_5 就是标签降序排序后的计算得分。模型将排序标签得分和输出得分相比，就获得了 NDCG_5 的分值。

NDCG 评估考虑到了文档在返回列表中的位置信息，越靠近前面的权重越大，反之则低。这种处理一定程度上解决了位置对候选项权重的影响。同时，NDCG 也考虑了文档打分对评估的影响，打分分值越高，最终的评估得分也就越高，反之就低。然而，这种评估并没有考虑到将文档打分和位置关联，以考察对后续候选项的影响。道理很简单，一个位置靠后的文档，能不能被关注到，与前面候选项的数量、打分都有关系。如果前面的候选项多，且得分也不低，则意味着该候选项获得的关注概率就较低。如果前面的候选项不是很多，但是得分都高，则该候选项被关注到的概率也会降低。

4）预期倒数排序（ERR）的级联模型

该评价指标是为了改进 NDCG 存在的不足。这个模型是一种概率模型，其设计是基于这样的常识：我们在看一列对象时，总是按由高到低的顺序浏览，一旦发现需要的对象，就会停止浏览。这样，即使后面的对象更为合适，也会被忽略掉。ERR 的本质是用户要求被满足时停止浏览的位置的倒数的期望。那么，首先需要知道停止位置 r 的概率 P_r，算式如下：

$$P_r = \prod_{i=1}^{r-1}(1-R_i)R_r \qquad (7-31)$$

式中，r 为位置，R_i 为关于位置 i 上的文档相关度等级打分 g_i 的函数，其计算公式为

$$R_i = R(g_i) = \frac{2^{g_i}-1}{2^{g_{\max}}}, \ g \in \{0, 1, \cdots, g_{\max}\} \qquad (7-32)$$

ERR 就是将一次查询下不同位置上的概率累加再求平均，得出一次查询下

的平均概率，用来衡量排序质量的好坏。因而，式(7-33)是将单一位置上的概率乘上位置的倒数，并将不同位置的概率累加求平均。算式为

$$\text{ERR} = \sum_{r=1}^{n} \frac{1}{r} \prod_{i=1}^{r-1} (1-R_i) R_r \tag{7-33}$$

式(7-33)中的连乘符号反映的是位置的联合概率分布，是一种级数，其展开公式为

$$\text{ERR} = R_1 + \frac{1}{2}(1-R_1)R_2 + \frac{1}{3}(1-R_1)(1-R_2)R_3 + \cdots +$$
$$\frac{1}{n}(1-R_1)(1-R_2)\cdots(1-R_{n-1})R_n \tag{7-34}$$

例如，现在有一个查询含有四个选项，其相关度打分由高到低为 3、2、3、1，可以得出 $g_{max} = 3$，根据式(7-32)先算出 R_i 的得分：

$$R_1 = 0.875$$
$$R_2 = 0.375$$
$$R_3 = 0.875$$
$$R_4 = 0.125$$

根据式(7-32)至式(7-34)，该次查询的得分为

$$\text{ERR} = 0.875 + 1/2 \times 0.125 \times 0.375 + 1/3 \times 0.125 \times 0.625 \times 0.875$$
$$+ 1/4 \times 0.125 \times 0.625 \times 0.125 \times 0.125 = 0.913\,391$$

如果将一次训练的总查询 K 的 ERR_i 得分累加再求平均，就得出了训练模型在当前状态下的 ERR 评估值。算式为

$$\text{ERR}_k = \frac{1}{K} \sum_{i}^{k} \text{ERR}_i \tag{7-35}$$

ERR_k 数值越大，说明模型的性能越好。从移情优选的排序模型训练来说，一次查询中候选项的得分越高，并且越靠前，则模型的性能越好。也就是说，一个性能优异的模型，仅仅通过查询生成出来的前几个候选项，就可以获得满意的信息。这显然是一个理想的移情优选模型。因而，该评估算法完全适合作为本模型的评价指标之一。

除了这里讨论的几种评估模型之外，我们还可以通过其他的评价指标进行评价，例如输出排序的准确率也可以评估模型的性能。

7.3 RankNet 算法的改进策略

7.3.1 LambdaRank 算法：梯度优化策略

前面分析了两种重要的评估方法：NDCG 和 ERR。这两种方法的共性是重视位置因素。候选项位置越靠前，权重越大，反之就小。这个属性对排序算法来说尤其重要，可以很好地弥补 RankNet 算法的缺点。但是，这两个算法均是不可导函数，存在着无法求导的问题，从而也就无法计算模型的梯度。尽管它们有着优异的性能，也无法加到模型中去。因而，我们需要找到一种将它们添加到模型中去的方法。LambdaRank 算法就是为实现这种想法而出现的。

之所以称为 LambdaRank 算法，是因为 RankNet 在进行小批量学习时，会将损失函数反向传播，并把求偏导的公式分解，获得 λ_{ij} 参数，并对之进行优化，从而改变了学习的迭代梯度，提高了 RankNet 算法的性能。获得优化的梯度称为 λ 梯度。其具体的技术手段就是在 λ_{ij} 参数中添加前面提到的评价指标 ΔZ。ΔZ 一般可以有很多种方法实现，如 ΔNDCG 和 ΔERR 等，其中最常见的是通过 ΔNDCG 实现。这里的 ΔNDCG 可以表示为

$$\Delta Z = \Delta \text{NDCG} = \mid \text{NDCG}_{ij} - \text{NDCG}_{ji} \mid \qquad (7-36)$$

式(7-36)表示的是将序对的 NDCG_{ij} 和序对中两个元素位置对调后获得的 NDCG_{ji} 之差的绝对值作为引入参数 ΔZ，添加到 λ_{ij} 参数中，表示为

$$\lambda_{ij} = \frac{\partial C(o_{ij})}{\partial(o_i)} = \frac{-\sigma}{1 + e^{\sigma(o_{ij})}} \mid \Delta \text{NDCG} \mid \qquad (7-37)$$

添加了 ΔNDCG 之后，累积梯度 δ_w 变化更为合理，使得排名高和相关性高的文档向前移动更快，也就是会加大梯度值，反之，使得梯度值更小，从而变化更慢。显然，移情优选排序的评估可以采用这种方式来提高模型的性能。

7.3.2 LambdaMart 算法：混合优化策略

LambdaMart 算法是 LambdaRank 算法使用 Mart 的版本，其中 λ 是 LambdaMart 算法求解过程中梯度计算的基础，表示 λ 对应的候选项在下一次迭代时移动的方向和强度。LambdaRank 算法又是在 RankNet 算法的基础上改进而来的。三者具有继承的关系。

LambdaMart 是两类不同算法的结合体，Mart 是一个框架，又称为 GBDT (gradient boosting decision tree)，其缺一个梯度，而 LambdaRank 里面含有一

个梯度,于是,将两者结合在一起,就形成了 LambdaMart。其与 LambdaRank 和 RankNet 的主要区别在于训练方式不同。LambdaRank 和 RankNet 是通过训练神经网络的方式,计算序对的误差,再反向传播通过梯度下降法,修改权重 w 以实现对模型的训练。这种方法实际上还是以典型的深度学习的神经网络为内核的算法。LambdaMart 和 LambdaRank 一样,也采用了相同的梯度参数 λ_{ij},并且也都引入了 DNCG 的优化算法。但是,与 LambdaRank 的神经网络的方式不同,LambdaMart 采用的是回归树+梯度增强(boosting)的方式。

Mart(GBDT)是将若干个弱决策树串联起来,使得单棵决策树效果增强的算法。它将串联中的每一棵决策树拟合的残差做累加,最后输出整个模型的结果。例如拟合一个人 50 岁的年龄,第一次输出结果为 30 岁,获得残差 20;第二次拟合 15 岁,获得残差为 5;第三次为 3 岁,获得残差 2 岁;第四次为 2 岁,获得残差为 0,得到了结果:30+15+3+2=50 岁。最后的真实值等于所有残差的累加。λ 实际上是一个具有特定意义的梯度值,所以它适合于所有可以用梯度下降法去优化的模型。如果我们将 λ 整合进 Mart 中,则得到了 LambdaMart。

由于 Mart 是一个框架,所以我们在实际使用时,既可以用半成品模型,也可以用未经训练的模型。LambdaMart 的具体框架如图 7-6 所示。

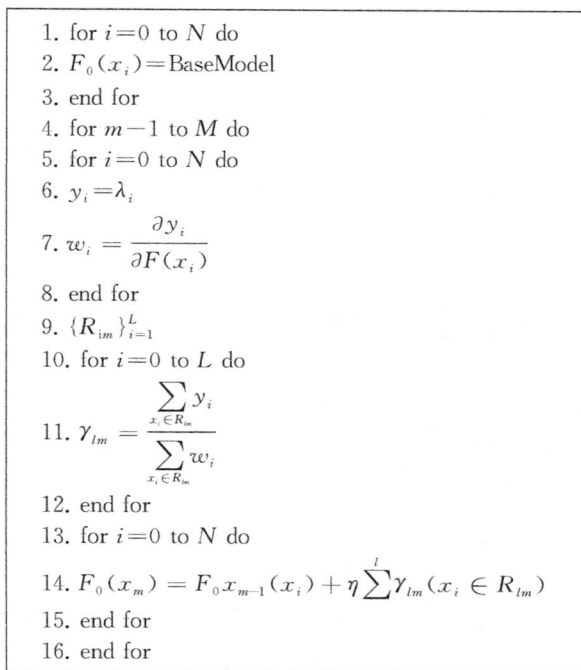

1. for $i=0$ to N do
2. $F_0(x_i)=$BaseModel
3. end for
4. for $m-1$ to M do
5. for $i=0$ to N do
6. $y_i=\lambda_i$
7. $w_i=\dfrac{\partial y_i}{\partial F(x_i)}$
8. end for
9. $\{R_{im}\}_{i=1}^{L}$
10. for $i=0$ to L do
11. $\gamma_{lm}=\dfrac{\sum\limits_{x_i\in R_{im}}y_i}{\sum\limits_{x_i\in R_{im}}w_i}$
12. end for
13. for $i=0$ to N do
14. $F_0(x_m)=F_0 x_{m-1}(x_i)+\eta\sum\limits^{l}\gamma_{lm}(x_i\in R_{lm})$
15. end for
16. end for

图 7-6　LambdaMart 框架图

如图 7-6 所示,该算法主要分为五步:

第一步,算法(1～3)为初始化基本模型 $F_0(x_i)$。

第二步,算法(4～8)计算 λ_i 和梯度(导数) w_i,计算式(式 7-19 转引)为

$$\lambda_i = \sum_{(i,j) \in I} \lambda_{ij} - \sum_{(j,i) \in I} \lambda_{ij} \qquad (7-38)$$

$$w_i = \frac{\partial y_i}{\partial F(x_i)} \qquad (7-39)$$

第三步,算法(9)创建回归树 $\{R_{im}\}_{i=1}^L$。

第四步,算法(10～12)计算每个叶子节点中所有文档的数值,并计算该叶子节点的输出,为

$$\gamma_{lm} = \frac{\sum\limits_{x_i \in R_{lm}} y_i}{\sum\limits_{x_i \in R_{lm}} w_i} \qquad (7-40)$$

第五步,算法(13～16)更新模型,将当前学习到的回归树加入已有的模型中,用学习率 η 调整训练的速度。计算式为

$$F_0(x_m) = F_0 x_{m-1}(x_i) + \eta \sum_{l \gamma_{lm}} (x_i \in R_{lm}) \qquad (7-41)$$

LambdaMart 优点很明显,例如,直接求解排序,不必通过分类或者回归的方法获得;可以将 NDCG 或 ERR 等不可求导的 IR 评估算法加进损失函数中直接求导;可以在已有模型的基础上继续进行训练;对正例和负例的数量比例不敏感;等等。这种模型框架也可以运用到移情优选的处理上。

7.4　特征提取层的主要方式

在神经网络计算中,目前使用比较多的就是多层感知机、有限支持向量机、卷积神经网络(CNN)、循环神经网络(RNN)和长短时记忆神经网络(LSTM)。随着深度学习技术的发展,基于深度学习算法的 CNN 模型和 LSTM 模型因其稳定性、成熟性和良好的效果,越来越受到人们的重视。目前,在 NLP 的深度学习网络中,提取句子特征一般就是采用这两种方法。它们各有优劣,主要看适用的场合。所以,我们在选择模型时,实际上需要验证才可以知道究竟哪种模型更为科学。移情优选模型中关于话语的移情特征的提取,也交替采用这两种模型,在其他参数不变的情况下,考察两者的交替对模型结果的影响。最终,选择效果

好的作为模型的定型选择。另外，将这两种模型与感知机之间的对比，作为测试它们效果的基准参数。

神经网络模型的运算是整体运作的，我们并不能搞清楚内部究竟发生了什么变化，很多情况下都是凭经验，仅仅可以观察输入和结果。当然，运算的参数是可以控制的。当网络出现问题时，我们并不清楚是哪个参数在起作用，因而只得采用试错的方式进行改进。这也是神经网络模型调试困难的原因。现在有很多优化神经网络模型的方法，理论上讲，都带有盲目的性质，但是优化方法本身的机制是明确的。根据经验，神经网络模型的好坏与特征提取的关系特别大，不同的特征提取方法产生的最终效果可能有较大的差异。特征提取本质上就是文本向量化，提取的方法就是向量化的方法。所以，归根结底，向量化的好坏直接影响到文本处理效果的好坏。

7.4.1　CNN 模型的特征提取

目前 NPL 领域还未见单独从移情角度建模的文献。现有的与这方面处理相关的模型主要是文本分类模型、文本排序模型、文本情感分析模型以及模型优化的注意力机制等。简言之，处理话语中的移情现象是对自然语言处理领域诸多理论的综合运用。这是由话语中移情现象的复杂性和特殊性决定的。

总体看，一句或一段话的移情值高低由两方面决定。

1）外部环境

从组合上看，话语的上下文环境会制约话语的移情值高低，这是部分服从整体的效应。有时候，环境甚至可以造成话语移情值极性的逆转，即从话语本身看是高移情值的，但在所处的整体环境中理解恰恰是低移情值的。这部分的讨论非常复杂，涉及语境的建模，不在本书的讨论范围之内。

从聚合上看，话语移情值的高低并不由自身决定，而是由与之对立的选项反映出来的。因而，单独的一句话或一段话本质上是无所谓移情值高低的。这点和情感不同，情感是话语本身语义的一部分，因而是可以独立评价的。之所以我们一般觉得某个话语有高移情值，是因为我们在认知处理上默认或者构建了对比项，只是这个对比项是隐性的而已。当然这种对比项也分为社会和个人心理的区别。社会的对比项是大家普遍心理上遵循的一种对立，不需要解释；个人的对比项是因人而异的，应某个环境临时匹配起来。这两种现象在我们的日常话语中被频繁使用。理论上，我们说出的任何一句话都会自觉或不自觉地考虑到移情因素，因而也总是和移情心理联系在一起，带有一定的移情值，只是我们已经将这种话语策略缺省化了而已。从这个方面看，目前和移情值大小排序相关的查询和推荐的排序模型以及情感处理模型都不适合处理移情级差现象。

2）内部环境

无论是一句话或者一段话，涉及移情值高低的除了外部因素之外，内部的结构特征、承载特殊移情义的特征词以及特征词在句子中的位置等因素都会造成话语移情值大小的变化。有的句子移情值高是句法的特征赋予的，有的是特征词对话语整体的投射，也有的是词和词组合或者词和特征词组合产生了移情特征。这当中既有规律的部分，也有不规则的局部因素。因而，句内移情特征很难归纳出规整的原则或制约条件。从这个角度看，话语移情特征的提取和分类也是机器学习的一个难点。

根据移情在语言中的分布和表现方式，人工特征归纳一般是很困难的，即使可以处理，也非常的庞杂。整体性的特征还好处理，一些细节性的特征就不容易归纳。因为很多局部位置的特征可能在一个环境下有移情特征，换个环境就没有了。这与特征词本身没有关系，而是句法环境制约的结果。所以，我们在考察局部特征时，还得结合具体环境。整体和局部很多时候都是不清晰的。另外，从跨语言类型学角度看，这种局部性的特征，包括特征词，不容易找到语言的共性。有的特征可能在不同语言中都存在，但是存在方式差异较大，不容易归纳出制约条件。这些因素都为特征的归纳带来困难。

神经网络模型中的特征自动提取显然具有较大的优势。不同神经网络提取特征的方式有差异，但大多数情况下都可以满足分类和预测的任务。只是，不同神经网络可能在最终结果的精度上会有一些差异，从而相对地表现出了网络在完成特定任务上的优劣。

卷积神经网络模型采用局部视野和权值共享机制，通过多层次的提取，理论上既可以提取局部的细节特征，也可以提取相对整体的特征。而且，该网络一次提取仅仅关注一个特征，最终将不同关注的特征整合为一个整体的向量，从而实现从局部信息的聚合到整体信息的整合，从而对输入实现整体的信息提取。从语言自身看，话语的移情特征大多数都是局部性的，例如特征词、特征性结构等。因而，CNN 结构应该可以提取移情特征。至于环境和历史性特征可以通过其他方法整合进模型中。

7.4.2　CNN 模型的框架

由于构建话语移情序表的语料工作难度和制作标签的难度都较大，受课题研究时间的影响，目前基本上无法完成任务。所以，我们打算先从简单的研究做起，尝试构建一个简单的排序模型。

卷积网络最早是被用来处理视觉图像的,可以说该模型的出现是深度学习发展史上的里程碑。后来被用于 NLP 领域,也取得了不错的效果,说明该模型结构具有较广的适应性。可以说,所有涉及深度学习的任务设计,在特征提取上首选是 CNN 模型。Yoon Kim 提出了一个典型的 CNN 模型,用于句子分类。

卷积网络对话语中词语的位置很敏感,能够有效提取这类信息。一句话中相同的词语放在不同的位置上往往表达的意义相差很大。这在注重语序的语言中体现得特别明显,尤其是汉语。例如"张三打了李四"和"李四打了张三"意义就恰好相反。如果提取不到这种位置的特征,机器就很难区别这两句话。卷积网络由于关注某个特征在句子中的位置,因此可以很好解决这类问题。也就是说,卷积网络侧重于关注局部凸显部分,而过滤掉一个整体中大量不明显的特征,因而可以极大地降低模型的参数,提高模型的计算能力和效率。这是其他模型所无法比及的优势。总体来看,该模型具有三个方面的典型特征:

(1) 局部连接。又叫局部感知,一次只感知对象的一个部分,而不是整体,这种思想最早可以追溯到 20 世纪 60 年代,Hubel 和 Wiesel 在研究猫脑皮层神经元网络时,发现了感知刺激的局部性和方向性可以有效降低神经网络反馈信息传递的复杂性,进而提出了卷积神经网络的概念。局部感知使得每个神经元不再和上一层的所有神经元相连,而只和一小部分神经元相连。这样就极大地减少了网络参数。

(2) 权值共享。这是 CNN 网络的核心特点之一。即一个卷积核中的权值参数施加于整个对象,在用卷积核提取特征时卷积核内的参数是不变的。这样处理的最大特点就是一个卷积核仅仅获得对象一个或有限几个相关特征的分布。网络通过大量卷积核的使用,可以同时提取对象中的大量特征。最后再将这些特征整合就获得了对象的特征集。权值共享大大简化了网络的复杂性。

(3) 下采样。又叫时间或空间亚采样、池化(pooling)、特征融合等,可以将之看成是特征的进一步抽象。一个网络通过多次的卷积和池化之后,特征高度抽象,参数极度减少,从而使得网络高度精简高效,模型鲁棒性提升。下采样一般采用两种方式:最大池化和平均池化。最大池化就是将一次卷积后形成的特征向量中数值最大的作为输出,平均池化是将一次卷积后形成的特征向量中的所有数值求平均作为输出。这两种处理方式根据具体的任务选择。

可以看出,上面的三个特征实际上都是降低神经网络模型复杂性的优化策略。通过这些优化,CNN 网络在网络参数、计算效率以及可移植性等方面都获得了极大的提高,被认为是神经网络发展上的标志。标准的卷积神经网络文本处理的整体结构如图 7－7 所示。

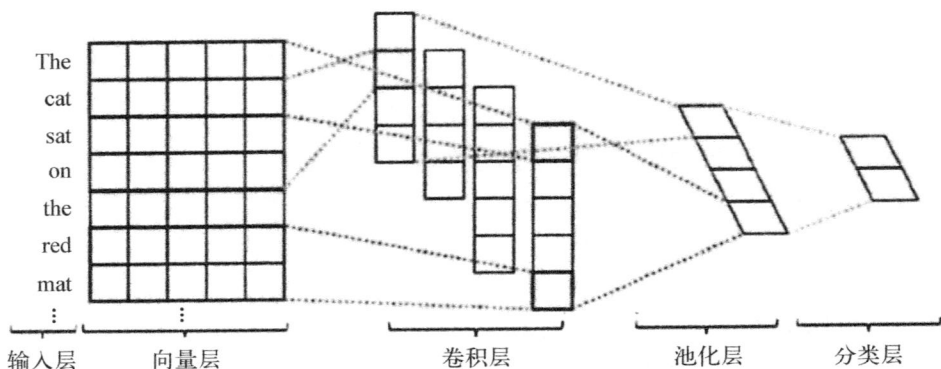

图 7－7 　卷积神经网络文本处理模型①

　　图 7－7 总共有五个部分:输入层、向量层、卷积层、池化层和分类层。除去头尾,卷积部分由中间的两层组成,即卷积层和池化层。模型首先接收话语的输入,然后将词语转换成向量,接着对向量进行卷积和池化操作,最后进行全连接操作,送入分类层进行分类。本书在输入层对向量进行了注意力机制的操作,然后再进入卷积层,其整体结构如图 7－8 所示。

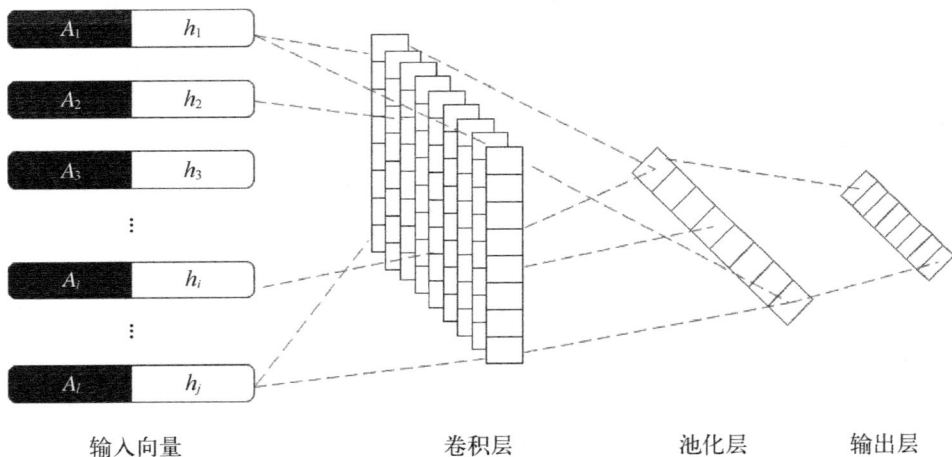

图 7－8 　基于注意力机制的卷积神经网络文本处理模型

---

① 　图片来自百度网络图片。

图 7 - 8 的前面部分是带注意力机制的词向量处理。通过计算,我们可以得到向量矩阵 E,作为模型卷积层的输入。再通过后面的卷积和池化操作,模型就获得了话语的移情输出。接下来分别介绍模型的几个模块。

7.4.2.1　输入层

输入层,主要是对训练语料进行预处理。本研究对象比较特殊,语料库完全由自己构建。我们在构建语料时已经除去了不规范字或者不常用的字,即停用词,对话语的长度也进行了限制。为了控制复杂性,检验模型设计思路的效果,我们将模型控制在很小状态。一个查询下仅仅设置了五个候选项,训练时一次喂给模型两个候选项。

模型首先将语料的文档与通用的一些资料合在一起,构建一个 10 000 个词的词典。未录入词编码随机初始化。其目的是让模型输入的话语转换成机器可以识别的 One-Hot 编码。我们有一个共识,事先通过大量语料预训练出来的词向量包含了更加丰富的语义信息,能够提供给分类器更多的分类信息,从而有效提高分类器的分类精度。因此,本书使用 word2vec 工具的 Skip-Gram 算法来预训练词库中的词向量(word embedding),实现对词库编码的稠密向量转化,形成一个可供查询的词向量库。这样,当模型输入一个样本时,首先调取词库中的词向量,实现向量转化,然后将句子变成一个词向量的矩阵,一般称为句子的向量表示。

所有的训练样本集合为 D,一个样本为 $d_{i,j}$,表示喂给模型的一个输入,i 为训练样本集合中的第 i 个样本对,j 为第 i 个样本的输入序号,取值为 $\{0, 1\}$,表示样本同时向模型输入两个对应的话语,供模型训练,以确定两者之间的偏序关系。一个 $d_{i,j}$ 可以由 n 个分句组成,表示为 $d_{i,j}=\{s_1, s_2, \cdots, s_n\}$;每个句子由 m 个单词组成,则 $s_i=\{w_{i1}, w_{i2}, \cdots, w_{im}\}$。如果词向量长度为 k,那么,一个话语的矩阵大小为 $n*m*k$。这里的 n 或 m 并不要求等长,输入模型中的话语等长是整体通过补零(pading)或者截断(truncation)调整的,而不是在内部调整。但是,这里采用训练集中最长样本的词数,其他不够的就补零,表示为 $n*m=l$,则一个输入样本 $d_{i,j}$ 的样本空间为 $l*k$。l 为词的长度,k 为词的维度。这就完成了样本输入的规范处理。

7.4.2.2　注意力机制层

特征提取是神经网络模型设计中最重要、最复杂、最多样的部分。学者们根据不同的具体任务总是会设计出不同的组合模型。从自然语言处理领域看,绝大多数的内核都是基于卷积网络或者循环网络,或者两者的拼合。拼合的方式主要有堆栈式和平行连接式。

机器学习中的注意力机制灵感来源于人类视觉的注意力机制，Google mind 团队的 Mnih V、Heess N、Graves A 等成功地将之用于图像分类，从而使该理论获得了广泛的关注。Bahdanau D、Cho K、Bengio Y 最早将该理论用于机器翻译中的向量对齐。后来，该理论扩展到了其他的 NLP 任务中。该方法本身也因任务的不同而获得了多方面的改进和优化。NLP 中大多数采用的是自注意力机制，本质上就是对某个词语上下文环境的加权求和。由于自注意力机制具有靶标特性，现在的自然语言处理模型大多数会使用其来优化话语的语义特征提取，提高模型的效率。

相对而言，注意力机制的使用比较自由，它可以加在模型的不同层次上。在卷积网络中，它可以插在模型的输入层，如 Zhiwei Zhao、Youzheng Wu 和郭宝震等将注意力机制放在输入层和卷积层之间，并且采用注意力向量和词语向量对应连接的形式作为卷积层的输入，用来处理句子的分类任务，其理念就是使得用来卷积的每个词语向量包含了局部和整体的较宽的语义信息。注意力机制也可以插在模型的输出阶段，如蓝雯飞等在 Kim Y 模型的基础上，单独设计了一个注意力机制模块，并将模块的输出和卷积模型的输入连接，经过全连接层的整合，输出中文新闻文本的分类。注意力机制也可以插在模型的中间阶段，如蓝雯飞等将这个模块放在 LSTM 特征提取之后，对 LSTM 的输出做注意力加权后输入全连接层，获得中文新闻文本的分类。

本书的模型采用 Zhiwei Zhao 和郭宝震等的方案，将注意力机制放在输入层和卷积层之间，将注意力向量和词语向量对应连接的形式作为卷积层的输入，如图 7-9 所示。

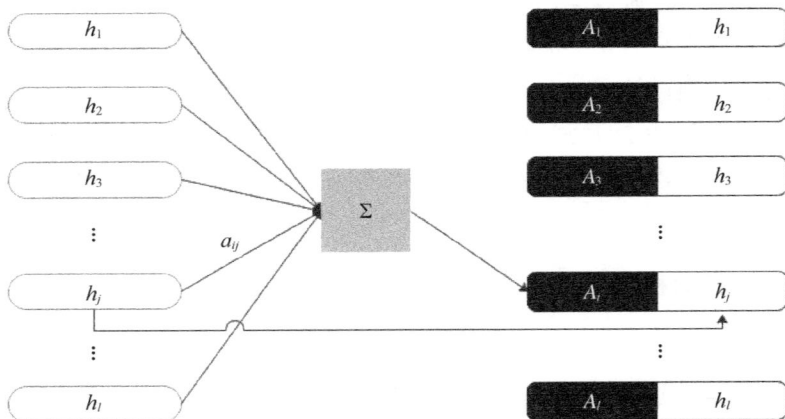

图 7-9　词向量注意力机制结构

图 7-9 中,左边的 h_j 表示的是第 j 个词的词向量,$h_j \in R^k (1 \leqslant j \leqslant l)$,整个竖栏是词向量的向量,长度为 l,构成了一个大小为 $l*k$ 的二维矩阵。左边的向量矩阵和中间的 Σ 加和符号之间连线的权重为 a_{ij},表示上下文各个元素对 h_j 的注意力分配大小。这可以通过归一函数获得:

$$a_{ij} = \frac{\exp(\text{score}(h_i, h_j))}{\sum\limits_{j'=1}^{l} \exp(\text{score}(h_i, h_j'))} \tag{7-42}$$

式(7-42)表示的是一个注意焦点词语上下文的权重分布,当中的 a_{ij} 满足

$$a_{ij} \geqslant 0, \sum\limits_{j=1}^{l} a_{ij} = 1 \tag{7-43}$$

式(7-43)中的打分函数 $\text{score}(x, y)$ 表示向量 $\boldsymbol{x}$ 和 $\boldsymbol{y}$ 之间的相关性,有的文献中称为相似性。这两种叫法都是指两者之间的靠近程度。具体计算相关性的方法也有多种,例如可以通过余弦夹角和欧氏距离计算,大多数是直接通过感知机计算,公式为

$$\text{score}(h_i, h_j) = \boldsymbol{v}_a^{\text{T}} \tanh(\boldsymbol{w}_a [h_i \oplus h_j]) \tag{7-44}$$

式(7-44)中的 $\boldsymbol{v}_a$ 和 $\boldsymbol{w}_a$ 都是感知机的权重矩阵,通过误差反向传播学习到最终的参数。语言的线性传递都存在一个信息衰减问题,为了降低远距离上下文信息的衰减,Zhiwei Zhao 等在式(7-44)中加入了一个衰减系数(惩罚项),用来调整距离和信息强度之间的关系,表示为

$$\text{score}(h_i, h_j) = (1-\lambda)^u \cdot \boldsymbol{v}_a^{\text{T}} \tanh(\boldsymbol{w}_a [h_i \oplus h_j]) \tag{7-45}$$

式(7-45)前面指数项就是系数,当中的参数 $\lambda \in [0, 1)$ 是衰减因子,用来惩罚得分函数 $\text{score}(x, y)$ 的结果,降低因句子长度增加而出现的噪声信息的干扰。如果将式(7-44)代入式(7-45),系数的作用会显示更明显,实际上就是调整得分函数大小,即

$$\text{score}(h_i, h_j) = (1-\lambda)^u \cdot \text{score}(h_i, h_j) \tag{7-46}$$

系数中的参数 $u \geqslant 0$,展开为 $u = |j-i|-1$,该参数是词语之间的相对位置,反映了上下文和注意焦点成分之间的距离。距离越远,u 越大,反之就小。当 u 确定时,λ 的大小反映了得分函数对语境的依赖度,λ 越小表示函数得分涉及范围越宽(即越宽的范围越具有可信度),反之涉及的范围就越窄(即越近的范围越具有可信度)。

当模型获得了长度为 l 的注意力权重向量 a 的概率分布之后,将之加权到矩阵 $l * k$ 并求和,就可以获得注意力向量 A_i,公式为

$$A_i = \sum_{j=1,\, j \neq i}^{l} (a_i,\, h_j) \qquad\qquad (7-47)$$

最后,将两个向量连接,就获得了基于注意力的向量表示:

$$e_i = A_i \oplus h_i \qquad\qquad (7-48)$$

如果分别计算话语 d_{ij} 中所有词语的上下文注意力概率分布,求加权和,并将结果转化成向量,我们可以得到下面的公式:

$$E = A \oplus H \qquad\qquad (7-49)$$

这里,$H = \{h_1, h_2, \cdots, h_{l-1}, h_l\}$ 为模型输入的嵌入向量;$A = \{A_1, A_2, \cdots, A_{l-1}, A_l\}$ 为模型对嵌入向量做注意力加权后获得的注意力向量;$E = \{e_1, e_2, \cdots, e_{l-1}, e_l\}$ 为注意力向量和嵌入向量的连接向量。向量 E 用作卷积层的输入。

自然语言处理的显著难点是长序列特征的提取问题。不管是卷积网络、循环网络还是改进后号称可以解决长距离依赖问题的 LSTM 网络,在处理话语序列时,都会存在信息衰减和丢失的问题。这个难题目前还没有更好的模型可以利用。注意力机制的引入实际上是对已有模型特征提取的改进,在一个长距离的序列中有选择性地集中于有限的几个作用力较大的选项上,可以有效地降低记忆和运算的成本,抑制噪声,从而提高获取信息的能力。另外,自注意力机制的逐个计算模式可以有效捕获同一个句子或者相邻的几个句子构成的语段中词语之间的句法和语义的关联特征,特别是指代和照应等话语特征。目前主流的几个神经网络模型很难高效提取这些特征。

移情研究选择卷积网络作为模型核心。卷积网络在话语局部特征的提取上具有显著的优势,而话语尤其是语段的长距离关联特征就很难提取到。这种侧重于话语不同部位词语之间关联的全局特征提取模式恰好可以弥补卷积网络全局性的不足,从而使得模型具有了兼顾整体和部分的能力。

7.4.2.3　卷积层

卷积层(convolutional layer)是卷积网络的核心。卷积神经网络通过在网络卷积层中设置一定数量的卷积核提取特定的特征,并组合成特征向量,提供给下级池化层,从而完成特征的提取。第一层的卷积接受式(7-49)获得的向量矩

阵 E 作为输入。卷积层设置大量的不同规格的卷积核对向量矩阵 E 做多次特征提取。文本是一个二维矩阵,当中的词向量要作整体提取。所以,卷积核的维度以词向量 K 作为卷积核的宽度,根据需要设置卷积核的长度 R,从而形成卷积核的维度为 $R*K$。卷积核当中的一个像素代表一个权重 w_i,整个卷积核由一个权重的矩阵 W 和偏置项 b 构成。其计算式为

$$h = f(w \cdot e + b) \tag{7-50}$$

其中 e 表示卷积核的局部感受野,W 为权重矩阵,b 为偏置,f 为非线性激活函数。一个卷积核通过权值共享,完整扫描话语向量矩阵 E,获得话语某个方面的特征。一般来说,一个样本的输入需要通过大量的具有不同参数的卷积核提取文本的不同特征,才可以达到满意的效果。例如,我们可以采用 R 个类别的大小不同的卷积核,每个类别有 U 个,则一次完整卷积为 $R*U$ 个卷积核。每一个卷积核对话语进行卷积,获得一个话语特征向量 H_i。由于卷积核大小的不同,获得的向量长度也会有差异。其计算式为

$$H_i^l = \frac{d_{ij} - F + 2P}{S} + 1 \tag{7-51}$$

式(7-51)中的 H_i^l 为第 i 个隐藏层的向量长度(卷积后的向量长度);d_{ij} 为输入话语词语的长度;F 为卷积核的长度;P 为补零的圈数,如果它的值是 1,那么就补 1 圈 0;S 是步幅,也就是每次卷积核滑动的位数,值为 1 就代表每次滑动 1 个词,2 就是 2 个词,以此类推,上限就是不得大于卷积核的窗口长度。例如,句子长度为 50,卷积核长度为 4,补零为 0,步幅为 2,则

$$H_i^l = \frac{50 - 4 + 0}{2} + 1 = 24 \tag{7-52}$$

该公式表示卷积后获得一个长度为 24 的向量。

7.4.2.4　池化层

从模型的操作角度看,卷积操作后,模型不仅没有变简单,反而更为复杂了。因为这里有卷积核对话语的多个并向操作,使得产生大量的反映话语不同特征的向量结构。池化层就是对这种复杂的特征图进行降维处理,使得模型的神经元和参数极度减少。从原理上看,池化层和卷积层类似,都有用来感知局部的感受核。池化层也叫池化核。实际上,这两种核相当于 Hubel-Wiesel 模型中感受野的细胞分类。卷积核类似于简单细胞,池化层类似于复杂细胞。复杂细胞通

常倾向于选择响应刺激模式更为复杂的特征,而且感受的范围更大,对位置不敏感。周飞燕、金林鹏和董军,认为池化层有几个重要方面:

第一,在自然语言处理的 CNN 中,池化核在对卷积层进行池化时可以是局部池化,也可以全局池化。局部池化是通过池化核在卷积层输出向量上滑动,提取局部特征,其作用机制和卷积核一致。不同的是,卷积都是对话语向量矩阵进行操作,而池化是在不同的特征面上单独进行的。每一个特征面反映一种特征。通过池化操作,剔除了一些特征不明显的神经元,保留了比较显著的神经元,从而使模型获得精简。这种操作可以按照一定的规则和卷积核交替反复进行,使得模型获得越来越抽象的特征。

全局池化就是不使用池化核,或者说池化核和输入向量一样大,使得池化一次性完成,从而获得想要的数值,如图 7 - 10 所示。

这种池化方式比较简单,一般在结构简单的模型上使用,是部分池化的特殊形式。所有的模型最终都会全局池化,将特征向量转化成数值。其作用是将句子正则化,如果模型同时处理多个句子的话,可以将不同长度的句子转化为一致长度的特征向量,供后面的连接层接收。

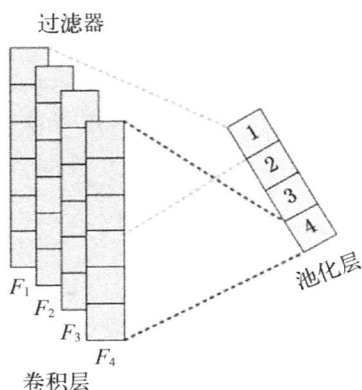

图 7 - 10　全局池化方式

第二,池化的本质就是对特征的再次提取。提取方法有很多种,最为常见的就是最大池化(max-pooling)和平均池化(mean-pooling)。最大池化就是选取池化核感受野中最大的数值作为输出特征;平均池化就是将局部感受野中所有的数值加和求平均,作为一个感受野的输出特征。Boureau 等详细分析了这两种池化的不同,认为最大池化特别适用于非常稀疏的特征,而运用局部感受野中的所有特征构建池化也不是好的策略。但是,平均池化往往能保留局部数据的整体特征,能反映某种背景信息;最大池化则更多反映纹理上的特征,侧重于细节,因此两者各有特点。除此之外,还有随机池化、混合池化、空间金字塔池化和频谱池化等方法。

NLP 中,最常使用的是最大池化,其最大优点是可以有效防止过拟合的问题,调整输出长度。最大问题就是摒弃了特征的位置信息,而这种信息在话语中恰恰是很重要的。一个重要的命名实体出现在句子的主语位置和宾语位置对整个句子意义表达的影响是很大的。这会带来一系列分类的问题。另外,在一句

话或一段话中,有时一个特征可能不
止在一处出现,这种只取一个值的做
法,无疑会将一些重要的信息丢失,例
如句内照应或者句外短距离照应等。
为此,学者们就发展出了一些改进模
型,主要有以下两种:

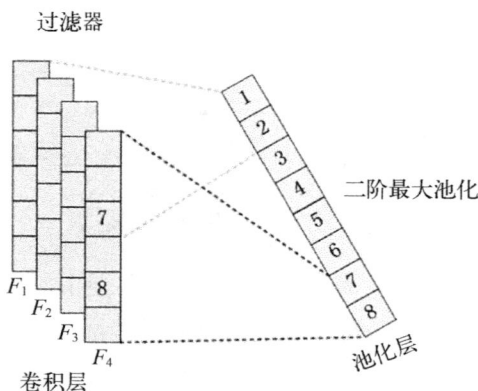

图 7-11　K 阶最大池化方式

① K 阶最大池化(K-max Pooling)。
这种模型将原来只可以取最大数值作
为输出,扩展为将从大到小排序的前
面 K(top-K)个数值同时输出,并保
留这些数值的次序不变,如图 7-11
所示。

在图 7-11 中,每个池化核从卷积输出层的每个特征面获取两个最大的数
值作为输出,且保留这两个数值的相对顺序,并且将所有的二维数值转置连接,
形成了池化层的输出层。显然,K 阶最大池化可以有限地表达同一类特征出现
多次的情形,即可以表达某类特征在话语中的强度,且部分保留了特征的位置信
息,但这种位置信息只反映相对顺序,而非位置点。显然,这种池化方式颗粒度
过粗。

② 块最大池化(chunk-max pooling)。和 K 阶最大池化的整体提取特征不
同,块最大池化首先将卷积输出向量划分为若干个块,然后在每个块中取最大
值,再按照顺序将获得的数值组成向量。这样,池化核不仅可以提取显著的特
征,而且在一定程度上保留了特征的位置信息。这比仅仅可以保留顺序的 K 阶
最大池化要细致得多。显然,对于自然语言处理来说,这种块最大池化的方式,
可以有效提高模型的效率。

第三,池化核局部感知方式分为重叠池化和不重叠池化。区分依据是局部
感受野每次滑动时是否存在交叉部分,存在就是重叠,不存在就不重叠。
Krizhevsky 等采用 K 阶最大池化进行对比试验,结果是重叠比不重叠在 top-1
和 top-5 两个参数上的错误率分别下降了 0.4% 和 0.3%。因而,重叠池化相对
而言泛化力更强,不易过拟合。

7.4.2.5　全连接层和输出层

全连接层接收池化层输出的向量,然后按照设计的全连接层数由前到后将
相邻两层的神经元全部连接起来,最后输出到输出层,由 softmax 函数将之归一

化后输出给不同的类别,表示属于各个类别的概率。RankNet 模型输出分为三类,即{+1, 0,−1},表示如果存在两个句子 A 和 B,它们之间的序关系:$A > B$,则输出+1,$A < B$,则输出−1,$A = B$,则输出 0。如果标签是+1,而输出不是,则通过误差反传修正权重,经过多轮学习,最终输出正确的类别。

7.4.3 LSTM 模型的特征提取

移情优选神经网络模型主要由两个子模型构成,前面的部分为特征提取层,后面的为排序层。前面我们已经介绍了,可以用 CNN 模型提取话语的特征,最终获得一个句子的特征向量,作为后面排序子模型的输入。CNN 的优点很多,能够多方面、多层次地获取话语的数字特征,模型本身共享卷积核,一次扫描仅仅提取一个方面的特征,扫描次数越多,对象特征的提取维度越多,特征提取的密度也越大,后续的分类等任务的效果也越好,对高维数据处理无压力。但是,当网络层次太深时,采用 BP 传播修改参数会使靠近输入层的参数改动较慢,也就是说存在梯度值衰减的问题,层数越多,衰减越多,训练就会越慢,因为一次训练的更新量较少。采用梯度下降算法时,CNN 模型很容易使训练结果收敛于局部最小值而非全局最小值,从而使得模型训练并没有达到想要的最佳值。池化层中,不管是最大池化,还是平均池化,都会丢失大量有价值的信息,因为一些并非最大的数据特征也会起作用。神经网络模型是整体运行的装置,内部的运行是自动的,不需要人工参与,当我们设定好参数之后,给定输入,就会有特定的输出。所以说,特征提取模型是整体封装的,类似于我们常说的黑匣子。这为后期的网络性能改进和调整带来了困难。另外,在处理具有时间延续关系的系列输入时,CNN 仅考虑当前输入,不能够获得位置跨度较大的不同单位之间的照应关系。因此,CNN 模型在提取话语的特征时,是不能够提取到语境的含义的,需要采用其他的手段补充。

在这种情况下,RNN 模型似乎要好于 CNN 模型。但是这种模型有一个致命问题,就是在误差反传时,存在梯度消失和梯度爆炸问题。为了解决这个问题,后来提出了 LSTM 模型,作为 RNN 的改进版本。LSTM 模型在提取话语的特征时,不仅仅可以提取句子本身的特征,还会融合前面话语的部分特征。句子内部成分之间的照应关系也会被提取,也就是可以从句子整体上考虑话语的特征。这是 CNN 模型不具备的,但是也不能说这种模型一定好于 CNN,因为,CNN 模型在权值共享、局部视野、提取话语的局部显著特征方面要明显优于 LSTM 模型。而且,CNN 模型在提取特征时,是二维的提取,而 LSTM 仅仅是一维的。所以说,这两者各有优缺点。

从神经网络模型看,移情优选的话语特征提取和一般性的话语特征提取没有本质上的不同。也就是说,它们提取的内核基本上是相同的。所不同的是,一般性的句子提取,仅仅提取句子本身的特征,移情优选不仅仅需要提取句子本身的特征,还得考虑到话语出现的环境因素,最终将环境因素和话语本身相结合,将分数最高的作为在特定环境下最合适的话语输出。如何将环境因素加到特征的提取上,是移情优选面临的主要问题。LSTM 在话语流中,可以捕捉到并保存一部分的上文语境含义,从而对句向量的构建产生一定的影响,这是 CNN 不具备的。但是,仅仅靠这种语流信息的保持显然不够,因为文本语境仅仅是语境中的一个部分。因而,从情景语境角度讲,CNN 和 LSTM 并没有本质上的差异。

7.4.4　LSTM 模型的框架

LSTM 最早是由 Hochreiter 和 Schmidhuber 两位科学家提出的。LSTM 模型的思路比较简单,只是将 RNN 网络中的一个隐藏层状态 h 进行扩展,再增加一个状态 c,用来保存长期的状态,使得一个模型中同时存在保持长期记忆的单元 c 和暂时的状态 h,这样长距离的信息由于直接传递,就不容易丢失,从而解决了短期的输入敏感以及长期信息衰减严重的问题,如图 7 - 12 所示。

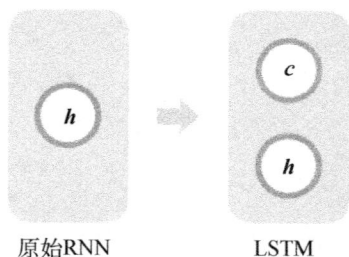

原始RNN　　　　LSTM

图 7 - 12　RNN 和 LSTM 保存单元的差异图①

如果把上图右边的单元按照时间维度展开,则可以得到如图 7 - 13 所示的扩展图。

图 7 - 13 中,在 t 时刻,LSTM 的输入有三个：当前时刻网络的输入值 x_t、上一时刻 LSTM 的输出值 h_{t-1} 以及上一时刻的单元状态 c_{t-1}。LSTM 的输出有两个：当前时刻输出值 h_t 和当前时刻的单元状态 c_t。这里的 x、h、c 都是向

---

① 　图片来自"零基础入门深度学习",网址：https://zybuluo.com/hanbingtao/note/581764。

量。LSTM 的最大特点就是有一个保存长期记忆的状态 c。围绕这个 c，设计了三个开关，第一个负责控制继续保存长期状态 c；第二个负责控制把即时状态输入长期状态 c；第三个负责控制是否把长期状态 c 作为当前的 LSTM 的输出。在 LSTM 网络中这三个开关称为"门"（gate），这种结构称为"门结构"（见图 7-14）：

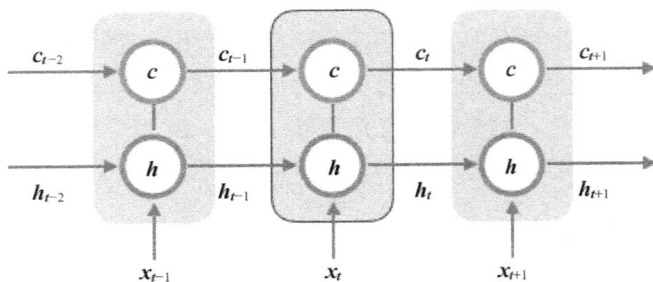

图 7-13　　LSTM 按照时间展开图[①]

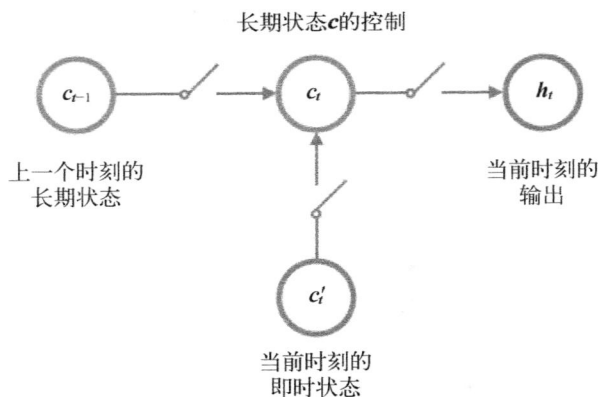

图 7-14　　LSTM 的门结构[②]

"门"实际上就是一个全连接层，输入是一个向量，输出是一个在 0 到 1 之间的实数向量。假设 W 是门的权重向量，偏置项是 b，那么门可以表示为

$$g(x) = \sigma(wx + b) \tag{7-53}$$

"门"也可以直接看成是控制的权重，当控制某个向量时，我们就用门的输出向量按元素乘以那个向量，从而实现控制向量数值的增减。当门输出值为 0 时，

———————————

[①]　图片来自"零基础入门深度学习"，网址：https://zybuluo.com/hanbingtao/note/581764。
[②]　同上。

任何向量与之相乘都会得到 **0** 向量,因而门关闭,不能通过任何信息;输出为 1 时,任何向量与之相乘都不会有任何改变,因而门是完全开放的,不阻挡任何信息。σ 是 Sigmoid 函数,值域是$(0,1)$,所以门都是半开半闭的状态。

LSTM 网络中,前面的两个门是控制输入的,最后一个是控制输出的。第一个控制输入的是遗忘门(forget gate),决定了当前时刻需要保留多少上一时刻的单元状态,即留下的百分比,计算公式为

$$f_t = \sigma(w_f \cdot [h_{t-1}, x_t] + \boldsymbol{b}_f) \tag{7-54}$$

遗忘门的权重矩阵是 $\boldsymbol{W}_f$,实际上是两个向量 $\boldsymbol{W}_{fh}$ 和 $\boldsymbol{W}_{fx}$ 的连接,可以表示为

$$W_f = W_{fh}h_{t-1} + W_{fx}x_t \tag{7-55}$$

$\boldsymbol{b}_f$ 是遗忘门的偏置项,σ 是 Sigmoid 函数。如果输入层的维度是 d_x,隐藏层的维度是 d_h,单元状态的维度是 d_c(d_c 通常等于 d_h),则遗忘门的权重矩阵 W_f 的维度是 $d_c \times (d_h + d_x)$。

另一个是输入门(input gate),决定当前时刻网络的输入 $\boldsymbol{X}_t$ 有多少保存到单元状态 $\boldsymbol{C}_t$。计算式为

$$i_t = \sigma(w_i \cdot [h_{t-1}, x_t] + b_i) \tag{7-56}$$

w_i 是输入门的权重矩阵,b_i 是输入门的偏置。输入门决定了当前输入需要保留多少进入单元记忆 c_t 中。所以,模型还需要知道当前的即时输入值,计算式为

$$\bar{c}_t = \tanh(w_c \cdot [h_{t-1}, x_t] + b_c) \tag{7-57}$$

现在,把式(7-56)和式(7-57)按元素点乘,就获得了当前时刻需要输入单元状态 c_t 的值的数量;再把上个时刻的状态 $\boldsymbol{c}_{h-1}$ 乘以遗忘门就获得了需要保留的值。最后,将遗忘门保留下来的值加上当前时刻应该输入的值,就获得了当前时刻的单元状态 $\boldsymbol{c}_t$ 的值。计算式为

$$\boldsymbol{c}_t = f_t \cdot c_{t-1} + i_t \cdot \bar{c}_t \tag{7-58}$$

这样,LSTM 就完成了输入的操作。由于有了单元状态 $\boldsymbol{c}$ 和遗忘门的控制,网络可以保存很久以前的信息,又因为有输入门的控制,可以过滤掉无用的信息,从而确保了留在单元状态中的信息都是有用的信息。

信息输入不是目的,目的是通过输入的信息,获得输出信息。这里的输出信息实际上融合了前面所有的有用信息。输出门(output gate)控制当前输入值有多少作为 LSTM 的当前输出值。计算式为

$$o_t = \sigma(w_o \cdot [h_{t-1}, x_t] + b_o) \tag{7-59}$$

有了输出门之后,就可以决定最终网络的输出值了,也就是确定单元状态值有多少应该输出为当前值,计算式为

$$h_t = o_t \cdot \tanh(c_t) \tag{7-60}$$

这里的 h_t 就是网络的当前输出值,如果后面没有输入了,也可以看成是网络输出的最终值。LSTM 网络的最终输出有两种值:一种是最终值,一般特征提取采用的就是这种方式;还有一种叫过程值,就是将网络每一步的输出都保留为最终输出值,这在序列生成中会采用,如翻译模型一般采用这种方式。但在特征提取中一般不采用这种,因为这种方式无法控制输出向量的长度。LSTM 网络一个时刻的完整计算如图 7-15 所示。

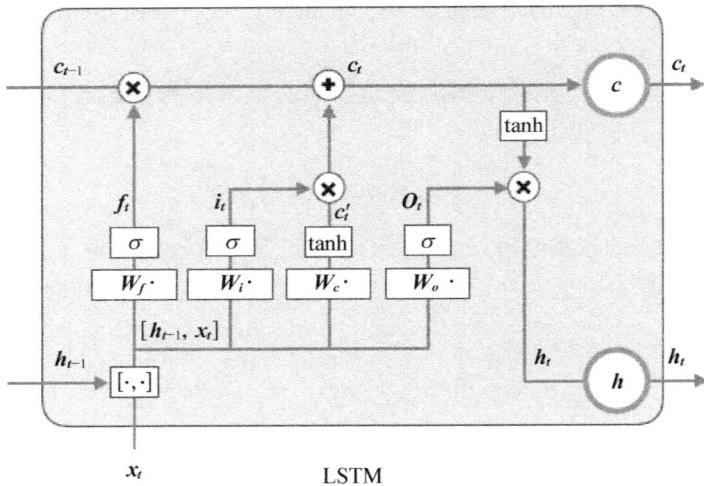

图 7-15　LSTM 的计算流程图[①]

LSTM 的训练算法仍然采用反向传播算法,这个算法是当前神经网络深度学习序列模型采用的最主要的核心算法。这种算法主要有四个步骤:

(1) 前向计算每个神经元的输出值,对于 LSTM 来说,即 f_t、i_t、c_t、o_t、h_t 五个向量的值。前面已经描述了它们的计算方法。

(2) 反向计算每个神经元的误差项 δ 值。与循环神经网络一样,LSTM 误差项的反向传播也是包括两个方向:一个是沿时间线的反向传播,即从当前 t 时刻开始,沿时间线反向前进,并计算每个时刻的误差项值;一个是将误差项向

---

① 图片来自"零基础入门深度学习",网址:https://zybuluo.com/hanbingtao/note/581764。

上一层传播,也就是向输入方向传播。

（3）根据每个时间点的相应神经元的误差项值,计算每个权重的梯度。

（4）最后采用梯度下降算法训练模型,直到梯度收敛,不再更新,则训练完成。

LSTM 网络模型有许多的变种形式,许多论文中的 LSTM 表述都或多或少存在差异。在众多的变体中,GRU (gated recurrent unit)是最流行的一种。它实际上是 LSTM 的简化版本,效果大致和 LSTM 相当。

LSTM 网络模型是 RNN 模型的改进版本,克服了 RNN 模型保存长期记忆信息不足的弱点,同时也一定程度上改善了反向传播中的梯度消失和爆炸的问题,具有很强的实用价值,尤其在处理具有序列特征的语言上,有较强的优势。在实际的应用中,我们一般提到使用循环模型,就是指使用 LSTM 模型。和 CNN 相比,二者处理信息的机制不同,我们一般在谈它们的差异时,是就运行机制方面的不同来说的。实际上,这两种模型有各自适用的比较擅长的领域,也都存在弱点,泛泛比较其实没有多大的价值。可能在一个环境下 CNN 好于 LSTM,换一个环境可能就反过来了。

7.5　特征提取的混合模型与相关探索

7.5.1　特征提取的混合模型

7.5.1.1　多模型之间的混合

神经网络是一个黑盒,我们所了解的就是数据的分布式存储和并行处理。因而,这种系统的典型特点就是整体运作和不可分割性。正是基于整体性特点,模型赋予了网络强大的数据处理能力,其最大的优势就是对非线性特征的模拟能力。理论上神经网络可以以任意精度无限逼近非线性函数。这对于将复杂系统简单化处理来说具有很大的优势。我们不需要知道其究竟是怎么运作的,而只要学习经验数据,达到要求的精度,然后再用训练好的模型预测新问题就可以了。

由于神经网络模型是整体性运作的,其内部可调节的参数非常有限,有的尽管可以调节,也不一定能够达到想要的结果。更为重要的是,我们在实际的建模中,根本找不到问题出现的根源,只能盲目地试错修正,通过不断地调试,提高模型的精度。然而,在很多时候,即使我们做了各种努力,依然一无所获,这时,可能问题不在于我们自己,也不在于模型本身,而是因为任何的模型都存在一定的局限性。当我们需要处理的数据相对于一种模型已经达到它的上限时,再在模型内部想办法可能已经不起作用了。为此,只有改进思路,混合使用多种模型,相互弥补不足,从而提高模型的模拟精度。多年的建模实践已经说明了这种方法的可行性。

一般来讲,模型混合有两种方式:并列式和堆栈式。并列式就是用两种以上的不同模型对相同数据进行同时处理,或者对同一个数据做分段处理,或者对相关但不同的数据分别处理,或者对不同维度的截然不同的数据分别处理,之后再进行数据整合,统一输出。这种多模型混合方式对于输入数据复杂或者情况复杂的需要分别处理再统一的问题,有较大的实用价值。例如在话语生成和理解的领域,涉及语境等因素,采用统一模型显然不能够解决问题,这时多模型并行处理可能更有利于问题的解决。

堆栈式就是串行模式,即由几个不同模型或者相同模型依次处理,前面模型的输出接着后面模型的输入,从而对数据进行多层次的处理。尤其是特征提取,层次越深,抽象的程度越高,反之就低。而且不同的模型侧重的特征不一样,这在神经网络模型构建中是很常见的处理方式。目前很多实用模型都是堆栈式的。

除了这两种方式之外,还有更为复杂的,即这两种方式的再次混合。也就是我们先采用并列式的处理策略加工数据,然后再后接相关的模型对前面数据进一步处理。简单地说,先单独模型处理,再采用并行处理模式。总之,实践告诉我们不同模型之间的组合可以是随着问题的需要而变化的。有一点是明确的,模型的复杂度和处理问题的复杂度是成正比的。

我们在上文中提到的移情优选基本模型采用的是堆栈式。前面是神经网络的特征提取模型,后面是排序模型。至于采用哪种模型效果最好,需要具体实验才可以知道。另外,我们也可以采用更为复杂的混合模型,尤其是前面特征提取的部分。我们可以将字向量和词向量以及句子向量的提取整合起来,提高向量的精度,从而提高模型的精度。后面的排序也可以采用混合模型辅助处理。总之,模型的结构调整相对自由,但是,明显的代价就是模型会越来越复杂,导致模型运行的效率会明显降低。如何在模型复杂性和效率之间做一个平衡,是需要思考的主要问题。

7.5.1.2　多模态深度学习模型

模态是指事物发生或存在的方式,不同的模态之间一般具有完全不同的属性,如文字、语言、声音、图形等,相互之间处于对立状态。机器的多模态学习是指通过建立多个模态并在各个模态之间建立信息的交互和整合机制,通过学习获得具有特定目标的模型。多模态深度学习是指建立可以完成多模态学习任务的深度神经网络模型。

随着自然语言处理研究逐步偏向应用化,语言信息的多维度性特征必然要求在构建模型时需要考虑到多方面的信息获取。以前,我们构建的诸多模型及其改进版本都是就语言本身构建的,无论我们设计得多么合理,也很难完美完成目标,因为无法获得完整的信息。近年来,深度学习的繁荣,再加上大规模、大容量语料库的兴起,赋予了自然语言处理发展的极大空间,也为大容量数据处理提供了充沛的能力。在这种背景下,多模态研究的条件也就逐渐成熟了。可以说,未来的人工智能方面的信息交换一定是多模态的、开放的、进化的。这是一种动态的模型,处于不断学习和更新的过程中。

当然,学习目标的不同会导致构建模型的差异,从而在信息的交互、转换和整合上带有不同的特点,也存在一些共性的方面。具体来说,从涉及自然语言、视觉、听觉的多模态学习中考虑了语言翻译、事件探测、信息描述、情绪识别、声音识别和合成,以及多媒体检索等方面研究,将多模态深度学习实现过程中的共有问题分为模态表示、模态传译、模态融合和模态对齐四类。多模态研究是一个系统的工程,涉及的问题很复杂,需要多领域的协同研究和整合。

更进一步,我们可以将移情优选和多模态网络整合为一个整体。建立不同模态的信息通道,打通信息通道之间的联系,并通过神经网络建立多模态信息的整合。实际上,这种多模态信息整合技术,和我们前面所说的多通道信息整合是差不多的。之所以都强调这种混合信息提取,主要是考虑到语境因素。因为,语境因素是话语理解的核心因素。语境因素具有三个方面的特征:

(1)开放性。不同场景就会有不同的语境,而且语境还是动态的。相同的环境随着时间的变化,也会出现变化。这样,即使构建了一个场景的语境,随着时间变化它也会变得不合适,从而出现了不能完全匹配的情况。这个问题是言语形式化最麻烦的地方。因为形式化就意味着建立一个数学模型,对象变了,显然计算就不准确。唯一的解决办法就是创立一个数学的动态函数模型,把语境量化为输入,然后随着输入的变化得出相应的输出。但是,目前还没有这种模型,值得未来进一步研究。

(2)不确定性。这其实也属于语境开放性的一部分。前面提到语境的动态性属性是纵向的,这里指的是语境的宽度,或者说外延,究竟多大是不确定的。原因很简单,除了动态性无法确定之外,根据我们认知关注度的不同,或者说细化的不同,摄入语境的类别和数量也就不同,从而造成了边界的不确定性。理论上细化无止境,因素也就无止境了。

　　不管是哪个级别的语境,都会存在大量的冗余信息,这是需要排除的。在大量无用信息中筛选出有用信息,是信息科技中非常热门的技术,也是一个难点。在话语移情优选中,感知有用信息是非常重要的。因为,每一个多余的信息都带有一定的信息量,从而会抵消有效信息。另外,大量的无用信息会提高网络的复杂度,使得计算量呈指数上升,进而导致模型计算效率的降低。

　　(3) 不同信息通道的探测手段或技术。不同的信息模块接收或感知方式是不同的,整合方式和存在状态也是不同的。因此,不同模块之间在信息交换上就存在问题,而神经网络模型的向量化表达方式,可以实现不同模块之间信息的统一化,从而为信息的交换和整合提供了可能。但是,这种方式也存在三个方面的问题:

　　第一,技术层面的问题。不同模块的情况不同,需要的信息获取技术也不同。所以,每一个信息通道都需要单独设计、开发,工作量是很巨大的,而且还存在接收信息的效率问题,等等。模型要获取整体均衡和满意的信息是不容易的。

　　第二,信息通道的不确定性。到底需要多少的信息通道才够用,这个可能不好说,理论上越多越好,但是越多效率就会越低。当效率低到一定程度时,就会影响到模型的质量了。所以,模型需要在效率和通道数之间获取一个平衡。

　　第三,无用信息的过滤。不同任务的信息偏向不同,这时对信息获取就集中在几个点上。其他诸多通道的信息可能用处就不大,但是这部分信息依然会传进系统并加工整合。这既给有用信息造成了干扰,也增加了系统的负担,显然需要排除出去。但人脑可以轻松排除没用的信息,机器却不行。因此,如何构建排除机制也是个有待研究的问题。

　　通过前面的描述,我们可以大致知道,整个的移情优选系统是诸多子系统融合在一起的一个复杂的信息处理系统。它们大致可以分为:信息提取系统、信息融合系统和信息处理系统。这三个类别的系统在逻辑上具有先后关系,但是前面两个系统具有交融的关系,第三个与前两个具有处理关系。另外,这些子系统每个都足够复杂,可以成为一个独立的研究领域。

7.5.2　特征向量的交替和混合运用

　　特征提取除了取决于模型算法之外,将自然语言的声音或文字表达转换成神经网络可以识别的向量形式也是重要的一步。向量化的好坏直接决定着后期模型处理数据的质量。可以说向量化是神经网络中最重要的一步,虽然说是基础性的,但也是决定性的。目前来讲,从对象来看,可以分为语音的向量化和文字的向量化;从文本处理的角度看,主要是词向量化、字向量化和句向量化。我们这里的研究不考虑语音部分,仅仅考虑文本部分,所以主要是词向量化、字向量化和句向量化。下面介绍的几种向量化技术都和本文研究有关,可以生成字向量和词向量,但在机制上都有差异,适用范围和效果也是各有特点。

　　早期,词向量采用的 one-hot 向量,很适合机器处理,能够解决分类器不好处理的离散数据的问题,也在一定程度上能够扩充特征的作用。即使是现在,这种模式依然作为进一步向量化的基础形式。但是这种向量化模式存在两个方面的问题:一个是数据稀疏,高位数,低信息;另一个是无法提取一些具有序位特征的信息,换句话说,顺序特征会丢失,而这种信息在自然语言处理中是非常重要的。显然,随着研究的深入,这种编码方式严重阻碍了自然语言处理进一步的发展。因为,序列特征是所有自然语言的本质属性之一,也是自然语言表义的重要手段之一。

　　one-hot 向量进化的最重要成果就是将稀疏的、离散的向量转化成稠密的向量,使得相似的词会有相似的向量表示。这样的转化明显改善了 one-hot 方式的不足,能够提取文字序列中词语之间或句子之间或词语和句子之间的序列特征。由此,我们可以提取比词更小的字向量,这样粒度就更细,可以捕捉到一些词向量无法获得的信息,尤其对于分析近义词之间的区别具有很大的优势。移情优选的分析需要有句法序列的信息,因为相同的带有明显移情特征的词,在一个环境下有移情特征,在另一个句法环境下可能就没有。显然,这种特征的凸显是句法提供的,而不是词语本身。但是,反过来看,有了句法环境,也就有了句法序列特征,没有带移情特征的词,在句法功能上有时也不会有移情特征,这说明移情特征的凸显,是句法序列和词语移情特征共同作用的结果。

　　这就意味着,网络在特征提取上既需要提取句法特征,也需要提取词语的移情特征(句中的局部点特征)。这种点特征更多的是侧重于纵向之间的交替特征的差异,也就是传统同义词之间的替换中的差异特征。从向量化视角看,这种差异是由前后序列组配差异反映出来的。传统的 N-gram 语法可以提取这方面的系列特征,它主要基于以下两点:

　　(1) 某个词的出现依赖于其他若干个词。

　　(2) 获得的信息越多,预测越准确。

　　但是,这种方法有两个缺陷:

　　(1) 参数空间过大,计算过于复杂。例如,一个句子有 n 个词,则它的概率为 $p(w_n \mid w_{n-1} \cdots w_2 w_1)$,复杂性为 $O(n)$。

（2）数据稀疏严重，组合阶数高时尤其明显。

为了解决第一个问题，学者们引入马尔可夫假设（Markov assumption）：一个词的出现仅与它之前的若干个词有关。后来该方法又由 Bengio 发展为 NNLM（neural network language model）神经网络语言模型，这个模型很简单，仅仅含有输入层、嵌入层、隐藏层和输出层。NNLM 模型有很多缺点，如参数多，训练慢，输入要求为定长，不能利用完整的历史信息，等等。其他的一些方法如基于统计学的共现矩阵方法和 SVD 分解方法等。

以上介绍的方法都存在诸多问题，目前比较主流的向量化方法有四个：word2vec、glove、ELMO、BERT。

1）word2vec 方法

word2vec 是 Google 公司于 2013 年推出的一款开源的用于词向量计算的工具。这是使用最多、影响最大、也最成熟的方法。这种方法和前面提到的方法都不一样。基本思想是把自然语言中的每一个词，表示成一个统一意义、统一维度的短向量。具体方法是通过学习，将高维稀疏的离散向量映射到低维稠密的连续向量。这种低维特征向量能够反映词语之间关联的距离大小，实际距离远，则欧氏距离也远，反之则高。这种特点使得词向量之间的加减法具有了实际的物理意义。

word2vec 由两个子模型组成：CBOW（词袋模型）和 Skip-Gram（跳词模型）。其中 CBOW 模型的结构很简单，在 NNLM 模型基础上去掉隐藏层，将嵌入层直接连接到 softmax 层，模型通过输入某个词的上下文（例如前两个词和后两个词），输出当前词的某个概率，即 CBOW 模型是从上下文到当前词的某种映射或者预测。

Skip-Gram 则是反过来，根据当前词预测上下文。至于为什么叫 Skip-Gram 这个名字，原因是在处理过程中会对词做负采样。跟 CBOW 的原理相似，它的输入是目标词，先是将目标词映射为一个隐藏层向量，然后根据这个向量预测目标词上下文中的若干个词。针对词汇表大多，样本不均衡的问题，解决办法就是采用多层 softmax 或负采样优化。

word2vec 模型的优点，主要存在以下四个方面：

（1）本质上，word2vec 模型是在词语情境（word-context）的共现（co-occurrence）矩阵基础上建立起来的。因此，任何基于共现（co-occurrence）矩阵的算法模型，都可以套用 word2vec 算法的思路加以改进。比如，推荐系统领域的协同过滤算法。

（2）word2vec 模型一定程度上反映了词语的上下文统计特征，使得不同的上下文之间具有了比较的可能。

（3）word2vec 模型是一种降维向量化计算，这显著提高了神经网络模型的计算效率。

（4）word2vec 模型由于采用局部感知技术，运算效率较高。word2vec 只有输入层和输出层，砍去了神经网络中的隐藏层，所以 word2vec 并不算是一个深度学习算法。另外，word2vec 里面有一些提速的技巧，如 Sigmoid 函数，采用一次计算，省去了大量的重复计算工作。

word2vec 模型的缺点体现在两个方面：

（1）情境维度低。只能涉及单词前后有限的几个词。在实际使用中，扫描文本的滑动窗口一般是以五位为单位，即一个单词的前面两个和后面两个。这样通过局部视野滑动的方式扫描文本，获得的情境信息还是局部信息，共现利用率很低，而且探测的距离非常有限，语言中稍微跨度大点的照应就无法探测到，而这却是语言前后连贯的重要方面。不解决这个问题，会影响实时话语理解和语段、篇章的理解。

（2）不考虑语序信息。最典型的就是 word2vec 没有考虑语序信息，而自然语言中的绝大多数句子语序本身是有意义的，尤其像汉语这种依赖语序的语言，其语序在话语理解中占比较重。忽略这部分信息，显然会造成话语理解的不准确，甚至错误。因此，word2vec 并非是效果最好的词嵌入（word embedding）工具。

2）glove 方法

在 word2vec 模型提出不久，Jeffrey Pennington 等认为，虽然 skip-gram 模型在计算近义词方面比较出色，但它们只是在局部上下文窗口训练模型，并且很少使用语料中的一些统计信息，因此 Jeffrey Pennington 等又提出了一个新型模型 glove(global vectors for word representation)。glove 是对 word2vec 方法的改进，利用共现矩阵，同时考虑了局部和整体的信息。

glove 是一个基于全局词频统计(count-based & overall statistics)的词表征(word representation)工具，它可以把一个单词表达成一个由实数组成的稠密向量。这些向量是单词之间一些语义特性的概率统计学表示，如相似性(similarity)、类比性(analogy)等。和前面讨论的 word2vec 模型一样，我们通过对向量的运算，比如欧氏距离或者余弦相似度，可以计算出两个单词之间的语义相似性。Jeffrey Pennington 通过实验，认为 glove 的性能远超 LSA 和 word2vec。但 OmerLevy 等对基于计数的方法和基于嵌入的方法做了对比，发现它们之间并没有非常大的差距。在不同的场景各个模型发挥不同的作用。相比于算法而言,增加语料量,进行预处理以及超参数的调整显得非常重要。现在大多数人认为 glove 和 word2vec 的实际表现差不多,只是在适用的环境和任务上有各自的偏向。

glove 和 word2vec 的区别表现如下:

(1) word2vec 没有考虑到词对(word-pairs)之间的距离因素,而 glove 考虑到了这点,这显然弥补了 word2vec 远距离照应不足的缺陷。

(2) word2vec 是一种预测模型,glove 是一种计数模型。

(3) 相比于 word2vec,golve 更容易并行化,所以速度更快,而且可以达到 67.1% 的准确率。

(4) golve 算法运算中,存储了全局信息,因而内存占用相对较大,对硬件要求很高,相比之下,word2vec 就轻快得多。

3) ELMo 方法

ELMo(embeddings from language models)是一种动态词向量算法,由艾伦研究所开发,并于 2018 年 6 月初在 NAACL 发布,是前面两种方法的进一步改进,被称为时下最好的通用词和句子嵌入方法。因为 word2vec 和 glove 所获得的向量表示是静态的,不随环境的变化而变化,也就是不能感知环境。然而,词在不同的语境下受到语境的制约,语义会产生变异,出现语义增量、语义减量、语义变化以及语义弱化等,实际表达的意义和原本意义总是有些不同。因此,这种静态的向量在动态的话语表示上并不能完美匹配,总是会出现动态变化部分信息的消失,使得话语句子和语境割裂开来。ELMo 就是针对这一点进行了优化,笔者认为 ELMo 有两个优势:

(1) 能够学习到单词用法的复杂特性。这种属性实际上就是语境信息的获取,是 ELMo 所改进的功能。

(2) 学习到这些复杂用法在不同上下文中的变化。这种属性使得该方法具有自我感知、调整和进化特点。随着环境的不同,向量也会跟着发生变化,使得向量和当前的环境更为匹配。这点是前面几种模型所无法做到的,标志着向量表示真正地由句法走向了语用。

ELMo 缺点:

(1) ELMo 模型采用的是 LSTM 的串行机制,这种模型效率不高,训练时间较长,因而当模型比较复杂,即层次较多时,效率很低,从而严重制约了模型的可用性和体验感,使得该模型尽管在精度上有所提高,但仍然很难获得普及。

(2) LSTM 网络提取特征的能力还不够高效。所以,ELMo 也就有天然的特征提取的不足之处。

介于这两方面的先天原因,ELMo 很难有进一步的发展,在还没有发展成熟时,就被另一个更完善的方法,即 BERT 所取代。

4) BERT 方法

BERT(bidirectional encoder representations from transformers)是谷歌在 2018 年提出的预训练模型,被各地学者和媒体美誉为 NLP 新一代大杀器。在 11 个经典的 NLP 任务的测试中全面超越了当前最佳模型,甚至有几项任务的准确率已经超过了人类,并且为下游任务设计了简单的接口,改变了之前的 Attention、Stack 等盖楼似的结构,被称为 NLP 领域的里程碑。与当前流行的语言模型不一样的是,BERT 不再仅仅关注一个词前文和后文的信息,而是去关注特定词语的整个上下文的语境信息。实验结果证明,使用预训练过的 BERT 模型,仅仅在后面再接一个输出层,并对其进行微调训练,就可以取得很不错的效果。

在 NLP 领域,语言模型的预训练早已被证明是提高下游模型表现的不二选择。从目前提出的预训练方法来看,主要有两类:

(1) 基于特征(feature-based)。代表模型为 ELMo,用做任务的模型来学习提前预训练好的语言模型内部隐状态的组合参数。

(2) 微调(fine-tuning)。代表模型有 OpenAI GPT,用做任务的数据来微调已经训练好的语言模型。

但是,以上的预训练都存在一个问题,即在预训练的时候,仅仅考虑了文本的单向顺序,不论是从左到右,还是从右到左,始终不能很好地解决想同时学习这个词汇上下文的信息的问题。BERT 方法和前面诸多方法的不同之处在于"同时",即在训练过程中,同时考虑到单词的前后语境,而不是分别考虑,再将它们连接在一起。所以,这是一种真正的底层的双向运算,也是该模型所特有的最大的创新。从表面看,改动并不大,实际上模型运算的核心变了。

除此之外,完整预训练的 BERT 语言模型,能大大减轻网络后端结构的复杂度,设计一些相对简单的模型就能够取得很好的效果,甚至超过那些为特定任务设计的复杂网络结构。也就是说,使用完整的 BERT 语言模型,能够大大简化下游网络的复杂性。因为,原来处于下游的结构和算法实现的功能,已经在 BERT 中完成了,而且效果更好。

通过 BERT 生成的词向量因为提取了环境的因素,从而实现了同一个词在不同环境下的差异化表达,能够有效解决 word2vec 中无法解决的一词多义问题。这含有两个意思:一个是同一个义项在不同环境下的语用意义;另一个就是多义词在不同环境中的分化问题。当然,这种方法尽管宣称具有语境获取的能力,但是究竟有多大的作用,目前还不清楚,需要多方面的验证。可见,一个模型的成熟需要多方面的、长时间的考验。

对于传统的句向量生成方式,更多的是采用 word embedding 的方式取加权平均。该方法有一个最大的弊端,就是无法理解上下文的语义。同一个词在不同语境中的意思可能不一样,但是会被表示成同样的 word embedding。BERT 生成句向量的优点在于可理解句意,并且排除了词向量加权引起的误差。

目前,该模型还处于发展阶段,尽管作者在其实验中各项指标全面超越前面提出的诸多模型,但还有两方面值得思考:

① 一般的机器性能达不到谷歌的水平,也很难在速度和性能上复原作者宣称的效果;

② 大量实践说明,相同的模型在处理不同的任务时效果并不均衡,有的好,有的坏。

换个角度,对于同一个任务,不同模型表现出了不同的效果。这些说明,模型效果的好坏,与作用的对象有很大的关系,单纯说某个模型一定在性能上超越其他的模型,这是值得商榷的。当然,作为在原来诸多模型上的全新改进,且在原理上的合理性,我们并不否认这个模型的先进性。只是,该模型究竟性能达到何种程度,存在哪些问题,这些都需要进一步探索。

上面介绍了四种当前比较热门的词语向量化的方法。在实际使用中,单纯使用某一种方式可能效果并不好,这是由语言的复杂性和开放性决定的。复合型使用应该成为共识,也是实践的需要。我们一般有两种复合方式:

1) 单项复合

这又含有两个方面:

(1) 不同细粒度的复合。也就是将句子中不同大小的单位分别作为特征提取的对象,然后再实现特征的融合。这样就可以发现微小的特征和相对宏观一点的特征,以弥补单一提取方式的不足,如目前常用的字向量和词向量的混合使用模型。当然,我们还可以将整个句子纳入这种提取体系中。根据任务的不同做相应的调整,是当前模型调试的一个非常重要的方式。实际上,当前很热门的神经网络中的卷积网络也利用了这种原理。

(2) 不同方法的复合。就是使用不同的方法作用于同一个对象,实现多维度的特征提取。例如我们可以采用前面的 word2vec 方法和 glove 方法对同一个句子进行特征提取,然后再混合,实现单一提取的不足。

2) 综合性复合

综合性复合指结合两种以上的方法,实现多维度融合的复合方式。这种方法最为灵活,也最复杂。在实际的实践中也是常用的组合思路。例如我们可以用 word2vec 方法和 glove 方法对同一个句子中的字单位和词单位分别进行特征提取,然后再混合(见图 7 - 16)。

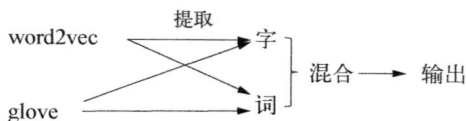

图 7 - 16 多维度融合的复合方式

从图 7 - 16 中可以看出,这种混合是四种提取的混合,很复杂,如果再加入一个方法或者细粒度,则更为复杂。理论上讲,这种模型效果肯定会更好,但是过于复杂对硬件的要求较高,很难普及。因此,寻求一个简单而强大的模型肯定是必然的要求和趋势。

但是,目前这种简洁有效的模型还没出来。BERT 模型虽然号称具有里程碑式的改变,但也需要时间检验。在这种情况下,这种综合方式是最好的选择。移情优选本质上是建立在特征提取的基础上的。特征提取的好坏直接影响后期排序的好坏。研究思路上,可以将前面介绍的四种方法,分别进行单项提取验证,再采用单项复合方式,以及后面的综合方式,反复验证,最终找到实现任务的最佳特征提取方式。当然,正如前面所说的,不同的任务可能需要单独调整。正因为如此,表面上看,神经网络非常强大、简洁,但在前期的处理上并不省力。如何优化前期的子模型,应该是未来人工智能研究的重点和热点领域。

7.6 实验结果及分析

根据前面的理论阐述,我们做了一个实验。实验的语料来源为 29 部话剧剧本,其中,曹禺的 8 篇,老舍的 21 篇。提取语料共 1 300 条,260 个查询,每个查询 5 个句子。然后,构建 RankNet 排序模型。因为模型设计中涉及数学问题和随之带来的代码实现问题,因此本研究前面提出的基准比较的思路受时间关系暂时无法实现。这里,我们采用的思路是 RankNet 排序模型。模型主要做两方面调整:语料的划分方法采用交替使用的多折交叉法和常规的二分法;在提取特征的方式上,采用感知机、CNN 和 LSTM 几种,并将它们混合使用,考察模型效果。

语料的预处理:背景语料总共有 29 部话剧剧本。其中,曹禺的 8 篇,老舍的 21 篇,用 jieba 分词,总共有 60 369 个句子,分词后有 626 395 个词语,分词后的词语词典大小为 43 041 个。

训练词向量:采用两种混合的方式,先用 word2vec 把每个词语训练成向量,再用 doc2vec(或者 sentence2vec)把每个句子训练成向量。

　　数据集：260 个查询,总共 1 300 个句子,按 7 : 3 划分为训练集和测试集,每个查询 5 个句子。训练集中,查询 1～182 个,总共 910 个句子;测试集中,查询 183～260 个,总共 390 个句子。

　　句子配对方式：针对同一个查询,5 个句子两两配对,评价高的句子在前,评价低的句子在后。模型采用的是谷歌的 Tensorflow 框架。优选器参数如下：

model.compile(optimizer = keras.optimizers.Adam(lr = 0.001, beta_1 = 0.95, beta_2 = 0.999, epsilon = 1e - 08), loss = "binary_crossentropy")

Epochs = batchsize：

NUM_EPOCHS = 100

BATCH_SIZE = 128

　　这里,我们采用了五种特征提取的方式：句向量提取、CNN 提取、CNN + LSTM 提取、LSTM + CNN 提取和一种 LSTM + CNN 并行混合提取。模型设计如附录所示。训练集获得结果如表 7 - 3 和表 7 - 4 所示。

表 7 - 3　汉语语用移情神经网络模型训练集训练结果统计表

序号	1	2	3	4	5
结果评价	doc2vec_RankNet	word2vec_TextCNN_RankNet	word2vec_CNN_LSTM_RankNet	word2vec_LSTM_CNN_RankNet	word2vec _LSTM_CNN _RankNet 拼接
Average NDCG@5	1	0.999 3	1	0.999 3	0.876 8
Average ERR@5	0.977 1	0.975 8	0.977 1	0.975 8	0.811 0

表 7 - 4　汉语语用移情神经网络模型测试集测试结果统计表

序号	1	2	3	4	5
结果评价	doc2vec_RankNet	word2vec_TextCNN_RankNet	word2vec_CNN_LSTM_RankNet	word2vec_LSTM_CNN_RankNet	word2vec _LSTM_CNN _RankNet 拼接
Average NDCG@5	0.753 8	0.765 5	0.761 4	0.756 8	0.756 8± 0.011 1
Average ERR@5	0.612 6	0.634 4	0.634 9	0.618 0	0.624 0± 0.192

这五个模型的主要区别在于特征提取方式的不同。模型 1 是最简单的直接采用 sentence2vec 方式获取每个样本的句向量;模型 2 采用的是 CNN 的方式;模型 3 采用的是 CNN+LSTM 的方式,也就是先用 CNN 对句子进行向量化,再用 LSTM 进行二次特征的抽取,结果作为排序模型的输入;模型 4 和模型 3 的方向是反的,其他一样;模型 5 和前面的模型 3 和模型 4 的差异在于 CNN 和 LSTM 的组合方式不同,前者是并列式的组合,后者是堆栈式的组合。表 7-3 和表 7-4 反映了这五个模型的训练和测试的结果。从结果中,我们可以看出以下几点:

(1) 训练集的训练效果普遍较好,模型 1 和 3 的 Average NDCG@5 指标甚至达到了 1,也就是精度达到了 100%。其他几个模型指标也较高。而且,五个模型的 Average ERR@5 指标也较高。这说明,模型的训练效果比较好。

(2) 测试集的效果相比较训练集差了很多。这也是很正常的现象。因为,测试集中有很多陌生的数据,能够达到这个精度,说明模型的兼容性还不错。

(3) 句子特征抽取中,并不是越复杂效果越好。模型采用了 CNN 和 LSTM 并列的方式并没有达到想要的效果,反而精度还不及堆栈式。另外,采用直接的句向量方式的效果也不差,但是模型的复杂度降低了很多。这意味着,模型在牺牲了有限精度的情况下显著地提高了运行的效率。如果从综合角度看,句向量方式应该是实用性最强的模型。

(4) 从模型的测试看,直接采用 CNN 提取的效果最好。若增加了 LSTM 层模型,则损失了部分信息,这在模型原理上是可以解释的。句子经过 CNN 抽取后已经丢失了序列的信息,获得的是句子中的局部信息,或者某个方面的信息。然而,LSTM 主要是整体抽取句子的序列信息,当这个前提不存在时,它依然这样抽取,反而破坏了特征结构,造成向量信息的丢失,影响了模型的效果。CNN 比直接句向量好也是可以解释的。CNN 的多个感知器的多层信息提取明显优于一次性的序列信息提取,能获得更大的信息量,从而提高了模型的精度。

(5) 我们也做了一个随机排序测试,作为这五个模型效果比较的基准。获得的数据如表 7-5 所示。

表 7-5　汉语语用移情神经网络模型测试集随机排序结果统计表

结果评价	随机排序
Average NDCG@5	0.733 2
Average ERR@5	0.601 0

这个结果与表 7 - 3 和表 7 - 4 相比较,差距为 4% 左右。这说明,我们的模型构建还是不够好,虽然有点效果,但是没有达到想要的目标,主要是随机排序和前面几个模型之间的分距小了点。初步判断,这个原因还是在语料上,因为我们的语料主要是人工挑选出来的,数据不大。这就意味着,这些例子重合得很少。结果是模型通过训练集训练的参数遇到大量陌生的语料,从而造成了测试精度下降。另外,可能模型本身也有原因,比如排序集的比较方式。我们在这里使用的并不是我们前文提到的基于基准数据的比较打分方式,而是采用传统的打分模式。但是,我们这里的语料并没有传统排序和推荐系统中的查询选项,这会造成打分基准的消失,从而导致打分不准。之所以没有这样处理,是因为涉及数学计算的设计和模型代码的编制,而这在短时间内无法完成。可能还有其他的原因,造成了模型效率不高。另外,本模型是一个话语客观序列移情优选,并没有涉及主观的序列,也就是语境因素。显然,这个模型仅仅是一个有限范围的移情优选处理,是尝试性质的。

第8章　自然语言处理中移情优选发展趋势及相关问题

8.1　自然语言处理中移情优选的可能发展趋势

8.1.1　自然语言处理的可能发展趋势

　　移情优选实际上就是从交际角度将某种语境下一组备选句子中最合适的那个选出来，本质上是一个动态的过程。相同的一组句子，在不同的环境下，面对不同制约条件的组合，可能会有不同的排列次序，从而会造成优选项的不同。由此，这种优选的最优选项是随着环境而动态变化的。有时候受前后句法的特征或言者的话外之意的影响，可能会选择并非最优的选项。通过这种反差的表达，实现格莱斯(Grice)提出的特殊会话含义。

　　从机器的移情处理来看，这种动态优选实现的技术非常复杂，主要在两个方面：

　　1）动态信息获取

　　动态获取信息技术实际上和人工智能的多模态整合技术是一致的。要想准确把握在一个环境下的独特信息组合，需要获取这个环境下的多方面信息。这种信息也被称为多模态信息。狭义的多模态信息指来自不同维度的模态，如图像、语音、触觉等方面感知到的信息，广义的多模态信息还包括同一模态中信息的多特征整合，以及多个同类型但视角不同的数据整合等。显然，这种技术在移情优选中的作用也非常大。这种技术本质上是一种实时信息的获取，目前来看，是语境处理的最好方法。但是，这种方法已经超出了语言处理本身，是多种感应技术的综合应用。移情优选要想真正地和动态话语匹配，就得动态获取环境信息，这应该是未来话语处理的主流方向。其中最困难的就是不同模态信息的归同化，也就是整合逻辑。目前我们只能实现不同模态间的简单整合。

从深度学习模型来看,这种多模态的信息整合本身不是问题。因为,不管信息本身的属性是什么,最终都要转化为数据的向量形式,从而使得不同模态之间具有了同质性。因而,更大的问题在于如何有效地将不同模态信息向量化。这直接影响到模型的效果。

2) 特殊含义推理的实现

话语的特殊含义就是指会话含义,即话语传递出来的言外之意。这种意义已经超出了字面及其组合的意义了,一直是机器处理的难点。根据 Grice 的会话含义的推导以及斯珀波和威尔逊的关联理论,话语意义是一种认知语境下的关联推导。斯珀波和威尔逊在书中提到了,很多情况下语言的推理是一种缺省推理。这种推理基于我们认知的常识和经验,而并非基于逻辑上的必然关系,这有点类似于我们认知上的抄近路原则。

这种认知推理模式目前在逻辑学领域研究得并不充分。想要归纳出一套具有普遍意义的人类认知缺省逻辑规律是相当困难的。推而广之,优选模型中的生成器 GEN 需要生成包罗万象的形式复杂的具有同一个深层意义的句子集合。很多情况下,这些句子都是通过缺省推理实现的。但是,目前还没有弄清这种逻辑的基本规律,GEN 的实现产出也是个巨大挑战,甚至是无法完成的任务。实际的语言处理实践说明,话语生成仅仅靠形式上的推演是不够的,一定需要有意义层次的参与。就目前的研究水平来说,机器在意义的理解上还处于初级阶段,我们一定程度上实现的一些语言任务,例如翻译、话语生成等,本质上都是基于统计学的大数据分析和匹配技术,也就是机器并不懂话语的意义,只是根据语言表现出来的数字特征,做一些概率上的模式匹配。这种匹配与含义推导关系不大。因此,特殊含义的推导也是一个非常艰巨的任务。

比尔·盖茨曾经说过,语言理解是人工智能皇冠上的明珠。微软全球副总裁沈向洋曾说过,在下一个 10 年里,人工智能的突破在自然语言的理解,懂语言者得天下。搜狗搜索 CEO 王小川也表示,搜狗从做输入法到做搜索,都是围绕语言展开,搜狗人工智能的战略核心正是对语言的理解。清华大学刘知远曾表示,自然语言处理体现了人工智能的最高任务与境界。只有当计算机具备了处理自然语言的能力时,机器才算实现了真正的智能。目前,自然语言处理还缺乏深层次的理解能力,一些应用开发,如机器翻译和智能客服等也只具备初级的水平,而且缺乏友好性。当前,随着深度学习的发展,传统基于规则的处理模式逐渐被基于统计的模式取代,而且在很多领域取得了不错的成绩。

但是,统计模型对于一些复杂的语言知识还不能有效处理,对一些缺乏数据,或数据较小的用例,模型也不能够有效学习,从而出现了数据处理上的盲区。现在,很多模型都是基于规则和统计的混合运用,取长补短,缺点就是模型比较复杂。在达到一定程度后,子模块之间的接口整合很麻烦,最终造成效率不高。总之,目前在自然语言处理领域还有很长的路要走。2017 年第三届中国人工智能大会(CCAI)上,哈尔滨工业大学刘挺教授把自然语言处理的发展趋势分成了 10 个方面:

（1）语义表示,从符号表示到分布表示。

也就是词语或文字的向量表示由原来的具有离散、高维和稀疏的特征,转变为具有连续、低维和稠密的特征。由此可以反映不同词语之间的相对关系。

（2）学习模式,从浅层学习到深度学习。

这是自 2006 年以来,神经网络模型发生的主要变化。深度学习的兴起使以前无法很好解决的问题得到令人满意的结果,尤其在图像识别的领域,更是获得了不俗的成绩,从而让我们看到了人工智能的希望。但是,随着研究的深入,深度学习的瓶颈已经出现,将来将走向何方目前还无法判断。

（3）NLP 平台化,从封闭走向开放。

也就是各个科研机构和公司将自己的成果分享出来,让更多的人参与进来,共同推动行业的发展。

（4）语言知识,从人工构建到自动构建。

以前基于规则的构建模型的方法,需要将规则通过人工的方式添加到系统,这种方法始终具有滞后性和残缺性。因为,我们不可能将所有的规则都添加进系统,也不可能认识到所有的规则。系统需要有一种自我学习和进化的能力。这一转变就是为适应这种需要而产生的。

（5）对话机器人,从通用到场景化。

实际上,以前的对话机器人都是设定好的,是不带环境变化的机械式的系统,而且对使用的人有操作上的要求。这种对话系统严重缺乏互交性,未来的对话系统应该是适应环境变化的,不仅能够与环境交互,还能够感知到环境的特征,从而采取相应的变化。这个应该是智能机器人领域面临的最大挑战。

（6）文本理解与推理,从浅层分析向深度理解迈进。

目前的语言分析基本上还谈不上语义理解。所谓的语义理解还是基于统计上的数据分析,机器并没有真正理解语言。自然语言的处理,本质上离不开对语言的真正理解,目前理论上还没有找到能够真正处理语义问题的方法。

（7）文本情感分析,从事实性文本到情感文本。

现在的语言文本分析,一般不涉及情感。实际上,情感的变化是语言发生变化的主要因素之一,若不考虑情感的因素,很难处理好语言问题。未来的语言处理一定是将情感因素纳入语言的组织中,从而使得语言的生成和理解更加人性化，人机的互交性更好。

（8）社会媒体处理，从传统媒体到社交媒体。

传统媒体的分析是静态的单向分析，而社交媒体主要强调互动性，在互动中找规律并进行预测，从而使得分析范围更广，实用性更强，联系社会更紧密，具有更好的经济效益。

（9）文本生成，从规范文本到自由文本。

也就是以前分析的文本是经过人工处理的规范文本，不存在特殊的问题。这种文本分析即使研究得再好，一到实际应用就会出问题。因为，实际语言中的文本是千变万化的，大多数情况下并不规整，用规整的模型分析不规则文本，其效果就可想而知了。

（10）NLP＋行业，与领域深度结合，为行业创造价值。

这点实际上指的是理论与实践的结合，以及技术转化的问题。我们不能够就理论进行研究，而要通过转化推动理论研究，形成一种良性的循环。

可以预测的是，在未来的很长时间中，统计学习依然是主流的方法，而吸取规则，形成混合的模型是主要的建模方式。如果在语义理解上获得真正的质的突破，有可能会减少甚至放弃统计方法的使用。

8.1.2　移情优选的可能发展趋势

话语移情优选的计算机处理本质上属于自然语言处理范畴中的一个子范畴。移情处理的研究与当前的研究水平是一致的。前面章节中已经论述到了移情优选的性质和可能的处理方式。主要有两大思路，一个是基于规则的模块化处理，另一个是基于统计的神经网络模型。从目前的研究水平和实际应用的开发来看，神经网络模型可能更为合适。目前在计算机领域基本上还没有人研究移情优选，它尚处于起步阶段，存在着太多的地方需要我们去探索。当中的任何一个运行模块都是值得研究的，尤其是不同模块之间的整合和优化更是研究的重点和难点。

我们认为在未来的很长一段时间中，移情研究应该是自然语言处理领域的热门领域，其主要研究包括以下几个方面：

1）移情的本质特点和机器的表现方式

这部分主要是研究机器处理对象的性质，只有充分了解对象，才可以更好地找到处理问题的方法。目前，我们对话语中移情属性的认识还不够清晰。移情表现肯定在话语层面，是一种语用现象，但是产生移情效果的不一定是句子本身，可能是句子中的某个词或词组，也可能是句子结构带来的。只有厘清这些激发移情的因素,才能找到模拟它们的算法。这方面的研究既是移情优选处理的核心,也是前提。

2) 移情优选的模型开发

移情优选的模型开发分为基于规则的模块化处理和基于统计的神经网络模型。我们应该以神经网络模型为重点,考虑将多种模型混合使用,以提高模型的效率。当然,有一些基本问题也超出了神经网络模型本身,需要单独处理,例如语义理解的处理、话语生成的模型等等。这些方面非常复杂,涉及逻辑上的推导和控制等。另外,当前的逻辑理论也不完全匹配语言上的复杂性,还需要从逻辑学和数学等角度提出一些新的方法。

3) 移情优选模型的优化技术

这部分主要探索神经网络模型中的一些优化技术,除了常规的诸如不同梯度下降算法的选择、正则化、弃权(dropout)、池化、增加卷积层和全连接数、拓展训练集等参数优化方法以外,还需要探索代价函数的算法以及一些参数的最佳变化范围等。优化技术是一种实验技术,谈不上谁好谁坏,适合的就是最好的。需要不断地调整实验才可以获得理想的效果。另外,当我们在某种任务上调整好模型并获得很好的效果后,还得检验模型的泛化能力、可移植性等方面。这些都是衡量一个模型好坏的重要参数。可见,优化技术探索既辛苦也重要,尤其是代价函数的探索和优化对模型的构建作用非常大。

4) 语境整合技术

这一技术既是语言移情优选处理的难点也是重点。因为,所有的话语最终都是受语境制约的。脱离语境的话语是不存在的。不同的语境下,我们会优选出不同的句子与之匹配,这种属性称为"话语语境的顺应"。

网上有一篇博客,介绍了美国 DARPA(国防部高级研究计划局)信息创新办公室主管 John Launchbury 的一本书《人工智能的三次浪潮》(*Three Waves of AI*),书中将人工智能的历史与未来划分为了三个阶段。

第一阶段:手工知识(handcrafted knowledge)。

这个阶段的典型代表是专家系统(expert systems),就是通过把大量知识转化为决策树等来解决实际问题。专家系统的代表例子是 TurboTax 或者做调度的物流程序,出现于 20 世纪 80 年代。尽管当前主要以诸如回归、SVM、随机森林以及神经网络等统计算法为主,但手工知识系统的应用并未完全消失。Launchbury 认为,专家系统的特长在推理方面,通过人工设计,将分散的知识点和特定的推理相结合,可以获得不错的效果,但该系统缺乏学习能力,对不确定的问题无能为力。

第二阶段：统计学习(statistical learning)。

我们现在就处于这个阶段。该阶段开始于几十年之前，但是真正发展在 20 世纪 90 年代，当时出现了一大批高效的算法，如回归、神经网络、随机森林、SVM、GBM 等。统计学习之所以会流行并获得专家的重视，与这种方法和人类判断、预测问题的方式相似有关。人类对很多问题的判断就是基于以前的经验，并加以推理，可以说统计是认知上的一个潜在能力和方法，只是在推理上我们并不完全遵循逻辑学上的规律。这种非逻辑的推理牺牲了结论的可靠性，却换来了高效性。为了弥补推理不可靠的缺陷，人类在认知上具备了反馈感知和自我纠错的能力，从而确保了在绝大多数情况下，我们可以获得准确的结果。认知基础是机器统计学习模拟人脑的前提。

这个阶段有两个大的突破，极大地提升了我们对人工智能的信心：

（1）Hadoop 与大数据。现在我们已经有了大规模并行处理以及储存和查询大的非结构快速移动数据集的方法。

（2）现代人工智能工具集兴起。主要有六种技术组成：自然语言处理、图像识别、强化学习、问答机、对抗式训练、机器人。这些技术可和深度学习结合在一起，解决一些实际问题。Lauchbury 认为，我们已经拥有非常先进的细分和提升预测能力的系统，但是仍然还没有理解语境和最小推理能力，因为我们的技术对数据有更大量的需求，这已经成为进一步发展的一个障碍。统计学习方法对经验的学习很好，但是对不确定问题的处理依然不够理想，因而我们需要有一种技术，可以根据情况对未知问题进行正确判断。

第三阶段：语境顺应(contextual adaptation)。

目前，效果最好的深度学习网络存在两个方面的问题：

（1）内部不可解。我们无法知道内部的运行机制和逻辑推导的原理。这样，当出现问题时，或者效果不好时，也无法从网络内部调整，而只能在网络外部或者整体上做调整，实现的手段也很有限。

（2）目前所有的模型都是封闭的系统，无法感知和适应动态的环境。这种属性严重与语言使用的实际情况不符。因为话语交流就是一个动态的适应过程，我们需要一个语境模型(contextual models)来感知、学习、筛选以及推理语境中的诸多信息，并且能够将一个系统中学习到的东西应用到另一个完全不同的语境中。这些都是当前系统所不能完成的。

所以，在第三阶段我们要能够构建出和语境信息进行互交的动态系统，使之随着语境的变化而不断调整、学习，然后解决新环境的问题。这是人工智能发展的高级阶段。

5）移情优选模型和智能机器人的匹配

这是将该理论和实际的运用相匹配的技术。话语移情优选最适合的且最大的应用领域就是智能机器人的人机互交系统。该理论的研究可以极大提高机器人语言互动模块的人性化。这对推动该领域的发展具有极其重要的意义。

8.2　自然语言处理中移情优选涉及的相关领域

8.2.1　理论上的相关领域

话语移情优选属于自然语言处理领域的一个子领域。但是，因为是语用领域，模型要解决语言的高级处理问题。语言的研究实践证明，语言本身和话语的交互并不是一个封闭的系统，而是一个半开放的系统，与很多领域都存在交叉，诸如人类的认知系统、情感系统、地理环境、人文环境、历史传承、逻辑、哲学、美学、道德伦理、信息科学和数学等。

自然语言中的移情优选主要涉及的理论领域为：

1）信息科学

信息科学中自然语言处理的技术和算法是移情优选理论和实践的来源。两者研究的偏向和目标不同，但是基础技术是共享的。信息技术的水平决定了移情优选的发展程度。

2）语言学

自然语言处理始终要符合语言的实际规律和情况。了解语言的运转机制才可以有效模拟语言的生成和理解。目前，自然语言处理领域之所以出现瓶颈，一部分是因为信息科技的水平有限，更重要的原因是语言学本身研究的滞后。我们并不十分清晰语言的真实面貌。当我们不知道对象的情况时，如何去模拟它，这本身就是个荒唐的问题。所以，语言学的发展是移情优选发展的前提。如果理解了语言在认知上的运行机制，则计算机的处理就不是问题。

3）数学和逻辑学

处理话语的移情优选主要依靠一套算法，除了借鉴现有的一些自然语言处理模型之外，还得探索更高效的算法。这些算法基本上都是通过逻辑和数学构建的。因此，应用数学和逻辑学的发展对移情优选算法的改进有重要且直接的理论价值。

4）认知科学

语言的理解和生成直接和人的认知有关系，不同的认知会得出不同的结果，从而会有不同的语言处理。认知语言学的发展会直接影响自然语言处理的策略。在移情优选上的处理也是一样的。本质上看,移情心理活动也属于认知活动的一部分,只是其具有显著的特征,我们一般将之分开处理。另外,通常讨论的认知规律不涉及情感的方面,两者似乎是割裂的。但实际情况不是这样,这两者本质上是包含的关系,因而也是互相影响的。在移情的研究上,我们无法忽视认知规律对移情心理的影响。因而,移情研究的发展也取决于认知科学的发展,尤其是认知语言学的发展。

8.2.2　实践上的相关领域

1) 语境形式化和建模

目前在语言学领域有一些关于语用形式化的方法,少量学者开始探索语境的形式化规则,但还缺乏系统性,只是就一些现象做个案的分析。大多数情况下,他们还是在数学和逻辑学的范畴中讨论,基本上不考虑形式化的应用问题。未来的语境形式化不仅仅要建立系统化的理论,而且要注重形式化和实际应用之间的衔接,将形式化的方法整合进神经网络模型中,或者用神经网络形式构建出语境互动的模型,通过和语言处理模型之间的互交,达到语言处理动态化的目的。目前来看,语境形式化是主要问题。因为,语境是开放的系统,怎么用数学和逻辑的方法,模拟这开放的系统确实是难题。

2) 缺省逻辑和生成器建模

前面已经多次谈到,语言中的话语交际在多数情况下为了交流的高效,牺牲了准确性。也就是,话语中的意义推导,在大多数情况下并不遵循严格的逻辑推演,而是侧重于实际经验的推导。过去的经历和知识在语言的活动中占有很重要的作用,这方面并不依靠逻辑。很多时候,经验的比重往往大于逻辑的比重,形成了语言中的经验推理。我们在逻辑上称之为缺省推理。但是,由于这种推导大多数依赖经验,而经验很多是不确定的。不同经验可以导致同一个结果,同一个经验在不同人身上也可能出现不同的推理结果。这种现象在话语交流中经常出现,表现为话语的误解。实际交流中,这种误解可以通过话语回应、提示等加以消除。

这种缺省推理在移情优选的生成器中的作用非常突出,甚至是关键性的。因为,移情优选中的生成器需要生成诸多的由基础命题变异出来的非常规表达。这种表达并不靠形式上的推演获得,而是依靠基于意义推导的表层形式的重新构建,从而形成了与原命题完全不同的表达形式。要完成这种任务,不能单靠传统的生成器,而需要缺省推理和传统的数理逻辑协同作用。

　　所以,移情优选生成器建模的重点就在于逻辑理论的解决。要建模就得有逻辑推演的理论,而要建立这种理论就需要话语的意义理解。实际上,语义理解目前是机器处理的难点,也是逻辑上的难点。传统的一阶逻辑和高阶逻辑的意义处理方式是一种真值条件语义学,只能说是部分理解了语义,而且演算也特别复杂。如果将这种复杂的演算用于机器处理,在大量的计算和多重接口下,模型不可能获得很高的效率。

　　3) 信息整合技术

　　信息整合就是将不同通道的性质各异的信息集中到一起,实现信息价值的增益,从而解决信息孤岛的问题。信息整合技术就是采用各种手段、方法将不同性质的信息形式转化为统一的形式,使得它们可以融合和互交。在移情优选上,主要就是将不同途径获取的信息转化为统一的形式,便于模型统一管理。例如,听觉传感器、视觉传感器和触觉传感器等这些感知外部世界的原始信息来源,它们的信息格式是不同的。在优选模型中,我们不仅需要对这些杂乱的信息进行筛选,还需要有重点地选择和话语意图关系密切的信息,将之整合进话语的语境中,再和话语意图交互,最终获取话语输出形式。

　　信息整合技术是移情优选模型构建中的重点和难点。话语输出形式一部分受话语意图支配,另一部分受语境支配。这种语境就是一个混合的系统。移情优选模型中的语境整合主要有两类:生成器信息整合技术和评估器信息整合技术。前者主要是通过信息的整合,制约认知关联推导的方式和结果等;后者主要是通过语境的情况,选择对话语意图敏感的制约条件。这两种整合技术的目标和方式都不同。每一块都可以独立研究,再将之整合在各自的模型中,最终合并为一个总的优选模型。

　　4) 神经网络模型

　　神经网络模型既是一个理论问题,也是一个实践问题。前者主要研究模型的原理、算法和结构形式等方面的问题;后者主要针对具体问题研究模型的匹配问题以及改进等,甚至研究和更大模型之间的接口等问题。移情优选问题的建模受到神经网络技术发展的影响,该技术的发展是移情优选具体问题探讨的基础。

　　话语的移情优选是一个动态的过程,理论上是一个开放的系统,涉及很多的学科,如语言学、心理学、社会学、信息科学、数学、逻辑学等等。而且,这些学科之间的协作非常密切。之所以会这样,有两方面的原因:一是我们的研究是问题导向的。往往在解决一个问题时,需要调动多方面的知识;二是移情本身的复杂性。移情本质上是一种心理现象,属于心理学研究的范畴,但这种心理涉及交际,所以和社会学以及话语优化等发生联系,进而延伸到美学。又因为移情具有一些话语固定表达,这又和语言学相联系。为了使计算机可以模拟这种话语功能,又涉及移情的形式化问题,数学和逻辑学以及计算机技术等。

话语移情研究总体上可以分为两个部分:移情本身的研究和移情的应用研究。前者主要是在以下两个领域讨论得比较多:一是美学领域,二是语言学研究领域。这方面研究得最好的是日本语言学家Kuno,他从功能句法学的角度讨论了移情心理对句法的影响。我国的何自然从语用角度也讨论了移情的表现。移情的应用研究上,也分为两大方面:医学研究和自然语言处理研究。医学研究主要讨论移情策略在医学临床上的运用,包括对患者康复治疗的意义和效果以及不同环境下采用的不同策略等方面;自然语言处理主要研究语言表达的移情心理在机器话语产生和理解上的运用技术。

传统的功能句法学和语用学对移情的研究进展缓慢。主要是因为,这两种思路本质上建立在传统语言学理论上,强调规则描写的重要性,试图用一套规则系统描写和解释语言中的移情现象。但移情现象是一种心理性状,根本无法切分,有强弱之分,但没有界限。而且,我们感知到的强弱具有较强的主观性,不同的主体可能感知并不一样。因而,这种偏向于主观的心理性状,与传统的采用离散方法去描写解释问题的规则系统是冲突的。这从宏观上解释了移情研究出现困境的原因。总之,本体理论研究的走低和应用领域的走高,造成了强烈的冲突。随着应用研究的发展,对于移情本质以及在语言表达中的表现形式等方面的探索越来越重要,成为移情应用研究发展的瓶颈性问题。

正是在这种背景下,我们提出了移情优选的概念。这种理论就是采用优选论的研究模型来研究语言中的移情现象。本研究论证了优选论中的级差评估模式和移情现象之间的天然匹配属性。而且,通过汉语中的实例,验证了这种级差优选理论能够合理解释语言中句式选择上的频率差异、儿童语言习得的顺序差异等。

语言中的移情级差是真实存在的。当我们表达意图时总是自觉或不自觉地在一些可选话语中选择最合适的表达作为我们的输出,这在一些重要的场合体现得尤为明显。从定性角度看,移情值的高低是性质程度的差异,对这种描写就是定性描写。定性描写是对内在属性的探讨。然而,这种内在的属性总是要表现出来的,在话语使用上产生了量的差异。我们可以对这种量的变化进行分析,这就是定量分析。

量的分析就和概率发生了关系。一个移情梯级中不同成分在语言中出现的概率是有差异的。不仅如此,我们在认知上的调取也存在概率的差别。语言使用不管是词汇还是句法等基本上服从 Zipf 定律。因而,我们可以将移情优选和语言使用的概率特征结合起来,考察移情优选表现出来的概率特征,并将之和固化在语言中的梯级特征相结合,动态考察话语使用的优选规律。这种思路的目的是将语境因素整合进移情优选,使得话语移情优选具有实时特征。当然,在实际操作中还有很多问题需要处理。本研究也从跨文化交际的角度对这种概率优选进行了探讨。

　　移情研究的最大价值是实用性,医学领域的移情研究主要是侧重于心理学方面的分析,也会涉及语言学的知识,只是重心不在语言学。该领域的研究对缓解医患关系,了解病人的心态等方面有重要的价值。同时,在神经病和心理疾病等领域,移情策略的研究也有重要的辅助治疗效果。当然,移情现象分布在人类活动的方方面面。因此,我们需要从诸多方面去考察,才能够反映移情表现的整体。由此看出,在未来相当长的时期内,移情的医学研究仍然是重要的方面。

　　另外,自然语言处理领域还处于起步阶段。当前对语言的处理基本上还没有一个统一的大框架,也就是说,主要还是针对一些具体任务设计一些特定模型。这种方法的最大问题大致有这样几个:可移植性差、互交性差、不人性化(不能准确反映人的意图)、缺乏感情,等等。话语产生的底层是由认知和情感共同决定的。我们说什么,不说什么,都是有情感偏好的。令人遗憾的是,目前的机器处理领域很少考虑到这个问题,原因是多方面的。其中主要的原因在于基础性的理论还没有构建出来,没有细化到考虑情感的层面。但是,这并不妨碍我们前期做一些理论上的讨论和简单的实践处理。在这样的理念下,本研究对机器的移情处理做了两大方面的探讨:话语移情优选机器处理的可能性和神经网络模型对机器处理的可行性。同时,本研究也做了实践的探讨,检验这种思路建模的可行性。

　　话语移情研究涉的问题特别复杂,每一个子领域都存在很多问题和极大的研究空间。因此,我们离完整建立话语的移情优选框架还有很长的路要走。正如前面所述,当前,我们可以将一些复杂的问题通过神经网络来处理,这样就降低了复杂性。但是,这种方法最大的问题就是在达到一定的精度后就很难再提高。另外当出现问题时,模型也很难调整,因为我们根本就不知道问题出在哪里。所有的这一切都是我们未来努力的方向。由于受到时间的限制,本研究并没有将这种移情神经网络模型全面展开,在未来的一段时间内这将是本研究团队的重心。

附录 汉语语用移情神经网络 实验模型结构图

1. 模型一：Doc2Vec_RankNet

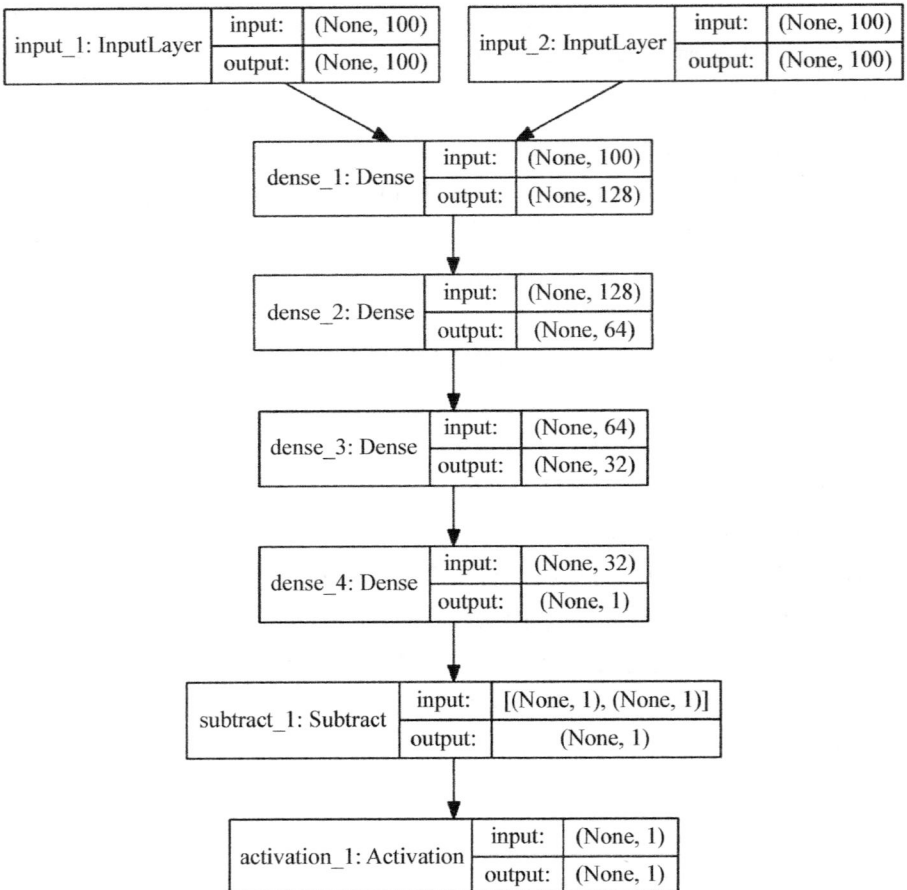

input_1: InputLayer	input:	(None, 100)
	output:	(None, 100)

input_2: InputLayer	input:	(None, 100)
	output:	(None, 100)

dense_1: Dense	input:	(None, 100)
	output:	(None, 128)

dense_2: Dense	input:	(None, 128)
	output:	(None, 64)

dense_3: Dense	input:	(None, 64)
	output:	(None, 32)

dense_4: Dense	input:	(None, 32)
	output:	(None, 1)

subtract_1: Subtract	input:	[(None, 1), (None, 1)]
	output:	(None, 1)

activation_1: Activation	input:	(None, 1)
	output:	(None, 1)

2. 模型二：Word2Vec_TextCNN_RankNet

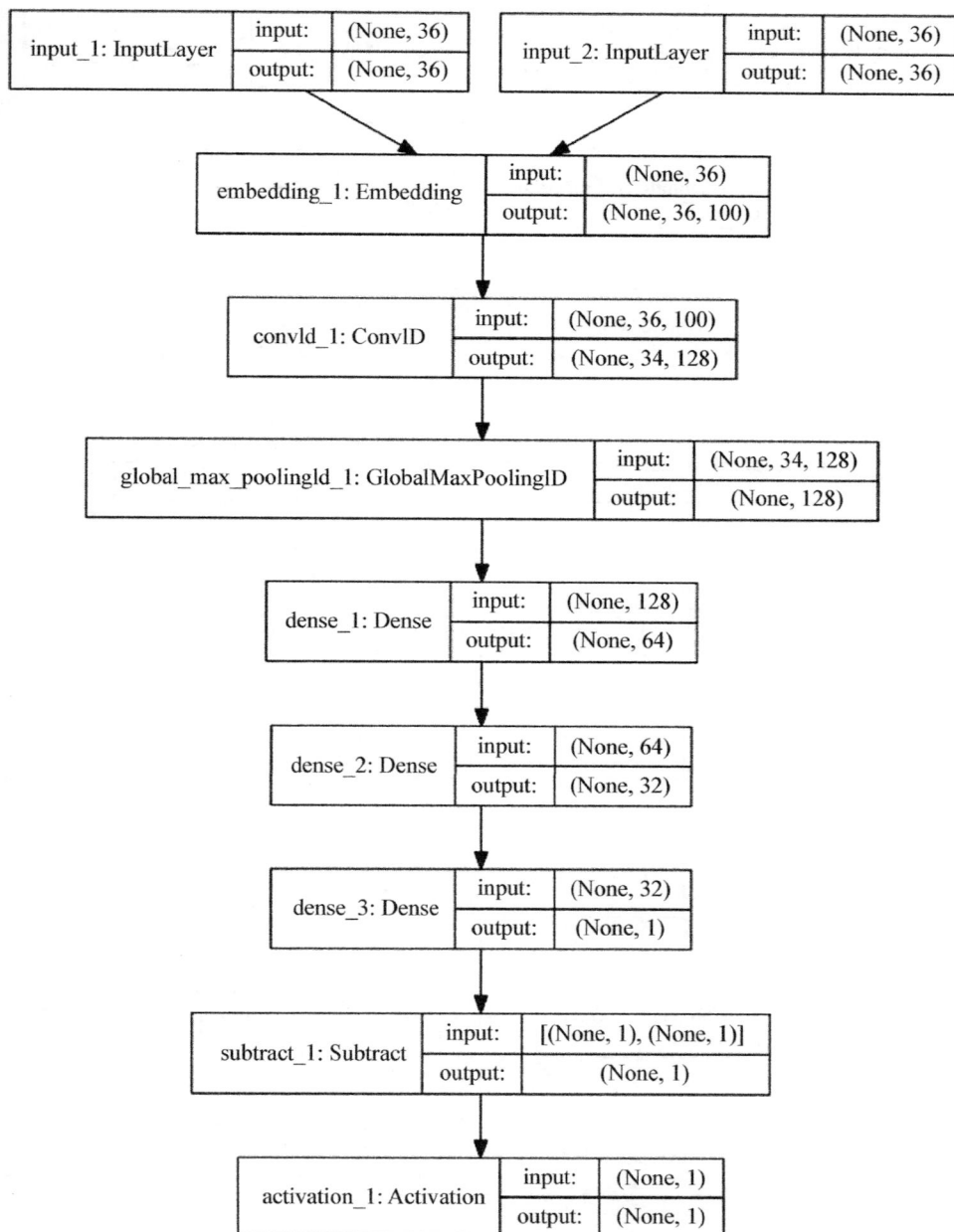

input_1: InputLayer	input:	(None, 36)
	output:	(None, 36)

input_2: InputLayer	input:	(None, 36)
	output:	(None, 36)

embedding_1: Embedding	input:	(None, 36)
	output:	(None, 36, 100)

conv1d_1: Conv1D	input:	(None, 36, 100)
	output:	(None, 34, 128)

global_max_pooling1d_1: GlobalMaxPooling1D	input:	(None, 34, 128)
	output:	(None, 128)

dense_1: Dense	input:	(None, 128)
	output:	(None, 64)

dense_2: Dense	input:	(None, 64)
	output:	(None, 32)

dense_3: Dense	input:	(None, 32)
	output:	(None, 1)

subtract_1: Subtract	input:	[(None, 1), (None, 1)]
	output:	(None, 1)

activation_1: Activation	input:	(None, 1)
	output:	(None, 1)

3. 模型三：Word2Vec_CNN_LSTM_RankNet

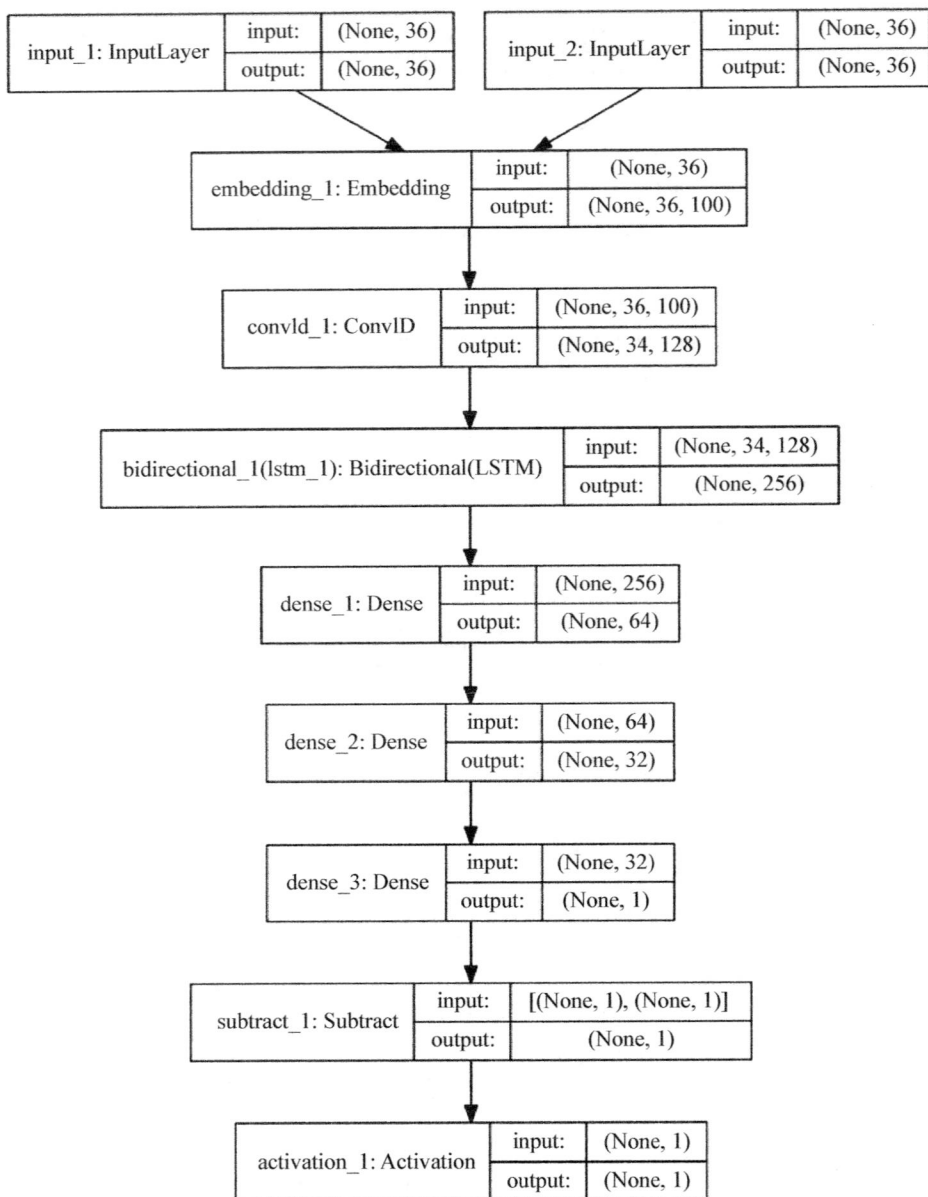

input_1: InputLayer	input:	(None, 36)
	output:	(None, 36)

input_2: InputLayer	input:	(None, 36)
	output:	(None, 36)

embedding_1: Embedding	input:	(None, 36)
	output:	(None, 36, 100)

convld_1: ConvlD	input:	(None, 36, 100)
	output:	(None, 34, 128)

bidirectional_1(lstm_1): Bidirectional(LSTM)	input:	(None, 34, 128)
	output:	(None, 256)

dense_1: Dense	input:	(None, 256)
	output:	(None, 64)

dense_2: Dense	input:	(None, 64)
	output:	(None, 32)

dense_3: Dense	input:	(None, 32)
	output:	(None, 1)

subtract_1: Subtract	input:	[(None, 1), (None, 1)]
	output:	(None, 1)

activation_1: Activation	input:	(None, 1)
	output:	(None, 1)

4. 模型四：Word2Vec_LSTM_CNN_RankNet

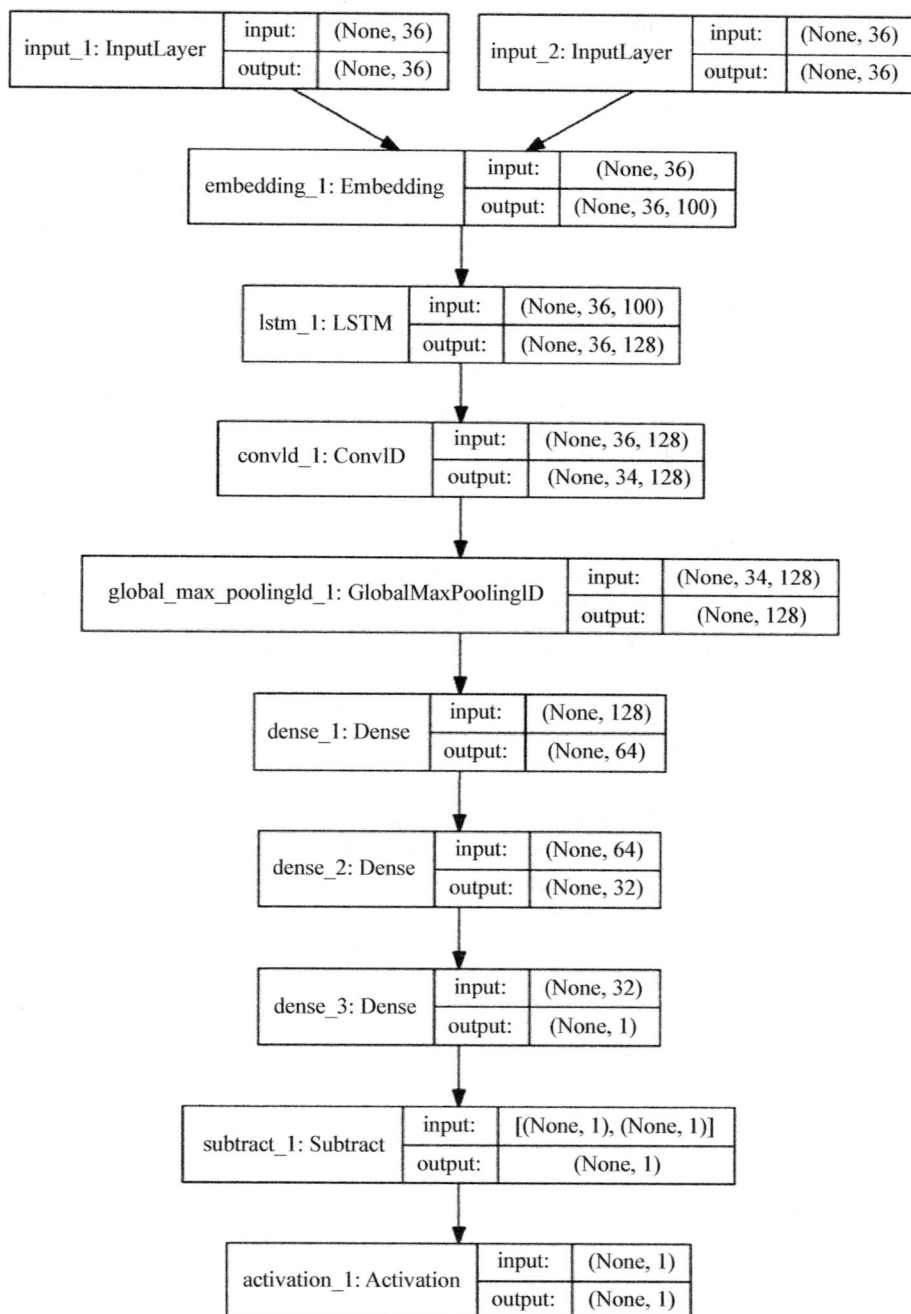

input_1: InputLayer	input:	(None, 36)
	output:	(None, 36)

input_2: InputLayer	input:	(None, 36)
	output:	(None, 36)

embedding_1: Embedding	input:	(None, 36)
	output:	(None, 36, 100)

lstm_1: LSTM	input:	(None, 36, 100)
	output:	(None, 36, 128)

convld_1: ConvlD	input:	(None, 36, 128)
	output:	(None, 34, 128)

global_max_poolingld_1: GlobalMaxPoolinglD	input:	(None, 34, 128)
	output:	(None, 128)

dense_1: Dense	input:	(None, 128)
	output:	(None, 64)

dense_2: Dense	input:	(None, 64)
	output:	(None, 32)

dense_3: Dense	input:	(None, 32)
	output:	(None, 1)

subtract_1: Subtract	input:	[(None, 1), (None, 1)]
	output:	(None, 1)

activation_1: Activation	input:	(None, 1)
	output:	(None, 1)

5. 模型五：Word2Vec_LSTM_CNN_RankNet 拼接

结果：Average NDCG@5 is 75.68% （+/−1.11%）

Average ERR@5 is 62.40% （+/−1.92%）

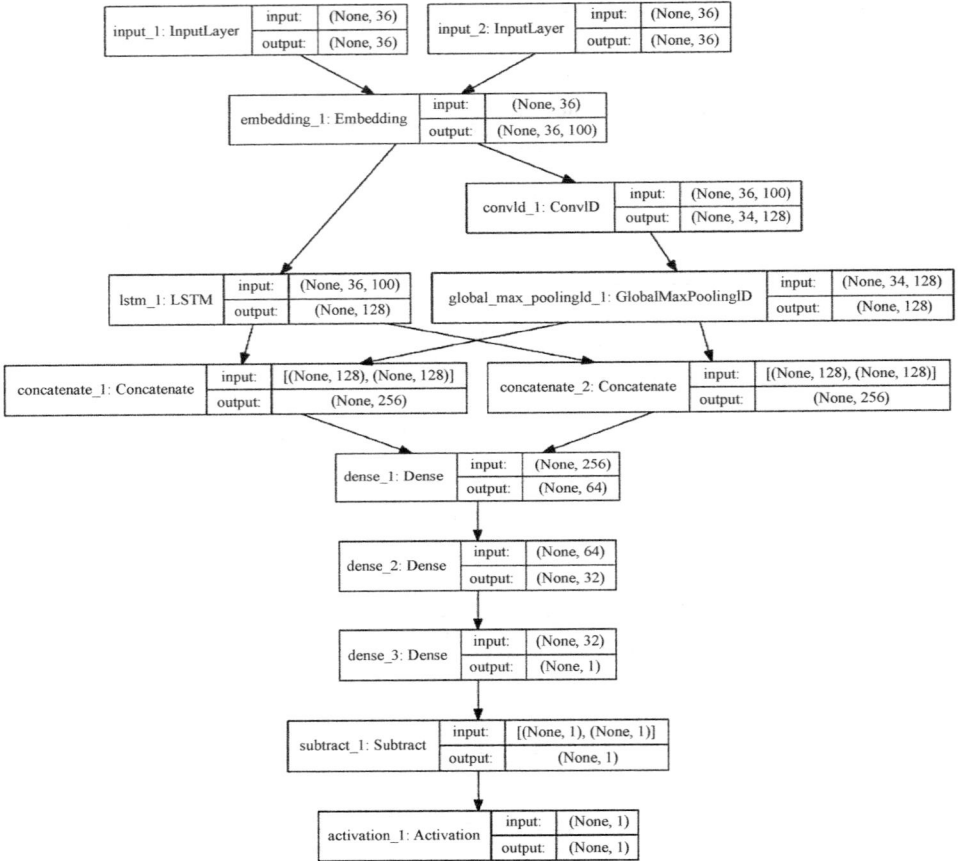

| input_1: InputLayer | input: | (None, 36) |
| | output: | (None, 36) |

| input_2: InputLayer | input: | (None, 36) |
| | output: | (None, 36) |

| embedding_1: Embedding | input: | (None, 36) |
| | output: | (None, 36, 100) |

| conv1d_1: Conv1D | input: | (None, 36, 100) |
| | output: | (None, 34, 128) |

| lstm_1: LSTM | input: | (None, 36, 100) |
| | output: | (None, 128) |

| global_max_pooling1d_1: GlobalMaxPooling1D | input: | (None, 34, 128) |
| | output: | (None, 128) |

| concatenate_1: Concatenate | input: | [(None, 128), (None, 128)] |
| | output: | (None, 256) |

| concatenate_2: Concatenate | input: | [(None, 128), (None, 128)] |
| | output: | (None, 256) |

| dense_1: Dense | input: | (None, 256) |
| | output: | (None, 64) |

| dense_2: Dense | input: | (None, 64) |
| | output: | (None, 32) |

| dense_3: Dense | input: | (None, 32) |
| | output: | (None, 1) |

| subtract_1: Subtract | input: | [(None, 1), (None, 1)] |
| | output: | (None, 1) |

| activation_1: Activation | input: | (None, 1) |
| | output: | (None, 1) |

参 考 文 献

[1] Coetzee A W. What it means to be a loser: non-optimal candidates in optimality theory [D]. Amherst: University of Massachusetts Amherst, 2004.

[2] Coetzee A W. Variation as accessing non-optimal' candidates, phonology [M]. Cambridge: Cambridge University Press, 2006.

[3] Coetzee A W, Pater J. Weighted constraints and gradient restrictions on place co-occurrence in Muna and Arabic [J]. Springer Netherlands, 2008, 26(2): 289 – 337.

[4] Anderson E. Two firms, one frontier: on assessing joint venture performance[J]. MIT Sloan Management Review, 1990, 31(2): 19.

[5] Bane, Max, Riggle. The theological consequences of weighted constraints [J]. Proceedings from the Annual Meeting of the Chicago Linguistic Society, 2009, 45(1): 13 – 27.

[6] Bates E, MacWhinney B. Functionalism and the competition model [J]. The Crosslinguistic Study of Sentence Processing, 1989(3): 73 – 112.

[7] Bengio Y, Ducharme R, Vincent P, et al. A neural probabilistic language model[J]. Journal of Machine Learning Research, 2003, 3(2): 1137 – 1155.

[8] Blutner R. Lexical pragmatics[J]. Journal of semantics, 1998, 15(2): 115 – 162.

[9] Blutner R. Some aspects of optimality in natural language interpretation[J]. Journal of Semantics, 2000, 17(3): 189 – 216.

[10] Bod R. Data-Oriented Parsing [C]//Proceedings of COLING. France: Nantes, 1992: 855 – 859.

[11] Jannedy S, Bod L, Hay J. Probabilistic linguistics [M]. Cambridge: Mit Press, 2003.

[12] Booth T L. Probabilistic representation of formal languages[C]//10th annual symposium on switching and Automata Theory (swat 1969). IEEE, 1969: 74 – 81.

[13] Boureau Y L, Ponce J, LeCun Y. A theoretical analysis of feature pooling in visual recognition[C]//Proceedings of the 27th international conference on machine learning (ICML – 10), 2010: 111 – 118.

[14] Burges C, Shaked T, Renshaw E, et al. Learning to rank using gradient descent [C]// Proceedings of the 22nd International Conference on Machine learning (ICML - 05), 2005: 89 - 96.

[15] Chater N, Crocker M J, Pickering M J. The rational analysis of inquiry: the case of parsing [C]//Rational models of cognition. Oxford: Oxford University Press, 1998: 441 - 468.

[16] Chiang D. Statistical parsing with an automatically-extracted tree adjoining grammar [C]//Proceedings of the 38th annual meeting of the Association for Computational Linguistics, 2000: 456 - 463.

[17] Cohen A. Probabilistic approaches to semantics [J]. Probabilistic linguistics, 2003: 343 - 379.

[18] Collins M J. A new statistical parser based on bigram lexical dependencies [C]// Proceedings of the 34th annual meeting on Association for Computational Linguistics. Association for Computational Linguistics, 1996: 184 - 191.

[19] Corley S, Crocker M W. The modular statistical hypothesis: exploring lexical category ambiguity[C]//Architectures and mechanisms for language processing, 2000: 135 - 160.

[20] Charniak E. Tree-bank grammars [C]//Proceedings of the National Conference on Artificial Intelligence, 1996: 1031 - 1036.

[21] Cao Z, Qin T, Liu T Y, et al. Learning to rank: from pairwise approach to listwise approach[C]//Proceedings of the 24th international conference on Machine learning, 2007: 129 - 136.

[22] Crocker M W, Brants T. Wide-coverage probabilistic sentence processing [J]. Journal of Psycholinguistic Research, 2000, 29(6): 647 - 669.

[23] Croft W, Cruse D A. Cognitive linguistics[M]. Cambridge: Cambridge University Press, 2004.

[24] Archangeli D, Langendoen T. Optimality theory: an overview [J]. Blackwell, 2000 (16): 281 - 292.

[25] Davey P. Davey B A, Priestley, HA[J]. Introduction to Lattices and Order, 1990.

[26] De Lacy P. The formal expression of markedness[D]. University of Massachusetts Amherst, 2002.

[27] Enderton H B. Elements of set theory[M]. Pittsburgh: Academic press, 1977.

[28] Friedman N, Geiger D, Goldszmidt M. Bayesian network classifiers[J]. Machine learning, 1997, 29(2 - 3): 131 - 163.

[29] Goldberg A E. Constructions: a construction grammar approach to argument structure [M]. Chicago: University of Chicago Press, 1995.

[30] Goldberg A E. Constructions at work: the nature of generalization in language [M].

Oxford: Oxford University Press, 2006.

[31] Grice H P. Logic and conversation, syntax and semantics[J]. Speech Acts, 1975(3): 41 - 58.

[32] Hagan M T, Demuth H B, Jesús O D. An introduction to the use of neural networks in control systems[J]. International Journal of Robust and Nonlinear Control: IFAC-Affiliated Journal, 2002, 12(11): 959 - 985.

[33] Hale J. A probabilistic earley parser as a psycholinguistic model[C]//Second Meeting of the North American Chapter of the Association for Computational Linguistics, 2001.

[34] Haykin S. Kalman filtering and neural networks[M]. New York: John Wiley & Sons, 2004.

[35] Smolensky P, Géraldine Legendre. The harmonic mind-from neural computation to optimality-theoretic grammar[J]. Springer Netherlands, 2009, 40(1): 141 - 147.

[36] Horn L. Toward a new taxonomy for pragmatic inference: Q-based and R-based implicature[J]. Meaning, form, and use in context: Linguistic applications, 1984 (11): 42.

[37] Jurafsky D. An on-line computational model of human sentence interpretation [C]// Proceedings of the tenth national conference on Artificial intelligence, 1992: 302 - 308.

[38] Jäger G. Some notes on the formal properties of bidirectional optimality theory[J]. Journal of Logic, Language and Information, 2002, 11(4): 427 - 451.

[39] Kuno S. Functional syntax: anaphora, discourse and empathy[M]. Chicago: University of Chicago Press, 1987.

[40] Joachims T. Learning to classify text using support vector machines[M]. Berlin: Springer Science & Business Media, 2002.

[41] Langacker R W. Foundations of cognitive grammar: Theoretical prerequisites[M]. California: Stanford university press, 1987.

[42] McCarthy M. Vocabulary[M]. Oxford: Oxford University Press, 1990.

[43] McCarthy J J. Sympathy and phonological opacity[J]. Phonology, 1999, 16 (3): 331 - 399.

[44] McCarthy J J. A thematic guide to optimality theory[M]. Cambridge: Cambridge University Press, 2002.

[45] McCarthy, John J, Joe P, et al. Harmonic grammar and harmonic serialism[M]. London: Equinox Publishing Limited, 2016.

[46] McDonald J, MacWhinney B. Maximum likelihood models for sentence processing[J]. The cross-linguistic study of sentence processing. Cambridge: Cambridge University Press, 1989: 397 - 421.

[47] Mnih V, Heess N, Graves A. Recurrent models of visual attention[C]//Advances in

neural information processing systems，2014：2204 - 2212.

[48] Pennington J，Socher R，Manning C D. Glove：global vectors for word representation [C]//Proceedings of the 2014 conference on empirical methods in natural language processing (EMNLP)，2014：1532 - 1543.

[49] Petra H，De Hoop H. Optimality Theoretic Semantics [J]. Springer，2001，24(1)：1 - 32.

[50] Pater J. Harmonic Grammar，gradual learning，and phonological gradience [C]//Workshop on Variation，Gradience，and Frequency in Phonology. California：Stanford University，2007.

[51] Pater J. Universal grammar with weighted constraints [C]//Harmonic grammar and harmonic serialism. Sheffield：Equinox Publishing，2016：1 - 46.

[52] Pearl J. Embracing causality in default reasoning[J]. Artificial Intelligence，1988，35 (2)：259 - 271.

[53] Pierrehumbert J. Probabilistic phonology：discrimination and robustness [J]. Probabilistic linguistics，2003(1)：177 - 228.

[54] Riggle J. The complexity of ranking hypotheses in optimality theory[J]. Computational Lingus，2009，35(1)：47 - 59.

[55] Smolensky P. On the internal structure of the constraint component Con of UG[D]. Maryland：Johns Hopkins University，1995.

[56] Smolensky P，Legendre G. The harmonic mind：from neural computation to optimality-theoretic grammar (cognitive architecture)[M]. Cambridge：MIT press，2006.

[57] Shannon C E. A mathematical theory of cryptography[J]. Bell System Technical Journal，1948(27)：55.

[58] Speas P. Optimality theory and syntax：null pronouns and control [C]//Optimality theory：an overview. Oxford：Blackwell Publishers，1997：171 - 199.

[59] Spivey-Knowlton M J. Integration of visual and linguistic information：human data and model simulations[D]. Rochester：University of Rochester，1996.

[60] Spivey M J，Tanenhaus M K. Syntactic ambiguity resolution in discourse：modeling the effects of referential context and lexical frequency [J]. Journal of Experimental Psychology：Learning，Memory，and Cognition，1998，24(6)：1521.

[61] Elster S. A harmonic and serial analysis of Ben Johnston's String Quartet No. 6 [J]. Perspectives of New Music，1991，29(2)：138.

[62] Henk Z. The asymmetry of optimality theoretic syntax and semantics[J]. Journal of Semantics，2000(17)：243 - 262.

[63] Zhang H，Ling C X. Learnability of augmented naive bayes in nominal domains[C]//Eighteeth International Conference on Machine Learning. Morgan Kaufmann Publishers

Inc，2001.

[64] Aturbofly.详解 RankNet 原理及实践：但行好事，莫问前程[Z]. CSDN 博客，https：// blog.csdn.net/Allenalex/article/details/83714346.

[65] 白云悦.基于深度学习的中文短文本语义相似度计算方法的研究[D].西安：西安科技大学,2018.

[66] 曹佩.论自然语言处理[J].信息与电脑(理论版),2010(10)：187.

[67] 成素梅,郝中华.BP 神经网络的哲学思考[J].科学技术与辩证法,2008,25(4)：20-25.

[68] 陈姗姗.汉日外来语音系调整的优选论[J].沈阳大学学报(社会科学版),2016(1)：126-130.

[69] 陈葛恒.基于极性转移和双向 LSTM 的文本情感分析[J].信息技术,2018(2)：157-160.

[70] 陈洪.排序学习算法的一般模型研究[J].中国科技信息,2011(13)：145.

[71] 陈恩红,邱思语,许畅,等.单词嵌入：自然语言的连续空间表示[J].数据采集与处理,2014,29(1)：23-33.

[72] 陈大康.从数理语言学看后四十回的作者：与陈炳藻先生商榷[J].红楼梦学刊,1987(1)：293-318.

[73] 程凡.基于排序学习的信息检索模型研究[D].合肥：中国科学技术大学,2012.

[74] 程志强,闵华松.一种基于向量词序的句子相似度算法研究[J].计算机仿真,2014(7)：425-430.

[75] 谌志群,王冰,王荣波,等.基于双向 LSTM 的图结构依存句法分析[J].杭州电子科技大学学报(自然科学版),2018,38(1)：47-52.

[76] 丁玉波,赵玉君.试谈现代汉语中的"名词活用"[J].安徽文学月刊,2007(12)：153-153.

[77] 杜舒静,徐凡,王明文.实体驱动的双向 LSTM 篇章连贯性建模[J].中文信息学报,2017(6)：71-78.

[78] 斯珀波,威尔逊.关联：交际与认知[M].蒋严,译.北京：外语教学与研究出版社,2015.

[79] 段奡卉.论语言交际的文化意义与移情作用[J].外语与外语教学,2003(7)：42-44.

[80] 杜瑞杰.贝叶斯分类器及其应用研究[D].上海：上海大学,2012.

[81] 董秀芳.移情策略与言语交际中代词的非常规使用[C]//齐沪扬.现代汉语虚词研究与对外汉语教学.上海：复旦大学出版社,2005：397.

[82] 范旭民.基于卷积神经网络和注意力机制的文档自动问答模型[D].杭州：浙江大学,2018.

[83] 贡华南.味与味道[M].桂林：广西师范大学出版社,2015.

[84] 桂诗春.以概率为基础的语言研究[J].外语教学与研究,2004(1)：3-9.

[85] 宫齐,王茂林.优选论的比较评估法及应用[J].暨南学报,2009,31(4)：143-147,161.

[86] 宫齐,范俊军.优选论的对应理论及其制约条件的交互作用[J].华南师范大学学报,2005(4)：62-67,72,159.

[87] 郭永兴.基于深度信念网络的排序学习算法研究[D].北京：北京理工大学,2016.

[88] 郭宝震,左万利,王英.采用词向量注意力机制的双路卷积神经网络句子分类模型[J].浙江大学学报(工学版),2018,52(9):104-112.

[89] 顾忠华.韦伯学说[M].桂林:广西师范大学出版社,2004.

[90] 何自然.言语交际中的语用移情[J].外语教学与研究,1991(4):13-17.

[91] 何自然.广东外语外贸大学博士生导师文集(四)语用学探索[M].广州:广东世界图书出版有限公司,2000.

[92] 何平凡.基于排序学习的Top-N推荐算法研究[D].北京:北京理工大学,2016.

[93] 胡海波,王林.幂律分布研究简史[J].物理,2005(12):889-896.

[94] 胡壮麟.系统功能语言学的概率理论[C]//张克定,王振华,杨朝军.系统·功能·评价:第九届全国功能语言学研讨会论文集.北京:高等教育出版社,2007:1-13.

[95] 黄震华,张佳雯,田春岐,等.基于排序学习的推荐算法研究综述[J].软件学报,2016(3):201-223.

[96] 黄相会.语用移情的认知解读[J].四川教育学院学报,2011,27(7):61-63,66.

[97] 侯志霞,曹军.自然语言处理的发展概况及前景展望[J].山东外语教学,2003(5):54-56.

[98] 姜坤.基于LSTM和注意力机制的情感分析服务设计与实现[D].南京:南京大学,2018.

[99] 江伟.基于深度学习的文本分类[D].南京:南京理工大学,2018.

[100] 孙清.现代汉语操作语体中单论元优势格式的优选论分析[D].成都:西南交通大学,2010.

[101] 黎锦熙.新著国语文法[M].长沙:湖南教育出版社,2007.

[102] 李向华.汉语语用移情研究综述[J].理论月刊,2013(12):100-106.

[103] 李向华.现代汉语语用移情研究[M].上海:学林出版社,2017.

[104] 李向华.句式和移情值之间的共变对汉语移情冲突的解释[J].九江学院学报(社会科学版),2017,36(4):101-106.

[105] 李向华.移情优选及其概率分析模式研究[J].重庆科技学院学报(社会科学版),2017(11):72-75+87.

[106] 李华,屈丹,张文林,等.结合全局词向量特征的循环神经网络语言模型[J].信号处理,2016,32(6):89-97.

[107] 李兵.优选论的产生、基本原理与应用[J].现代外语,1998(3):73,74-93.

[108] 李兵.论优选论的功能主义倾向[J].当代语言学,2008(1):1-19.

[109] 李行德.语言发展理论和汉语儿童语言[J].现代外语,1997(4):62-81.

[110] 李兰兰.优选论及其忠实性制约条件[J].临沂师范学院学报,2007(3):74-76.

[111] 李伟.中文语句相似度计算的方法初探[J].兰州工业高等专科学校学报,2009,16(4):3-5,26.

[112] 李琳,李辉.一种基于概念向量空间的文本相似度计算方法[J].数据分析与知识发现,2018,2(5):52-62.

[113] 李金忠,刘关俊,闫春钢,等.排序学习研究进展与展望[J].自动化学报,2018(8)：3-27.

[114] 来斯惟.基于神经网络的词和文档语义向量表示方法研究[D].北京：中国科学院大学,2016.

[115] 栾克鑫,杜新凯,孙承杰,等.基于注意力机制的句子排序方法[J].中文信息学报,2018(1)：127-134.

[116] 蓝雯飞,徐蔚,王涛,等.基于卷积神经网络的中文新闻文本分类[J].中南民族大学学报,2018,37(1)：138-143.

[117] 蓝雯飞,徐蔚,汪敦志,等.基于 LSTM-Attention 的中文新闻文本分类[J].中南民族大学学报,2018,37(3)：129-133.

[118] 雷武,廖闻剑,彭艳兵.基于随机森林与 LambdaMART 的搜索排序模型[J].计算机与现代化,2017(3)：57-61.

[119] 林原,林鸿飞.基于神经网络的 Listwise 排序学习方法的研究[J].情报学报,2012,31(1)：47-59.

[120] 刘娇.排序学习中的中文网页特征提取方法[D].哈尔滨：哈尔滨工业大学,2009.

[121] 刘心爽.论语用移情及其应用[J].边疆经济与文化,2011(3)：136-137.

[122] 刘建伟,丁熙浩,罗雄麟.多模态深度学习综述[J].计算机应用研究 2019,8(3)：1-18.

[123] 刘鑫,赵家刚,刘絮子.人工神经网络之 BP 模型算法实现[J].科技信息,2011(30)：291-292.

[124] 刘艳,任章.基于神经网络的混合模型建模方法及应用[J].计算机仿真,2007(2)：50-53.

[125] 梁斌,刘全,徐进,等.基于多注意力卷积神经网络的特定目标情感分析[J].计算机研究与发展,2017(8)：99-110.

[126] 梁江林.基于 spark 的 LambdaMART 算法研究[D].北京：北京邮电大学,2017.

[127] 梁乐园,胡伟.优选论之优与缺[J].科技信息,2011(36)：63-66.

[128] 零基础入门深度学习[Z].https：//zybuluo.com/hanbingtao/note/581764.

[129] 马秋武.优选论的表层制约以及制约条件的普遍性：从普通话的音节组构谈起[J].外语学刊,2004(2)：89-92.

[130] 马秋武,陈冰.优选论的制约条件：分类与表述[J].解放军外国语学院学报,2004(4)：23-28.

[131] 马秋武,王红梅.优选论的拓展与走向[J].当代语言学,2008(3)：49-57,98.

[132] 马秋武,洪薇.OT 制约条件：交互关系与表现方式[J].外语与外语教学,2008(2)：4-7.

[133] 马秋武.优选论[M].上海：上海教育出版社,2008.

[134] 马秋武.标记性制约条件及其设立的理据[J].同济大学学报(社会科学版),2010,21(1)：85-91.

[135] 马秋武.和谐串行理论：一种带推导的优选论[J].当代语言学,2016(3):89-103.

[136] 蒙岚,周晓玲.跨文化交际的语用问题研究[J].学术界,2011(7):179-186+290.

[137] 孟欣.基于 Word Embedding 的短文本特征扩展方法研究[D].长春:吉林大学,2017.

[138] 倪高伟.无监督和有监督的短文本相似度研究及应用[D].南京:南京邮电大学,2018.

[139] 牟春.移情之流变及其批判：从现象学反思利普斯的移情说[D].郑州:郑州大学,2005.

[140] 潘琪,宫学军.语言学中的优选论[J].大连海事大学学报(社会科学版),2010,9(5):104-107.

[141] 彭世勇.中国跨文化交际研究的现状与困境[J].汕头大学学报(人文社会科学版),2010,26(4):14-18+94.

[142] 邱先标,陈笑蓉.一种基于特征加权的文本相似度计算算法[J].贵州大学学报,2018(1):68-73.

[143] 齐凯凡.基于卷积神经网络的新闻文本分类问题研究[D].西安:西安理工大学,2018.

[144] 祁洋.RankNet 学习排序算法的一种改进[D].长春:吉林大学,2017.

[145] 秦川.论 OT 语法的初始状态[J].外语学刊,2018(2):22-30.

[146] 冉永平.指示语选择的语用视点、语用移情与离情[J].外语教学与研究,2007,39(5):331-337.

[147] 沈家煊.如何处置"处置式"?：论把字句的主观性[J].中国语文,2002(5):387-399+478.

[148] 盛骤,谢式千,潘承毅.概率论与数理统计[M].4 版.北京:高等教育出版社,2016.

[149] 孙晓,何家劲,任福继.基于多特征融合的混合神经网络模型讽刺语用判别[J].中文信息学报,2016,30(6):215-223.

[150] 邵丹.从社会语言学角度解析委婉语的成因[J].佳木斯教育学院学报,2011(1):355-356.

[151] 田晓丹.1~3 岁汉族儿童语法习得[D].长春:东北师范大学,2006.

[152] 伍逸凡,朱龙娇,石俊萍.基于字符的递归神经网络在中文语言模型中的研究与实现[J].现代信息科技,2018(8):20-22.

[153] 魏斯超.基于深度学习的专家列表排序方法研究[D].昆明:昆明理工大学,2014.

[154] 王嘉龄.优选论与功能主义[J].外语教学与研究,2002(1):31-35,81.

[155] 王理嘉.二十世纪现代汉语语音论著索引和指要[M].北京:商务印书馆,2003.

[156] 王家年.汉语 vP 的优选句法研究[D].上海:上海外国语大学,2012.

[157] 王还."把"字句和"被"字句[M].上海:新知识出版社,1958.

[158] 王毅,谢娟,成颖.结合 LSTM 和 CNN 混合架构的深度神经网络语言模型.情报学报,2018,37(2):194-205.

[159] 王春柳,杨永辉,邓霏,等.文本相似度计算方法研究综述[J].情报科学,2019,37(3):160-170.

[160] 王茂林,宫齐.优选论的最新发展：比较标记理论[J].外国语,2007(3):19-25.

[161] 王丹丹.基于 RankNet 的英语重读音节识别[D].哈尔滨：哈尔滨工业大学,2008.

[162] 王敏.基于循环神经网络的汉语语言模型效率与性能的优化与实现[D].重庆：重庆邮电大学,2017.

[163] 王龙,杨俊安,陈雷,等.基于循环神经网络的汉语语言模型建模方法[J].声学技术,2015,34(5)：431-436.

[164] 汪一百,陈实,叶剑锋.利用深度学习的文本相似度计算方法[J].湘潭大学自然科学学报,2018,40(2)：108-111.

[165] 王永德.基于认知发展的儿童汉语句法习得[J].宁波大学学报,2001(2)：4-8.

[166] 王飞,谭新.一种基于 Word2Vec 的训练效果优化策略研究[J].计算机应用与软件,2018(1)：103-108,180.

[167] 文旭.功能句法学中的移情原则及其认知解释[J].福建外语,2002(3)：6-11,16.

[168] 宛新政."(N)不 V"祈使句的柔劝功能[J].世界汉语教学,2008(3)：16-27+2.

[169] 万圣贤,兰艳艳,郭嘉丰,等.用于文本分类的局部化双向长短时记忆[J].中文信息学报,2017(3)：67-73.

[170] 万玲.基于 RankNet 的多层次英语口语重读识别方法[D].哈尔滨：哈尔滨工业大学,2009.

[171] 乌达巴拉,汪增福.基于半监督的短语情感倾向性分析方法[J].模式识别与人工智能,2016,29(4)：3-11.

[172] 吴佳金,杨志豪,林原,等.基于改进 Pairwise 损失函数的排序学习方法[C]//第六届全国信息检索学术会议论文集,2010.

[173] 谢彬,唐健常,唐新怀.基于排序学习的混合推荐算法[J].黑龙江科技大学学报,2015,25(4)：97-101.

[174] 薛剑,吕立,孙咏,等.应用位置信息损失的 Listwise 排序学习方法的研究[J].小型微型计算机系统,2017,38(1)：20-23.

[175] 夏志华.带推导的和谐串行[J].语文学刊(外语教育教学),2013(4)：13-14,152.

[176] 于辉.优选论批评：现代音系学理论的若干反思[J].河南师范大学学报(哲学社会科学版),2014,41(1)：165-167.

[177] 闫小斌.双向优选论评介[J].北京第二外国语学院学报,2007(10)：13-16,39.

[178] 易黎,肖青秀,汤鲲.基于双层注意力机制的深度学习电影推荐系统[J].计算机与现代化,2018(11)：113-118.

[179] 殷杰,董佳蓉.论自然语言处理的发展趋势[J].自然辩证法研究,2008(3)：33-39.

[180] 尹宝才,王文通,王立春.深度学习研究综述[J].北京工业大学学报,2015(1)：54-65.

[181] 古德费洛,本吉奥,库维尔.深度学习[M].赵申剑,等译.北京：人民邮电出版社,2017.

[182] 杨军.概率性优选论[J].当代语言学,2007,9(2)：117-127.

[183] 郑社养.语用移情在外语学习中的应用[J].韶关学院学报(社会科学版),2002(4)：123-126.

[184] 张仰奋.语用移情在广告语言中的运用[J].广州大学学报(综合版),1998(1)：80－82.

[185] 张仰奋.语用移情与第二语言习得[J].嘉应大学学报(社会科学),1996(3)：54－56.

[186] 新疆维吾尔自治区科学技术协会.熵与交叉科学[M].北京：高等教育出版社,1988.

[187] 张伯江.汉语限定成分的语用属性[J].中国语文,2010(3)：5－17,97.

[188] 张艳凤.基于稀疏表示的排序学习算法[D].西安：西安电子科技大学,2014.

[189] 张俊,苗兴伟.语言移情的人际功能视角[J].外语教学,2004(5)：45－48.

[190] 张志华.基于深度学习的情感词向量及文本情感分析的研究[D].上海：华东师范大学,2016.

[191] 张剑,屈丹,李真.基于循环神经网络语言模型的 N-best 重打分算法[J].数据采集与处理,2016,31(2)：121－128.

[192] 张洪明,尹玉霞.优选论的是与非：现代音系学研究的若干反思[J].中国语文,2012(6)：5－21,97.

[193] 张海铭.论现代汉语的词类活用[J].甘肃高师学报,2002(6)：40－45.

[194] 张军梅.从优选论看音译的制约条件[J].贵州大学学报(社会科学版),2011,29(4)：121－125.

[195] 张旺熹,韩超.人称代词"人家"的劝解场景与移情功能：基于三部电视剧台词的话语分析[J].语言教学与研究,2011(6)：44－51.

[196] 张春平.现代汉语人称代词移情用法研究[D].西安：陕西师范大学,2015.

[197] 张凤.标记理论的再评价[J].解放军外国语学院学报,1999(6)：44－46＋53.

[198] 赵冬生.移情能力与跨文化交际研究[J].河南大学学报(社会科学版),2005(4)：100－102.

[199] 赵银各.句子语义相似度计算及其应用研究[D].北京：北京邮电大学,2018.

[200] 赵轩.基于深度学习的排序模型的研究与实现[D].北京：北京邮电大学,2018.

[201] 赵铁军.将语言计算的理论方法和最新成果呈现给读者[J].自动化学报,2014(5)：242.

[202] 赵永刚.音系底层形式的界定：规则交互和制约等级排列[J].当代外语研究,2012(10)：17－21,76,79.

[203] 周飞燕,金林鹏,董军.卷积神经网络研究综述[J].计算机学报,2017,40(6)：1229－1251.

[204] 邹泓.优选论在句法学上的应用[J].湖南医科大学学报(社会科学版),2009,11(5)：209－213.

[205] 曾云泽.文本相似度计算方法发展[J].数字通信世界,2018(10)：226.

[206] 朱光潜.西方美学史[M].北京：金城出版社,2010.

后　记

　　本书是国家社科项目的结项成果，也是我博士论文"现代汉语语用移情研究"的延伸研究。博士论文主要是对现代汉语中的移情现象进行了全面的梳理，讨论了语音、形态、词汇和句法平面中的移情现象及其表现形式，并认为尽管移情在语言中表现复杂，但其功能都是通过句法获得体现，即所有的移情都表现在句法上。因此，除了句法本身的移情之外，其他平面的移情现象都是一种间接的移情过程。这实际上说明了移情、句法和功能之间的关系：移情影响句法，句法体现功能。句法在移情研究中处于核心地位，而移情的目的是实现语用功能。因此，移情的本质属于语用范畴。

　　句法对移情值的调整主要体现在两个方面：第一，通过成分的隐现实现移情值的变化。一般来说，句法上获得表现的对象就获得了一定的移情值，否则就不会在句法上出现。但是，如果句法上凸显了多个成分，它们之间因移情值的差异在配位上也具有差异，越是靠前的成分，移情值越高，反之就低。第二，通过句位的调整实现移情值的变化。也就是，句子为适应某个对象移情值的提高，将该对象前移。因此，移情是句法移位的基本动因之一。如果我们不从句法变化的角度而仅仅从句法结果看，则所有的变化产生的句子都是变式句，从而就形成了一个以某个句子为基础的具有共同语义的句子的集合。由于句法结构本身的差异以及内部成分构成的移情链的不同，句子之间移情值也是不同的。如果将这组句子按照移情值大小降序排列，则得出了一个基于移情值的移情级差链序。一般来说，处于移情级差顶端的成分在话语中出现频率最高，也是认知上优先调取的对象。这种推导很符合我们的语感，并且和优选论的级差模型具有极高的相似性。这是本项目研究的假设，也是对语言中移情现象思考的自然发展。

　　本书实际上讨论了两个方面的问题：一个是语言中基于移情心理的话语优选及其模型的构建，另一个是自然语言处理中移情优选的处理。前者基本上还是语言本体的讨论，后者则是话语优选的应用。从研究的过程和结果来看，本书获得以下的创新：

1. 理论方面

首先，用优选论的方法研究语言中的移情现象，这在学界尚属首次，目前在国内外均未见相似文献。因而，该研究具有开拓性的价值。其次，论证了移情现象的优选制约条件的特点和提取的难度以及存在的问题和可能的处理策略，并归纳了部分汉语移情制约条件。这个也是首次，目前未见其他相似文献。再次，发展了 Coetzee 的模型，将原来只可以评估语音和词汇的模型发展成了可以用于语用移情的评估。尽管这是模型的改进，但具有本质上的差异，因为 Coetzee 的模型是静态的，而移情研究的模型是动态的。这种差异使得模型的评估器和生成器的构建和运算机制均发生了较大的变化。最后，构建了移情优选的概率分析模式。该模式和传统文献中的概率优选算法并不相同，主要是与前面的级差模型相匹配的开发，目的是将前者的客观分析发展成话语的主观分析，也就是在语境中移情级差受到主观加权后的调整。这块算法是基于 Coetzee 模型的发展，主要采用概率论中的幂率分布原理，将前面级差模型中的级差也转化为概率值，和后面的概率算法实现合并，从而实现了话语评估中的主客观的融合。这些算法基本上是作者构建出来的，并无相关文献。

2. 应用方面

首先，论证了移情优选在自然语言处理上的价值。书中认为，通过移情优选，可以将一直不易处理的语境因素统摄到话语分析中，所有的语境因素和句法、语义等对移情的制约都可以通过移情制约条件实现。这些条件既可以通过专家构建方式实现，也可以通过特征向量的方式构建机器学习模型而自动获取。当然，这两种方式的表现形式和算法都是不同的。其次，构建了移情优选的机器学习模型。书中主要采用了 RankNet 作为主要基础模型，详细讨论了该模型的运行原理、特征提取的方式以及对实验结果的讨论，为后续研究提供了解决问题的思路和方向。本研究的语料完全是为实验人工构建的，数据量非常有限，尽管在训练词语向量时采用了通用词汇集的预训练，但实际影响也不明显。最后，在模型的构建上，这种小数量语料集的开放式的特征提取可能并不能收集到足够多的区别特征。因而，模型可能还需要加入人工参与的部分和特征词库等部分，形成一个综合的模型。由于项目研究时间有限，这些想法并未能实现。

本研究实现了多理论的整合，而且创新较多。正因为如此，也存在一些明显不足，表现为：

第一，理论多于实践。书中不管是理论阐述，还是模型的构建，都在理论范畴，针对现象的分析较少。这种现状主要是由两方面造成的：一是这些理论构建基本上是探索性质的，并没有范例和资料可以借鉴，因而在实例分析上也需要不断探索；二是项目研究的时间太紧，文献分析和整理以及理论模型的探索和构建花去了大量的时间；三是本书构建的模型基本上建立在数学计算上，但不同实例分析也会涉及模型的变化以及适应新情况的算法改进，这也需要耗费较多的精力和时间。总体上，本书仅仅提供了移情优选分析的基本框架和一般的技术路线，实例分析需要更多的后续研究。

第二，书中的概率移情优选模型可读性不强。该模型的基本前提为语言中存在客观的移情级差序列，供说话时参考。Coetzee 模型主要描写这种客观级差，但我们说话并不完全依照这种序列，否则语言就不会随环境而有不同的表达。这说明，这种客观级差在特定环境下会重新排序，排序结果中的最高值就为输出，但不一定是原来的候选项。因而，这种客观级差并不是言语输出值，而仅仅是参考值。决定最终输出的是以这种客观级差为基础的话语主体对环境分析的主观加权后的级差。从概率上来说，这里一般采用的是联合概率分布算法，即求每个候选项的客观概率值和主观概率值的联合概率，但本书中采用的是直接加权，将主观概率值和客观概率值归一化，然后直接加和求出每个候选项的综合概率，再按照降序排序，处于最高位的就是综合评估的输出值。显然，联合概率算法是个可选方案，这也需要后期进一步研究去比较这两种算法效果上的差异。由于这部分内容基本上直接采用数学的方法表述，对于数理基础不好的读者并不友好。因而，找到一种既通俗又可以把问题讲清楚的方法可能是本书需要改进的地方。

第三，机器学习模型不够完善。书中构建了移情优选的机器学习模型，并做了一个有限的实验验证可行性。但是，该模型没有彻底贯彻前面所阐述的模型架构，也没有做一个完整的基于主客观因素的模型实例。原因是书中构拟的思路涉及大量的数学计算，而且有部分并没有现成的范例，更没有代码可以借鉴，这在短时间很难完成；并且，主观因素的加入涉及语境的形式化和认知推理，这个算法本身就很复杂，目前也是自然语言处理领域的难点，而且代码实现也是挑战。这部分内容的发展一方面依赖科学的发展，另一方面也需要大量人力持续研究，并不是一个项目可以实现的。

本项目的研究过程非常艰难。文中的移情理论和优选论理论的介绍大多数直接参考了外文文献，而且由于涉及计算，阅读较慢，占去了研究的很多时间。书中的模型构建、实例的佐证和相关理论的探讨并无文献可以借鉴，都是新的开始。大量的数学、概率、逻辑和计算机以及人工智能等方面的知识介绍和引入既是学习、借鉴的过程，也是应用的过程，虽然讨论并不深入，但涉及面非常广泛，对作者也是巨大挑战。本项目在研究过程中也得到了一些学者的帮助,最重要的是我的博士生导师陈昌来教授,对项目前期研究和申报给予了指导,也一直关心研究的进展;还需要特别感谢我的同事简芳洪博士,书中概率优选模型的灵感来自和他的讨论,后面的模型代码实现也是由他帮我完成的;也感谢我的爱人钱凤兰,为了给我更多时间,她承担了较多的家庭事务;感谢出版社的张呈瑞、张燕和吴雪梅老师为本书出版付出的辛劳。最后,感谢所有为本书写作和出版帮助过的人。

李向华于九江

2021 年 5 月 29 日